商务策划丛书

促销策划

第二版

姜玉洁 李茜 郭雨申 编著

SALES PROMOTION PLANNING

北京大学出版社
PEKING UNIVERSITY PRESS

图书在版编目(CIP)数据

促销策划/姜玉洁,李茜,郭雨申编著.—2版.—北京:北京大学出版社,2011.3
(商务策划丛书)
ISBN 978-7-301-18566-7

Ⅰ.①促… Ⅱ.①姜… ②李… ③郭… Ⅲ.①市场营销学-高等学校-教材
Ⅳ.①F713.50

中国版本图书馆CIP数据核字(2011)第026196号

书　　名:**促销策划**(第二版)
著作责任者:姜玉洁　李　茜　郭雨申　编著
责 任 编 辑:石会敏
标 准 书 号:ISBN 978-7-301-18566-7/F·2721
出 版 发 行:北京大学出版社
地　　址:北京市海淀区成府路205号　100871
网　　址:http://www.pup.cn
电　　话:邮购部62752015　发行部62750672　编辑部62752926
出版部62754962
电 子 邮 箱:em@pup.cn
印　刷　者:三河市北燕印装有限公司
经　销　者:新华书店
730毫米×980毫米　16开本　24.25印张　430千字
2005年8月第1版
2011年3月第2版　2017年5月第7次印刷
定　　价:39.00元

内容简介

促销（Sales Promotion）是一种有着明确目标的市场营销工具，它通过提供临时性的附加利益，实现对消费者、中间商及厂商销售人员交易行为的积极影响。促销策划是在市场目标的导向下，追求促销投入效益最大化，使促销与多种市场工具实现良好交互作用的策略设计、策略评价和策略控制过程。

本书深入浅出地分析了促销及促销策划的基本概念和基本原理，并从促销策划的心理学基础出发，以促销策划的三大内容为主线，依次介绍促销策略设计、促销策略评价和促销策略控制。在促销策略设计部分，研究分析常用促销传播媒介及其策略，深入剖析各种促销方法的内在激励因素和它们的优势与局限，以及各种促销方法的综合运用。最后以服务业和零售业为例，介绍了部分代表性行业的促销策略。每一部分的内容均自成体系，同时还加入了切合该部分知识的促销案例，为理论与实践的结合提供了良好的佐证。

作者简介

姜玉洁 女，硕士，重庆工商大学商务策划学院讲师，重庆重大同浩管理咨询公司项目经理、高级咨询顾问。长期从事市场营销及商务策划的教学与研究工作，同时也为企业进行管理咨询、市场研究及营销策划，致力于将营销理论与企业营销实际进行有机结合。

李 茜 女，硕士，重庆航天职业技术学院讲师。长期从事商业策划文案和新闻传媒的教学与研究工作，发表相关学术论文十余篇，主编参编教材多本。

郭雨申 男，硕士，长期从事市场营销的理论研究和实践工作，具有深厚的营销理论功底与造诣，主持和参与了多项营销咨询课题，获得企业一致认可。

联系方式：
姜玉洁：jyj257@163.com

编委会

总 序

重庆工商大学商务策划学院是全国第一个创办商务策划专业的大学学院。1994年，原重庆商学院与太极集团合作创办的商务策划专业正式成立。之所以有此合作，是当时商学院领导针对高校培养人才知识结构与用人单位对人才的需求严重脱节的问题，采取校企合作办学形式来为各类大中型企业企划部、市场部、发展部、营销部、项目管理部、投资公司、策划公司，培养具有商务策划知识和能力，能熟练地在各类商务活动中进行战略策略构思、设计、实施的高级复合型专门人才。这是一个全新的专业，学院几位年轻教师凭着对教育事业的满腔热情和探索未知的强烈愿望，开始了商务策划专业教育和理论研究旅程的长途跋涉。这一开始，就是整整十年！

十年过去，培养了十届商务策划专业大学本科毕业生。他们走向社会，服务于全国各地的企业，成了商场上的骨干和精英。

十年时间，经历了许多的艰难曲折。在商务策划专业的教育教学中，由于长期缺乏严谨系统的教材，教师们依靠国内现有的教材，编写讲义，在教学上相当不便，学生学习也常常感到吃力。编写适合商务策划专业的系统、严谨、科学的教材，成了商务策划专业发展的当务之急。幸得北京大学出版社的有识之士慧眼独具，邀请有关专家与商务策划专业长期进行学术和教学研究的教师们一起，以十年来的教学心得为蓝本，历时近两年，终于完成了商务策划系列丛书（第一批）。

商务策划是一门独立的学科。一切将作为企业资源的生产要素投入转化的活动都是商务活动。这个过程能否实现预期目标、达成预期目的，将有限的资源最大限度地加以运用，是策略规划的任务。然而策略规划，并不是简单地对自身意愿进行的规划和描述，而是对组织自身资源能力和资源效力在不同环境条件下的考虑和体察；策略规划，也不是简单地对未来变化进行的预期，也不是阶段性的工作，而是对策略在具体实施和贯彻过程中的监测和控制。这需要强调执行过程与细节控制的企业文化，更需要深谋远虑的智慧和洞察力。商务策划系列丛书正是基于这样的见解，展开理论和实际操作研究，形成了自身的专业特点和科学性的。这使得商务策划区别于企业战略研究，更区别于企业常规工作计划。

同时，商务策划是对组织生产要素的转化活动的研究。换言之，凡是有关企业资源运用的活动都属于商务策划的研究范围。从商务策划角度出发，企业的一切活动是一个整体，企业与其生存的环境也是一个整体，所有企业活动都将影响到资源的获得、运用和再投入，所有的企业活动都对企业价值形成和传递过程产生影响。于是，商务策划便不得不深入到企业的实际，做深入全面的和长期务实的考察和研究，并最终形成针对企业实际资源能力和不断变化的外部环境条件的一系列战略、策略和政策。这样的策划是艰苦的，也是深入细致的，更是科学的、严谨的。

从这个意义上讲，这次出版的商务策划系列丛书（第一批）还远没能勾画出商务策划的要义与精髓。真正准确完整地展现商务策划，还有赖于更多的从事商务策划专业教育和关注商务策划理论与应用研究的有志之士的参与。

这次出版的商务策划系列丛书（第一批）包括《商务策划原理》、《策略思维》、《市场研究》、《企业资源发展策划》、《项目策划》、《市场实验设计》、《市场发展策划》、《促销策划》、《公关策划》和《广告策划》，共十本。基本上都是立足于企业市场行为展开的。其中，《商务策划原理》和《策略思维》更多地从策略本体的角度进行研究；《项目策划》、《企业资源发展策划》从企业资源运用的角度思考企业资源效力在特定环境下的配置；《市场实验设计》与《市场研究》从企业市场行为考察市场环境，尤其是消费者（客户）的行为与构成状况，力图给企业提供切实可用的分析工具；《市场发展策划》、《促销策划》、《公关策划》与《广告策划》则从企业如何掌握并有效地运用市场工具来实现企业市场预期的角度，进行应用水平的研究。

商务策划系列丛书（第一批）的出版，要感谢北京大学出版社经管事业部的林君秀主任和责任编辑熊少萍、张静波，是他们的辛勤劳动和无私工作，使丛书具有了严谨的文字和严肃的风格；感谢重庆工商大学商务策划学院的领导和同事们的热情支持和理解，他们给予了丛书宽松的文化氛围和友善的督促，同时还热心地分担了丛书写作过程中的许多曲折工作；感谢形成这套丛书的友好企业，长期以来它们为丛书的编著者们提供了进行研究的基地，理应分享属于它们的光荣；还要感谢丛书中涉及的专家学者以及在企业实际工作中脚踏实地、勤苦工作的人士，他们的真知灼见，使丛书不至于空泛和虚浮。

正如丛书脱稿时编著者们长出一口气后共同的感受：还有很多的不足！“文章千古事，得失寸心知。”读万卷书，行万里路，真正的研究还远没有完成。愿后续出版的丛书更进一步，以不辜负如此众多的热心人。

丛书编委会

2005 年 8 月

第二版前言

时光荏苒，《促销策划》第一版出版的情景还历历在目，屈指却已有六个年头。六年来，本书先后重印六次，并被中央广播电视大学评选为指定教材。在此期间，笔者接到来自各行各业读者的来信，有企业家、营销管理者，也有大专院校的老师和同学。众多来信称赞此书系统梳理了促销策划的相关理论，并有效地与我国企业营销实践相结合，为校园内外的读者指出了一条促销理论与商业实战相结合的道路。

身负读者的厚望，本次修订工作历时近一年时间。从修订版的内容与结构上看，主要有如下改进：

1. 对全书结构进行新的调整：在沿袭第一版以策略设计、策略评估和策略控制为主线的基础上，将促销媒介、促销方法等内容置于策略设计之后，使本书结构更加紧凑合理。

2. 增加了"促销方法的综合应用"、"消费者行为理论"、"中国消费者特有的消费心理"等章节，改良了"促销传播媒介的增效策略"等章节，使本书在理论体系上更加完善。

3. 更新了部分新的案例、观点和最新统计数据，使本书在保持原书总体风貌的同时，展现时代最新特点。

第二版由姜玉洁、李茜和郭雨申合力完成，由姜玉洁拟定写作大纲，组织全书的研究和编写工作。本书作者分工如下：姜玉洁修订编写第一、二、三、八章，并负责全书的修改统稿；李茜修订编写第四、五、六章；郭雨申修订编写第七、九、十章。在写作过程中，成员们多次深入探讨，几易其稿，最终形成此书。

本书的完成，得益于各方面力量的鼎力支持。这里特别感谢本书第一版的广大读者给我的支持与鞭策，感谢北京大学出版社经管部各位员工的辛勤工作，感谢重庆工商大学商务策划学院的各位领导和同仁给予的真诚理解。在第二版的写作过程中，本书作者大量参考、引用了前人的研究成果和案例，虽在书中做了相应注释，但仍有不周之处，在此一并致以诚挚的感谢。

限于作者水平，此书在体现我国营销管理中的最新实践成果，以及在方法论的使用等方面仍有不足，敬请广大读者不吝指正。

姜玉洁

2010 年春于重庆工商大学

目录

第一章

促销策划概述

教学目的和要求

1. 掌握促销的定义、特征和分类，以及促销在企业营销中的作用；
2. 了解促销产生的原因和发展现状；
3. 理解策略及策略规划的概念和基本原理，掌握促销策划的含义；
4. 明确本书的研究范围、企业策略规划的结构和相关基础概念。

引言

在营销研究领域中，“促销”这个术语常常被用于多种用途，承担了过于混杂的含义。出于严谨的思维、学习、研究以及应用的需要，我们在研究促销策划之前，需要对促销究竟是什么进行分析和界定。

因此，在本章里我们需要回答以下三个基本问题：

第一个问题：促销是什么，不是什么；能做什么，不能做什么。随着这个问题得到解答，我们可以进一步思考促销这种市场工具与其他市场工具究竟有什么不同。

第二个问题：什么是策略规划。尽管在本系列丛书之一的《商务策划原理》里已经有很详尽的阐述，但是作为本书最基础的概念之一，我们需要再一次回顾。这有助于我们对促销策略有本质的领悟和把握。

第三个问题：什么是促销策划。尽管部分人认为策划是属于浮躁的活动领域，但是我们仍然希望读者能够从系统的角度深入认识促销策划的价值和意义，并从策略规划的本质出发，结合产业实际、企业实际和产品实际，将促销策划运用到具体的营销实践中去。

由于促销是一种重要的、相当复杂的市场工具，因此大多数促销类书籍（包括本书）都是从厂商的角度出发来思考促销策划的。虽然在现实生活中，我们常常见到超市和商场也作为促销活动策划和实施的主体，自主安排各类产品的促销活动，即使有时候厂商并不愿意这样做。

不仅零售商可以自主安排促销活动，对于实力较强的经销商来说，也常常出于各种经营目的开展一些促销活动。

这使得促销主体变得复杂起来，它包括了厂商、经销商、零售商等与促销相关的组织。在促销主体较为复杂的情况下，促销对象也开始混杂不清。现实生活中常常会出现这样的情况：某个组织既是促销主体，又是促销对象。以零售商店为例，它既是厂商和经销商的促销对象，也是对消费者进行促销的促销主体。

本章中，我们将厂商、经销商、零售商和厂商销售人员之间的促销，看成是促销主体对促销对象购买行为实施的一种积极影响。通过提供某种附加利益，来引导促销对象做出促销主体希望的行为。一旦上述各方为了扩大自己的利益来思考这个问题，多方相互促销就变成了一种博弈行为。但要深入分析和思考这样的问题已经不在本书范围之内了。

对促销策划的研究与学习是一个愉快而又令人激动的历程，现在就让我们从最基础的地方开始这段愉快的旅程吧！

第一节 促销概述

一、促销的定义

促销作为营销组合的要素之一，真正为人们所认识是在20世纪五六十年代，与当时兴起的营销管理学派密切相关。乔尔·迪安（Joel Dean）和彼得·德鲁克（Peter Drucker）50年代初的著作为营销管理学派的兴起扫平了道路。在此基础上，麦卡锡（McCarthy）在《基础营销》（*Basic Marketing*）（1960年）一书中首次提出了众所周知的营销4Ps的观点。该观点认为，营销管理的任务是通过对四个主要营销要素——产品（Product）、价格（Price）、地点（Place）、促销（Promotion）的处理，开发出解决竞争性营销问题的独特方案。

麦卡锡在《基础营销》中第一次正式提出4Ps，以及作为4Ps要素之一的促销概念，距今已经四十多年了。在这期间，促销的概念也在人们的营销研究和实践中得到了进一步升华，并出现了各种不同的定义。

但是，需要指出的是，本书研究的促销并非麦卡锡当年所指4Ps要素之一的促销，而是指属于该促销中的与广告、公共关系、人员推销处于并列关系的一个子要素：销售促进（Sales Promotion，SP）。如果我们把前者叫做“广义促销”的话，本书所指的促销也可称作“狭义促销”，在国内的部分著作中又被译做“营业推广”或“销售推广”。我国营销学泰斗、中山大学教授卢泰宏先生在其著作中称之为“实效促销”。

下面是部分学者关于促销（SP）的定义，在对这些定义做出分析之后，我们对促销（SP）本身的内涵和外延会有更清晰的认识，同时得出本书对促销的定义，以及这些新定义的特点和思想内涵，这种思想内涵将贯穿全书，我们会在以后的各个章节中体会到。

（一）几种不同的定义

1.“销售促进（Sales Promotion）是营销活动的一个关键因素，它包括各种短期性的刺激工具，用以刺激消费者和贸易商迅速或大量购买某一特定产品或服务。”①

由科特勒的定义，我们引发了以下对促销的思考：

首先，促销是营销活动的一个关键因素。这是针对促销在营销活动中的地位而言的。需要说明的是，从系统的角度看，营销链条中任何一个环节的缺失都将导致营销活动达不到预期目标。也就是说，在脱离实际背景时，营销的任何因素都是关键因素。然而从策略的本质属性来看，我们希望看到的是多种市场工具沿着目标的方向发生协同效应，而这些市场工具的巨大协同作用只有在实际中才会表现出来。

其次，促销是一种短期性的刺激工具。从严格的学术角度思考，我们将产生这样的疑问：究竟什么样的时间期限属于短期？尽管这样的问题看起来有些吹毛求疵，但是作为促销策划人员，必须清楚地认识到促销的具体时间段，而不能简单地概括为短期或者长期。

最后，促销能够达到的效果是使“消费者和贸易商迅速或大量购买某一特定产品或服务”。换言之，即直接提升销售量。值得我们考虑的是，促销的结果是否只是直接提升销售量呢？如果说销售量的提升是促销活动成功的一个必然结果，那么产生这种结果的实质是什么？这样的实质是否还会引发其他的结果？我们需要进一步思考。

2.“促销是以人员或非人员的方式，帮助和说服顾客购买某种产品或劳务，或者使顾客对卖方产生好感。”②

3.“（促销）是人员推销、广告和公共关系以外的，用以增进消费者购买和交易效益的那些促销活动，诸如陈列、展览会和规则的、非周期性发生的销售努力。”③

从上述两种定义可以看出，美国市场营销协会的定义具有以下特征：

第一，促销是与人员推销、广告和公共关系不同的工具。这样的界定是直

---

① 菲利普·科特勒：《营销管理》（第11版），上海：上海人民出版社2003年版。

② 美国市场营销协会，转引自陈放、谢弓：《营销策划学》，北京：时事出版社2000年版。

③ 美国市场营销协会，转引自卢泰宏、朱翊敏：《实效促销SP》，北京：清华大学出版社2003年版。

接从概念的外延做出的，而逻辑上的顺序正好与之相反。因为只有我们明白了各种工具的完整内涵以后，才能够推断出人员推销、广告和公共关系与促销的关系。

第二，促销的方式是“以人员或非人员的方式”。从学术的角度来看，这样的表述本身是很含混的，意味着所有的方式，尽管在后面的描述中对方式进行了一些限定。同时美国市场营销协会将促销描述为“诸如陈列、展览会”之类的“促销活动”，该定义是从现象来描述促销，并没有描述出促销更深层次的内涵，这使我们很难从这样的定义中得到“促销的方式还可能是什么”之类问题的结论。

第三，促销是“用以增进消费者购买和交易效益”的活动。尽管“增进消费者购买”或者“使顾客对卖方产生好感”依旧属于现象描述，但认为促销是用来“增进交易效益”的观点却很值得肯定。当然“规则的、非周期性发生的”让我们依然认为该定义缺乏对概念本质的认识与思考。

类似于这样的思考既有趣又有意义。我们可以沿着上述方式对以下几个定义做出相应的思考：

4. “促销行动的一般定义：开展促销行动的目的是赋予产品能够促进或便利消费者使用、购买或销售的临时性好处。如果这些好处的受益者是消费者，这种促销就称为‘消费促销’；如果是经销商，就称为‘经销促销’。”①

5. “销售促进，是企业行销活动的一种促销艺术和科学。从狭义而言，是指支援销售的各种活动。凡是以创造消费者需求或欲望为目的，企业所从事的所有活动均属促销范畴。……简言之，企业促进消费者对产品产生渴望或愿望的行动，就是销售促进。”②

6. “促销就是通过信息传播和说服活动，与个人、组织或群体沟通，以直接或间接地促使他们接受某种产品。”③

7. “市场促销是在充分考虑费用—效果的基础上，使用一系列手段或技术把产品或服务以外的附加价值传递给销售商、经纪商或最终用户，以此去实现某个销售目标或市场目标。”④

---

① 雅克·朗德维、德尼·林顿：《市场营销学》（第5版），北京：经济科学出版社2000年版。

② 樊志育：《促销策略》，上海：上海人民出版社1995年版。

③ *Marketing Today*，转引自陈海鹏、时莉：《促销经理手册》，北京：企业管理出版社1999年版。

④ 凌宁：《促销策划——国际流行的市场促销法》，北京：中国经济出版社1997年版。

（二）本书对促销的定义

当我们对以上7种定义的要素进行归纳和分析后，发现上述定义均从不同侧面揭示了促销的几种特性：

1. 具有明确的时空限制；

2. 提供临时的附加利益；

3. 研究对象是厂商、中间商与消费者；

4. 能够对内部销售人员、中间商或者消费者带来实质性的影响，这一点具体体现在直接拉动销售。

综上所述，本书对促销的定义如下：

促销是一种有明确目标的市场营销工具，它是指厂商在一定的预算范围内，针对明确的时间阶段、地点和顾客群，提供一些临时性的附加利益，以实现对消费者、中间商以及厂商销售人员交易行为的积极影响。从具体的表现形式看，促销这种市场营销工具包括了促销活动和促销要素两个层面，前者是指使用各种促销方法的具体营销活动，后者是指包括陈列、包装、零售终端设计和现场宣传品等在内的各种营销要素。

在本书中，我们将“消费者、中间商以及厂商销售人员”统称为“促销对象”。

二、促销的作用

在当今社会中，促销常常发生在我们身边。当你在超市选购了某一品牌的咖啡时，你将有机会获得一个咖啡杯子或者某一食品店的优惠券。有时候，一些优惠券也会出现在我们喜欢阅读的杂志里，甚至每次当你走进超市时，都会见到特价产品在出售。

正如我们在前面的定义中所指出的，促销是一种具有明确目标的市场营销工具，它能够提供一些额外的利益，并最终对促销对象的购买行为产生积极影响。因此，促销的作用主要体现在以下方面：

（一）协助厂商实现整体营销战略

促销作为一种市场营销工具，其主要作用是协助实现厂商的整体营销战略。具体体现在：加快新产品进入市场的进程，抵御和击败竞争对手的短期市场攻势，保持市场份额和市场地位，通过销量增长来协助实现产品及其关联产品的市场发展或市场退出。

（二）加强与消费者的沟通，引导消费者的购买行为

大部分针对消费者的促销活动，都提供一些购买该品种而不去购买其他品

种的理由，从而刺激消费者购买。由于提供附加利益刺激了消费者的购买，带来了促销产品销售量的直接增加，同时起到了说服未使用的潜在消费者初次使用，说服已使用的消费者再次购买及建立购买习惯的作用。

促销改变着消费者对产品或服务的品牌认知，这是传统促销理论的观点。除去直接提升销售外，促销也在一定程度上影响着消费者的品牌选择。他们中的一些人会保持对某一品牌的钟爱，而不受促销活动的影响，但另一些人则会因为诱人的利益刺激而抛弃以往钟爱的品牌。

促销还会影响人们的购买时机和数量。当遇到自己喜爱的品牌做促销活动的时候，一些老用户可能会买一些储存起来；而那些时常改变主意的消费者也会做出临时决定，购买少许放起来。因此，厂商促销会经常发生如图 1-1 所示的情况。在促销活动期间，产品的销量会从未促销前的 B 增加到 A，上升幅度较大；一旦促销结束，在接下来的一段时间内，产品的销量可能会下降到 C，低于促销前的 B。

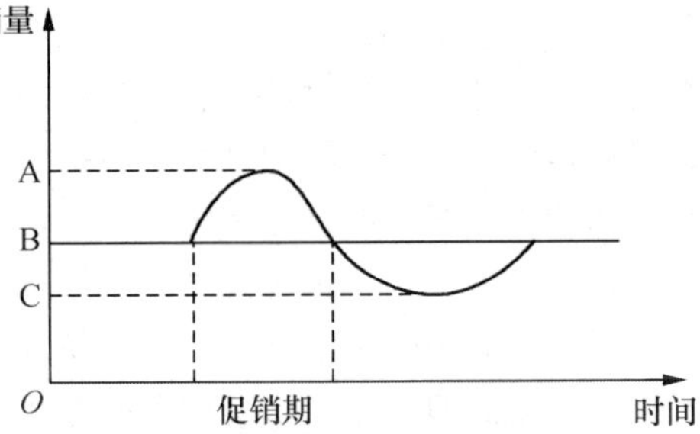

图 1-1 促销活动引起销量变化图

进一步说，促销引导消费者的认知和购买行为发生变化，还会形成新的市场细分基础。换而言之，促销还是对细分市场的一种变相管理，因为真正有价值的市场细分标准来自于消费者的心理与行为特征。比如，购买某品牌的咖啡将获赠一个 300 毫升咖啡杯的促销活动，初看只是一个简单的附送赠品促销，但由于 300 毫升杯子适合一次冲泡两小袋咖啡，无形中引导消费者加大了一次使用量；同时，该品牌的咖啡还通过促销杯的杯壁图案，提醒和引导消费者在午休的时候喝咖啡。这些行为都是在开辟一个新的细分市场，即中午喝大量咖啡的新需求市场。

（三）引导中间商的经营行为，实现双方的长远合作

尽管营销关心的实质问题是对相互满足的交换关系的认可、创造与维护，而对于经销商和零售商来讲，则直接体现在通过贸易获得毛利来支持生存和发

展。本书出于分类与叙述的考虑，使用“中间商”来专指各类经销商和零售商。

通过促销策略的调整来引导中间商的行为。在实际的营销活动中，厂商常常通过促销活动向中间商提供利益上的刺激，如特殊的折扣、赠送礼品、销售奖励和附赠产品等。当这样的利益刺激得到中间商热情配合和响应的时候，会直接影响到他们所经销的同类竞争产品流向终端消费者的速度，并最终影响到竞争产品的销量。正是由于这样的原因，我国实战派的营销人士，对厂商针对中间商的交易与促销活动赞誉有加，并把销售渠道这种突出的推动作用称为“渠道为王”。

借助促销活动，可以增强厂商与中间商的良好互动关系，帮助厂商维护客户关系。当厂商谋求与中间商长远合作的时候，将不仅仅思考提供基于财务利益的刺激，还需要思考提供基于心理利益的综合利益刺激，比如提供管理培训与帮助，采取会员或俱乐部的促销方式，这些方式都有利于实现双方的长远合作。

（四）加强内部销售人员管理，挖掘销售潜力

厂商常常对内部销售人员进行销售激励，因为这样的激励能够激发销售人员的士气和成就感，提高他们销售产品的积极性，为销售人员提供更大的发展空间。其主要方式是采用销售竞赛，即引导销售人员将自己的工作目标放在提高他们的业绩指标上，这也可以说是对销售人员业绩管理和报酬体系的一种补充。这种与销量目标联系在一起的促销活动被许多公司广泛采用。据欧洲某公司的一项调查显示，大约有3/4的公司采用这种竞争方式来激励销售人员和挖掘销售潜力。

促销的上述作用再一次揭示了促销的实质，即厂商通过为消费者、中间商和内部销售人员提供各种附加利益，进而产生有利于销售的积极影响。

三、促销的发展

（一）促销在近年来的发展

从目前的发展趋势看，近二十几年来，促销经费在企业营销业务预算中的比例不断提高，企业用于促销的支出的增长速度，已经超过了广告开支的增长速度。这种趋势在日用消费品和半耐用消费品（家用电器、家具、汽车等）领域尤为明显。一些制造商用于促销的费用预算已经与广告费用持平，有的甚至超过了广告的水平。再来看下面一些数据：

1980年，美国的广告费用为530亿美元，用于促销（包括样品展示、赠券、打折等）的花费为490亿美元。到了2002年，仅地区和国内的广告投入就

上升到 2 400 亿美元，针对消费者和零售商的促销费用更涨至 2 500 亿美元。如今，在美国的许多日用品行业中，销售促进费用已经占到促销总预算的 60%—70%。甚至早在 1986 年，据 Donnelley 市场调查显示，美国当年大约投入了 1 020 亿美元用于促销，这个数字是当年广告费用的 1.8 倍。

根据《日本经济新闻》统计，1991 年日本全国促销总费用是同年广告总额的 2.5 倍。

当我们拉开时间的帷幕，再次审视促销的惊人发展时，我们发现传统的促销集中在快速消费品中，而现在的促销已经越来越广泛地应用于各种不同领域，如耐用消费品、金融服务和房地产等众多行业，成为最常规、最常见的市场工具。

面对这样的状况，我们不禁会问：是什么使促销在最近 20 年内如此迅速地发展起来？按照通常的分析思路，我们将从企业的外部和内部两个方面来得出这个问题的答案。

(二) 促销得以迅速发展的原因

1. 外部因素

从外部因素看，促销迅速发展主要有以下一些原因：

(1) 广告效率的降低和广告法律约束的加大

随着电视广告、报刊广告等媒体费用的增加，广告费对大多数公司来说已经成为一笔巨额的负担，尤其是在营销经费紧张的时候。同时，由于媒体的多样性和诸多广告的嘈杂，越来越多的人开始怀疑广告的有效性。根据威尔士大学加的夫商学院肯·皮迪（Ken Peattie）的观点："人们越来越怀疑广告的有效成本，缺乏结论性的证据而直接将广告与消费者的偏好和购买行为相联系，以及消费者对广告的明显敌意都增加了我们的怀疑。可遥控电视机的出现，使广告遭到了'毁灭性'的打击，也使电视广告商对其获得目标观众能力的信心产生了动摇。"（1994 年）

另外，许多国家针对部分产品出台的广告法律约束，也使得厂商运用广告工具时有了一些障碍，进而将眼光投向其他的市场工具，如促销。

(2) 竞争对手越来越频繁地使用促销手段

从竞争的层面上看，多数传统行业已经步入供大于求，或者叫做结构化过剩的时代，同类产品和品牌数量大增，许多产品处在同质化程度很高的状态，行业内竞争变得异常激烈。此时，竞争对手越来越频繁地使用促销手段，厂商如果不采取相应的防御措施，将会导致产品市场份额的减少和公司竞争地位的降低。出于这种考虑，厂商通常会主动发起或应对各种促销行动。当行业中的多数企业都这样考虑的时候，促销的方式、力度和频率就会在竞争中逐渐增加。

(3) 顾客更加看重交易中的实惠

从消费者层面来看，根据美国购买协会的报道，约有80%的购买决定是在即时的条件下做出的。可见，即时性的促销活动能够对消费者产生立即购买的效果。同时，消费者在购物时日趋理性，对一些同质化程度很高的产品，他们对其是否能够带来更多的实质性利益变得越来越敏感。

中间商也利用商业资本开始向厂商施加压力，要求厂商提供更多优惠，甚至认为给予优惠属于商业惯例。在这样的环境下，厂商提供具有吸引力的促销也属必然。

2. 内部因素

从内部因素看，建立快速应变的营销管理机制和厂商管理意识的转变是促销发展的重要因素。

(1) 厂商需要快速适应市场变化

在众多竞争激烈的行业中，市场环境在不断地发生变化，缩短了产品的生命周期，迫使厂商必须对各种变化做出更加快速的反应。促销活动帮助厂商快速了解和适应这种变化，并提供相对于电视、报纸等大众传播更快速、更经济、更明确的中众或小众传播宣传。因此，相对于广告、公共关系等市场工具而言，促销无疑是快速适应市场变化的较具吸引力的工具之一。

(2) 厂商管理层意识的改变

经过数十年的发展，促销作为一种有效的市场工具，越来越为更多的企业高层管理者所接受，这就为更多的营销经理和基层管理人员使用促销工具创造了条件；同时，营销经理和基层管理人员也为实现增加销售额、提高市场占有率等目标，在自己的职权范围内更广泛地使用各种促销工具。

【案例1-1】　香烟制造商由广告转向促销[①]

从1990年12月1日开始，香烟广告再也不能在电视及电台上公开播放。中国香港特区政府的这一规定无疑给香烟商带来了非常不利的影响。针对这一情况，香烟商开始转向其他方式加强宣传攻势。

沙龙（Salem）香烟就是一个很好的例子。在香烟电视广告禁播之后，沙龙马上在红磡体育馆推出免费音乐会，请来了著名司仪和众多流行歌手参加音

① 卢泰宏等：《实效促销SP》，北京：清华大学出版社2003年版。

乐会。入场不收分毫，唯一的条件是18岁以上的吸烟人士才可入场。由于演唱会阵容强大，而且又是免费的，所以引起了一时的轰动。

流行音乐主要受到年轻人的喜欢，沙龙的免费音乐会自然吸引了不少年轻人参加，由于广告指明吸烟人士才可入座，因此，演唱会的观众大多数都是沙龙的目标顾客。而且年轻人有一个共同的特点，就是善变及爱好新奇事物。在演唱会期间，沙龙当然会想尽一切办法渲染沙龙的"动感世界"。这样一来，部分原来吸其他牌子香烟的观众，也可能受到现场气氛的感染，而决定尝一下沙龙的口味，这样沙龙的宣传目的就达到了。

另一展开实惠攻势、赠送礼品的香烟商是薄荷特醇星徽。它在广告内以"双重享受，超凡优惠"为题向消费者送大礼。凡购买特醇星徽一包，便可获赠林子祥最新的镭射唱碟10元现金优惠券。在20世纪90年代初期，镭射唱碟价格昂贵且盛行于中产阶级，而林子祥又属于成熟型歌手，这与该香烟商的促销对象集中在较成熟的中产阶级消费者是一致的。促销活动最终得到了广大目标消费者的热烈响应。

【案例1-2】 国际促销大奖①

法国戛纳国际广告金狮奖（Cannes Award）和美国基奥奖（Clio Award）是世界广告大奖。而促销活动的最高荣誉，则是美国促销广告协会主办的雷芝促销大奖（Reggie Award）。

雷芝促销大奖已有近二十年的历史。每年选出10个最优秀的促销个案，作为业内典范。评选的条件为概念的原创性、制作技巧、达成促销目标，以及建立该品牌的价值。荣获1996年最高荣誉雷芝超级奖的有：宝马汽车与米高梅联合影艺公司的联合促销活动、国家西敏寺银行的促销活动、奥斯加美亚香肠的促销活动。

国家西敏寺银行简称"国西银行"，以"我们可为您做任何事"等处处体贴客户的主题进行促销活动，从而勇夺雷芝促销奖。美国银行业竞争激烈，不少银行以优惠利率和赠品促销，国西银行的目标则是为现有顾客及潜在顾客提供体贴周全的个人服务。

为达到这一目标，国西银行举办系列音乐活动，使顾客及职员均能感受到个人服务的信息。所有与分行职员会面或填完顾客资料问卷的人士均可获赠镭射唱片或盒带，并有8种不同音乐可供选择。另外所有顾客均可参加抽奖，奖

---

① 卢泰宏等：《实效促销SP》，北京：清华大学出版社2003年版。

品为镭射唱机。国西银行通过这些活动取得客户的资料，以方便日后分类联系。此外，各分行经理均有权派发美国最受欢迎的爵士乐手雷·查尔斯的演奏会入场券，作为赠送给员工和顾客的礼物。国西的促销活动还配以电视广告、邮递广告、海报及其他展示广告，向大众全面介绍这个音乐促销活动。经过举办这项活动，国西银行取得了十分理想的业绩：申请该银行信用卡的人数增加了156%，按揭申请增加了85%，个人信贷和商业信贷亦增长了55%，许多企业也纷纷要求由该银行代理雇员发薪。国西银行的内部职员也增加了对本银行的兴趣，要求获取更多的银行产品资料，向顾客和自己的亲友进行介绍。

通过一项招募广告演员的活动，奥斯加美亚香肠也成功地取得了商户的支持，加深了消费者对该品牌的印象。奥斯加美亚香肠招募广告演员的促销活动于暑期在800家商店同时举行，4—12岁的小孩均可参加试镜。20名获奖者均获得了迪斯尼乐园旅游四人套票，以及可为该香肠广告唱广告主题曲的奖励。另外每个城市还选出优胜者，可获100美元现金奖励和一部遥控模型香肠车。为鼓励商店进货，该公司提供了7 500部有趣别致的模型香肠车，送给每家愿意摆放50箱香肠在店内的小商户。除此之外，该公司更向10 000名代理商赠送系列广告展品，如海报、吊饰、香肠脚踏车模型等。经过一连串的活动，参加广告演员招募比赛的人数比媒介预期报道的多了许多，产品的市场占有率增加了10%，销量增长了18%，销售额增加了40%。

四、促销的特征

促销是一种常见的市场工具，其最重要的特征在于，它是战术性的市场工具，而非战略性的市场工具。这里的战术性是指，促销通常是在特定的时间段内，由各局部市场的管理机构来策划实施，并最适合局部区域的市场状况。

促销所提供的短期刺激，会影响到促销对象的直接购买行为，而且它的影响是针对特定时间、特定区域的促销对象而言的；同时，它的效果也是有限的。有人曾经用“强心剂”和“补药”来比喻，促销所起到的效果无疑属于“强心剂”的范畴。

促销的战术性特征不仅表现在上述的针对性和局限性上，还表现在它的即效性、可控性和创新性上。这里，即效性是指大部分促销活动针对的是消费者的即时购买；可控性是指促销的投入成本相对较小，活动辐射范围有限，更容易为厂商所控制；创新性是指促销活动可借鉴的理论较少，要求厂商对促销活动进行灵活性、创造性的设计。

值得一提的是，在营销实战中，如果没有明确的目标导向，单纯用促销去拉动销量，结果很可能是用明天的销量换今天销量的增加。而在实际工作中，营销经理和基层管理人员有时候迫于完成计划销量的压力，或急于在任期内有所表现，往往不惜牺牲未来利益来满足现实需要，从而造成注重短期效益的管理倾向。不仅如此，由于没有明确的战略目标导向，过多地运用促销，反而可能破坏了产品的形象，甚至使消费者丧失对该品牌的信心。因此，促销的战术性特征同样要求与企业的整体营销战略相结合，符合整体营销战略发展的目标和方向。

观点

促销的战术与战略①

大多数促销方法都是价值增加型的（增加待销产品的数量与质量），这正如优惠券和折扣一样非常盛行。这种价格导向的促销方法只有在被采用时才会明显地表现出其有效性，它们的盛行已经导致了一种对促销中合理经济范畴的过分强调。促销中任何长期的效果，通常会使消费者心中的品牌产生负面的潜在贬值，或是对商品的“正常”价格产生一种抵触情绪。

作为一种战术性武器，厂商可以对竞争者之间的广告大战或新产品介绍产生有效而快速的反应。对新产品或广告大战产生影响一般需要数月甚至数年，但自从我们改变了以前的促销方法，并给予一个新的名称重新使用之后，这种促销只需数周就可以了。当开发出较多的战略性措施之后，我们就可以使一个公司在短时期内发展起来，同时促销还可以弥补其他弊病。让我们举个例子来说明。在联合航空公司的员工持续罢工了55天之后，公司的董事们都担心必须用7个月的时间才能重新获得已失去的市场份额。然而，他们的销售队伍提出将飞机票打折销售，这一举措只用了7天时间就使公司恢复了从前的市场份额。

自从20世纪80年代以来，许多公司在促销管理中更加注重战略思想的研究。这些公司想了解那些能够有效避免盲目削价、树立品牌形象、培养顾客对品牌的偏爱与忠诚，以及对抢占市场份额产生重大影响的战略。

① 迈克尔·J. 贝克：《市场营销百科》，沈阳：辽宁教育出版社1998年版。

五、促销的类型

按照不同的分类方式，促销可以分成不同的类型：

（一）按促销主体分类

促销活动从实施的主体看，分为厂商促销和渠道促销。

1. 厂商促销

即产品制造商或服务供应商作为促销主体，针对中间商（各级经销商和零售商）、消费者和内部销售人员开展的各类促销活动。

2. 渠道促销

即各级经销商或零售商作为促销主体，针对次级经销商、消费者和渠道内部销售人员开展的各类促销活动。

（二）按促销对象分类

以厂商促销为例，促销活动从实施的对象看，分为推式促销和拉式促销。

1. 推式促销

是指以中间商或内部销售人员作为促销对象的各类促销活动。在推式促销中，厂商通过各类促销活动，把产品推广给经销商或零售商，激励内部销售人员积极开发市场、扩大销售，鼓励中间商更积极地向消费者推广自己的产品。这种将产品在渠道中推动的促销方式，被形象地称作“推式促销”或“经销促销”。例如，承诺向那些在商店里为自己的洗衣粉“安排优越货架”的经销商赠送一台彩电的行为，就是一种“推式促销”。

2. 拉式促销

是指以终端消费者作为促销对象的各类促销活动。在拉式促销中，厂商通过各类促销活动，促进消费者购买本企业的产品，进而产生零售商向批发商求购商品，批发商向厂商进货的良性循环。这种拉动产品销售的促销方式，被相应地称作“拉式促销”或“消费促销”。例如，“凡购买一桶洗衣粉者可获赠一张价值3元的优惠券”的举措，就是一种“拉式促销”。

厂商选择“推式促销”还是“拉式促销”，应根据具体的市场环境、产品特征和财务预算而定。值得注意的是，无论选择哪种促销方式，厂商都必须争取零售商的配合，并对经销商实施有效的控制。

（三）按促销能够提供给顾客的附加利益分类

在本系列教材的基础理论中，我们把产品或服务的本质特征界定为：购买方满足利益需要的载体。这样的利益需要包括性能利益、财务利益和心理利益。这三个利益结合起来形成了顾客的利益结构，不同的利益结构满足顾客需要的程度和方面是不一样的。

促销是能够提供产品附加利益的有力的市场工具。从这个角度看，可以根据促销能够提供给顾客的不同附加利益进行分类。以针对消费者的促销为例：

1. 以提供财务利益为主的促销

某些促销方法能够为消费者提供实际的价格减免，使他们从直接的价格差中获得经济利益的满足。这类促销方法主要包括折价、优惠等。

2. 以提供心理利益为主的促销

另外一些促销方法还能通过产品的品牌、实物、赠品以及购买过程，满足消费者的各种心理利益。这类促销方法主要包括赠送免费样品、有奖促销等。

3. 以提供性能利益为主的促销

除了上述两种利益外，有些促销方法还能够通过产品的性能、质量和各种实质性的技术特点，提供给消费者一些额外的附加利益，使他们感受到性能利益的满足。这类促销方法主要包括服务促销等。

六、促销与广告

促销通常被认为是营销沟通的一部分，它提供了大量与其他营销沟通方法相结合的机会。但是，要划清整个营销沟通领域的界限是相当困难的，正如促销与广告、公共关系不可能区分得非常明确一样。例如，像展览会、公益赞助等促销方法就是促销与公共关系之间的一块交叉地带，这些活动给潜在消费者一些额外利益，如文娱节目、免费参观和使用等，同时也向公众展示了企业的形象与个性。

促销与广告是营销活动中的两大市场工具，在企业的营销费用预算中，二者互为最主要的竞争性因素，因此经常被描述成营销沟通中两种对立的方法。

（一）促销与广告的不同

促销与广告除了在使用的技术上有明显的区别外，在营销沟通的目标上也存在显著的差异。

1. 广告提供购买理由，促销提供购买激励

广告传播产品销售的信息，给消费者提供某种购买的理由；而促销则是在特定时间内提供给消费者某种购买的激励，这种激励来自于促销主体提供的各种附加利益，可以是金钱、商品，也可以是一项附加的服务。

2. 广告追求长期效果，促销侧重短期反应

广告通常都是做长期考虑，它并不寻求消费者立即反应，其目的是培养消费者对品牌的长期忠诚度、建立品牌形象、创造品牌价值等；而促销则是为了获得消费者的立即反应而设计的，针对的是短期的销售效果，其目的是即时的销售增长。

3. 广告建立和提升品牌形象，促销促进品牌试用和大量购买

在建立品牌形象、扩大品牌知名度及在竞争中为品牌定位等方面，广告的效果一般较好；在刺激消费者试用新品牌、促使消费者大量购买某品牌方面，促销又远比广告有效果。

（二）促销与广告的互补作用

促销与广告之间也存在着很好的补充作用。两者联合使用与只使用其中一种相比，在营销效果上会大不相同。尤其当两者同时使用时，还会产生比它们单独使用时的效力之和更大的作用。例如，新产品上市时，广告和免费赠送产品相结合，可以产生很好的互补作用与相乘效果。又如，胶卷广告的发布和促销摄影比赛的举行，不但有短期的促销效果，更可以提高消费者的兴趣而引起他们对品牌的好感。可以说，在广告的配合支持下，促销通常能够产生更好的效果。

对企业而言，最理想的方式是使用广告抢占市场，建立品牌忠诚度，使消费者有长期的信心；同时使用促销与优势品牌竞争，提高本品牌产品的回转率，增加消费者对产品的冲动购买等。

（三）不同促销方法对广告效果的作用

不同促销方法在技术上和目的上都是不一样的，它们对广告的作用也是不一样的。不同促销方法对广告效果的作用如表 1-1 所示。

表 1-1　促销对广告效果的作用

促销方法	相反作用	补充作用
价格折扣	价格折扣会破坏品牌形象，使用过多时会引起消费者的怀疑而降低品牌忠诚度。可利用特殊的时机进行价格折扣，以降低所产生的反作用	几乎没有
优惠券	优惠券会破坏品牌形象。应尽量以特定对象及优惠券本身所具有的价值感来减少反作用	报纸或杂志上的优惠券可以提高对广告的关注率；邮送的优惠券还可附带产品信息

（续表）

促销方法	相反作用	补充作用
退费优惠	同优惠券	广告加上退费券可以鼓励零售商进货
赠品	价值过低或没有创意的赠品会引起消费者不满，并赠加对品牌的不良印象	当广告难以强化商品的差别化时，可以把赠品作为差别化的工具
抽奖	可以创造立即的销售效果，但未获奖的消费者可能产生挫折感，从而影响对品牌的偏好	广告加上令人心动的抽奖活动，会提升消费者对产品的了解及兴趣
游戏	寻求销售的短期效果，对产品形象帮助不大	有趣味的游戏不会破坏产品形象，还可以通过问答式的游戏增进消费者对产品的了解
竞赛	只能针对特定对象，对产品形象的普及帮助不大	竞赛结果的发表，可以加强商品广告的诉求
持续购买激励	忠实的购买者不必有奖励方法也会持续购买，而其他购买者通常更喜欢立即报酬，因此用该方法来维系品牌忠诚度，不一定比广告有效	以通过广告来提升品牌形象为目标时，可用该方法帮助实现广告的作用
免费样品	很少有反作用，但因费用太高，常常会影响广告预算的分配	广告加上试用机会，会使效果加倍

观点

销售促进与广告①

今天，许多营销经理首先估算经销商促销的费用，然后是消费者促销的费用，余下的用于广告预算。然而，让广告落后于销售促进是很危险的。广告通常用于建立品牌忠诚，而销售促进会减弱品牌忠诚度。如果某个品牌常靠价格来促销的话，消费者会认为它属于便宜的品牌，通常只是作为一种处理品而购买。一个知名的品牌如果有30%以上的时间在打折促销，那就很可能存在危险。处于优势的品牌只是偶尔地运用打折的办法，因为这些折扣的绝大部分将成为对现实用户的一种津贴。布朗对2 500名速溶咖啡购买者的研究结论如下：

① 菲利普·科特勒：《营销管理》（第11版），上海：上海人民出版社2003年版。

(1) 销售促进在销售中产生的反应快于广告；

(2) 由于销售促进主要吸引那些追求交易优惠的消费者，这些消费者只要能获得交易优惠就会转换品牌，因此，销售促进不大会在成熟的市场内产生新的和长期的购买者；

(3) 忠实的品牌购买者不会轻易地由于竞争性的促销而改变他们的购买形态；

(4) 广告表明它能够增强消费者对一种品牌的主要的特殊偏好。

第二节　促销策划原理

随着促销工具的广泛使用，人们对促销效果的认识越来越深刻。如同前文对促销在市场细分、品牌构建中的作用分析中所揭示的那样，我们越来越需要从策略的本质和策略规划的动态流程角度去思考促销这种市场工具。尽管在本系列丛书的《商务策划原理》中已经有了很详尽的论述，但就我们的学习和研究而言，回顾曾经走过的道路，就如同一个在森林中迷路的人，夜晚的北极星总能够指明他前进的方向。

一、策略规划

当我们对促销有了一个清晰的认识之后，在这一节中，我们将继续沿着引言中绘制的地图走下去，回答后面最基本的问题：什么是策略规划，什么是促销策划。后者的答案实际上是促销和策略规划定义的延伸。

（一）策略的含义

“策略”本身是一个带有神秘色彩的词语，早在春秋战国时期就有“筹策”一说，而在春秋战国以前，人们就用各种办法来帮助自己进行策略性的思考。但真正研究什么是策略性思考的并不多。事实上，策略是在特定的环境和资源条件下，沿目标方向放大资源效力的一种智慧操作方式。

作为操作方式，策略具有很强的可实现特征，是指导和引领活动有结构地使用资源的计划路径与行为指南。

策略是目标导向的。策略所引导的操作，是以实现目标为基础的。目标的设计、评价与控制是策略规划工作中不可分离的有机组成部分。

策略又是富含智慧的。高质量的策略，是创造性活动的结晶。策略的智慧特征，具体体现为杰出的差别化与良好的效用价值，即这种智慧的操作方式既是与众不同的，同时又是效果超群的。

策略的关键性功能特征是对资源效力的放大。企业资源的相对不足或资源短缺，是一种较为普遍的现象。在企业的发展过程中，无论是经营现有项目还是开发新项目，都会在人力、物力、财力、时间、技术、信息及所需的软资源等方面面临数量、质量或结构性的不足。

企业是在资源有限的前提下，在不断变化的市场环境中，通过满足有利润的需求去实现发展目标的。这就不仅仅要求企业不断寻求改善资源条件的策略途径，更重要的是从现有的和可以扩展的资源条件出发，因时、因地、因势制宜地组合配置有限的资源，使其产生比等量资源常规配置更好、更强的市场效果，获得更大的投入产出比。优秀企业所追求的策略，是在竞争中以少胜多、以弱超强，是以更合理的资源配置，产生更多的、更有效率的需求满足，从而持续获取更多的利润。

（二）策略放大资源效力的两大途径

就策略的本质特征而言，通过策略使资源效力放大存在两种基本途径：集中与协同。二者在策略中是并存的，策略质量水平越高，这两个特征就越突出。集中与协同之间，也存在相互影响和相互支持的作用机制，且必须要结合起来才能够发挥最大的资源放大效应。

1. 集中

集中是指将优质的独特资源配置于成功关键要素，进而使企业核心能力与成功关键因素相匹配。这里面涉及三个名词：成功关键要素、独特资源与企业核心能力。对这些概念的深刻认识，将使我们在企业的营销实践中，具有更加深刻和全面的洞察能力，以及更加实际的创新能力。

由于企业资源的有限性，就任何一个具体项目而言，对资源进行面面俱到的配置，往往意味着处处受限，其结果可想而知。只有通过选择性地解除一些关键性障碍，集中主要的优质资源，才能突破资源短缺的限制，为实现目标奠定关键性基础。

（1）成功关键要素

在任何一个细分市场中，顾客对于产品或服务的所有特性都有一些基本要求。如果其中一项或多项不能满足顾客，则供应商必须放弃这个市场。但是，顾客很可能更看重产品的一部分特性，这种偏好随着细分市场的不同将会有一些变化。例如，一部分顾客可能对价格特别敏感，一些则关心可靠性，而另一些则强调交货时间等。顾客会在心中自觉或不自觉地根据这样一个简短的产品特性“清单”，从满足他们基本需要的供应商中进行挑选。根据欧洲学派的观点，这些要求被称为成功关键因素。换而言之，成功关键要素就是那些被顾客认为特别有价值的产品特性，企业也正是依靠这些因素才得以超越竞争对手的。不同的细分市场拥有不同的成功关键要素。因此根据消费者心理和行为进行的市场细分，就成为寻找成功关键要素的基础。

由于不同的顾客群会偏好不同的产品特征，企业就需要在各自的基础上，使用不同的资源和能力进行竞争。例如，考虑小型便民店如何在杂货零售上与大型超级市场进行竞争。大型超级市场追求的战略就是利用它的资源（包括超市位置、产品种类等）和能力（包括其所拥有的销售知识、低成本的供应商和计算机管理的物流系统等），向顾客提供更低的价格和一站式消费的便利。对于那些喜欢低价格和一站式购物方式的消费者来说，超级市场无疑比小商店更具有竞争优势，而且小型便利店也不可能拥有像大型超市那样的资源和能力。所以，如果一家小型的街头便利店想具有与超级市场相比的竞争优势，它就要专注服务于那些与超市顾客相比偏好不同的顾客。针对这些顾客，将有不同的成功关键要素，如个性化服务、延长的营业时间、非正式的赊购和送货上门等，而这种有针对性的战略需要具备独特的资源（如店铺位置、店主对市场的认识等）和核心能力（个性化方式、店主和顾客间的关系等）作为支撑。

同样的道理，如果一家超级市场要与其他超级市场进行竞争，也必须通过其独特资源（可能是一个最佳的地理位置或者独特的自制产品，如自制面包）、核心能力（也许是对自有品牌供应的管理）来获得这种行业内的成功关键要素。但是，行业经验表明，尽管在一定时间内，成功关键要素并没有发生改变，但在这段时间内，这些支撑企业获得成功关键要素的独特资源和核心能力却是很容易被模仿的。同样，在相对比较长的一段时间里，成功关键要素也会随着顾客偏好的改变而改变。因此，要保持竞争优势就需要不断地变换竞争基础。建设核心能力是一个不断创新的过程，需要把各个领域的（如品牌开发、营销等）知识联系在一起。

让我们再简单总结一下成功关键要素的基础特征。成功关键要素意味着：这种要素的改变可以导致整个项目的资源要求降低，或者成为持续优势的基础，或者降低项目经营的难度，等等。

（2）独特资源

尽管我们已经知道，对任何企业来说，资源都是有限的，但我们仍然需要对资源有一个整体性的认识。这里，我们重点关注企业的独特资源。

毋庸置疑，企业的任何经营活动都与资源分不开，一个企业的能力就是由配置在其中的资源来创造的。企业资源既包括企业自身所拥有的资源，也包括企业能够获得的、可以用来支撑企业策略的资源。也就是说，一些具有关键意义的重要资源可能是企业所有权之外的，如关系网络或客户网络。

对于在任何细分市场中的企业来说，都需要具备一定的最低限度的资源。但是随着时间的推移、竞争格局的改变，以及行业集中度增加、国家宏观政策等因素的影响，都将导致这些基本要求不断提高。例如，2001 年我国民营零售药店政策解冻，各地相继解除了零售药店的开办限制，造成连锁投资过热的混乱局面。政府适时实行了国家药品生产质量规范标准（GMP）和国家药品经营质量管理规范（GSP），力图规范行业。这显然是提高了行业的进入门槛，使一些无法达到规范要求的药店不得不关门，或寻求另外一些出路。类似的例子在房地产行业及其他行业也屡见不鲜。

同样，由于商业环境等发生变化，使得一些企业资源变得冗赘。除非企业能够处置这些冗赘的资源，否则成本就会变得非常高。而集中资源于成功关键要素的意义就显得更加重大。一方面，这种策略导向可以避免平均用力引起的资源不足的情况，以及由于未能让优质的独特资源与成功关键要素相匹配，而出现策略失败的情况；另一方面，这种策略导向建立的成功关键要素，本身就是在不断地随着外在环境的改变而改变，这就更要求企业哪怕仅仅为了生存，也要尽最大努力改变自己的资源基础。

正如我们前面所提到的，策略的集中原则是要将优质的独特资源集中在成功关键要素上。事实上，企业满足特定细分市场的成功关键要素所要求的能力，也取决于自身的独特资源。根据欧洲学派的观点，所谓独特资源，就是那些对企业的竞争优势产生至关重要影响的资源。独特资源能够帮助企业保持提供更高产品价值的能力。独特资源是优于竞争对手的资源，且难以模仿。经济学家将这种优势产生的收益称为经济收益（租金）。举例来说，独特资源可能是图书馆的独特藏书，这些藏书中的知识是其他地方无法得到的；或者占据最佳地理位置的零售商店，它的标价可以比平均价格高一些。但是，需要强调的是，如果单纯依靠独特资源来维持长期的竞争优势，将是非常困难的。

（3）核心能力

由于资源通常是可以模仿或交易的，因此在同一市场上的不同企业之间，其业绩差异很难直接用它们在资源上的差异来解释。而真正优异的业绩取决于那些能够创造企业能力的企业资源在各项活动中的配置方式。

毫无疑问，策略的本质特征要求将优质的独特资源配置到成功关键要素上，但是就企业而言，还需要考虑配置方式（或者配置能力）。任何策略规划的生成，都必须与企业配置资源的能力相结合，而这种能力在企业中的表现，就是所有与企业的产品或服务相关的活动和流程。尽管这些活动和流程都必须达到一定的最低能力，但是只有其中一部分活动和流程可能发展成为核心能力。

所谓核心能力，就是对形成企业竞争优势发挥关键作用的活动或者流程。核心能力帮助组织创造并保持优于竞争对手的、能够更好地满足特定顾客群对成功关键因素要求的能力，而且该能力很难被模仿。因此，为了取得长期的竞争优势，企业的核心能力必须满足以下要求：

第一，核心能力必须与某项活动或流程相关，该活动或流程可以实质性地增加产品或服务的价值，并且是顾客（或其他利益相关方）所认可的价值。但是管理者常犯的错误之一就是代替顾客进行思考，甚至认为顾客应该欣赏他们这些“内行人”所认可的价值。

第二，（潜在的）核心能力必须使企业的活动或流程显著地优于竞争对手。

第三，核心能力必须是竞争对手很难模仿的。在急剧变化的世界里，通过开发新市场或开发新产品等方式所获得的优势往往是暂时的。核心能力并不是为了取得某些具体的改善，而是关于可以促进持续变革和改善而发生的全部流程。如果企业能力蕴藏在组织的各个方面，甚至连管理者都很难解释成功的具体原因，那么该组织的核心能力就具有了很大的活力。

在现实生活中，核心能力常常潜藏于企业“冰山”之下，以致管理者很难明确说出自己企业的核心能力。

2. 协同

协同是指优化、整合资源结构，实现良好的交互作用。整合、组合与协同，其基本含义都是一致的，即指通过系统结构要素的有序调整，引导各个结构要素形成能产生增效结果的交互作用，以此获得“整体大于部分之和”的系统效用。

协同效应的提出者安索夫，对协同效应有这样的描述：“这种使企业的整体效应大于各独立组成部分的效应之和，经常被表述为‘2+2=5’，我们称这种效应为协同。”

通常而言，协同效应可以通过两种方式实现。一是活动共享。例如，共有的分销渠道可以为不同的业务服务；地理分布不同的小型业务单位可以共用公司的海外代表处；一个统一的品牌可以为不同业务产品带来价值等。二是不同业务之间存在共同的技巧或能力。例如，从表面上看，一个工业产品的生产部门可能有多种产品或技术，但是向工业客户提供增值服务的能力是贯穿于这些生产部门的共同主线。如果是这样，那么在一个部门中学习到的技巧和能力，就可以与另外一个部门分享，从而改善业绩。换句话说，一个部门积累下来的营销或研究能力，可以转移到其他业务部门中，从而改善它们的业绩。

这里，我们对协同类型进行如下划分：

(1) 销售协同

当使用相同的销售渠道、营销队伍或仓储方式时，就可能发生销售协同。如果一个产品系列中的各种产品彼此相关，企业就有机会进行联合销售，销售队伍的生产效率也就得以提高。共同的广告宣传、产品促销活动以及原有的良好声誉，都可以使每一单位的投入产生更多的回报。

(2) 运营协同

这种效应主要源于对人员和设备更充分的使用、对日常管理费用的分摊、学习发展周期的同步性，以及大批量采购等方面。

(3) 投资协同

这种效应主要源于对厂房、机器设备、安装维修、原材料，以及研究开发成果等资源进行共享的机会。

(4) 管理协同

所处的行业不同，企业管理者在战略、组织及运营等方面所要面对的问题也不同。在进入一个新行业之后，如果管理者发现新领域中的问题与自己过去曾经遇到的问题相似，那么他就具有了对新收购企业进行有效管理的主动权。同样，有实力的高层管理人员是一种稀缺资源，如果他们参与对新企业的管理，确实可以使企业的经营状况得到改善，那么新老企业就会更好地结合在一起，协同效应也会因此变得更加显著。

由于企业资源的有限性，各种资源要素在质量和数量上的差异，各种市场工具在功能上的差异，以及不断变化的市场条件等原因，策略从本质上要求资源的各要素之间、资源与环境之间，以及各种市场工具之间形成整合协同。因时、因地、因势制宜地整合企业资源与市场工具，使其在适应市场、企业与产品实际的前提下，形成良好的交互作用，产生积极有序的相互影响、支持和补充，由此获得比单纯依靠资源数量或资源质量、单一的市场工具作用或环境条件作用、简单相加的机械组合、不切实际的整合等操作方式更好的协同效果。

通过协同来放大企业资源效力的内在机制，在于企业资源要素之间、企业的市场工具之间，以及资源与环境条件之间进行积极有序的相互影响、支持和补充，即在符合实际的相互作用中激活了资源要素的潜力，在整合有利环境条件的相互支持中提升了资源的综合效力，在扬长避短的相互补充中发展了市场工具的结构优势。只有符合实际的组织良好的交互作用，才能从结构中获得增效结果。

(三) 策略规划的概念

根据上述内容，我们得出了策略规划（简称策划）的定义：在不断变化的环境中，为了使企业的有限资源与市场机会形成良好配合，整合企业资源及相应的环境条件，实现良好的交互作用，以获得持续的竞争优势，而创造性地进行策略设计、策略评价和策略控制的过程。其中：

策略设计是指以市场实际、企业实际和产品实际的当前状况与未来发展为基础依据，对目标与实现目标所需的资源及其操作方式进行安排和设定。

策略评价是指以市场实际、企业实际和产品实际的当前状况与未来发展为基本参照，对各种不同的策略设计进行收益与风险的评估。

策略控制是指对策略实施环境的监测，对策略实施过程的监控，对环境条件和资源条件发生变化后的策略调整。

二、促销策划

结合前文对促销和策略规划的分析，我们来认识促销策划。

促销的实质，是促销主体通过对促销对象提供附加利益，实现对他们购买行为的积极影响。从管理的角度看，促销也是促销主体对促销对象购买行为的一种管理活动，这种管理是通过提供某种附加利益，来引导促销对象作出促销主体希望的行为。但如果简单地把促销当作一种职能来思考，而忽略其他市场工具乃至整体营销战略发展方向，则缺乏对促销作为市场工具的策略本质特征的认识。

只有将促销放到企业整体策略规划的动态系统中去思考，才能有效地发挥促销的各种作用，达到以少胜多、创造性地使资源增效的效果。因此，在我们的实际工作中，倡导的是促销策划，而非促销。

促销策划，是在市场目标的导向下，使促销与多种市场工具实现良好交互作用的策略设计、策略评价和策略控制过程；同时，它也是追求促销投入效益最大化，通过提供一些临时性的附加利益进一步实现对消费者、中间商或内部销售人员的积极影响的策略规划活动。

三、市场与产品的概念

促销策划是企业策略规划这个复杂系统中的一个子系统。企业进行促销活动的最终目的，是在所选定的目标市场中推广产品，满足有利润的需求。为了更好地推广产品，必须依据市场实际、企业实际与产品实际设计高质量的策略。因此，有必要对市场、产品等基础概念及其相关营销策划理论进行深刻的理解。

（一）市场及其基本要素

早期的市场概念，主要被理解为买卖双方进行交易的场所，后来经济学家将市场概括为买方与卖方的集合。随着市场营销观念的兴起与发展，营销管理理论对市场的理解逐渐成为有影响的主流思想。其中，菲利普·科特勒对市场的定义具有较强的代表性：

“市场是由那些具有特定需求或欲望，而且愿意并能够通过交换来满足这种需要或欲望的全部潜在顾客所构成。”①

一般来说，市场主要有以下三个基本要素：

1. 人与组织

社会中的人与组织是构成潜在顾客的基础。市场主要有两种基本形态：由个体与家庭组成的消费者市场；由社会组织组成的组织机构市场。市场的本质就是一种特殊而又普遍的社会经济现象，因此，市场不能脱离社会中的个体、家庭或组织而独立存在。凡是能对人类社会产生影响的因素，都会对市场产生不同程度的影响。

2. 需求

需求是指人和组织有能力购买、也愿意购买某个具体产品的欲望。其中，欲望是指希望满足某种需要、对获得某种具体事物的愿望。人类的各种需要和欲望是市场营销思想的出发点，当具有购买能力时，欲望便转化为需求。需求是构成市场的核心要素，厂商可以通过影响购买意愿和调节购买能力来创造与发展市场需求。

3. 交易的现实可能性

有能力购买、也愿意购买的人或组织，是否能够实现购买，这取决于消费资格和产品通路。如果说需求是构成市场的必要条件，那么，消费资格和产品通路则是构成市场的充分条件。

消费资格是指某些相关法规或能力要求对购买的限制。多数情况下，大部分消费品是不存在消费资格限制的，只有少数产品例外。例如，我国相关法规规定未成年人不得进入某些娱乐场所；又如，医药产业中的处方用药，患者必须持医生处方才能购买。

产品通路是指产品在市场上的分销网络，其功能在于使产品到达目标市场。产品通路的有效性，很大程度上取决于零售终端的结构。如果零售终端不符合目标人群的购买习惯，不能提供购买方便，或者增加了购买的成本与风

① 菲利普·科特勒：《营销管理》（第9版），上海：上海人民出版社2001年版。

险，都会对市场的形成和发展产生不利影响。例如，在我国很多地区，居民主要在社区便利店或路边摊购买香烟，如果不考虑他们的购买习惯，一味在大型超市或商场发展香烟的分销网络，则会使产品不能有效到达目标消费者，从而影响市场的发展。

（二）目标市场

企业的市场活动是目标导向的，以合适的目标人群作为营销对象。目标市场是指企业在一定条件（战略、资源、产品特征、环境）的约束下，所选择的营销对象。

目标市场由具有需求和支付能力，愿意并能够进行交易，且具有某些共同特征的个人、家庭或组织构成。这种目标对象的选取，是以具有市场价值的人群的共有特征为基础，同时还要兼顾企业的资源条件、产品特征和竞争要求。

（三）产品的定义

在市场营销理论中，产品的概念除了在外延上有所发展之外，在内涵上一直是比较确定的。在诸多的产品定义中，以菲利普·科特勒的定义和美国市场营销协会的定义较为著名。

“产品是能够提供给市场以满足需要和欲望的任何东西。”①

“能够提供给市场，用于满足人们某种欲望和需要的任何事物，包括实物、服务、场所、组织、思想、主意等。”②

产品的内涵，可以理解为满足市场需求的全部市场供应物，这是从需求与供应的基本关系方面来加以确认的。其中，需求是决定性的基础。很难想象缺乏市场需求的产品的独立存在。

产品的外延，一般来讲可分为三种基本形态，即物理形态产品、无形形态产品和思想行为产品。物理形态产品是指那些物理特征显著的有形实物产品，如计算机、茶杯、食物、汽车等。无形形态产品主要是指服务或劳务，如搬运服务、家政服务、教育与培训服务、客运服务等。思想行为产品主要是由思想观念与情绪体验为特征的产品，如乐曲、美术作品、策划方案、保健计划等。

这三种基本形态的产品，既可以独立存在，也可以相互结合。无形形态产品与物理形态产品的结合较为普遍，许多服务就是作为附加产品的形式与实物产品结合为一体的，如送货上门、免费安装、维修服务等。一些思想行为产品也与物理形态产品、无形形态产品紧密结合，形成不可分离的一个整体，如健身俱乐部提供的会员健身计划、健身器材和教练服务等。

---

① 菲利普·科特勒：《营销管理》（第9版），上海：上海人民出版社2001年版。

② 本定义出自美国市场营销协会（1960年）。

在上述三种基本形态的基础上，当代营销学家有了更深入的广泛研究，正如在《营销管理：分析、计划、执行和控制》一书中，菲利普·科特勒指出：产品在市场上包括实体商品（如汽车、书籍）、服务（如理发、音乐会）、人（如迈克尔·乔丹、巴巴拉·斯泰桑德）、地点（如夏威夷、威尼斯）、组织（如美国心脏协会、女童子军）和创意（如家庭计划、安全驾驶）。

四、企业策略规划结构

企业策略规划结构将使我们明确促销策划在整个企业策略规划框架中的具体位置，进一步明确促销策划将受到哪些条件的约束，以及怎样和其他的市场工具实现集中与协同。

（一）企业策略规划研究

对企业策略规划结构的研究，可以从两种不同的研究角度进行。

1. 企业策略规划研究的四个层面

（1）策略原理层面的研究

策略原理层面的研究以策略的本质、策略的基本范畴、策略的生成机制、策略规划的基本决策模式等为主要研究内容。

（2）企业战略层面的研究

企业战略层面的研究以企业整体性、全局性和长期性的目标，以及实现战略目标所需投入的资源和相应的操作方式为主要研究内容。

（3）事业部层面或项目层面策略的研究

事业部层面或项目层面策略的研究是以项目为主的经营策略研究。

（4）功能层面的政策研究

功能层面的政策研究以具体项目的产品政策、分销政策、价格政策、促销政策等为主要研究内容。

2. 企业策略规划的基本环节

（1）市场研究

市场研究以观察法、抽样调查法、实验法等为研究工具，为企业策略规划的各个方面提供必不可少的信息支持。

（2）企业战略规划

企业战略规划通过对战略环境、战略目标、战略对策、战略重点、战略项目等方面的研究，为企业整体的长期发展做出系统的安排和设定。

（3）项目策略规划

项目策略规划是对企业的战略经营项目进行的策略设计、策略评价和策略控制。

(4) 资源发展策略规划

资源发展策略规划是从满足项目经营资源要求的角度，对项目所需的人力、物力、财力、信息、技术等资源进行整合规划。

(5) 市场实验

市场实验主要通过实验法（包括准实验法），研究产品对市场需求的适合性，以及各种可能的市场策略对目标市场的作用。

(6) 市场发展策略规划

市场发展策略规划，是针对具体项目产品的市场导入、市场成长、利润收割与市场撤离而进行的策略设计、策略评价和策略控制。

(7) 广告策略规划、公关策略规划、促销策略规划

广告、公关与促销的策略，都是为项目产品的市场发展服务的。必须按市场发展所要求的市场工具组合结构，整合协同这三种主要的市场工具。

(二) 企业策略规划的逻辑结构关系

企业的经营活动，可以理解成从企业资源转化为产品，再由产品转化为增值（或是贬值）的企业资源的不断发展过程。

在从资源转化为产品的过程中，市场研究、企业战略规划、项目策略规划、资源发展策略规划和市场实验是主要的策略支持系统。其中，市场实验起着尤为关键的作用，对于产品的市场需求适合性，以及各种市场策略对目标市场可能的作用等问题，都需要通过以市场实验为主的市场研究方法加以探索和解决。

在从产品转化为企业资源的过程中，市场研究、市场发展策略规划、广告策略规划、公关策略规划和促销策略规划是主要的策略支持系统。

从资源转化为产品，与从产品再转化为企业资源，这两个方面是有机联系的一个整体。前者的质量与效率直接决定着后者的成败；后者的质量与效率不仅会大大影响前者，同时对企业的经营业绩也会产生重要影响。

本章小结

本书研究的促销并非4Ps要素之一的促销（Promotion），而是指属于该促销中的与广告、公共关系、人员推销处于并列关系的一个子要素，即销售促进(SP，Sales Promotion)。其在国内的部分著作中又译作“营业推广”或“销售推广”。从世界发展趋势来看，近十几年，促销经费在企业营销业务预算中的比例不断提高，企业用于促销的支出的增长速度，已经超过了广告开支的增长速度。促销得以迅速发展的原因主要来自于企业外部和内部两个方面的原因。

促销是一种有明确目标的市场营销工具，它是指厂商在一定的预算范围内，针对明确的时间段、地点和顾客群，提供一些临时性的附加利益，以实现对消费者、中间商及内部销售人员交易行为的积极影响。促销的作用体现在：(1) 协助厂商实现整体营销战略；(2) 加强与消费者的沟通，引导消费者的购买行为；(3) 引导中间商的经营行为，实现双方的长远合作；(4) 加强对内部销售人员的管理，挖掘销售潜力。

策略是在特定的环境条件和资源条件下，沿目标方向放大资源效力的智慧操作方式。通过策略使资源效力放大存在两种基本途径：集中与协同。策略规划过程由三个有机结合的基本环节组成：策略设计、策略评价和策略控制。在我们的实际工作中，倡导的是促销策划，而非仅仅是促销。

促销策划是企业策略规划这个复杂系统中的一个子系统，它是在市场目标的导向下，使促销与多种市场工具实现良好交互作用的策略设计、策略评价和策略控制过程；同时，它也是追求促销投入效益最大化，通过提供一些临时性的附加利益进一步实现对消费者、中间商和内部销售人员的积极影响的策略规划活动。

思考题

1. 本书所研究的促销和4Ps要素之一的促销有什么不同？
2. 如何理解促销和广告的对立性和互补性？
3. 近年来促销经费在企业营销业务预算中的比例不断提高，其增长速度甚至已经超过了广告开支的增长速度，主要原因是什么？
4. 促销的实质是什么？它的作用主要表现在哪些方面？
5. 策略规划过程由哪三个基本环节构成？
6. 为什么在我们的实际工作中，倡导的是促销策划，而非仅仅是促销？
7. 企业策略规划是一种怎样的逻辑结构关系？

第二章

促销策划的心理学基础

教学目的和要求

1. 了解AIDMA法则和几种主要的消费者动机理论；
2. 理解和掌握几种人际关系原理的含义及其在促销策划中的应用；
3. 理解和掌握社会知觉的相关内容及其在促销策划中的应用；
4. 了解中国消费者特有的消费心理及其在促销策划中的应用。

引言

心理学作为一门独立的科学，其研究对象是人类的心理现象及其规律。人类的心理现象极为复杂，表现形式也多种多样，因此，恩格斯曾经说它是“地球上最美的花朵”。

市场营销是人的行为。在物质丰富的社会中，市场营销是买卖双方的行为。它通过使购买方得到满足和供给方获得利润的过程来直接实现经济目标。促销作为一种重要的市场工具，通过对促销对象提供附加利益来实现对其购买行为的影响。因此，促销策划要真正产生作用，必须在了解促销对象心理的基础上，对其行为产生积极的影响。事实上，几乎所有的促销策划要产生作用，都必须完成对促销对象的注意、兴趣、行动的诱导。

促销对象的注意无疑是厂商需要争夺与关注的，如使用“额外的”、“免费的”、“获奖”和“专门”这些词，都能够帮助产品在超市的货架上争得一席之地。同时，促销赠品正变得越来越引人注目，促销的折价幅度也非常具有吸引力。在可以摆放数万种商品的货架上，一切活动都是为了引起消费者的注意。

在吸引了促销对象的注意之后，厂商还须进一步激发促销对象的兴趣。在营销实践中，最常见的情况就是，促销对象的注意力的确被吸引到促销产品上来了，但他们看了一下促销产品和促销形式以后，并没有立即产生浓厚的兴趣，反而放弃了参与这个促销活动的机会。

当促销对象被促销活动所吸引，进而产生了兴趣之后，厂商所安排的各种促销活动要想让促销对象积极参与，就必须鼓励或诱导促销对象不仅从心理上参与促销活动，还要从行动上进行经济行为的参与。

消费者的心理活动是一个复杂的系统，不仅有着自身的心理特征，同时还受到来自环境的各方面因素的影响。掌握心理学在促销策划中的应用，有助于厂商理解促销对象的行为，增强促销的实际作用，最终帮助厂商以更理性的方式实现促销目标。可以说，对消费者促销购买心理的探索，直接影响到促销策划的成败。

第一节 消费者心理学理论及购买决策模型

一、AIDMA 法则

1898 年，美国人路易斯提出了 AIDA 法则，他是针对广告的说服功能而言的，但是对于促销来说同样适用。一种产品要引起人们的关注并取得预期的效果，必然要经历引起注意（attention）、产生兴趣（interest）、培养欲望（desire）和促成行动（action）这样一个过程才能达到目的。路易斯的提法，主要是从心理学的角度，也就是消费者的心理活动过程这个视角来探讨如何提高企业对消费者的影响效果的问题，因而引起了人们的高度重视。后人在此基础上增添了信任（conviction）、记忆（memory）和满意（satisfaction）等内容成为 AIDMA 法则。AIDMA 法则从表面上看只是高度概括了消费者的社会心理活动过程，但其实质强调的则是企业行为最终目的是要引起消费者的购买行动。所以对促销来说，要对消费者的购买行为产生影响，就要从吸引消费者的注意做起。

（一）引起注意

在人们的日常工作和生活中，对事物的注意有时是自然而然发生的，不需要任何意志的努力；而有时是有目的性的，需要付出努力来维持。因此，我们将注意分为无意注意、有意注意和有意后注意等三种。但就整体而言，引起注意的原因主要来自两个方面：一是刺激物本身的特点，二是人自身的状态。

促销所涉及的注意通常是无意注意。在促销过程中，要引起消费者的无意注意，需要在刺激物强度的选择上具有独到之处。

1. 刺激物的新异性

新异性是指刺激物的异乎寻常的特性。一般来说，新异的刺激物很容易成为人们注意的对象，而千篇一律、呆板、多次重复的刺激物，则很难成为人们注意的对象。

新异性又可分为绝对新异性和相对新异性。前者是指人们从未经历过的事物及其特征，后者是指刺激物特性的异常变化或各种特性变化的异常结合。研究表明，刺激物的相对新异性更能引起人们的注意。例如，在熟悉的餐厅墙壁上出现一张出售家具的海报，或者在平常的促销赠品中突然出现一个独特的赠品等。

作为促销活动的刺激物，其新异性还应符合人们的生活习惯，即以引起促销对象愉悦的注意为主，以不引起促销对象反感的注意为度。

2. 刺激物的强度

刺激物强度的大小是引起无意注意的重要原因。对于无意注意而言，起决定作用的往往不是刺激的绝对强度，而是刺激的相对强度，即刺激物强度与周围物体强度的对比。

当刺激物在强度、形状、大小、颜色和持续时间等方面与其他刺激物存在显著差别时，会引起人们的无意注意。例如，“鹤立鸡群”、“万绿丛中一点红”、印刷品上的黑体字、商场中悬挂的大型 POP 等，由于它们和周围其他事物的差异特别显著或对比特别鲜明，因此很容易引起人们的注意。

3. 刺激物的活动和变化

活动和变化着的刺激物，容易引起人们的注意。比如一明一暗的霓虹灯广告牌，促销人员抑扬顿挫的讲解，以及变化着的夸张表情等，都容易引起促销对象的注意。刺激物的变化不仅包括由弱到强的变化，也包括由强到弱的变化，以及任何的突然变化。例如，以前几乎从不打折的主流畅销产品突然打折销售了，这时就会引起促销对象的无意注意。

（二）产生兴趣

兴趣是人们力求认识和探究某种事物的心理倾向。

人的兴趣产生既受主观因素影响，也和客观条件有关。有吸引力的事物能够引人注意，并激发人的兴趣，这是客观条件的作用；个人知识经验的丰富程度、素质涵养的高低等主观因素也对兴趣的产生起着重要作用。另外，兴趣也与主客观特性是否适应有关。研究表明，过于简单和过于困难的游戏促销或竞赛促销，都难以激发人们的兴趣；而中等难度的游戏或竞赛，往往与消费者的能力相适应，最容易引起他们的兴趣。

总的来讲，兴趣有两个基本特点，即指向性和情绪性。

1. 指向性

任何一种兴趣总是针对一定的事物、为实现某种目的而产生的。人们对有兴趣的事物总是心向往之，积极把注意指向并集中于该事物之上。比如，在商场里，人们对于某种喜爱的商品的促销活动总是特别关注，这都是兴趣指向性的表现。这种指向性不是偶然地、短时地倾向于某一事物，而是经常地、主动地去观察和思考该事物，并渴望研究它和获得它。

2. 情绪性

人们在从事他所感兴趣的活动时，总会处在愉快、满意、兴致勃勃的状态，而且这种状态还会支持、推动和促进人们下一步的活动；但如果从事的是不感兴趣的活动，就总觉得是苦差事，不愿意做下去。例如，有些促销活动像有奖竞猜，就能够使促销对象长久保持浓厚的兴趣，激发参与的热情。

（三）激发欲望

欲望是驱使人产生购买行为的内部动力。需要是欲望的基础，欲望的大小与需要呈正相关。具有支付能力的欲望才能形成需求。

激发欲望是通过外部刺激，对消费者的购买心理产生一种积极的影响。当消费者认为购买产品所获得的利益大于所付出的费用时，他们才会产生“购买的欲望”。一位终端推销员唯有对产品的功能、特点有相当的认识，以及对消费者心理有深刻的理解，才能在推销中成功地激发他们的“购买欲望”。这里，“产品的功能、特点”指的是：与同类产品相比，有明显不同的地方。“对消费者心理的深刻理解”是指通过观察消费者的动作和谈话，来判断其是否购买的心理。

（四）留下记忆

促销活动如果能给消费者留下深刻的印象，说明该促销活动的整体效果是不错的，这对销量提升和品牌传播很有帮助。而要使促销活动给消费者留下深刻的印象，就需要促销活动从策略设计到执行控制，都能够满足或贴近消费者的心理。

（五）促进行动

从引起注意到付诸购买的整个销售过程，销售员必须始终信心十足，并根据消费者当时的情绪或行为判断消费者的心理状态，采取进一步的措施，促使消费者购买。同时在销售过程中也应当注意，过分自信会引起顾客的反感，从而断送前面的努力。

【案例2-1】　中国台湾三阳“你搬年货我买单”①

“要什么年货自己搬，搬多少给多少。”这样的广告语一出现在街头，很快就吸引了广大消费者的注意。

以产销三阳摩托车闻名的三阳工业股份有限公司，为庆祝其摩托车销量突破500万台，举行了一项名为“你搬年货我买单”的促销活动。活动内容是：

① 改引自周国林《100个成功的促销策划》，北京：机械工业出版社2003年版。

从1994年12月1日起至1995年1月31日，凡购买三阳摩托车的顾客，均可获赠一件夹克衫及一张抽奖券。顾客在抽奖券上填写个人资料后寄回该公司，即可参加抽奖。中奖人可前往指定的远东百货公司超级市场，参加限时300秒的大搬奖，即中奖人在规定的时间内，可在超市货架上搬走自己想要的商品，搬多少得多少，真是名副其实的“你搬年货我买单”。

【案例2-2】 史努比“搅乱”中国香港特区①

麦当劳餐厅曾使消费者连吃28天！

这次麦当劳促销的“主角”是一个诞生于20世纪50年代的卡通形象——史努比，这只卡通小狗是迪斯尼卡通家族中十分知名的形象。在这次活动中，史努比摇身一变，变成了28个代表不同国家的小狗，例如身穿唐朝服装的中国“史努比”，以及穿着美国国旗图案衬衫的美国“史努比”。

在活动期间，只要消费者购买了一款指定的麦当劳套餐，再加上6元钱就可以得到一款史努比玩具。由于餐厅每天只推出一款，因此消费者如果想得到全部的28款玩具，就不得不连续28天都到麦当劳餐厅就餐。连续28天在麦当劳用餐，想一想胃口都要倒了。可是，这个活动居然能在中国香港特区引起狂潮。

众多消费者不惜连续多日在麦当劳餐厅外等候换购史努比玩具，一些小商店还特别设立了史努比专柜。因特网上也出现了交换史努比的热潮，一套史努比玩具网上成交价高达250美元。

每年麦当劳总会推出各种各样的麦当劳玩具来吸引消费者，这些玩具是由麦当劳替迪斯尼、华纳等企业分销的。于是，卡通人物借助麦当劳广阔的销售渠道走向全世界，并走进了收藏品市场；同时，麦当劳也得到了自己的利益——通过卡通人物来增加自身产品价值和销量。

二、消费者动机理论

为了达到预期的促销效果，我们需要了解消费者采取行动的原因。心理学家和社会学家认为“需要”和“动机”是产生行为的基础及原因，并对消费者的动机进行了大量的研究。在此，我们主要借鉴了弗洛伊德动机理论、马斯洛需求层次理论和行为归因理论。

① 改引自周国林：《100个成功的促销策划》，北京：机械工业出版社2003年版。

（一）弗洛伊德动机理论

西格蒙德·弗洛伊德假定形成人们行为的真正心理因素大多是无意识的。因此，根据弗洛伊德理论，一个人不可能真正懂得其受激励的主要动因。当一个人面对特定品牌的产品时，他不仅会对品牌产品已知的明显特征有反应，也会对那些潜意识方面的特征有反应。例如产品的颜色、标示、形状和产品名字的组成都可能引起这个人的某种联想和感情上的共鸣。

（二）马斯洛需求层次理论

马斯洛于 1954 年提出了需求层次理论，之后又不断加以发展和丰富。在营销实践中，马斯洛理论可以帮助厂商了解各种产品如何才能适应和满足消费者的需求。

马斯洛起初提出人类有五种基本需要，从低到高依次是生理需要、安全需要、社会需要、尊重需要和自我实现需要，后来他又在尊重需要和自我实现需要之间增加了认知需要和审美需要。他指出只有低级需要基本满足之后才会出现高一级的需要，而只有所有的需要相继满足之后，才会出现自我实现的需要。

1. 生理需要

对于食物、水分、氧气和休息等的需要。这些需要在所有需要中占绝对优势，如果这些需要得不到满足，此时人们将全力以赴投入到满足这种需要的行动之中。

2. 安全需要

对于稳定、安全、秩序、受保护等的需要，或对免受恐吓、焦躁和混乱折磨的需要。如果生理需要相对充分地得到满足，就会出现安全需要。

3. 社会需要

如需要朋友、爱人或孩子，渴望与团体中的同事拥有深厚关系等。如果生理需要和安全需要都很好地得到满足，归属和爱的需要就会产生。

4. 自尊需要

可分为两类：一是希望有实力、有成就、能胜任、有信心，以及要求独立和自由；二是渴望有名誉或威信、赏识、关心和重视等。这些需要一旦受挫，就会使人产生自卑感、软弱和无能感。

5. 自我实现的需要

自我实现的需要是人类基本需要中最高层次的需要，它是一种促使自己的潜能得以实现的需要。具体而言，这种需要是追求自我理想的实现，是做一些自己认为有意义和有价值的事，是希望自己不断成为所希望的人，并完成与自己能力相称的一切。它的产生有赖于前述四种需要的满足，但并不是每一个成熟的成年人都能达到自我实现。

高级需要和低级需要之间的区别在于：在人的发展过程中，高级需要出现较迟，有些高级需要要到人的中年才会出现；高级需要的满足比低级需要的满足愿望更强烈，高级需要的满足能够产生极度的幸福、思想的平衡和丰富多彩的精神生活；高级需要的出现和满足，比低级需要要求有更多的先决条件；越是低级需要，其与生存的关系就越直接和密切，而越是高级需要，其作用的发挥越要求有更完美的环境条件。

（三）行为归因理论

行为归因，是指根据行为或事件的结果，确定造成该结果原因的认知活动。归因理论即是关于人们如何解释自己或他人的行为，以及这种解释如何影响他们情绪、动机和行为的心理学理论。在促销实践中，这部分理论主要应用在厂商针对内部销售人员的促销上。

归因理论的研究者发现，科学家的归因是理性归因，即他们做出的归因都是符合实际的、无偏的，且不同的人对同一事件所做出的归因都是一致的。而普通人的归因正相反，他们往往是使用有限的信息，迅速地做出归因判断，并且常常表现出对特定原因的系统偏好，即使这种解释是不符合实际的。

普通人常见的归因偏向有三种：一是基本归因偏向，即对人的行为进行归因时，人们有一种高估内在作用、忽视环境因素作用的一般倾向。二是活动者和观察者的归因差异，即当归因者作为旁观者寻找他人行为的原因时，倾向于将别人的行为解释为他个人因素的原因，而忽略外部环境因素的作用；而当归因者作为活动者对自己的行为进行归因时，则倾向于做出环境归因。三是利己主义归因偏向，即在具体问题的归因上，倾向于把积极的行为结果归因于个人因素，而把消极的行为结果归因于环境因素。

许多研究者从不同角度对行为归因问题提出了相应的理论，并在实践中得到了相应的运用。

1. 归因与正面激励

正面激励可分为外部激励和内部激励。一些激励理论诸如马斯洛的“需要层次论”、赫茨伯格的“双因素论”、弗鲁姆的“期望理论”和亚当斯的“公平理论”等，都强调采取奖励等积极措施来调动内部员工的工作积极性，属于外在的激励。而归因理论既不要求增加工资奖金，也不要求改善环境条件，它强调通过改变员工对所发生事件的归因认知，来激励和引导其行为，属于认知的或内在的激励。成功的营销管理者总是善于通过外在激励和内在激励相结合的方式，来影响和管理内部销售人员的行为。

2. 归因与反面激励

每个人在社会中都不可避免地会受到挫折，但挫折并不一定降低人们工作和生活的积极性，在一定程度上，它还会增进人们对现实的理解，或者化压力为动力，从而产生积极的行动。

所谓反面激励，就是指当遭遇挫折时，如何克服个人的挫折感和消极行为，调动工作的积极性。从归因角度看，如果员工认为自己所遭遇的挫折是有人故意设置的，就会油然产生愤怒之感，甚至采取攻击性行为；相反，如果员工认为挫折是由某种自然的、客观的原因所造成，就可能产生无奈之感或采取积极的行动来克服障碍。因此，营销管理者应充分运用归因理论的有关结论，通过引导内部销售人员对挫折做出适当的归因，来减轻或削弱他们的挫折感，进而调动其工作积极性。

【案例2-3】 日清智取美国快餐市场①

日清食品公司在制订将营销触角伸向美国食品市场的计划之前，为了确定海外扩张的最佳“切入点”，曾不惜高薪聘请美国食品行业的市场调查权威机构，对方便面的市场前景和发展趋势进行全面细致的调查和评估。可是，美国食品行业的市场调查权威机构所得出的调查评估结论，却令日清食品公司大失所望。由于美国人没有吃热汤面的饮食习惯，而是喜好“吃面条时干吃面，喝热汤时只喝汤”，决不会把面条和热汤混在一起食用。由此可以断定，汤面合一的方便面是很难进入美国食品市场的，更不会成为美国人一日三餐必不可少的快餐食品。

日清食品公司并没有盲目迷信这种结论，他们派出自己的专家考察组前往美国进行实地调研。经过千辛万苦的商场问卷和家庭访问，专家考察组最后得出了与美国食品行业的市场调查权威机构不同的调查评估结论：美国人的饮食习惯虽然呈现出“汤面分食，决不混用”的特点，但是随着世界各地不同种族移民的大量增加，这种饮食习惯在悄悄地发生着变化。再者，美国人在饮食中越来越注重口感和营养，只要在口味和营养上投其所好，方便面有可能迅速占领美国食品市场，成为美国人的饮食“新宠”。

日清食品公司基于亲自调查的结论，从美国食品市场动态和消费者饮食需求出发，确定了“四脚灵蛇舞翩跹”的营销策略，全力以赴地向美国食品市场

① 改引自《销售与市场》2000年第11期。

大举挺进。

“第一脚”——他们针对美国人热衷于减肥运动的生理需求和心理需求，巧妙地把自己生产的方便面定位于“最佳减肥食品”，在声势浩大的公关广告宣传中，刻意渲染方便面“高蛋白、低热量、去脂肪、剔肥胖、价格廉、易食用”等种种食疗功效；针对美国人好面子、重仪表的特点，精心制作出“每天一包方便面，轻轻松松把肥减”、“瘦身最佳绿色天然食品，非方便面莫属”等极具煽情色彩的广告语，激发起美国人的购买欲望。

“第二脚”——他们为了满足美国人使用叉子用餐的习惯，果断地将适合筷子夹食的长面条加工成短面条，为美国人提供饮食之便；并从美国人爱吃硬面条的饮食习惯出发，一改方便面适合东方人口味的柔软特性，精心加工出稍硬又有劲道的美式方便面，以便吃起来更有嚼头。

“第三脚”——由于美国人“爱用杯不爱用碗”，于是日清公司别出心裁地将方便面命名为“杯面”，并给它起了一个地地道道的美国式副名——“装在杯子里的热牛奶”，期望“方便面”能像“牛奶”一样，成为美国人难以割舍的快餐食品。他们还根据美国人“爱喝口味很重的浓汤”的独特口味需求，不仅在面条制作上精益求精，而且在汤味佐料上力调众口，使方便面成为“既能吃又能喝”的二合一方便食品。

“第四脚”——从美国人食用方便面时总是“把汤喝光而将面条剩下”的偏好中，他们一改方便面“面多汤少”的传统制作工艺，研制生产了“汤多面少”的美式方便面，并将其副名更改为“远胜于汤”，从而使“杯面”迅速成为美国消费者人见人爱的“快餐汤”。

借此“四脚灵蛇舞翩跹”的营销策略，日清食品公司果敢挑战美国人的饮食习惯和就餐需求。他们以“投其所好”为一切业务工作的出发点，不仅出奇制胜地突破了“众口难调”的产销瓶颈，而且一举打入了美国快餐食品市场，开辟出了一片新天地。

三、消费者购买决策理论

（一）消费者购买行为

消费者的购买行为会因其购买的产品或品牌不同而有很大的差异，比如洗衣粉和汽车的购买行为就有很大的差别。消费者在购物时由于先前的经验、兴趣、感知风险的程度和当时心态的不同，参与程度也是有差别的。

根据消费者要购买产品的不同和在购物时参与程度的差别，消费者购买行为可以分为四种类型，如表 2-1 所示。

表 2-1 消费者购买行为的类型

品牌的差异	参与程度	
	高	低
大	复杂的购买行为	寻求多样性的购买行为
小	减少不协调感的购买行为	习惯性购买行为

1. 复杂的购买行为

复杂的购买行为是指消费者在购买对自己影响较大、购买频率较低、不熟悉的产品时，会投入很多时间和精力，如购买汽车、商品房等。在购买过程中，消费者将经过认知性的学习过程，逐步建立对该产品的信念，然后转变成态度，最后做出谨慎的购买决定。营销人员需要了解高度参与的消费者其信息收集与评估的行为，并制定各种策略帮助购买者掌握该类产品的属性、各属性的相对重要性以及该品牌具有的独特属性等。

2. 习惯性的购买行为

习惯性购买行为是指消费者在购买价格低廉、品牌差异小的商品时，消费者的参与程度比较低，并会形成购买习惯，如购买洗衣粉、食盐等。消费者并未深入寻找与该品牌有关的信息，也很少评估其特性，他们只是被动地接受电视或促销宣传所传递的信息。消费者不是真正地忠诚于某品牌，他之所以选择这个品牌是因为熟悉这个品牌或者是经常接触这个品牌的宣传。在购买产品后，由于消费者是低介入度，所以也就不会去对它进行购后评价。对于参与程度较低且品牌差异极小的产品而言，利用价格促销是较有效的方法。

3. 减少不协调感的购买行为

减少不协调感的购买行为是指消费者在购买一些价格较高的产品时，购买后容易产生后悔、遗憾的情绪，并影响到以后的购买，如购买服装、首饰等。有时消费者看不出各品牌之间有什么差异，消费者也不会去大规模地搜集信息、投入很大的精力去挑选品牌。在这种情况下，消费者购买过程快速而简单。但在购买之后，消费者可能会感到购买后的不协调感，因为他发现或听说该产品有某些缺陷，或听到其他产品的一些好处，这时该消费者将着手了解到更多的信息，并怀疑自己原来的决定是否正确。对这样的消费者在促销时应注意宣传产品的特性，并在购买后也加强这种宣传。

4. 寻求多样性的购买行为

寻求多样性的购买行为是指消费者在购买某些价格不高但品牌差异较大的产品时，容易有较大的随意性，更换品牌比较频繁，比如购买方便面、饮料等。在购买产品前，消费者的随意性比较大，但在消费的过程中，消费者会很在意产品给自己带来的利益。在下一次购买时会因为厌倦原来的口味或者想试试别的产品而选择其他品牌，此时消费者通常是为了尝试各种产品带给自己的感受而不一定是对产品有不满意之处。

（二）消费者购买决策过程

消费者购买决策过程一般会经历五个步骤，如图 2-1 所示。这五个步骤代表了消费者从产生需求到最后完成购买的总过程。

图 2-1　消费者的购买决策过程

1. 确认需求

当消费者感觉到需要，并准备购买某种商品以满足这种需要时，购买决策过程就开始了。这种需要可能是由人体内的生理活动引起的，如饥饿、寒冷，也可能是受外界某种刺激所引起的，如精美的包装设计、促销现场的刺激、朋友的推荐等，这些因素被称为触发因素。确认需求实际上是由于消费者意识到了未实现的需要，厂商在营销过程中应不失时机地采取措施，创造诱因，唤起和强化消费者的需要。

2. 收集信息

消费者产生了某种需要并引发购买某种商品的动机后，如果对这种商品不熟悉，且属于参与度较高的商品，消费者往往要先收集有关信息。消费者信息来源一般分为四类：一是个人来源，即从家庭、朋友、邻居、同事和其他熟人处得到信息；二是商业性来源，即从广告、售货员介绍、商品展览、商品包装、经销商等处得到信息；三是公众来源，即从大众媒介、消费者评审组织等处得到信息；四是经验来源，即通过现场试用、实际使用等得到信息。

一般而言，消费者有关产品的信息，大部分是商业性来源，即营销者所能控制的来源，其次是公众来源和个人来源，经验来源的信息相对较少。然而，在消费者购买决策中，商业来源的信息更多地扮演传达和告知的角色，个人来源与经验来源却发挥着权衡和鉴定的作用。也就是说消费者对经验来源和个人来源的信息最为相信，然后是公众来源，最后才是商业来源。因此，营销人员要善于分析消费者从何处收集信息，以及各种信息来源对消费者购买决策的影响程度。

3. 评估可行方案

消费者收集到各种信息资料后，接下来就要对商品进行分析、对比和评价，最后做出选择。一般来说消费者考虑的步骤是：根据自己的兴趣、偏好，在产品的众多属性中选择相对重要的属性；根据自己的偏好，给出重要属性的相对权数；对某品牌优劣程度形成总的看法，即品牌信念；将产品与消费者的期望值进行衡量；对不同品牌进行评价和选择。

4. 购买决策

经过消费者对信息的分析和评估后，如果对某产品产生了一定的偏爱，便会做出购买决定，但购买决定并不等于购买。从购买意向到购买，还要考虑两个因素，即他人态度和意外情况。他人态度是指购买者之外的他人影响；意外情况是指消费者的收入、产品价格的变动、促销活动的举行、营销人员态度的变化，即购买条件的改变等意外情况，这些都可能影响购买的实现。

5. 购后行为

购后行为包括产品购买后使用和垃圾处理、购买后评价、使用后再购买这三种购买后的行为。

购买后使用和垃圾处理是指消费者在购买产品后，产品的具体使用方法以及产品使用后的垃圾处理情况。购买后评价是指消费者在购买和使用某种产品后，基于购买前的期望和购买后使用情况的比较，形成的某种满意度。购买者的满意度会在很大程度上决定他是否会再次购买该产品。如果他们对产品满意，则在下一次购买中极有可能继续购买该产品。并且，具有满意感的消费者会向其他消费者赞美和推荐该产品。

第二节 促销策划的心理学基础

心理因素是影响消费者购买活动各个方面和全过程的重要因素。由于促销活动发生在人们的现实生活中，受消费者的心理影响较大，因此，有必要对消费者的心理活动进行了解。

一、大众心理

（一）大众心理的连锁影响

人们在社会交往中进行着信息的传递与反馈，并发生相互影响，如流行、舆论、暗示、流言等都会形成一系列的连锁反应，进而影响人们的心理与行为。

1. 流行

流行是一种群众性的社会心理现象，是指社会上许多人都去追求某种生活方式，使这种生活方式在较短时期内随处可见，从而导致人们相互之间发生连锁性的感染，即所谓“一窝蜂”现象。故流行亦称时尚、风尚，平常讲的“热”、“时髦”、“in”等都是流行的不同描述。

流行既体现在人们的物质生活如衣、食、住、行等方面，也体现在人们的精神生活如文化娱乐活动等方面。从人们的追求中可以看出当时的社会风气或社会风尚，因此它总是带有时代的特点、时代的风貌。

2. 暗示

暗示是在无对抗的条件下，用某种间接方法对人们的心理和行为产生影响，从而使人们按照一定的方式去行动，或接受一定的意见和思想。

暗示可以通过语言的形式进行，也可以通过其他方式进行。市场上的生意人，常常向顾客介绍他的商品如何畅销，这是语言的暗示；也有不法商贩，为了推销商品，故意让其同伙拥挤在他的摊位前，显得“生意兴隆”，过路人不知有诈，误以为买者很多，于是挤进去抢购，这是行为的暗示。

暗示对人们的心理与行为产生很大的影响。有实验证明，对于同样的事物，由于受到的暗示不同，得到的试验者的评价结果大不一样。

3. 舆论

舆论是大多数人支持的意见，即公众意见。各种团体，小至班组，大至国家，对有关团体的重大事件，都会由起初的众说纷纭，而后形成趋于一致的意见。舆论既表现为街头巷尾的群众议论，也反映在大众传播媒体中。

4. 流言

流言是指那些非官方的、口头传播的、不确切的、有关现实问题的社会传闻，一般具有四个特点：新异性、失真性、迷惑性和广泛性。

（二）连锁影响引起的相符行为

大众心理的连锁影响又往往引起社会行为中的相符行为。相符行为是指个人行为与群体行为相一致，或群体中一部分人的行为与另一部分人的行为相一致的现象，它主要包括从众、众从和服从。

1. 从众

从众是个人在社会或群体的压力下，放弃自己的意见，转变原有的态度，采取与大多数人一致的行为。所谓随波逐流、人云亦云就是从众的最好例证，它在日常生活中是非常普遍的现象。社会心理学家认为，从众行为是由于在群体一致性的压力下，个人寻求的一种试图解除自身与群体之间冲突、增强安全感的手段。

人们在解决某个问题时，一方面可能按自己的意图和愿望采取行动；另一方面，也可能根据群体规范、领导意见或群体中大多数人的意向制定行动策略，因为随大流总是安全的、不承担风险的。中国文化中的中庸之道和爱面子的心理，使我国消费者容易在促销活动中采取从众行为，以求得心理上的平衡，减少内心的冲突。因此，在商场里常常会有这样的情形：越是拥挤的柜台，消费者就越是喜欢争先恐后地购买。

2. 众从

群体活动中的从众行为是大量存在的，但在不少场合下也会发生众从行为，即群体中的多数人受到少数人意见的影响，改变原来的态度、立场和信念，转而采取与少数人一致的行为。在少数人意见保持一致，并坚持自己观点的情况下，多数人就开始怀疑自己的立场是否正确，并在思想上动摇不定，这时一部分人首先会转变态度，倾向少数人的意见，从而使多数派群体内部思想瓦解，以致越来越多的人转变立场听从少数派的意见。

产生众从行为，关键在于少数人高度一致地坚持自己的观点。因此，在促销活动中的众从行为，常常体现在厂商拥有一部分忠实且关键的消费者、中间商和销售人员，通过他们的口碑宣传和购买行为，对实施各种促销活动有非常大的帮助：一方面有固定的销售收入；另一方面，这部分人还会带动更多的人参与到促销活动中来。

3. 服从

服从是指个人按照社会要求、群体规范或他人愿望做出的行为，这种行为是在外界压力的影响下被迫发生的。同时，服从是在有组织的前提下发生的行为。厂商在对内部销售人员进行促销时，销售人员对于上级布置的销售任务常常一开始就是一种服从的接受，这时，管理层要善于和销售人员沟通，将他们这种被动的服从行为引导成为主动的参与行为。

【案例2-4】　派克钢笔的名人效应①

派克公司在宣传它的产品时，列举出像柯南·道尔写作《福尔摩斯探案集》、艾森豪威尔将军在《二战停战协议》上签字、里根与戈尔巴乔夫签署《中导条约》等使用的都是派克笔，作为产品有力的证明，以向广大用户证明派克笔的高档次和高品位，以及一直被高层次人士所青睐的特征。

二、人际关系原理

虽然人与人之间的关系纷繁复杂，不同的人对别人的要求、期望各不相

① 张少华等：《高效率促销实训》，北京：电子工业出版社2006年版。

同，每个人的交往动机也有着巨大差别。但是，心理学家仍然从最一般的方面总结出人际关系的基本原理。

（一）互惠原理

人际关系的基础是人与人之间的相互重视、相互支持。任何人都不会无缘无故地接纳对方，承认他们的价值，或对他们起支持作用。人际交往中的喜欢与厌恶、接近与疏远都是相互的。在一般情况下，喜欢我们的人，我们才会喜欢他们；愿意接近我们的人，我们才愿意接近他们。例如，商场的促销人员以优质的服务、真诚的微笑表达对顾客的关心和体贴，顾客自然也会被这种具有亲和力的服务所吸引，并留下良好的印象；而服务质量低劣、表情呆滞的促销人员给顾客则留下较差的印象，顾客自然想要疏远、逃离。

著名的考古学家理查德·李凯认为，人类之所以称其为人类，互惠系统功不可没。事实上，一个发达的以互惠原理为基础的义务偿还体系很有可能正是人类文明的一个特征。互惠原理在商业界大显神威的例子也有很多，在促销活动中也不例外。例如，在免费使用的促销方法中，先把少量的产品提供给潜在消费者，让他们亲自尝试这种产品。从厂商的角度来看，免费使用是让消费者在了解产品的同时，将其当成一种礼物赠送给消费者，通过这一行动将互惠原理潜在的力量调动出来，让人因为负债而产生回报行为。

（二）功利原理

人与人之间的交往，从本质上看是一种社会交换过程。虽然这种交换与买卖关系中发生的交换不完全一样，例如，人与人之间的交往不仅有物质的交换，同时还包括非物质如情感、信息、服务等各方面的交换。但是，发生在人际交往中的交换，与发生在买卖关系中的交换所遵循的原理都是一样的，那就是人们都希望交换对于自己来说是值得的，希望在交换过程中得大于失或至少等于失。不值得的交换是没有理由去实施的，不值得的交互关系也是没有理由去维持的。这就是所谓的功利原理。

在商业活动中，人们都趋于获利或贪利，许多厂商正是利用了消费者这种贪图小利的心理，诱使消费者心动，从而购买、多买或提前购买，因为利益的诱惑可能使人在一定的环境中失去正常的判断。加上人们都有争强好胜的潜意识，消费者以能买到便宜货为赢，这也使得消费者在折扣、优惠、退费、奖励的面前无法抗拒。

在企业的实际营销中，人们这种社会交换的功利本质，也适用于厂商与中间商之间建立和维持持久、稳定的商业伙伴关系，即需要让中间商感受到与厂商交往所能获得的利益，以及比其他合作伙伴更大的利益。当然，这样的利益包括了短期的经济利益和长期的综合利益。

（三）喜好原理

在消费者的行为中，喜好原理有着足够大的力量。喜欢就是认同、接受和购买的强大理由，它会超过理性，一往无前。通常情况下，吸引人的外表、相似的经历或兴趣，以及真诚的称赞和接触，都会加深人们对彼此的喜好。

喜好原理的强大影响力被厂商广泛地利用，如会员制促销即是通过一些活动，营造一种相互认同的组织氛围，最终达到促进销售的目的；又如赠品促销中，采用目标消费者喜爱的卡通形象作为赠品，消费者会因为对卡通形象赠品的喜爱而毫不犹豫地购买产品。

（四）短缺原理

人们都有害怕失去机会或心爱之物的恐惧心理。物以稀为贵，短缺原理在现实生活中发挥着巨大的作用，厂商的商业活动也很自然地利用了这一原理。

对其最直接的应用就是“数量有限”、“限时销售”、“最后一批”、“最后一天”等，也就是告诉顾客某种产品供不应求，不能保证一直有货。这些短缺，有时是真实的，有时是虚假的造势，然而不管是哪一种情况，都能使顾客相信某种东西不可多得，从而立刻觉得它身价百倍，并立即采取购买行动。

【案例 2-5】　安利公司的“霸格”免费试用策略①

安利公司是一家成长非常迅速的日用品制造和销售公司，其产品大部分是通过一个全国性的社区上门销售网络来推销的。其中一种叫“霸格”的免费试用策略，效果十分显著。

所谓“霸格”，就是一组各式各样的安利产品，像家具磨光剂、洗衣粉、洗发液、除臭剂、杀虫剂、清洁液等。推销员把它们装到一个特制的盒子或袋子里，然后把“霸格”留在顾客处“24、48 或 72 小时”，让她们试用，不收任何费用，不让主妇们有任何负担。到试用期结束时，推销员再去取顾客的订单。这时，顾客不得不面对回报心理的尴尬境地，在负债感面前，她们往往会买下那些她们已经试用过的产品。

因为几乎没有什么人可以在这么短的时间内，用完一整套“霸格”中的任何一件产品。安利的推销员就会把“霸格”试用剩下的部分拿到社区其他顾客中，重新开始这一程序。

使用“霸格”的效果是十分惊人的，即使是像安利这样一个一直有良好成

① 罗伯特·B. 西奥迪尼：《影响力》，北京：中国人民大学出版社 2006 年版。

长记录的公司里，“霸格”产生的效应也十分显著。在各州的批发商写给总公司的报告中，对“霸格”的非凡成绩就有如下记载：

“简直令人难以置信！我们从来没有看到过这种疯狂的局面。产品销售的速度快得惊人，而我们不过刚刚起步……本地的销售人员一开始使用‘霸格’，销售量就有了惊人的增长。”（伊利诺依州销售部）

“这是我们的销售策略中最高明的一个……当我们去取‘霸格’的时候，顾客平均买下了其中一半的产品……一句话，效果惊人！在整个公司中，我们还从未看到过这样强烈的反应。”（马萨诸塞州销售部）

【案例 2-6】 1 折销售[①]

在激烈的市场竞争中，打折酬宾是常见的一种促销策略。20 世纪 70 年代初期，日本东京一家百货公司打出了 1 折销售的牌子，开始做 1 折酬宾的特价生意，使人们大吃一惊。

店前广告指出：“从本月 1 日至 16 日，对 1 万件某产品进行打折销售，第一天打 9 折，第二天打 8 折，第三、四天打 7 折，第五、六天打 6 折，第七、八天打 5 折，第九、十天打 4 折，第十一、十二天打 3 折，第十三、十四天打 2 折，第十五、十六天打 1 折。顾客在上述打折销售期间购买产品，可按选择的日子的折扣享受优惠，售完为止。”

据该公司统计，第一天和第二天前来购买的客人并不多，即便来的顾客也多是看看就走了，并不马上购买。从第三天开始顾客就一群一群地光临商店了，第五天打 6 折时，顾客就像洪水般涌来争购，以后连日爆满。到最后真正打 1 折销售时，商品已所剩无几了。

事实上，消费者都希望以最便宜的价格购买，但又担心到最后两天时，自己想买的东西早已卖光，因此就等不及最后的 1 折优惠了。

三、社会知觉原理

社会知觉是人们在社会活动中对人或事物进行认识的过程，它是人对社会刺激物的知觉，是一种基本的社会心理现象。

（一）印象的形成

人们往往在非常有限的信息基础上形成对某事或某人的总体印象，如见到某人第一面时就去猜测他的年龄、职业、社会背景、性格特征等。尽管人们都

① 靳俊喜：《促销管理与策划》，大连：东北财经大学出版社 2001 年版。

意识到这种猜测判断不一定可靠，但他们仍然愿意这样做。通过这种方式所形成的印象称为第一印象。很多厂商正是利用消费者的这种心理，将普通商品换上精美的包装，以吸引消费者形成良好的第一印象。

印象在人们的行为活动及相互关系中具有重要的意义，它决定了人们的行为，决定了人们喜欢其他人或事物的程度，还决定了人们之间的关系与联系等。人们的好恶评价、信息整合法则，以及信息的先后顺序等都是影响他们形成印象的主要因素。

（二）社会知觉过程

社会知觉涉及对他人许多方面的认识。人们对他人内部状态的知觉并不是孤立地将一些特征加以平均，而是主动地、有组织地将关于他人的信息整合成一个紧凑的、有意义的印象的过程。在这一过程中，人们需要采取一些捷径以使信息加工的效率更高。

1. 寻找意义

面对信息时，人们总是尽力获得一个关于刺激物的有意义的印象，同时，对每一则信息的理解都需要依赖于信息所处的背景。例如，“聪明”这一特性在理解一个热情、体贴、乐于助人的医生时具有积极的意义，而在理解一个冷酷、无情、利欲熏心的盗贼时则具有消极意义。在实际营销中，我们也常常见到这样的情形：同样的折价促销，对畅销产品而言，消费者大多理解成是厂商正常的促销行为；而如果是名不见经传的产品，消费者则会疑虑是否因为保质期临近的缘故。

2. 注重显著信息

人们在形成印象时遵循“图像/背景”原则，即直接注意那些从背景中突现出来的刺激物图像，而对于图像所处的背景或环境关注较少。因此，人们总是利用那些最显著的刺激线索形成印象。通常，在一定的背景中显得异常的线索都可构成显著线索。

例如，在人们的日常生活中会面对众多的商业广告刺激物，但是一个人不可能对所有广告刺激物都加以注意，其中多半都会被筛选掉，而只保留对自己而言刺激性较强的刺激物，也就是选择性注意。调研结果表明，人们会更多地注意那些与当前需要有关的刺激物，以及与其他刺激物相比有较大差异的刺激物。

因此，一方面厂商必须尽力吸引消费者对其产品的关注，另一方面还可利用对比原理，销售一些与大笔支出相比微不足道的产品。比如，汽车销售商往往会等到一辆新车的价钱谈妥了以后，再开始提议一项又一项加到新车上的附加设备，如音响、更好的轮胎、染色玻璃等。这些东西相对便宜的价格与顾客已经决定要花的购买汽车的大笔支出相比会显得微不足道。

与显著性相连的是负向效果。在印象的形成过程中，消极信息的作用往往大于积极信息的作用，人们根据人或事物的消极信息形成的印象很难改变。也就是说，与建立在积极信息基础上的评价相比，人们更愿意相信建立在消极信息基础上的评价。比如，某个品牌的产品不管以前具有多么好的质量，只要出现一次较大的质量问题，消费者就会以此为依据，对该品牌形成非常消极的印象。

3. 对信息进行类别化

物以类聚，人以群分，在社会知觉中，人们往往将信息以一定的标准分门别类地进行处理，这一过程就是类别化。

类别化的产物是刻板印象。刻板印象是指人们对某个群体中的人或某类事物所形成的一种概括而固定的看法。例如，生活在同一地域、同一文化背景中的人常常表现出许多相似性，人们在社会知觉中将这种相似的特点加以归纳，概括到认识中并固定下来，形成刻板印象。刻板印象有时会导致人们将接收到的刺激物信息加以扭曲，使之合乎自己的认识倾向，即所谓选择性扭曲。

4. 运用因式

因式是在过去经验中形成的关于个人、群体或事物的一套有组织的认知系统或架构，它可以是语言材料的因式，也可以是视觉材料或其他具体材料的因式。当我们接触外界事物时，常常在记忆中检索那些与输入信息最符合的图式与之对照，加以理解与解释，这样的过程称为因式加工。因式可以将信息简化，从而使加工过程更加简便，同时它还能帮助人们记忆或组织某些细节，提高加工速度，填补知识空白，并解释或评价新的信息。例如，人们对进口电器、汽车等形成了一定的因式，当市场上出现新的进口品牌产品时，人们往往借助原有的因式来认识和评价新的产品。

因式加工常常会导致人们忘记他们所知道的许多信息，而倾向于保留那些能够支持其态度和信念的信息，即所谓选择性保留。

（三）社会知觉偏差

由于社会知觉受到人的主观性、信息加工能力的有限性，以及知觉对象的复杂性等因素的影响，人们在知觉某人或事物时不可避免地会产生某些偏差。应当说明的是，偏差往往是人们简化信息加工程序的结果，它有时可以加快信息加工的速度，因此它并不一定总是错的。

1. 晕轮效应

当人们对人或事物的某个特征形成了好或坏的印象以后，他还倾向于据此推论该人或事物其他方面的特征，这就是晕轮效应。好恶评价是印象形成中最重要的方面，如一个人在知觉他人时，往往根据少量的信息将人分为好和坏两种，如果认为某人是好的，此人则被一种好的光环所笼罩，并赋予其一切好的品质；相反，如果认为某人坏，这个人就被一种坏的光环笼罩住，并认为这个人所有的品质都很坏。可以说在社会知觉中，人们对人或事物的评价常常具有很高的一致性，即认为好者十全十美，坏者一无是处。

晕轮效应常常出现在实际营销中。某品牌在消费者心目中具有非常高的知名度和美誉度，则该品牌旗下的新产品一问世，往往在消费者心目中就已经披上了质量优良、信誉好的外衣，即使这种新产品完全不同于原来的产品。

2. 证实偏差

人们既有的观念或期望会影响他们的社会知觉和行为，他们总是有选择地去解释并记忆某些能够证实自己既有信念的信息，这就是认知证实偏差。例如，在我们了解到某种产品是“绿色环保”食品后，对该产品所表现出来的与绿色、天然、健康、环保等有关的品质会注意得更多，并容易首先回忆起来，而对该产品所表现的与上述品质无关的品质则不怎么注意。因此，证实偏差导致人们过分相信自己判断的准确性，对人或事物的评价一旦形成，便不会轻易改变。

3. 后视偏差

人们在回忆自己的判断时，常常倾向于认为自己事先的判断更为精确，这种现象称为后视偏差。在社会知觉中，人们大多是“事后诸葛亮”，事情发生后总觉得自己事先的判断很准确，虽然事实并非如此。比如，某人在购买住房以后，发现某处设计不理想，而正好与自己曾经的担忧不谋而合时，就会生出“早知道”的感叹。

后视偏差给我们在营销实践中带来的启示是：对于购买风险较大的消费行为，如购买住房、汽车，或者家用电器、高档服装等涉及资金较多、购买次数较少的购买决策，厂商应加强对消费者的售后关怀，减少他们购后的心理失调，这与售前促销同样重要。

（四）印象管理

1. 保持自我形象的一致性

反复无常的人会让人捉摸不定，使人无法控制与他的交往。因此，为了给其他人留下良好的印象，人们都希望自己的形象前后稳定一致。保持一致的形象是给人以良好印象的前提。

当人们先接受了一个小的要求后，为保持一致，他可能接受一项更大、更不合意的要求，这叫做“登门槛”效应，又称“得寸进尺”效应，这种效应在促销活动中普遍存在。当顾客在挑选衣服时，精明的促销人员常常慷慨地让其试穿，而一旦顾客将衣服穿上，促销员会适时地称赞该衣服是多么适合，并殷勤地为其服务。在这种情况下，很多顾客会感到难以拒绝售货员劝说其购买的请求。

而如果对某人提出一个较大且容易被拒绝接受的要求后，接着向他提出一个小一点的要求，那么他接受这个小的要求的可能性，会比直接向他提出这个小要求而被接受的可能性大得多，这种现象被称为“门面”效应。在社会生活中，人们往往利用他人维护自我良好形象的心理去影响他们，类似例子在营销实践中也屡见不鲜。

2. 讨好

讨好是一种使别人喜欢自己的策略，比如真诚地对别人感兴趣、微笑，记住别人的名字，做一个好的聆听者，鼓励别人谈论他们自己，谈论别人感兴趣的事，真诚地使别人觉得他是重要的等，这些方法就是一套印象管理策略。

了解讨好的策略并非鼓励人们为达到私利目的而采取虚情假意的做法，而是为了帮助我们更好地和不同顾客打交道，并成功地影响他们。

3. 印象管理的识别

在社会交往中，人们的印象管理包括两个部分：一部分是个人比较容易控制的表现，如语言、仪表等；另一部分则是个人不太留意或没加以控制的流露，如某些身体姿态、眼神等。在人际交往中，这两部分的表现并不一致甚至完全矛盾。此时，人们往往以后面一种无意流露出来的意义为标准而做出判断。

事实上，在人际交往中人们越是刻意控制自己的外显表现，就越容易泄露出那一部分未加控制的信息。因此，与他人交往时不仅要看其外表的言谈举止，更要注意其诸如面部表情、声调以及身体运动等非语言行为，它们是判断对方真实情感、态度和动机的有力线索。正如某些消费者，言语中对产品不以为然，但其目光却流露出对该产品的喜爱。

因此，人们进行印象管理以求控制他人的知觉或认知，也使自己给他人留下良好的印象；同时，也需要尽量识别他人的印象管理，剔除伪装的东西，了解其真实的态度和情感。只有这样，方能辨别真伪，以影响、控制其社会交往活动。

【案例2-7】 立普顿乳酪金币——不可抗拒的诱惑①

风行世界的苏格兰立普顿红茶的创始人立普顿先生，十分善于把握顾客心理，其销售手段也很有特色。立普顿乳酪金币大赠送更是促销史上的经典案例。

有一年圣诞节，立普顿先生为了提高乳酪的销售量，决定搞一次促销活动。在欧美国家，有一种传统的说法：在圣诞节前后所吃的苹果中，若含有6便士的铜币，第二年将吉祥如意。立普顿从中受到启发，他在食品店每50块乳酪中挑一块装进一枚金币，同时用氢气球在空中散发传单，造成强大的声势。于是成千上万的消费者在气球的震撼与金币的诱惑下，涌进销售立普顿乳酪的经销店，希望能买到有金币的乳酪。

立普顿的成功遭到了竞争对手的忌妒，他们向法院控告立普顿的做法有赌博嫌疑。在竞争对手的围攻面前，立普顿以退为进，在各地经销店张贴通告说："亲爱的顾客，感谢大家食用立普顿乳酪。但若发现乳酪中有金币，请将金币退回。谢谢您的合作。"结果，正如立普顿所预料的那样，消费者不但没有退回金币，反而更加积极踊跃地去购买"含有金币的乳酪"。苏格兰法院认为这已是纯娱乐活动，便不再加以干涉。

立普顿的竞争对手仍不罢休，又以安全为由要求法院取缔这次危险活动。当法院再次调查时，立普顿又在报纸上刊登了一大页广告："法院又来一道命令，故请各位爱用立普顿乳酪者在食用时，注意里面有金币，万不可匆匆忙忙，以免误吞金币，造成生命危险。"此广告一打出，购买立普顿乳酪的顾客更多了，最后，连竞争对手也无可奈何。立普顿乳酪因此而占领了绝大部分市场份额，获得了巨额利润。

【案例2-8】 椰菜娃娃"领养"市场②

20世纪80年代，一种需要办理领养手续的玩具"椰菜娃娃"风靡全美。

椰菜娃娃是美国克莱克公司推出的一种以领养方式出售的布娃娃。它不像其他布娃娃那样被摆在货架上，而是放置在小小的婴儿床里，随身附有出生证明，上面写着姓名、性别、出生年月和出生地点。有心"领养"的小朋友们先要办好领养手续，才能将自己的孩子抱回家中。1983年，椰菜娃娃刚投入市场，就赢得广大消费者的青睐，在不到6个月的时间里，这种娃娃一下子销售了300万个。椰菜娃娃很快成为美国家喻户晓的人物，成为连环画、漫画的主

---

① 马绝尘：《商业广告与销售促进》，北京：企业管理出版社2000年版。

② 《销售与市场》1994年第4期，向阳。

角，甚至成为“爱”和“成功”的代名词。

一些专家认为，椰菜娃娃之所以风靡美国市场，并不是一种偶然现象，它是与克莱克公司独特的促销计划和公共关系活动分不开的。

推出椰菜娃娃的最初设想产生于1982年底。克莱克公司从领养孩子的父母那里得到了有益的启示，这些领养者提示他们：赋予普通的布娃娃以生命和感情色彩，有助于培养孩子们的爱心与责任感，同时也易于受到不同民族、不同肤色的儿童的喜爱。在确定设计方案的过程中，克莱克公司得到儿童心理学家、儿童医学专家、儿童早期教育工作者们的大力支持。纽约大学和布格达斯大学的心理学家经过分析认为，这些可爱的布娃娃在教孩子们如何学做父母方面，能够起到很好的作用。

围绕椰菜娃娃展开的推销活动，是美国玩具史上规模最大的一次促销活动。

1982年底，克莱克公司市场部、公共关系部和公司最高领导人与查德·爱德华广告公司、查德·威纳尔公共关系公司的顾问们一起，制订了一个周密的推销计划。该计划包括四项内容：

(1) 对椰菜娃娃的出售方式进行分析和研究，设计出供顾客“认领”的最佳方案；

(2) 尽可能快地让玩具经销商们了解椰菜娃娃的性能和特点，提高他们的经销兴趣；

(3) 把有子女和多子女家庭作为宣传的主要目标，唤起他们的购买愿望，并在圣诞节前夕，掀起一个销售高潮；

(4) 在促销过程中，突出宣传认领卡片，使消费者充分认识到椰菜娃娃的与众不同之处。

为了充分体现设计思想和销售宗旨，克莱克公司还编写了《椰菜娃娃父母领养指南》和其他一些辅助性的宣传材料。

1983年2月的纽约玩具交易会为椰菜娃娃的促销活动揭开了序幕。在这次交易会上，人们发现一个个圆头圆脑、憨态可掬的小家伙躺在模拟的婴儿室的小床上，等待着人们前来认领。这种新颖的构思和巧妙的设计，立刻引起了新闻媒介的关注。从2月中旬开始，《纽约时报》率先，其他各报紧随其后，对椰菜娃娃进行了连续报道。一时间，这种玩具娃娃成为人们街谈巷议的话题，销售量大增。

同年6月，克莱克公司邀请新闻媒介的部分编辑人员和他们的子女到纽约的一个儿童博物馆聚会。在这些编辑中，有60位来自妇女杂志社，主要负责自己刊物的“圣诞专号”。开展这种联谊活动，正是克莱克公司推行其促销计划的步骤之一。克莱克公司还在椰菜娃娃的发明人——爱克韦尔·罗伯茨的家乡亚特兰大和波士顿举行了类似的聚会。7月份，美国的各大报刊开始了对椰菜娃娃的联合报道。

仲夏时节，玩具零售商们反映这种娃娃十分好销，其销售量明显超过了其他娃娃。初秋，克莱克公司宣传小组的两名成员与公共关系部的一位报道人员一起，从纽约出发，开始了在各大城市的巡回宣传活动。他们走访了12个城市，散发《椰菜娃娃父母领养指南》等宣传材料50万份。

11月份，椰菜娃娃首次在电视节目《今日》中与观众见面。一个月后，它再次出现在《今日》节目中。该节目主持人贝蒂·丹内斯在介绍椰菜娃娃时，引用了一些心理学家的研究成果，指出了它在儿童教育方面所起的积极作用。心理学家布兰埃博士和他的同行们也在《今日》节目中露面，称赞这种玩具娃娃。在此之后，几乎全美国的电视网都对椰菜娃娃进行了宣传报道，一连持续了几个星期。许多报纸、杂志也纷纷刊登介绍文章。

《华尔街日报》为椰菜娃娃独特的销售方式发表了社论，《今日美国》用整版篇幅报道了这一过程，《新闻周刊》还将头版的重要位置留给了椰菜娃娃。据统计，当时对椰菜娃娃进行报道的电视台和报刊超过了50个。

10月至11月之间，椰菜娃娃的销售盛况空前，以致出现供不应求的局面。椰菜娃娃脱销之后，克莱克公司经过紧急商议，做出了如下决定：

（1）暂时停止推销产品的宣传活动；

（2）进一步扩大生产，不惜适当降低质量标准；

（3）加快送货速度，必要时可以包租飞机抢运；

（4）继续在报纸、电台、电视台开展有奖问答等有计划的宣传活动。

与此同时，克莱克公司的公共关系人员利用人们对椰菜娃娃的偏爱心理，巧妙地调整了宣传内容，设计了椰菜娃娃为社会作贡献的主题，把公众的注意力引向了新的方面。

他们重点宣传的实例有：当时的第一夫人南希·里根在纽约的一家医院里，向动过心脏手术的韩国儿童赠送椰菜娃娃；巴尔的摩城以抽彩方式出售椰菜娃娃，筹资2.5万美元，为一家儿童医院购买了一台透析仪。

在宣传过程中，克莱克公司还穿插着介绍了一些有关椰菜娃娃的趣闻。

美国肯萨斯城一位急于为孩子购买椰菜娃娃的消费者，在商品脱销之后，专程乘飞机去伦敦“领养”椰菜娃娃；卡特宝石店的老板在椰菜娃娃的身上镶嵌了贵重的钻石和绿宝石，标价10万美元，卖给那些出手大方的富翁。

椰菜娃娃的促销活动之所以取得如此大的成功，一方面由于克莱克公司的公共关系人员通过深入的调查研究，了解了公众心理，掌握了市场动态，从而使宣传工作目标明确，一举中的；另一方面也因为该公司善于利用新闻媒介扩大影响。在整个促销活动中，克莱克公司向各大电讯网、报业公司发送的文字和图片报道50余篇，通过电视网播放的有关椰菜娃娃的电视节目50多个。此外，克莱克公司的宣传人员还在60多家杂志上发表文章，在地方广播电台、电视台均发表了数以百计的新闻报道和评论文章。

研究美国玩具史的学者们认为，椰菜娃娃不是流行一时的现象，它代表着玩具发展的趋势，具有强大的生命力。据他们分析，这种类型的玩具必将成为美国当代玩具体系中的重要组成部分。

1984年，克莱克公司又推出了一种新型的椰菜娃娃。这回，椰菜娃娃不但改变了装束，还有了自己的兄弟姐妹和宠物。这样一来，与此有关的系列商品也就应运而生了，随着系列配套商品的推出，克莱克公司的营业额越来越高，它的名声也越来越大。

第三节　中国消费者特有的消费心理

营销是基于人文性质而发展起来的，不同的文化背景对其影响非常显著。生活在中国传统文化中的中国人已经形成了一些特有的消费动机、消费观念、消费行为和特有的购买决策标准。传统的基于西方文化的消费心理研究理论，在占据世界市场最大份额的中国市场中体现出来的缺陷越来越明显。众多国内外营销学者也都致力于中国消费者心理研究，试图建立具有东方文化色彩的消费者心理理论体系。

一、非理性消费

非理性消费是指消费者在各种因素的影响下做出不合理的消费决策，它一般表现为消费者不按效用最大化的原则进行消费、忽略收入对自己消费的约束，以及对消费品边际效用递减的认识不清等。

（一）面子消费

中国消费者在消费过程中非常注重所在群体或阶层的认同，以及在消费能力上表现出高于所在群体或阶层。这样就能体现出个人优越感，称之为有“面子”。

"面子"之说源于中国的耻感文化（西方文明是罪感），在耻感价值取向下，中国人特别注重"面子"。"面子"是中国传统文化、传统价值观、人格特征、社会文化的耻辱感取向共同作用的综合体。好面子是中国人典型的文化心理特征，反映在消费行为中就是，中国消费者较为看重"体面"的消费，过于看重与自己的身份地位相一致、与周围其他人相一致的求同消费和人情消费。

（二）攀比消费和炫耀消费

攀比消费和炫耀消费也是面子消费的一部分，为了获得他人的认同或心理上的优势，攀比消费在中国随处可见。根据马斯洛需求层次理论，攀比消费和炫耀消费都是一种由社会需要向尊重需要发展的迹象，不过由于中国传统文化的影响，这种迹象的发展有些畸形。截至 2009 年 1 月底，我国奢侈品消费以总额 86 亿美元居世界第二位，全球占有率 25%。从很多国际的顶级品牌不断涌入中国可以看出奢侈品在中国市场的发展潜力。

（三）关系消费

群体性的社会文化环境，要求讲究人们相互之间的关系。所以，关系消费是不可避免的，尤其在人们的物质生活水平提高以后，更加注重这一点。中国人的关系消费是基于人际互动的、带有较强人情味的面子消费，这与西方赠礼是基于商业交换有很大的不同。在中国的关系消费中，礼品是比较重要的一环。礼品反映的是送礼者对受礼者地位的尊重程度，而不是反映送礼者的经济能力。由于国内巨大的关系消费市场，部分厂商以礼品定位自己的产品，带来了十多年的畅销不衰。

引起非理性消费的原因很多，既有消费者自身原因，也有外部原因。因此，厂商要充分理解和尊重中国的传统文化背景，在进行促销活动时，根据产品定位和顾客的消费心理，选择恰当的时机和地点，采取适当的促销策略组合，充分利用外部刺激来促进消费者的非理性消费。

二、"家"消费

"家"的概念根植于中国人的心灵深处，影响着人们消费的方方面面，形成了中国独特的"家"消费。主要包括：教育消费、仪式消费、节庆消费和祭祀消费等。

孩子是家庭的未来，在"家"消费中教育费用占了很大的比重。中国人无论是来自农村还是来自城市，都对孩子未来的发展非常重视，甚至可以说是不遗余力。做父母的宁可在吃、穿、住、用、行上节俭，也不愿降低孩子学习和生活的品质。目前，许多房地产公司利用这一点，以地理位置临近教学质量高的学校为宣传点，或者以“购房上名校”的促销手段，来吸引众多消费者的眼光。

仪式是文化的重要组成部分，而中国是世界上仪式最为盛行的国家之一。婚丧嫁娶、添丁满月、新房搬迁、升学高就等构成了仪式消费的主要内容。面对这种需求，厂商也适时地调整自己的产品供给。于是每到婚嫁的高峰时期，“五一”、“十一”或春节前后的一段时间里，到处都是针对婚嫁的促销信息。高考之后的时间段也成了一个巨大的市场，一些酒店针对升学适时推出同学宴、谢师宴，给企业带来了良好的效益。

中国人对于“家”的观念根深蒂固，尤其每逢春节或重要的节假日，总能看到人们匆匆回家的身影。在这些节日里，中国人是非常愿意消费的。因此，每到节假日前后很多商家都会进行各种商品的促销活动。对于部分商品来讲，每年节假日的销售额能够占到一年总销量的一半以上。

家的观念的延伸便是为怀念先人而举行的祭祀仪式了。每年清明时节，国人扫墓出行困难每每见诸报端。而在这一时节，因扫墓而带动的相关祭祀用品的供不应求也是经常看到。祭祀消费还包括殡葬费用，这也是一种很大的消费支出。

三、消费新趋向

（一）区域消费差异性

不同区域地理环境、气候条件、经济水平和文化背景的差异，使消费者的价值观和消费行为具有各自不同的地方特色。企业在开展促销活动时，也应当注重各个区域的消费者特点，有针对性地采取更加有效的促销活动。

形成区域消费差异的主要有两大类因素：一类是经济因素，另一类是非经济因素。通常研究区域消费差异的方法也主要分两条路线：一条是经济学的研究路线，主要从宏观的经济层面研究区域消费差异，这种从宏观层面展开的细分通常综合应用了国家或地区的经济、政治、地理以及人口统计信息，例如樊纲等学者对中国各地区市场化相对进程的研究；另一条是心理学——营销管理为主的研究路线，主要从微观的心理层面研究区域消费差异，研究的心理变量包括价值观、态度、意见、兴趣等。这里我们主要以微观层面的路线来研究区域消费差异。

卢泰宏以是否“接受外部文化”和“敢于花钱”两个维度将消费者分为四类，如图 2-2 所示。他认为前一个维度主导区域消费形态的变化，后一个维度则主导区域消费的基本风格。

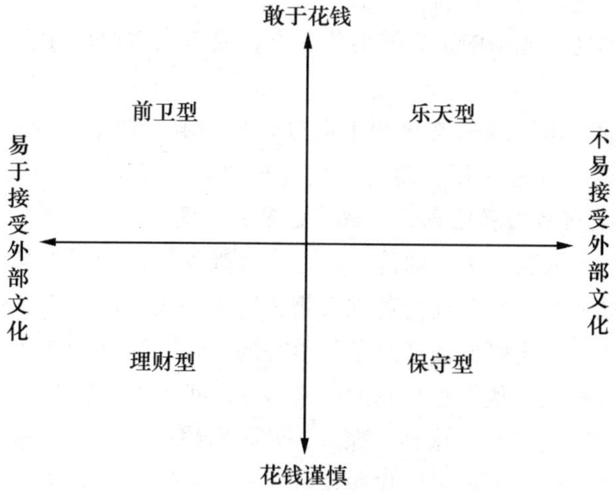

图 2-2　卢泰宏的消费者分类图

第一类消费群接受外部文化的倾向很弱，但敢于花钱，消费欲望强烈，这种消费形态被称为乐天型；

第二类消费群受传统文化影响较弱，比较容易"接受外部文化"，也比较"敢于花钱"，表明这类消费群体接受新产品的意愿也更强，而且他们也敢于花钱，主张及时行乐，这种消费形态被称为前卫型；

第三类消费群容易接受外部文化，敢于尝试新事物，但生活节俭，消费欲望不浓，这种消费形态被称为理财型；

第四类消费群受传统文化影响比较深，不太容易"接受外部文化"，在"敢于花钱"上也比较谨慎，表明这类消费群体比较保守，生活上也非常节俭，不喜欢花钱，这种消费形态被称为保守型。

刘世雄、卢泰宏通过研究发现：保守型消费者在西北地区所占比重最小，而在华南地区所占比重最高；前卫型消费者在西北地区所占比重最小，而在华东地区所占比重最高；理财型消费者在西南和华东地区所占比重较高，而在华南所占比重最小；乐天型消费者在西北地区所占比重最高，在东北、华北和华南所占比重也比较高，在其他地区的分布则差异不大。因此，厂商在进行促销活动的时候应当注重当地的区域消费特点，采取适当的促销策略和组合。

（二）"E" 一代消费特点

刘世雄、周志民把中国消费者按时代划分为五代，称 1980 年以后出生的人为"E"一代。这一世代的人是在中国实行计划生育后出生的第一代人，又由于出生的外部环境恰逢我国改革开放，他们的心理、行为与父辈相比有较大的差异，价值取向、消费心理等与上一代人也有很大的不同。现在这一代人已经进入消费高峰期，成为中国新的消费主力，或者说他们正在引发中国的消费革命。

在性格方面，由于外来文化和生活方式的影响，加上IT技术的迅猛发展以及电视、手机的普遍使用，使得他们比较早熟。信息的爆炸式出现，促使“E”一代从小就接触大量信息，了解了更多的道理，养成了独立自主的性格特征。此外，国外个人英雄主义的传入，更是刺激了他们的冒险精神。这一代中的很多人渴望能成为扭转时局的英雄人物，渴望一人独步天下，但由于他们是独生一代，家长在安全等方面都给予了很好的防范，使他们较少受到挫折，内外部环境的反差形成了他们很自我的风格，以自我为中心，个人主义盛行等。

在休闲方面，他们喜欢旅游、探险、爱好网络游戏，同时他们的休闲活动多是追寻心情和体验。刚走上工作岗位的“E”一代，有出境游愿望的达80%以上。他们选择旅游是因为可以放松精神，体验不同地方的风土人情，而平时的各种媒介传播则是促成他们成行的催化剂。很多“E”一代的人喜欢网络，许多调查都显示，当代初高中生、大学生几乎每个人每周都上网5—20个小时。在他们眼里，网络虽然是虚拟的，但可以无所不谈，可以自由地表达自己的喜怒哀乐。快乐可以与陌生人分享，孤独和无助也可以向陌生人倾诉。对于一些比较内向的人来说，网络更是结交朋友表达自己的最好途径。现在的网络游戏推广商看到了这一点，于是在游戏中增加了许多吸引人的增值服务，来满足玩游戏人的各种心理需求。

在生活消费方面，受中国传统文化和外来文化的双重影响，“E”一代注重享受型消费。在购物方面，他们崇尚名牌，追求时尚，敢于尝试新的消费品种和新的消费方式，对国际品牌或国外名牌有着非同一般的热爱。他们对节俭的传统美德不太赞同，对源于西方的超前消费和及时消费却有很强的认同感。受到“追求时尚”、“开心刺激”的价值观影响，他们对价格敏感度很小，东西只要自己觉得喜欢，花再多的钱也无所谓。在具体的消费行为上，他们表现出大胆和叛逆，是时尚消费的引领者和追随者。在他们眼中很少有禁区，传统的消费习惯被他们认为是一种落后的束缚。他们宁愿多花钱或者其他成本，也要购买品质好的产品或服务，不容许在品质上有欺骗或瑕疵，在偏好产品高质量的同时相对忽视产品的耐久性。他们爱好舒适、有魅力和能够展现个性的产品，喜欢可互换、可任意使用的产品。

针对“E”一代的上述这种特点，厂商在策划促销活动的时候，要从促销策略和活动组织上做到新奇、独特、有创意，同时留给这部分消费者足够的个性展示空间，尽量让他们参与到活动之中并得到一定的心理满足。这要求厂商不仅要对当前的营销环境有全面的认识，还要对人们的消费趋势有总体把握，这样才能对企业未来的发展有系统的规划，并能够适时调整和丰富促销内容。

（三）现代女性消费

随着女性在社会生活中的地位和作用日益提高，在消费者研究领域，女性消费者日益成为关注的热点。现代女性在社会和家庭的地位决定了她们在整个社会消费中占据着重要位置，不管是仅仅作为女性个体，还是作为家庭成员中的女儿、妻子、母亲及家庭主妇，她们常常在为自己选购产品的同时，还要负责孩子、丈夫、父母及整个家庭的日常消费。因此，无论是女性消费品、儿童用品，还是男式用品、老年用品、家庭用品，女性消费者在购买决策中都扮演着重要角色。

厂商想要扩大市场份额，赢得消费者的认可，就必须对现代女性消费者的购买心理进行分析，研究她们的消费特点，分析并针对这些特点开展行之有效的促销活动，从而赢得女性顾客的青睐。女性天性中所特有的爱美、感性、求实、从众、爱攀比等特点决定了她们在消费时呈现出以下一些特征：

1. 多样化、个性化的消费趋向

现代女性希望生活是多样化的，她们渴望角色的变换，希望尝试不同的生活方式和经历各种不同的体验。表现在日常生活方面，消费时不再局限于商品最原始、最基本的功能，而是要求商品具有一定的个性色彩，能体现她们的社会地位、经济地位、个人情趣、个性修养等。她们不再以同一标准为目标，而是追求个性化的生活，有着个性化的消费观念和方式，喜欢按自己的个性购物，能在追逐流行、时尚的潮流中彰显自己的个性魅力，尽可能使自己的性格、气质特征及审美观念在购物中得到充分展现。

2. 感性的消费行为

女性以感性著称，这就决定了其购买行为带有强烈的感性色彩，常常关注商品中所包含的情感因素。现代女性通常会购买那些对自己而言具有特别意义的商品，以及那些除了具有某种功能外，还对自己和朋友具有象征意义、能够唤起她们的情感和回忆的商品或服务。国际知名企业吉列公司曾经推出一款通体透明的剃须用具，结果他们发现购买这款剃须刀的多是女性，经调查才知道，原来大多数女性认为透明象征着爱和深情，作为妻子或情人，她们自然希望自己的丈夫或情人使用这款具有象征意义的剃须刀，因此会不惜重金竞相购买。鉴于这种感性的消费心理，女性消费者在购买商品时常常会忽略商品的实用价值，而趋向商品的情感功能。而哪些商品能够引起女性消费者的情感共鸣，则主要取决于消费者的个人经历、兴趣和性格等。

此外，女性的购买决策还容易受到情绪的影响。女性在情绪低落或情绪高涨时，时常会发生突击消费，原因是她们将购物当作一种乐趣，通过购物来宣泄情绪或犒劳自己，并且大多数的女性消费者对这种突击型消费都不会感到后悔。影响女性消费者情绪的因素，除了其个人经历和性格之外，还受到同伴评价、销售员服务态度等的影响。

3. 不断升级的消费需求结构

相对传统女性而言，现代女性没有太多的家庭负担，却有着较高且稳定的收入，有着现代化的消费观念，以及花钱的冲动和激情，其消费需求结构不断向高级化演变提升。

加上对生活品位和内涵的不懈追求，以及及时享乐的生活习惯，都使得现代女性消费者的需求结构不断升级，始终走在城镇居民的前列，主要表现为社会性需求高于生理性需求、精神需求高于物质需求。如传统消费中购房、购车的对象多为男性消费者，而今一些大中型城市的女性买主在迅速增加，有的甚至有超过男性的趋势。

一项调查表明，城市职业女性在未来消费中增长最快的是美容、健身、保健品和旅游等，其次为文化教育和休闲娱乐消费，而交通、生活用品、食品饮料和化妆品等方面的消费没有太大变化。现代女性消费群的崛起还催生了一大批“女性商品”，如女性杂志、女性网站、女性畅销书、女性电视频道等。

4. 健康、安全、方便的消费理念

随着现代社会中商品生产的丰富和销售渠道的扩展，以及现代科学技术的应用和文化素质的普遍提高，在消费中居于突出地位的现代女性在消费层次和消费结构上都有所改变，她们对于所消费的产品会给自己带来什么样的效果非常关注。现代女性情感细腻，善于关心他人，特别是关注家人的身心健康。随着食品安全问题逐渐成为世人关注的焦点，许多女性消费者更加关注家庭成员的饮食结构和食品的质量及功能。表现在她们喜欢购买绿色产品、天然食品，以及低脂肪、低胆固醇、多种营养元素并存的食品等。

现代女性大多为职业女性，她们的业余时间很少，不能花费大量时间到处购物。因此，她们希望购买和使用都非常方便，能够尽量节省时间、减轻家务劳动，以获得更多的时间和家人在一起。那些多功能、多用途、能减轻家务劳动、便于购买和使用的商品，都能被现代女性消费者较快地接受。表现在使用速食食品、罐装食品、冷冻食品和复合调味料的情形增加了。对于现代女性而言，既能照顾家人，又能节省时间的有效办法就是利用省时的商品或外部服务，因此，女性消费者还喜欢网络购物、送货上门等省时省力的方式。

5. 易受外界因素影响的购买决策

(1) 现代女性消费者在购买过程中特别容易受到口碑传播的影响

在日常生活中，女性常常会相互交流购买和使用某种商品的感受，收集他人对产品或服务的评价，从而为自己购买类似产品做准备。因此身边的朋友、同事对商品或服务的看法和评价，都会影响女性消费者的购买决策。另外，当使用某种商品成为一种时尚和潮流的时候，有些女性即使不需要并且不太喜欢这类商品，但受到从众心理或虚荣心的影响，她们也会购买该类商品。某些世界知名品牌就是利用这点进行生产和销售的，如路易威登、香奈儿。因此，厂商的促销策略要注意利用女性的口碑传播和品牌宣传，这往往能达到事半功倍的效果。

(2) 女性消费者通常对价格比较敏感，易受到降价、打折、赠品等促销活动的影响

她们通常在进入商店之前已经想好了要购买何种商品，但当看到商店有降价、打折等促销活动时，她们就会重新权衡比较哪种购买组合最划算。经过多方面的考虑和精打细算，她们中的大多数最终会购买促销商品代替原来已经想好的商品，或者购买原本没有打算购买、但正在开展促销活动的商品，因此，可以说女性消费者的购买行为很容易受眼前利益的影响。

(3) 女性消费者购买行为受购物环境氛围的影响较大

在一份北京女性消费者的调查中显示，有58.9%的女性消费者更愿意在大型的购物中心、豪华商场购物，而在男性消费者中这个比例只有40%。大型购物中心精美的装修设计、良好的购物环境，容易使女性消费者在情绪上受到感染，激发起她们的购买欲望。同时，女性消费者在购物过程中还容易受到其他顾客热情程度和销售人员态度的影响。在购买时，即使是自己喜欢的商品，如果柜台前无人问津或销售人员态度冷淡，她们的购买热情也会下降，甚至会放弃购买。如果旁人争先恐后地购买或营业员态度热情，即使是她们不太喜欢的产品，她们也会觉得大众的选择不会有错，因此购买热情也会高涨，容易产生冲动性购买行为。

【案例2-9】 脚大还是脚小①

一位妇女走进一家鞋店，试穿了很多双鞋子，没有找到一双是合脚的。

---

① 张少华等：《高效率促销实训》，北京：电子工业出版社2006年版。

营业员甲对她说："太太，我们不能合您的意，是因为您的一只脚比另一只大。"这位妇女听了后什么话也没有说，径自走出了商店，没有买任何东西。

在另一家鞋店里，试穿被证明是同样的困难。最后，笑眯眯的营业员乙解释道："太太，您知道您的一只脚比另一只小吗?"这位妇女听了后，高兴地买下了两双新鞋子。

本章小结

AIDMA 法则是指产品要引起人们的关注并取得预期的效果，必然要经历引起注意、产生兴趣、培养欲望、留下记忆和促成行动这样一个过程才能达到目的。

为了达到预期的促销效果，我们需要了解消费者采取行动的原因。弗洛伊德动机理论认为当一个人面对特定品牌的产品时，他不仅会对品牌产品已知的明显特征有反应，也对那些潜意识方面的特征有反应；马斯洛的需要理论和自我实现理论帮助厂商了解各种产品如何才能适应消费者的计划、目标和生活；行为归因理论强调通过改变员工对所发生事件的归因认知来激励和引导其行为，属于认知的或内在的激励。

根据消费者要购买的产品的不同和在购物时参与程度的差别，消费者购买行为可以分为复杂的购买行为、寻求多样性的购买行为、减少不协调感的购买行为和习惯性购买行为等四种类型。消费者购买决策过程一般会经历确认需求、收集信息、评估可行方案、购买决策和购后行为等五个步骤。

人们在社会交往中会发生相互影响，如流行、舆论、暗示、流言等都会形成一系列的连锁反应，进而影响人们的心理与行为。连锁影响又往往引起社会行为中的相符行为，它主要包括从众、众从和服从。本章涉及的人际关系基本原理有互惠原理、功利原理、喜好原理和短缺原理，这四个原理无一例外地在商业活动包括促销策划中发挥着重要的作用。

社会知觉是人们在社会活动中对人或事物进行认识的过程，在这一过程中，人们需要采取一些捷径以使信息加工的效率更高。这些捷径包括寻找意义、注重显著信息、对信息进行类别化和运用因式。同时社会知觉也会带来一些偏差，包括晕轮效应、证实偏差和后视偏差。

营销是基于人文性质而发展起来的，研究中国消费者特有的消费心理，对于厂商在世界上最大的市场——中国的发展至关重要。这些特有的消费心理包括非理性消费（如面子消费、攀比消费和炫耀消费、关系消费）、"家"消费等。另外，"E"一代、现代女性等逐渐成为家庭消费的主要人群，他们对于市场消费心理和消费趋势起着不可忽视的作用。

思考题

1. 什么是AIDMA法则？

2. 根据消费者要购买的产品的不同和在购物时参与程度的差别，消费者购买行为可以分为哪四种类型？各有什么特点？

3. 消费者购买决策过程可分为哪五个步骤？

4. 互惠原理、功利原理、喜好原理和短缺原理如何影响消费者的购买行为？

5. 社会知觉的偏差有哪几种？

6. 中国消费者特有的消费心理主要有哪几种？

7. 举例说明厂商在进行消费者促销时，应如何结合“E”一代消费特点进行促销策划。

第三章

促销策略设计

教学目的和要求

1. 掌握促销调查的程序和方法，以及调查内容，了解促销调查报告的撰写要求和基本结构；
2. 掌握促销组合、竞争战略和产品生命周期与促销战略的重要关系；
3. 掌握促销活动策划的实施程序；
4. 掌握促销策划书的写作要求及主要项目内容。

引言

中国兵法上常讲“运筹帷幄之中，决胜千里之外”，是指在做某件事情之前进行统筹规划的重要性。因此，进行周密、有效的促销策划工作，是厂商成功实施促销策略的重要前提。它表现在以下几个方面：

首先，促销策划的成效对于厂商的营销，甚至生产经营活动都是极大的促进，同时也发展了企业文化和企业形象。

其次，促销策划促使各项促销管理工作健康、有序发展。其中，计划、组织、协调和控制都是策划中需要重点考虑和规划的，也就是说，促销策划使整个促销管理工作有重点、出成效。

再次，促销策划能使促销活动更加有效和有序。消费者素质的提高使其对促销有了更本质的认识和看法；市场竞争的激烈使促销活动的诸多要素充满变数；企业发展导致的管理幅度增加给促销活动带来管理上的难度。上述因素对促销活动管理工作的要求相应提高，而促销策划则有助于促销活动实现既定的目标。

最后，促销策划能减少不必要的费用支出，使促销活动的投入更加有效。由于策划时充分考虑了投入产出、利润、活动效果等，这样就使促销预算更具科学性。同时，促销工作得到了科学的预算保证，将使促销工作持续开展下去。

在第一章中我们提到，促销策划是在市场目标导向下，使促销与多种市场工具实现良好交互作用的策略设计、策略评价和策略控制过程；同时，它也是追求促销投入效益最大化，并通过提供一些临时性的附加利益来进一步实现对消费者、中间商或厂商销售人员的实质性影响的策略规划活动。可见，促销策划由三个有机结合的基本环节组成，即促销策略设计、促销策略评价和促销策略控制。

在本章中，我们研究促销策划的第一个环节：促销策略设计。在促销策略设计的过程中，首先需要进行有针对性的市场调研，并结合厂商的整体营销战略进行促销战略研究。在此基础上，按照一定的策划步骤形成可行的促销活动策划方案，最后通过明确、规范的促销策划书将促销活动策略方案表达出来。只有这样，才能保证促销策略设计有章可循。

第一节 促销调查

促销调查，是指对影响企业促销活动的有关资料进行收集和整理，分析企业促销的外部环境和内部状况，目的是为企业的促销决策提供依据，是制定促销策划前期重要的基础工作。事实上，只有在深入彻底地进行促销调查的前提下，促销策划才有可能获得成功。

具体来讲，促销调查应着重调查市场当前状况，分析市场需求和竞争态势，寻找企业面临的机会与威胁；调查目标消费者的需求、动机和购买行为，以及他们对各种促销活动的反应；调查符合产品特性的各种促销方法和促销媒介的适用性；调查企业的营销能力、营销现状、现有资源状况；以及在上述调查基础上的市场分析与预测等。

一、促销调查的程序与方法

（一）调查程序

促销调查遵循一定的科学程序，常见的调查程序分为 6 个阶段。

1. 准备阶段

本阶段的工作主要包括分析问题所在及问题焦点、明确调查问题、确立调查目的和设定调查假设。

2. 制订计划阶段

主要包括制订调查计划、确定调查方法、设计抽样计划、培训调查人员和进行试调查。

3. 正式执行阶段

主要包括设计调查问卷、实施调查、收集信息、控制进度和控制调查质量。

4. 结果处理阶段

主要包括资料整理、资料统计分析、解释资料间相互关系。

5. 补充调查阶段

包括对前期调查中未收集到的信息进行补充调查。

6. 撰写调查报告阶段

包括撰写促销调查报告，针对调查中发现的问题提出相应的对策与建议。

（二）调查方法

1. 资料来源

调查资料可分为原始资料和二手资料。原始资料是指为达到当前特定目的，通过实地调查获取的第一手信息；二手资料是指通过其他渠道收集到的，别人先前已整理过的资料。一般来说，这两方面的信息对促销调查都是必需的。

（1）原始资料

大多数营销调查项目都要求收集原始资料。通常的做法是与某些人单独交谈或集体座谈，从而了解人们对产品或服务的大致看法，然后确定调查方法，设计抽样计划，进行实地调查。

（2）二手资料

促销调查开始时，通常先着手收集二手资料，以判断问题是否已经解决或解决的程度。在对二手资料进行初步研究的基础上，再去收集成本较高的原始资料。二手资料的来源通常有内部资料和外部资料两种：内部资料包括企业销售记录、财务报告、市场研究报告等；外部资料包括政府出版物、期刊和书籍、商业性资料等。

二手资料是调查的起点，其优点是成本低廉且可以立即使用。然而，促销调查所需的资料有时不能完全从二手资料中获得，这时调查人员就需要花费更多的时间和财力去收集更多、更准确的原始资料。

2. 调查方法

收集原始资料通常有四种方法：观察法、小组座谈、问卷调查及实验法。

（1）观察法

观察法是指通过观察和记录调查对象的活动与背景，来收集最新的原始资料。

（2）小组座谈

小组座谈通常邀请8—10个人，在一个有经验的主持人引导下，花一些时间（通常是1.5—2个小时）共同讨论某种产品、某项服务、某个组织或其他市场营销话题。主持人鼓励大家畅所欲言，并利用群体激励来揭示座谈人员深层的感觉和想法。可利用笔记、录音或录像的方式将讨论过程记录下来，供调研人员研究消费者的认识、态度和行为特征。

小组座谈常常是大规模问卷调查前的一个探索性步骤。通过小组座谈可以了解消费者的感受、态度和满意程度，这对于更科学地调查这些问题有很大帮助。但值得注意的是，由于该调查的样本范围太小，并且也不是随机抽样，因此应避免将小组座谈的结论推广到整个市场。

(3) 问卷调查

如果说观察法与小组座谈适用于探索性调研，问卷调查则是为了了解人们在认识、看法、喜好和满意程度上的总体量值，属于描述性调研和因果性调研的范畴。

在设计问卷时，首先应明确调查的目的和内容，并针对调查对象选择适当的问题数量和语言措辞，同时还需设计有利于数据统计分析的量表。

(4) 实验法

实验法是相对科学的调查方法。该方法选择若干有可比性的主题组，分别赋予不同的实验方案，并检查所观察到的差异是否具有统计上的显著性。其理论依据是：在将外部因素剔除或加以控制的情况下，观察到的结果与实验方案中的变量具有一定的相关性。

二、促销调查内容

厂商促销调查必须围绕企业的促销策划工作来进行，既要了解影响促销的微观因素及变化，又要了解与企业促销工作密切相关的宏观因素的变化。因此，厂商促销调查包括外部调查和内部调查两个方面。

(一) 外部调查

外部调查包括促销环境调查、市场流通调查、竞争对手调查、客户调查、消费者调查和其他专项调查等。

1. 促销环境调查

企业的促销活动是在复杂多变的市场环境中进行的，会受到来自各方面的外部环境因素的制约。环境的变化既可以给企业带来机会，也可以形成威胁。因此，促销环境调查是厂商有效开展促销活动的基本前提，其内容主要包括政策环境调查、法律环境调查、经济环境调查、科技环境调查、人口环境调查、消费趋势调查、社会文化环境调查等。

2. 市场流通调查

市场流通调查的内容主要包括市场结构调查、各级流通渠道调查、流通效率调查、各级经销商的经营状况调查、终端销售状况调查等。

3. 竞争对手调查

企业要想在市场上立于不败之地，必须加强对竞争对手的调查了解，真正做到知己知彼。竞争对手调查内容主要包括竞争对手数量、主要竞争对手状况、潜在竞争对手状况，以及主要竞争对手的产品质量、产量、市场份额、供货渠道、分销渠道、促销方式、促销效果、近期营销战略、主要产品及服务的营销手法、企业资源状况等。

4. 客户调查

通过对企业合作伙伴的情况进行调查，能够获悉客户的营销状况和发展动态，达到对合作伙伴的充分了解，以便为未来的合作制定相应的发展策略。客户调查包括营销能力、盈利能力、发展能力的调查，还包括经营理念、经营方向、经营策略的调查，以及客户形象、声誉和客户资信状况调查等。

5. 消费者调查

营销的主要目标是满足消费者的需求，因此对消费者的调查构成促销调查的主要内容。消费者调查的主要内容包括购买动机、购买行为、影响购买的因素、需求量、需求偏好、需求的影响因素、对各种促销活动的反应、满意度，以及潜在消费者的数量、特点和需求状况等。

6. 其他专项调查

其他专项调查是指上述调查以外的外部调查。主要包括市场区域调查、产品调查、价格调查、促销方法和媒介的适用性调查、信息传播效率和反馈效率调查等。

（二）内部调查

从外部调查中，我们发现了产品在市场上存在的机会和威胁，但这并不意味着所有的机会都是最佳的选择。厂商只有充分了解企业相对于竞争对手的优势和劣势，明确自身定位后，才能够扬长避短，确保其更好的生存和发展。

内部调查包括营销能力调查、营销实务调查、财务能力调查和企业管理能力调查。

1. 营销能力调查

营销能力调查是对一段时间内厂商营销管理综合实力的调查。主要内容包括营销管理机制、营销组织结构、市场范围、市场份额、产品及服务质量、产品策略及效果、定价策略及效果、分销策略及效果、促销策略及效果、创新机制等。

2. 营销实务调查

营销实务调查是对当前营销状况的调查。主要内容包括当期营销目标、达成比例、差异比较、与上年同期比较的差异及原因、广告策略及效果、销售促进策略及效果、公共关系策略及效果、人员推销策略及效果，以及营销人员综合能力、激励机制、数量分布等。

3. 财务能力调查

财务能力调查是指对企业经营状况、销售回款情况、资金来源和成本、借贷能力、偿还能力、资金供应稳定性等的调查。

4. 企业管理能力调查

企业管理能力调查是指对企业经营思想、企业文化、决策者风格、执行力情况、发展战略、员工素质等的调查。

三、促销可行性分析

促销在市场竞争中发挥着积极的作用，但由于促销本身的特殊性，它不是产品营销的救命丹，有些时候并不能达到增加市场份额或者扩大产品销量的目的；同时，即使一个好的促销活动方案，也可能受到来自各方面力量的制约和影响。因此在促销调查的基础上，我们还需要进行一个促销可行性分析，这里主要指相关利益者的态度分析。

这里提到的相关利益者包括政府、公众、消费者、竞争者、媒体、中间商，以及厂商自身对促销活动的态度与反应。

（一）政府可接受程度分析

如果政府对促销活动有着法律等方面的限制，那么再好的促销活动也无从谈起。

政府对促销活动的可接受程度分析主要包括：法律规范的可行性、政府相关政策的可行性、政府管理部门对促销活动支持的可能性、促销活动与政府期望或热点的相关性等。

（二）公众可接受程度分析

社会公众的态度和反应同样影响着促销活动的开展。

公众对促销活动的可接受程度分析主要包括：社会文化对促销活动的可接受程度；宗教文化对促销活动的可接受程度；地理及民族文化对促销的可接受程度；价值观和社会道德规范对促销活动的可接受程度等。

（三）消费者可接受程度分析

消费者的个人因素和心理因素也会影响他们对促销活动的接受程度。

消费者对促销活动的可接受程度分析主要包括：消费者对促销活动的普遍认知度、消费者的感觉和联想、消费者的反应及其与企业期望的差异等。

（四）竞争者反应分析

在市场上处于竞争态势的企业之间，其中一方采取促销行动，势必对其主要竞争对手带来压力，促使其采取反击行动。如果企业的促销活动力度较大，可能导致竞争者的强烈反击，其引起的市场恶性竞争是竞争双方都不愿意看到的。因此，在促销调查阶段，厂商非常有必要对竞争者可能采取的反应和行动进行分析。

竞争者反应分析主要包括：竞争者目前的营销策略对促销活动的正反作用、促销活动对竞争者的影响、竞争者的态度、竞争者可能实施的对策等。

（五）媒体可接受程度分析

媒体对促销活动的可接受程度分析主要包括：新闻界对促销活动支持的可能性及态度、广告策划者对促销活动支持的可能性及态度等。

（六）中间商可接受程度分析

中间商对促销活动的可接受程度分析主要包括：经销商对促销活动支持的可能性及态度、零售商对促销活动支持的可能性及态度等。

（七）厂商自身可接受程度分析

厂商自身对促销活动的可接受程度分析主要包括：企业管理部门和全体员工的态度和决心，企业管理能力、监控能力、策划能力和执行能力能否胜任促销活动的要求，企业经济实力、现金流供应、原材料供应、生产能力、储运能力、风险承担能力能否和促销活动配套，以及销售人员受到激励的大小及态度等。

四、促销调查报告

在对收集的资料进行整理、分析和统计之后，就进入促销调查报告的撰写阶段。撰写调查报告是促销调查的最后环节，是以书面形式陈述促销调查结论。

通常促销调查报告是给企业营销负责人或客户看的，作为本企业或客户制定促销策略的参考依据。可以说，如果不能及时提交促销调查报告，即使运用再多的调查技巧，有关工作做得再仔细，整个调查也是没有实际意义的。

（一）促销调查报告的撰写原则

1. 完整性

在实际工作中常常存在两种倾向：一种倾向，报告可能由于过于简单而不完整，或者忽略了必要的定义和解释；另一种倾向，由于报告过于繁杂而使人很难获得主要内容。因此，完整性即要求调查报告中心明确、结构完整、材料与观点相统一，并能够回答调查任务中规定的问题。

2. 准确性

调查报告和科研论文一样，讲求的是资料的准确性和逻辑的正确性。准确性是指用词准确，每个概念都有特定的内涵和外延，并做到词义相符；同时，还要保证数据及来源的准确性、推理的逻辑性、表达方式的规范性等。值得一提的是，科学的调查程序是确保调研所得信息的准确性和可信性的基本前提。

3. 简洁性

调查报告在语言表达上力求文字简明扼要，尽可能用图表说明问题，使人容易理解，同时还应避免对人们已经熟知的信息大加阐述。一个确保报告简洁性的有效方法就是大声地读出原稿，这样可以发现需要修改的地方。

（二）促销调查报告的基本结构

促销调查报告没有统一的格式，它常因调查内容的广度和深度，以及撰写人的习惯而有所不同。但是，对于大多数的调查报告来说，还是能找到一种基本的结构框架的。这种结构框架需要符合以下要求：第一，报告前段应写明为谁而写，为何目的，以及采用何种方法；第二，较长的调查报告在正文前应有摘要，报告正文应涉及调查的各个层面，并配以图表说明；第三，相关的佐证资料应放在报告的附件部分。

促销调查报告一般由标题页、前言、目录、摘要、正文、附录等几部分组成。

1. 标题页

是报告的开始部分，包括调查报告标题、委托者、执行者，以及报告作者和完成日期。标题应当醒目，并以简明的文字概括性地表明调查报告的内容。

2. 前言

是一篇小文章，包括报告的写作背景、目标、调查范围、调查方法、调查对象、调查内容、统计方法和必要的定义，以及调查人员对本项调查的态度，对提供帮助的个人或机构的感谢等内容。

3. 目录

如果调查报告的内容和页数较多，为方便读者阅读，应列出调查报告主要章节的名称及所在的页码。

4. 摘要

写摘要的目的是便于读者在阅读之初，对整个调查项目有一个大致的了解。摘要是选取报告的核心，而不是正文各章节的等比例缩写。其主要内容包括：为何开展此项调查，主要分析该问题的哪些方面，有什么主要调查结果，对结果含义的解释，在结果基础上的结论观点，以及建议怎么做等。

5. 正文

正文是促销调查报告的主要部分，主要包括以下几个方面：

(1) 调查目的的详细陈述

在调查报告正文的开头，应当指出为何开展此项调查，旨在发现哪类问题，以及调查涉及的范围等，以使阅读者一目了然，准确地理解调查报告所叙述的内容。

(2) 调查方法

调查方法包括：调研设计、资料收集方法、资料收集技术、实地收集工作和分析方法。

其中，调研设计应说明本调查项目是属于探索性调研、描述性调研，还是因果性调研，以及为什么选择这类调研的原因。资料收集方法介绍所采集的是原始资料还是二手资料，结果的取得是通过问卷调查、观察还是实验，为什么使用这种方法以及在技术上的缺陷。资料收集技术介绍是采用抽样调查还是典型调查。如果采用抽样调查，还应指出如何确定目标总体和抽样框，如何选择样本、样本数量及其代表性。实地收集工作简要介绍实地调查人员的人数，以及招募、选拔、培训、监督管理调查人员和相应的复核工作等。分析方法着重说明所使用的定量分析方法和定性分析方法。

(3) 调查结果

调查结果部分在正文中占较大篇幅，这部分报告按照某种逻辑顺序，提出紧扣调研目的的一系列发现。调查人员需要花费大量的时间和精力来分析、解释所收集的资料，使用严谨和有效的方法得出调查结果。为了更加形象地说明问题，应采用表格和图形的形式，并加上一定的分析说明。

(4) 结论和建议

结论是基于调查结果的意见，建议是提议应采取的行动。正文中对结论和建议的阐述应比摘要中更加详细，并辅以必要的论证。

结论和建议是撰写调查报告的主要目的。因此，应体现调查研究人员的明确态度，以调查结果为基础，实事求是地提出结论和建议，不能受感情或直觉所支配，并尽可能简洁、准确，易于阅读者理解。

6. 附录

任何一份技术性太强或太详细的材料都不应出现在正文部分，而应编入附录。附录通常包括空白调查问卷、观察记录表、数据汇总表、被调查者名单、抽样调查技术说明、较为复杂的统计表和参考文献等。

第二节 促销策略研究

促销虽然是一种战术性的市场工具，但首先应符合企业整体营销战略。因此，在促销调查的基础上，厂商还需结合企业的整体营销战略进行促销战略研究。本节内容主要包括广义促销研究、基于市场竞争的促销研究和基于产品生命周期的促销研究等几个方面。

一、广义促销研究

所谓广义促销研究，是指为达到特定的营销目的，灵活运用第一章中我们曾提到的广义促销中的广告、公共关系、人员推销和销售促进等促销工具，也常被称作“整合营销传播”。实践证明，在激烈的市场竞争中，厂商要实现营销目标，不能单纯依靠某一种市场工具，而必须从市场环境出发，根据企业自身资源条件，综合运用各种促销工具，形成统一的、配套的促销策略，进行组合促销。

（一）广义促销

广义促销中的不同促销工具对顾客有着不同的影响力。

众所周知，广告是采用商业宣传手段来塑造良好的销售环境，因此广告在建立知名度及提升形象方面的效果比其他推广活动强。

而公共关系和广告一样，可利用媒体推广知名度，但其信息属于非商业性质，不像广告那样夸张，相对而言更令人信赖，容易形成顾客对企业或产品的好感，因此在形象建设上更易为公众所接受。不过，它的效果是渐进的，在短期内不容易看到明显的效果。

人员推销由于是面对面的口头诉求，人员的说服力较强，而且消费者还会将与销售人员的熟悉和信赖关系联系到产品上，所以人员推销在促进消费者试用、重复购买与建立忠诚度等方面，就显得较为有利。但它属于“一对一”的销售方式，在提升产品知名度方面，很难在短期内获得迅速推广的效果。

而对于销售促进来讲，其效果与它能够提供的附加利益相关，因此自然难以建立品牌忠诚与提升品牌形象。但是，销售促进中的试用活动，在促进消费者试用新产品方面可发挥最大的功效。而且由于促销时间有限，当其提供的附加利益对消费者具有足够强的吸引力时，不但能够提醒产品的既有顾客重复购买，还很容易促使其他品牌的消费者尝试品牌转换，甚至提前购买，或者增加购买量。

广义促销工具的主要功能见表3-1。

表 3-1　广义促销工具的主要功能

促销工具	功　能						
	知名度	试用	重复购买	忠诚度	品牌转换	增加购买量	提升形象
广告	▲	△	△	△	△	○	▲
公共关系	▲	○	○	▲	△	○	▲
人员推销	○	▲	▲	▲	○	△	△
销售促进	△	▲	▲	○	▲	▲	○

说明："▲"代表影响力强；"△"代表影响力一般；"○"代表影响力弱。

（二）不同属性产品的广义促销组合

产品的属性不同，所使用的广义促销组合也不一样。

通常，我们将产品简单地分为消费品和工业品两类。消费品多为满足个人欲望或家庭需要，以个人和家庭消费、使用为目的。这种产品种类最多，从衣、食、住、行到日常生活所用所见，大多属于消费品的范畴。工业品是指工业生产中凡加工、制造过程使用，其目的在于生产其他产品的产品，包括直接取自大自然的原料、从上一个加工环节购得并用于进一步加工的半成品，以及机器设备等。

其中，消费品又可分为耐用消费品和易耗消费品。耐用消费品是指个人或家庭短期内不需重复购买的产品，而购买一两件即可满足半年或一年以上的使用需要，如家用电器、家具、车辆等。易耗消费品是指短期之内可能重复购买的产品，经使用后可能全部消耗或部分消耗，如食品、洗涤用品等，也可能相当耐久，如鞋子、衣服等。

生产消费品的厂商通常将大部分资金用于广告，其次是销售促进、人员推销和公共关系；生产工业品的厂商则把大部分资金用于人员推销，其次是公共关系、销售促进和广告。

促销工具在不同属性产品中的相对重要性如图 3-1 所示。

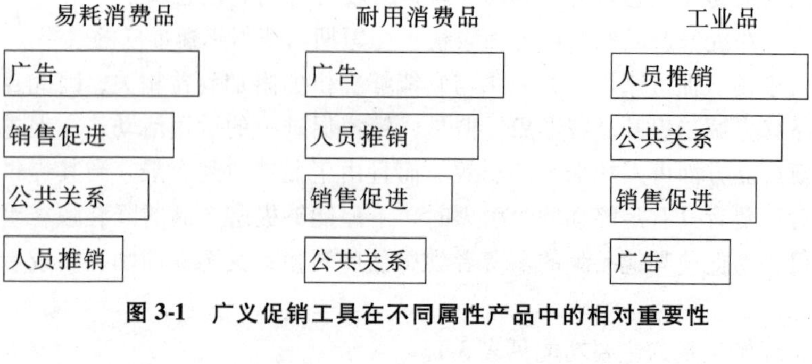

图 3-1　广义促销工具在不同属性产品中的相对重要性

(三) 几种重要的广义促销组合

由于不同企业所处的市场环境和自身拥有的资源不同，其所使用的广义促销组合也不一样。但在营销实践中，大多数企业仍然普遍运用以下几种重要的广义促销组合：

1. 广告、人员推销组合

是以大众传媒为载体的广告和以销售人员为主体的推销行为组合而成的广义促销组合策略。广告的作用在于一定时期内的广而告之，让更多的社会公众知晓产品，了解企业和产品的信息；而人员推销的作用在于通过人际传播方式，借助双向沟通找到社会公众中的真正用户，并使其产生购买欲望，实现购买行为。

一项研究表明，运用广告、人员推销组合进行促销，可比单纯的人员推销增加 23% 的销售额，同时使总促销成本占销售额的比例减少 20%。

2. 销售促进、广告组合

是以销售促进为主、广告为辅形成的广义促销组合策略，其目的是以广告配合销售促进活动。销售促进运用多种激励方法刺激消费者，能够迅速激发消费者的购买行为，促使其快买多买。但无论是厂商促销还是零售商促销，一定形式的广告都是必不可少的。在销售促进活动实施的同时，集中的、大面积的广告可以在一个市场上产生协同的传播作用，从而达到降低促销总成本、减少中间商压力、提高促销效果的目的。

另一项研究表明，单纯的价格促销仅使销售量增加 15%。当它与广告相结合时，销售量增加 19%；当它与广告和售点展示相结合时，销售量就增加了 24%。

3. 广告、销售促进和人员推销组合

这种组合是将广告、销售促进和人员推销结合起来使用。没有切实可行的销售促进策略设计，人员推销就是不系统的、空泛的和低层次的推销行为；没有广告的作用，再好的销售促进策略，再强的人员推销都不能发挥良好的作用。

4. 广告、销售促进、人员推销和公共关系组合

很明显，该组合是四大广义促销工具结合而成的整体促销组合策略。如果广告、销售促进和人员推销组合能够实现促销目标，达到促销效果的话，那么通常也只是短期效应，不利于企业长期稳定的发展，因为它还缺少了以长远利益为切入点，以树立企业形象、扩大企业知名度和美誉度为目的的公共宣传。整体促销组合利用四大广义促销工具相辅相成、相互依存的关系，产生全方位

的协同效果，使企业在激烈的市场竞争中为自己缔造一个天然屏障，分散和抵消竞争对手的影响。

5. 推拉组合

不同公司对推动或拉引战略有着不同的偏好。在图 3-2 中我们可以看到，推动战略要求使用销售人员促销、中间商促销和人员推销。也就是说，厂商采取积极措施把产品推销给经销商，经销商采取积极措施把产品推销给零售商，零售商采取积极措施把产品推销给消费者，以此产生推动效应。拉动战略则要求更多地使用广告、公共关系和消费者促销，激发消费者的购买欲望。如果这一拉动战略是有效的，消费者就会向零售商购买这一产品，零售商就会向经销商购买这一产品，经销商就会向厂商购买这一产品，从而产生拉动效应。

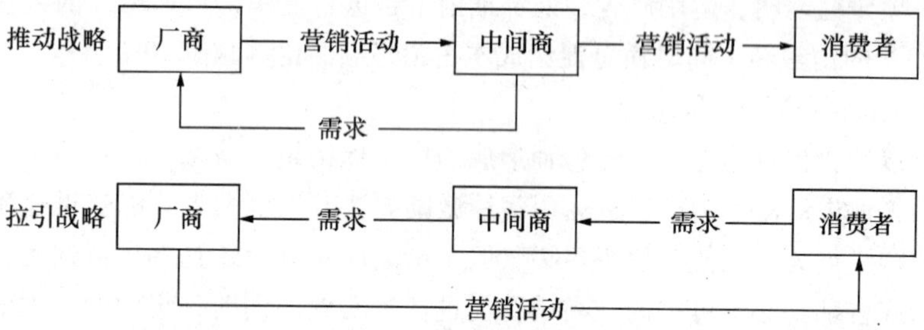

图 3-2　推拉战略示意图

二、竞争战略研究

根据厂商在同一目标市场中所处的地位强弱，可以分为市场的强势企业和弱势企业。处于不同地位的企业对待促销有不同的态度，这些态度在很大程度上决定它们在什么时间、针对谁进行促销，在哪里进行促销，采用什么促销方法和媒介组合，刺激的强度有多大，以及安排什么样的预算和节奏进行促销等。

（一）强势企业促销

所谓强势企业，不仅销售额大，市场份额高，而且拥有种种有形、无形资产，如充足的资金、稳固的营销网络、产品的知名度和美誉度等。

然而，强势企业也会面临如销售员的士气不振、营销管理部门有官僚作风等内部弱点，尤其在市场占有率已经很高的情况下，若想再扩大市场份额，就必须花费庞大的费用。因此它们通常不再进行市场的扩大活动，而将重点放在维持现状上，并渐渐演变成具有保守倾向的强势企业。事实上，强势企业也主要是采取着眼于长期效果的促销方法，而非短期效果的即效促销方法。

同时，越是在同一目标市场中名列前茅的企业，公众对其社会责任要求也就越高。因此，强势企业对消费者的促销以建立和提升品牌形象为主要目标，举办各种公益赞助、游戏竞赛、会员制等活动甚为有效。以会员制为例，虽然花费较多的金钱和时间，但可以获得长期稳定的销售额，对于赢得固定顾客和保持顾客忠诚度非常有用，同时对于阻止新的竞争者加入也有较好的门槛作用。

强势企业对中间商的促销可从两方面来看：一方面，以建立不易被同行业其他挑战者侵入的排他性体制为目标，如以培训、旅游、考察等非有形物品奖励业绩优秀的经销商，制定具有控制性的折扣政策，对中间商从业人员进行教育，定期发送企业的内部刊物等；另一方面，也要有计划、有步骤地物色和选拔后备经销商，开展销售竞赛，以建立良性的经销商竞争机制，防止现有经销商发展壮大后反过来制约厂商。

对于内部销售人员，则以积累和培养符合企业发展要求的高素质人才为主要目的，将促销重点放在对销售人员的培训上。

（二）弱势企业促销

弱势企业不但自身没有实力，甚至公众舆论也不会向它们倾斜，因此，弱势企业必须付出相当大的努力，方能在市场上站稳脚跟。事实上，弱势企业因为负担不起大笔广告费，使用促销手段往往更有利可图。这类企业常常将促销重点放在短期销售目标的实现上。

对消费者的促销可采取众多帮助企业实现短期销售目标、扩大市场份额的方法，如折价、免费使用、有奖销售等，同时加强大众媒体和售点广告的配合，这会收到较好的效果。

对中间商的促销旨在激励经销商进货，建立他们的信心，采取随货赠送、销售奖励、免费使用、补贴、销售会议等方法可以实现上述目标。

对于企业内部的销售人员，则以鼓舞销售人员士气、增强销售人员信心为主要目的，把促销重点放在实施具有激励作用的薪酬制度和对销售人员的教育、培训上。

三、产品生命周期研究

根据产品生命周期理论，一种产品从上市到被下一个新产品取代的期间叫做一个产品生命周期。根据产品的不同生命周期阶段，可分为导入期、成长期、成熟期和衰退期。

产品生命周期与厂商的产品规划、市场发展规划乃至营销战略均有重要关系。在不同的产品生命周期，厂商的促销策略也不一样。

（一）导入期促销

1. 市场状况

在这个时期，消费者不仅不清楚产品能给自己带来何种好处，甚至连它的存在都不一定知道。因此市场上虽然存在一些竞争者，但由于有广大的未开发的潜在市场存在，厂商在此阶段不必过分担心竞争。

导入期的购买者多为高收入者，以及具有创新精神或对潮流敏感的人群。

2. 销售利润

在导入期，产品刚推出不久，消费者熟悉程度较低，销售量也不大。产量少导致单位生产成本较高，厂商所获利润也不会太多，事前的产品开发成本加上本期的市场开发费用甚至很可能使投资收益呈现负数。

3. 营销战略

本阶段的市场营销目标是创建产品知名度和促成消费者试用。当只考虑价格和促销时，厂商的营销战略可以采取高价格高促销、高价格低促销、低价格高促销和低价格低促销这四种方式中的一种。

其中，高价格高促销又称快速撇脂战略，这种方式能使厂商尽快收回投资，同时加快市场渗透率；高价格低促销又称缓慢撇脂战略，能使厂商尽可能多地收回投资，同时降低营销费用；低价格高促销又称快速渗透战略，能给厂商带来最快速的市场渗透和最大的市场份额；低价格低促销又称缓慢渗透战略，这种方式将促进市场迅速接受该产品，并使厂商实现较多的纯利润。不同的营销战略适用于不同的市场环境和企业自身的资源状况。

在创建新产品知名度和宣传产品功能时，广告发挥了重要的作用；同时，由于新产品有报道价值，故可利用媒体报道采用间接广告的方式。

另外，在导入期内，销售人员是开发新渠道和产品铺市的主要力量。

4. 促销策略

在此期间，需要动用多种方法，向销售人员、中间商和消费者进行促销。

（1）针对厂商销售人员

厂商销售人员固然能向中间商和消费者推销目前还不熟悉的新产品，但从其个人因素来看，他会更倾向于推销已熟悉的和容易销售的老产品。为了更好地引导销售人员，向他们提供积极的援助活动非常重要，如建立销售人员激励机制、在企业内开展宣传和教育活动、制作促销参考手册、准备促销工具、开展销售竞赛等。

(2) 针对中间商

对中间商的促销可通过提供从业人员教育、促销参考手册等方式来培训销售知识，同时，委派销售人员到售点共同举办推动消费者的新产品发布会，或者运用售点广告、现场展示的方式激励经销商和消费者的购买意愿，也可以运用阶段性专项奖励，如专营奖励、陈列奖励等。反之，若采用进货折扣、销售竞赛等促销方式，容易发生强行销售，结果会造成不良库存产品增加，这一点厂商需要特别予以关注。

(3) 针对消费者

对消费者的促销，除前述与经销商共同举办发布会、售点广告、现场展示、现场表演等方法外，还有以激励消费者试用为目的的各类促销活动、配合分发免费样品的抽样调查、大型公关活动、新产品试用报告和各种直邮信函广告等方式。

(二) 成长期促销

1. 市场状况

成长阶段的标志是销售额迅速增长，此阶段的市场通常被视为极具未来性。由于有大规模的生产和利润机会吸引，以此市场为目标的新人竞争者会大量增多，他们通过大规模生产来提高吸引力和利润，导致竞争更趋激烈化。

2. 销售利润

在需求迅速增长的同时，厂商的产品价格维持不变或略有下降，并维持同等的促销费用或把费用水平略微提高，以满足竞争和继续培育市场所需。在此阶段里厂商的利润逐渐增加，一方面是由于促销费用被大量的销售额所分担；另一方面是由于生产经验的增加，产品生产成本比价格下降得更快。

3. 营销战略

厂商在成长阶段面临着究竟是选择高市场占有率，还是选择当前高利润的难题。如果选择当前高利润，把大量的钱用在产品改进、促销和分销上，它将获得一个具有持续竞争优势的地位，但获取下一阶段的市场份额则可能要花费更多代价；而如果选择高市场占有率，则要放弃获得最大的当前利润，而这一利润企业常常寄希望在下一阶段得到补偿。因此，厂商为了尽可能地维持市场成长，可采取下述营销战略。

在产品和价格规划方面，着眼于与其他公司的差异化。改进产品质量，增加新产品特色，增加新式样和侧翼产品，进入新的细分市场，都是厂商通常运用的产品战略，并在适当时候降低价格，以能渗透市场的价格作为制造差异化的有力手段。

在成长期，厂商需要扩大现有分销渠道；同时为防止竞争者侵入，还必须策划和管理好分销渠道，并以效率为目标，采取有选择的措施。

为适应同行业竞争的激烈化，此阶段的广告量会增多，同时广告的目标应从建立产品知名度，转移到宣传本产品优点、提升产品美誉度上来，以说服消费者接受和购买。

对企业销售部门而言，成长期是一个最有朝气的时期，随着销售额的上升，应积极加强对消费者的说服工作，而对销售网点则以市场规模目标作为销售工作的重点。

4. 促销策略

在成长期中，促销成为厂商扩大市场份额、打击竞争对手的重要市场工具。

（1）针对厂商销售人员

对于厂商销售人员，以销售竞赛之类的促销方式来鼓舞其达成预期目标，并开展各种形式的培训，强化销售人员的营销专业知识和销售实践方法。

（2）公告针对中间商

为确保在售点有足够的空间展示产品，以及排挤其他竞争对手，厂商在成长期可运用强有力的手段，确保售点占有率，增强中间商意识，如采用进货折扣方式增加中间商的采购量，以及促成其优先订购，挤占它们的资金和库房，并采取数量折扣方式使营销能力强的经销商获得更多利润。

（3）针对消费者

利用售点广告和特殊陈列，将产品强力展示在消费者面前，突出产品和企业实力，激发消费者购买欲望；或利用展示会、拍卖会、DM、有奖销售、公关赞助等方式引导消费者的购买行为。在成长期推动消费者教育，或成立会员俱乐部，可提高产品和品牌形象。

对于欲加入竞争的新企业来说，其促销策略应有其他考虑。在此阶段进入市场的新企业应对销售人员进行全面的教育及培训；对分销渠道，应采取进货折扣或有奖销售等手段与先占有市场的企业分庭抗礼；对消费者则应采取更有冲击力、刺激力度更大的促销手段，或借助其他品类的知名品牌采取联合促销。

（三）成熟期促销

1. 市场状况

产品的销售增长率在达到某一点后将放慢脚步，进入相对稳定的成熟阶段。销售增长率的减慢使得整个行业的生产能力过剩，能力过剩又导致竞争加剧。

在产品成熟期，消费者扩大到各个阶层，销售量达到最大，给企业带来更多的发展机会和更大的竞争压力。在成熟期因无法适应激烈竞争而失败的厂商会增加，结果是一些实力较弱的竞争者开始退出市场，市场也趋向安定。

2. 销售利润

在成熟期，产品销量达到最大，单位生产成本降至最低，利润相对稳定。但如果为增加销售额而步入不合理的降价竞争，则可能损失当前稳定的收益。

3. 营销战略

成熟阶段的持续期一般长于前两个阶段，并给营销管理者带来最难应付的挑战。事实上，市场上的大多数产品都处于生命周期的成熟阶段，因此，大部分的营销管理者所面临的正是这些成熟产品。

在成熟期，厂商通常采取市场改进、产品改进和营销组合改进等营销战略。其中，市场改进是通过扩大产品使用者数量和增加他们对该产品的使用率，来为产品扩大市场寻找机会；产品改进则通过改进产品质量、产品特点和产品形式来实现；营销组合改进可适当降低广告投入，只进行维持性的宣传，但相应加大促销力度和人员推销的比重，同时采取适当的价格调整、更密集的分销、强调品牌差异和利益的广告、为鼓励消费者转换品牌的促销活动，以及进行相应的人员推销和服务等策略。

4. 促销策略

厂商在成熟期内的重点是维持现有市场份额。从整体看，成熟期的促销已不像导入期和成长期那样必要，但要注意防止老顾客被其他产品夺走；同时，仍有逐步扩大市场的必要。

(1) 针对厂商销售人员

为实现厂商的营销目标，顺利地对顾客开展促销活动，应开展对销售人员的培训和再教育；企业内部的宣传活动对于销售增加率低、活动能力差的销售人员也具有提高士气和意愿的效果。同时，该阶段也需要妥善地为销售人员准备各种促销用具及资料。

(2) 针对中间商

对中间商如采取单纯按销量返利的方式，则很容易导致库存增加的趋势。如果对渠道管理不善，还将导致中间商片面追求销量而致价格混乱等问题。因此，宜以进货折扣、非实物奖励或销售竞赛等方法来激励中间商。对渠道从业人员也宜实行与厂商销售人员类似的教育和培训，或利用企业内部刊物进行间接教育，帮助他们提高专业技能、应对市场变化，并建立和厂商的长期联系。

(3) 针对消费者

面对产品成熟期的消费者，最大的特色是很少开展大规模的宣传活动，而多采用中小规模的促销活动维持和提升产品市场占有率。由于产品本身的特点与其他竞争产品差别不大，因此必须给予消费者更大的诱惑，方能激发他们的购买欲望。举办奖品价值高的有奖销售或使用优惠券，就是常用的方法。在这一时期里，也可成立消费者的会员俱乐部或使用积分优惠方式，增进他们对企业产品的忠诚度；并利用企业内部刊物和售点广告，介绍产品新用途以及不同的使用方法，以提醒消费者购买和增加产品的使用率。

(四) 衰退期促销

1. 市场状况

大多数产品最终会进入销售量的衰退期，这种销售衰退也许是缓慢的，也许是迅速的，销售可能会下降到零，也可能僵持在一个低水平上持续许多年。当销售和利润衰退时，一些厂商相继退出了市场，导致市场中的竞争者数量下降。

2. 销售利润

销售衰退的原因包括技术进步、消费者偏好的改变、国内外竞争的加剧等，所有这些都将导致生产能力过剩、企业竞相削价。但因为已到衰退期，无须进行新的投资，也不必花费太多营销费用，因此利润并不一定很低。尤其当不少竞争对手因放弃市场而退出，顾客需求集中在几个剩下的企业时，还可能造成颇高的利润。

3. 营销战略

这一阶段的营销目标是减少开支，挤出品牌剩余价值。厂商在衰退时期的营销战略与所在行业的相对吸引力和企业在该行业中的竞争实力有关。

既然产品迟早会退出市场，那么逐渐减少衰退产品，开发下一周期的新产品，维持产品价格，将促销活动降低到维持绝对忠诚者所必需的程度，均是厂商通常会采取的战略。

4. 促销策略

在本阶段，厂商一般都尽量避免在促销上花费太多。为处理库存产品，常常开展折扣促销。

【案例3-1】 康师傅饮料新品上市的坎级促销[①]

一、背景

康师傅清凉饮品系列（柠檬茶、酸梅汤）原有两种包装形式：TP 250（纸包装250毫升）和CAN 340（听装340毫升）。TP 250系列自1996年推出后，一直是康师傅饮品系列的当家花旦，广告语为“好滋味绝不放手”。但随着市场的发展，TP 250系列产品的消费年龄不断下降，整体市场呈萎缩趋势。

康师傅TP 250系列虽仍是市场领导品牌，但产品本身已进入生命周期的衰退期：一方面不断有新产品上市，市场份额被切分；另一方面，不得不投入大量的促销费用来维护固有的市场份额，对上市新品低价倾销策略予以反击。在竞争加剧、市场份额缩小、利润率下降的情况下，必然要考虑产品何去何从的问题：是继续在这个成熟的市场中，停留在过去的成绩上，只是适时地针对竞品的各种策略制定相应的对策，从而维持原有的市场份额和有限的利润空间？还是跳出过去成功的光环，通过新产品的研发去开拓新的市场领域？康师傅采用了“继承发展”的方式，即还是将TP 250系列列为1999年战术产品，仍然以柠檬茶、酸梅汤为主要销售产品，但是更换了一种新的包装形式来适应和开拓市场。

对于选择什么样的包装形式，厂商也是颇费心思。什么样的包装形式既有利于消费者又能使商家获利呢？依照最新的研究资料，塑料瓶包装即PET包装是最理想也是未来最流行的包装形式，这种包装以大包装（490毫升、500毫升）、透明化（使消费者对瓶内饮料一目了然）、物美价廉、易于携带的特点吸引消费者，迅速占领当地市场。另外，商家采用PET瓶装来代替TP系列，通过厂商自行生产PET瓶装的方式，节省了从利乐公司或康美公司订购昂贵的TP纸的费用，在利润上也是一个突破。

对新产品进行准确定位并找准了利益点之后，康师傅便从1999年年初，对现有生产线进行改装，但经几次吹瓶、试车生产之后，发现由于模具的一些技术指标不到位，致使装瓶之后PET瓶变形严重，无法投放市场。而在康师傅为瓶装变形问题深感困惑的同时，统一PET瓶装上市了，这对康师傅而言无疑是当头一棒。根据先入为主的原则，谁先入市并在市场上站稳脚步，谁就是领导者，而领导品牌意味着拥有较多的市场份额和市场认同度，追随者要想取代领导品牌，则需要投入大量人力、物力才有可能扭转消费者对先入品牌的偏爱。

① 转载自中国营销传播网。

作为康师傅最大的竞争品牌——统一，对国内的饮料市场一直处于一种摸索状态。统一于1997年至1999年先后推出TP 375系列及TP 250系列。其375系列由于先入为主，销售一直优于康师傅375系列，其TP 250于1999年年初上市，主要目的是延伸其TP 375系列包装形式，占领更多的市场份额。但上市之际正是TP 250市场由成熟走向衰败之时，所以其上市之后，市场反应冷淡。因此，对统一来说也同样面临着产品的包装换代问题。于是1999年3月，统一率先推出PET冰红茶、冰茉莉，与康师傅的产品策略不谋而合。这时虽是阳春三月，但依然风寒料峭，饮料市场仍是淡季，且对经销商而言，PET包装是新面孔，未来走势非常不明朗，所以其PET瓶装推出之后，市场反应一般。

但统一毕竟是统一，有着较强的市场企图心和雄厚的资金做后盾，经过一系列的通路让利政策、消费者促销活动之后，到1999年5月初，PET市场开始启动。然而市场一经启动，统一立即处于一种尴尬的局面，其产能根本无法满足市场需要，于是造成严重断货，经销商怨声载道。

康师傅势在必行的包装换代，竞争对手统一费尽心机布建好的市场通路，以及统一因产能不足而断货的良好契机，都促使康师傅在尚未解决瓶装变形的情况下，提早上市，即于1999年5月20日推出PET清凉饮品系列（康师傅柠檬茶、酸梅汤）。

二、实战

（一）康师傅PET上市时间

1999年5月20日。

（二）上市区域

以北京、天津、郑州、石家庄、太原、青岛、济南为中心，涵盖其所辖区域并包含内蒙古部分地区。

（三）宣传

1. 电视广告

电视广告从1999年4月份推出“不爱柠檬只爱它”的主题广告，以“省台+市台”的投播方式，争取覆盖最大面积；投播第一阶段主要以新包装TP柠檬茶为主要沟通对象，5月中旬以后片尾加上PET柠檬茶的特写镜头及相应的广告语，并持续投放至8月中旬。

在推出电视广告之前，康师傅利用强大的销售网络，组织助理业务代表组成小分队，通过集中铺货的方式来提升零售店的铺货率，并使康师傅清凉饮品系列铺货率达75%以上。在此市场基础之上推出电视广告，就会使看到广告的消费者很方便地买到广告诉求中的产品。

2. 宣传品

从1999年4月，康师傅推出柠檬茶和酸梅汤的海报、吊旗、横幅，张贴、悬挂于各零售点，并在张贴时采用标准化的张贴位置，有很强的视觉冲击力，从而提升了公司的品牌形象。此外为配合“清凉一夏只爱它”的商场促销活动，另制作相关主题DM、海报、吊牌、书签，增强促销效果。

3. 电台

为配合“清凉一夏只爱它”的商场促销活动，在所辖区域各音乐台投放“清凉一夏只爱它”活动主题RD广播稿。

4. 公车广告

为弥补部分地区电视广告投放的不足，用公车广告来弥补。

(四) 通路

1. 经销商

主导思想：由于康师傅瓶装清凉饮品系列（柠檬茶、酸梅汤）的上市时间相对较晚，在营销资源有限的情况下，单纯依照厂商的力量将产品推向市场，其时效性会不够显著，且风险性较大，因此决定实行由厂商让利、利用经销商的资金及库存将产品推向市场的方式进行促销活动。具体操作如下：

(1) 活动前奏——经销商联谊会

此活动属于心理攻坚活动，名义是总结第一季度各经销商销售业绩，按销售业绩进行颁奖，实际上是通过联谊会进行新产品发布活动，鼓舞士气。于是，在康师傅的精心布置下，在颁奖活动现场，摆放了新产品的堆箱造型，TVC广告在连续播放，产品特性说明在大屏幕上不停滚动。在北京区销售协理极具鼓动性的演说中，一幅幅销售前景蓝图展现在各位经销商面前。各经销商的进货积极性慢慢被调动起来了，甚至有性急的经销商要在与会现场签单。

(2) 阶段性快速营销策略——坎级促销

坎级第一阶段：1999年5月20日至6月30日，其坎级分别为300箱、500箱、1000箱，依坎级不同奖励为0.7元/箱、1元/箱及1.5元/箱。该阶段考虑到坎级促销自身的劣势，所以将坎级设定较低，但奖励幅度较大，主要是考虑到新品知名度的提升会由城区向外埠扩散，在上市初期应广泛照顾到小客户的利益，而小客户多分布在城区。

坎级第二阶段：1999年7月1日至8月31日，其坎级分别为1000箱、2000箱、3000箱，依坎级不同奖励为1元/箱、1.5元/箱及2元/箱。此阶段新品已在城区得到良好回应，并辐射到外埠，因此应提高坎级，照顾中户利益。但对小客户来说，却需要投入大部分精力，或放弃其他品牌的销售专做康师傅才能顺利达到所想要的返利。同时，推出一份各级经销商的出货价格单，明确告诉经销商，如违反价格政策，立即停止供货。

坎级第三阶段——区域销售竞赛：1999年9月1日至9月30日，按各区域销售状况进行区域销售竞赛，设立入围资格及奖励金额。高额奖金的利诱极大地调动了客户的积极性，使客户大量囤货，最大可能地占用客户的库存及资金。9月份对饮品来说已是旺季的尾声和淡季的到来，通过此活动，能够在淡季到来之际，利用客户的囤货来打淡季仗。

2. 零售点

主导思想：尽可能提高铺货率，增加产品的曝光度。具体操作如下：

于1999年5月20日至6月30日针对零售店进行返箱皮折现金活动，每个PET 500的箱皮可折返现金2元。此项举措为饮品常见之促销政策，推出前一周内，市场反应一般。但由于经销商的宣传及市场接受度的不断提升，零售店对康师傅瓶装清凉饮品系列（柠檬茶、酸梅汤）的接受度直线上升，到6月中旬，康师傅瓶装系列在零售店的铺货率达到70%。

于1999年7月至9月推出"财神专案"，其规定的奖励条件为：每陈列2瓶/包指定产品，即送PET 500清凉饮品系列一瓶。此项促销政策一经推出，立即受到零售店的一致认同。"财神专案"连续执行了3个月，康师傅瓶装清凉饮品系列的铺货率得到极大提升。

3. 批发市场摊床

主导思想扩大声势，提升批发市场产品的铺货率及曝光度。具体操作如下：

批发市场造势活动除北京外，其他地区选择当地主要批发市场进行造势活动，使用锣鼓队或舞龙队配合横幅、DM单及现场"幸运转转转"活动带动声势；北京因其地理位置的特殊性，在四大批发市场——太阳宫、小井、净土寺、潘家园利用TVC广告播放代替锣鼓队。

批发市场有奖陈列即每个批发市场摊床每陈列15箱PET 500，陈列期为一个月，经抽查合格者，即奖励其PET 500两箱。此项举措旨在提高产品在批发市场的铺货率，吸引有进货需求的人关注。

4. 消费者促销

主导思想：通过消费者促销活动，提升产品的接受度及知名度，扩大消费群。

K/A（大型商场）割箱陈列：在K/A进行割箱陈列活动，增加产品曝光度。

“清凉一夏只爱它”商场促销活动：此促销活动与其他促销活动相比，具有两个优势：一声势大，现场活动主题板为 3 米 ×4 米，竖起后高为 4.5 米，图案以海浪、椰树、柠檬为主要组成部分，清凉感十足，在商场众多的促销活动中非常醒目；二以“康师傅饮品系列请你参加游戏”的方式进行，现场用“探宝游戏”、“套圈游戏”吸引消费者参与到现场活动中，利用聚集的人气达到促销效果。

三、效果

(1) 销售额追踪：PET 清凉系列 1999 年 6 月份销售金额为 378 万元、7 月份为 762 万元、8 月份为 890 万元、9 月份为 697 万元。无论在销售量、销售额及毛利额上都创该企业饮品系列上市历史最高纪录。

(2) 市场指标追踪：零售点铺货率在旺季时保持在 70% 以上，淡季时也维持在 50% 左右；在市场份额上，康师傅与统一的市场占有比为 7∶3。

(3) 市场状况追踪：有效实现了由 TP 包装向 PET 包装的成功转换，奠定了 PET 清凉系列市场的主导地位，塑造了品牌形象，为 2000 年的销售建立了良好的平台，也为茶系列即乌龙茶、绿茶的市场推广奠定了良好的基础。

第三节　促销活动策划步骤

促销策划的另一个层面是对具体促销活动的策略规划。促销活动策划要求对促销活动的每一个环节进行详细的设计与规划。根据多年来专家的研究和企业的实践，总结出促销活动策划按照以下五个步骤进行，如图 3-1 所示。下面我们按照各步骤逐项进行介绍。

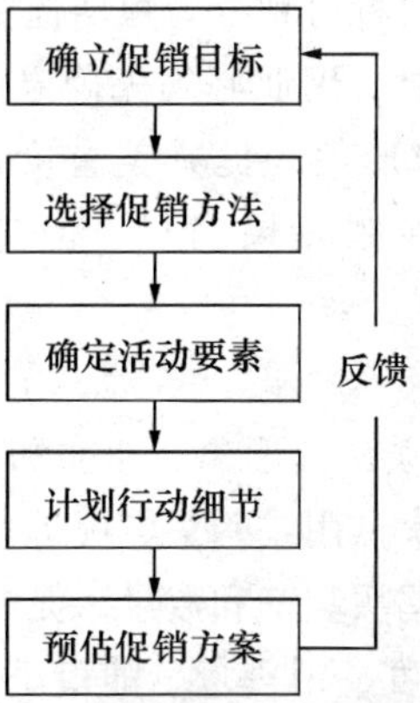

图 3-1　促销活动策划的实施步骤

一、确立促销目标

一项促销活动的策划是从确立活动目标开始的，厂商的促销目标应与企业整体营销目标以及该阶段促销目标相配合。

（一）划分促销目标

1. 按性质划分

促销目标从性质上可划分为市场目标和财务目标，二者存在一定的内部联系。市场目标重在市场发展、市场巩固和市场竞争方面，出发点是市场；财务目标重在财务核算方面，出发点是经济效益的评估。

（1）市场目标

市场目标一般涉及销售业绩、销售增长、市场规模、市场份额、市场地位、消费者购买情况、市场网络触及、产品接受程度、企业形象等方面。

常见的量化指标有销售量及增长率、市场规模、市场占有率及增长率、市场知名度及增长率、指名购买率及增长率、销售网络覆盖率、新产品接受程度、重复购买率等。不易量化的指标有市场打入成功、产品促销成功、购买习惯改变、消费者生活观念和方式改变、竞争对抗成功、企业与品牌形象提升等。

（2）财务目标

财务目标主要涉及销售收入、销售费用和投入产出比。

常见的指标主要有销售额、促销费用、销售毛利、毛利率，以及按不同时间阶段、不同产品、不同地区、不同细分市场等确定的分类核算指标。

2. 按时效划分

从促销的时效上，促销目标可划分为短期促销目标与长期促销目标。促销首先是一种战术性的市场工具，因此必须先确定促销活动的短期目标；同时，促销活动还应考虑巩固品牌形象、提升美誉度、维持市场占有率等长期促销目标，虽然它不如短期促销效果明显，但它能够指引企业长期发展的方向。

（1）短期促销目标

短期促销目标包括：树立品牌形象、建立和扩大知名度、增加品牌认知、吸引消费者进店、促进第一次试用或购买、促进重复购买、吸引竞争品牌的使用者购买本品牌、增加人均购买频率和数量、促进提前购买等。

常见的量化指标有知名度、销售量、铺市率、重复购买率、品牌转换率、试用人数、新客户数量、促销广告到达率、奖品兑换率等。不易量化的指标有品牌形象建立、消费者关注程度、消费者反响、中间商接受程度、销售人员士气等。

（2）长期促销目标

长期促销目标包括：巩固和提升品牌形象、建立和提升美誉度、教育消费者、培训中间商和销售人员等。

常见的量化指标有品牌忠诚度、品牌认知度等。不易量化的指标有使用习惯改变、购买习惯改变等。

3. 按促销对象划分

从促销对象上，促销目标可划分为针对消费者、中间商和销售人员的目标。

（1）针对消费者的促销目标

针对消费者的促销目标主要有：促进未使用者试用、促进新顾客购买、促进竞争品牌消费者购买、促进现有消费者重复购买、提高顾客忠诚度和满意度、提高单次购买量、增加购买频率、提前购买时间、接受产品的新用途和新使用方法、建立和传播品牌形象等。

（2）针对中间商的促销目标

针对中间商的促销目标主要有：扩展现有销售渠道、加快产品流转、维持较高存货水平、鼓励经营新产品、鼓励专营本企业产品、鼓励开展本产品的各种促销活动、抵消竞争者的促销影响、鼓励购买过季产品、改进陈列、提高市场占有率、规范渠道管理、建立良性竞争机制、密切与中间商的联系及关系调整、教育和引导中间商、建立忠诚度、争取支持与合作等。

（3）针对销售人员的促销目标

针对销售人员的促销目标主要有：鼓励推销新产品、鼓励开发新的营销渠道、鼓励寻找更多的潜在顾客、鼓励推销过季产品、培养竞争意识、提高销售专业水平、提升人员素质、提升销售业绩、提高工作积极性、统一思想、树立团队意识等。

（二）促销目标的制定

对厂商而言，在任何时候都不可能也没有必要去同时完成这些目标。由于促销目标要服从于企业的整体营销目标，同时还要解决企业目前面临的问题或抓住眼前有利的机会，因此厂商必须在各种目标中做出选择，在不同的时期、不同的销售区域，确定不同的主要促销目标，才能确保企业整体营销目标的实现。

【案例3-2】 麦当劳的促销目标[①]

在麦当劳公司的促销手册里，对促销的目标规定得相当明确，所有的促销行为，都会以其为中心，进行促销的策划与执行。其目标主要包括以下四个方面：

1. 争取新顾客。
2. 增加顾客的来店率。
3. 增加顾客同伴人数。
4. 争取顾客的每次消费额有所增加。

这四个目标是其长期以来经验的总结，并且一直使用至今。在其促销手册中，对每一个目标的详细操作方式都有明确规定，一如其在全世界制作同一种汉堡一样。比如，如果促销活动的重点是争取新顾客，采取的方法应是以赠送礼品或随商品赠送其他商品，以及赠送三联式赠券或免费赠送汉堡。

【案例3-3】 Toro公司在不同时期的促销目标[②]

Toro是美国著名的生产扫雪设备的公司，近年来该公司成功推出了两项旺季前的促销活动：一是每台提供50美元的折价，由于促销是季前的，它向经销商提供了一次在季前获利的机会；二是向那些提前购买的消费者承诺，根据当年降雪低于平均量的程度给予一定的折扣，这次促销活动名为“SnowRisk”。公司在不同时期的促销目标如表3-2所示：

表3-2 公司在不同时期的促销目标

时期	促销目标
淡季	维持对产品的兴趣
	尽量增加需求
旺季前	劝说消费者在知道降雪情况之前，做出购买计划并采取购买行为
	劝说消费者转向购买Toro新推出的产品类型
旺季	根据降雪情况调整促销强度
	劝说消费者购买价格偏高的Toro产品
旺季后	倾销剩余的存货

Toro的一些管理者认为，有能力的耐用品制造商应该经常对一项或多项产品进行促销。原因首先是使多条销售渠道有更多的机会推销制造商的产

① 改引自中国营销传播网。
② 卢泰宏等：《实效促销SP》，北京：清华大学出版社2003年版。

品系列；其次，消费者并不会为了购买耐用品而经常逛市场。因此，在没有促销活动的时期，那些对促销特别敏感的细分市场销售下降的风险会很大。

日常消费品经常希望在两周后的下一轮购买时吸引消费者，然而对于耐用品制造商来说，下一轮销售季节可能意味着下一年度。此外，由于消费者在购买复杂的耐用品时要进行多次比较、选择，而这个时期是漫长的。因此，为了保证有大量的消费者接收到促销信息，其促销期限有必要延长。

二、选择促销方法

在本节我们会介绍各种促销方法，厂商应根据这些促销方法的特点和适用范围，综合地选择和运用；同时还须考虑产品属性、竞争状况、产品生命周期和促销目标等因素。

（一）不同属性产品适用的促销方法

产品按照属性不同可分为工业品和消费品两种。工业品的特点是：一次交易数量大，顾客人数少且比较集中，理性购买，销售渠道短，多数情况下是厂商直接与顾客交易。消费品的特点是：一次交易数量小，顾客人数多且分散，购买行为具有明显的可引导性，销售渠道长。

不同属性产品适用的主要促销方法如表 3-3 所示。

表 3-3 不同属性产品适用的促销方法

促销方法		工业品	消费品
对企业内部	对销售员的教育、培训	▲	▲
	销售员的销售竞赛	▲	○
	制作促销工具	▲	○
	销售奖励	▲	▲
	公司内部宣传	○	▲
对中间商	销售奖励	▲	▲
	折扣政策	○	▲
	销售店的销售竞赛	○	▲
	从业人员教育	▲	○
	促销参考手册	▲	○
	公司内部刊物	○	○
	售点广告	○	▲

（续表）

促销方法		工业品	消费品
对消费者	消费者教育	○	▲
	消费者会员组织	○	▲
	发表会、展示会	▲	○
	折扣、优惠	○	▲
	免费样品	○	▲
	邮寄广告	▲	○
	型录、小册子	▲	○
	有奖销售	○	▲
	公益赞助	○	▲
	服务	▲	○

说明：“▲”代表效果较好；“○”代表效果一般。

（二）不同竞争状态下适用的促销方法

不同企业在同一个目标市场中通常处于不同的竞争地位。不同竞争状态下企业的主要促销方法如表3-4所示。

表3-4　不同竞争状态下适用的促销方法

促销方法		强势企业	弱势企业
对企业内部	对销售员的教育、培训	▲	▲
	销售员的销售竞赛	▲	○
	制作促销工具	○	▲
	销售奖励	○	▲
	公司内部宣传	▲	○
对中间商	销售奖励	▲	○
	折扣政策	○	▲
	销售店的销售竞赛	▲	○
	从业人员教育	▲	○
	促销参考手册	○	▲
	公司内部刊物	▲	○
	售点广告	○	▲

（续表）

促销方法		强势企业	弱势企业
对消费者	消费者教育	▲	○
	消费者会员组织	▲	○
	发表会、展示会	○	▲
	折扣、优惠	▲	▲
	免费样品	○	▲
	邮寄广告	▲	○
	型录、小册子	○	▲
	有奖销售	▲	▲
	公益赞助	▲	○
	服务	▲	○

说明：“▲”代表效果较好；“○”代表效果一般。

（三）产品在不同生命周期适用的促销方法

根据产品的不同生命周期，可分为导入期、成长期、成熟期和衰退期。产品在不同生命周期阶段企业的主要促销方法如表 3-5 所示。

（四）不同促销目标适用的促销方法

选择促销方法时，还有一个重要的原则就是，所选择的促销方法必须能够最有利于达到所制定的促销目标。表 3-6 反映了部分促销目标与促销方法之间的适用关系。

表 3-5　不同生命周期阶段适用的促销方法

促销方法		导入期	成长期	成熟期	衰退期
对企业内部	对销售员的教育、培训	▲	▲	○	○
	销售员的销售竞赛	○	▲	▲	▲
	制作促销工具	▲	▲	○	○
	销售奖励	▲	▲	○	○
	公司内部宣传	○	○	▲	○
对中间商	销售奖励	○	▲	▲	○
	折扣政策	○	▲	▲	▲
	销售店的销售竞赛	○	▲	▲	○
	从业人员教育	▲	○	▲	○
	促销参考手册	▲	▲	○	○
	公司内部刊物	○	▲	▲	○
	派遣驻店人员	▲	▲	○	○
	售点人员	▲	▲	○	○

（续表）

促销方法		导入期	成长期	成熟期	衰退期
对消费者	消费者教育	▲	▲	○	○
	消费者会员组织	○	▲	▲	○
	发表会、展示会	▲	▲	○	○
	折扣、优惠	○	▲	▲	▲
	免费样品	▲	○	○	○
	邮寄广告	▲	▲	○	○
	型录、小册子	▲	○	○	○
	有奖销售	○	▲	▲	○
	公益赞助	○	▲	▲	○
	服务	▲	○	▲	○

说明：“▲”代表效果较好；“○”代表效果一般。

表 3-6　部分促销目标与促销方法的适用关系

促销目标		促销方法						
		售点广告	优惠	免费样品	折扣	游戏与竞赛	有奖销售	酬谢包装
短期目标	引起尝试	★		★		★	★	
	改变购买习惯		★	★	★			★
	增加每次购买量		★		★		★	★
	刺激潜在购买者	★	★	★		★		★
	提高中间商接受程度		★	★	★		★	
长期目标	提升广告形象	★				★		
	巩固品牌形象	★				★	★	

说明：“★”代表促销方法较适用于所对应的促销目标。

此外，同时使用多种促销方法比单独使用一种方法更加有效，因此在选择促销方法时，还应特别重视促销方法组合的创意。以下几个例子很好地说明了不同促销方法的组合运用。

为了让消费者看到售点广告，最好的刺激方法就是兑奖，这种促销方法可使消费者在心理上由衷地投入整个活动，同时达到阅读广告的目的。

免费赠送的样品包装可以作为优惠券使用，使消费者在试用过后有兴趣产生第一次购买。

为了增加折价券的兑换率，还可在折价券上加上抽奖或竞猜的活动。

消费者参与抽奖活动没有中奖，抽奖凭证可作为下次消费的优惠券，此举能够实现较高的参与率，以及减少未中奖者的挫折感。

为取得最好效果，对消费者的促销与对经销商的促销应同时进行，如果配合以销售人员的特殊激励，那么带来的影响将是巨大的。

为了促使零售商大量购入存货，可将多项优惠条件同时提供给零售商。

在进行消费者促销时，为了得到零售商更多的协助和支持，可以增设一项针对零售商的销售比赛。

厂商向消费者承诺，如果他们在一家商场购买了一定数量的产品，则可以免费或以较低的价格购买该店出售的其他产品。由于这种优惠可以增加零售商的营业额，所以零售商也乐于支持这样的促销活动。

三、确定活动要素

在确立了促销活动目标、选定了促销方法后，还必须明确以下活动要素：

（一）促销范围

几乎所有厂商都不可能只生产或经营一种产品，但企业的内部资源如人、财、物等是有限的，因此，在进行促销活动策划时，要确定促销的产品范围。同时，厂商的市场区域通常有主要市场和次要市场之分，促销活动所涉及的市场范围也是厂商需要慎重考虑的问题。

促销范围的确定主要根据不同产品在不同销售区域的销售情况、厂商的自身资源状况、企业经营目标和市场竞争状况来决定。例如，企业的主流畅销产品是主要的现金流和利润来源，应保持促销力度和更新促销方法；企业开发新产品的作用是发展新的细分市场、寻求新的利润增长点，应加大新产品的促销投入；而处于衰退期的产品或者非主流产品，则可适当减少促销投入。又如，为拓展新的区域市场，获取更大市场份额，通常在新的市场区域采取较大力度的促销。

（二）促销时机

厂商选择在什么时机进行促销活动，对促销效果的影响非常大。一般来说，促销时机的选择应根据消费需求和市场竞争的特点，结合整体市场营销战略来确定。例如，如果产品需求存在明显的季节性，则应在旺季来临之前和旺季期间开展促销活动；如果调查结果显示竞争对手即将有重大促销政策出台，则抢在竞争对手之前开展促销活动，会起到先发制人的效果。

把握最适宜的促销时机，还能够收到事半功倍的效果。事实上，许多企业都善于利用重大节庆或社会活动、企业开业或周年庆典、新产品上市等有利时机开展各种促销活动。

（三）促销主题

促销主题是促销活动进入市场的切入点。只有切入点独特、鲜明，才能在提升销量的同时获得品牌形象的提升。

目前的情况是，许多厂商会在同一时间段里开展促销活动，大量的宣传广告和产品信息，让消费者淹没在促销的海洋里。相对于企业来讲，如何减轻这种市场噪音给自己带来的负面影响，一个重要的方法就是要使自己的促销主题足够鲜明，促销信息有足够的刺激性和聚焦性。当然，不管以什么主题进行促销，都要使消费者容易接受和信服，并有利于品牌的广泛传播。

（四）激励规模

要使促销获得成功，最低限度的刺激物是必不可少的。同时，较高的刺激程度会产生较高的销售反应，但超过一定点时，其增加比率却是递减的。因此，厂商在制订促销方案时必须决定使成本效益比达到最大的激励规模。

通过考察促销成本和效益的相对比率，厂商可以确定最佳的激励规模。在国外一些大公司里，专门设立了岗位来研究各种销售促进活动的成本与效益，科学计算合理的激励规模，而后提出建议。

（五）参与条件

厂商的激励是面向目标市场的每一个人，还是面向有选择的某部分人，这种范围控制有多大，哪类人员是主攻目标等，这类问题选择得正确与否直接影响促销的最终效果。

设定参与条件要注意两个问题：一是避免将优惠给予不可能成为产品固定使用者的人；二是防止因条件太苛刻，阻碍了大部分品牌忠实者或喜欢优惠活动的消费者参与。通常，赠品只送给那些积极参与促销活动的购买者；抽奖则需限定在某一范围内，如不允许企业员工的家属参加。

（六）促销媒介

厂商还必须决定使用何种促销媒介，以及如何向目标顾客传达促销方案。

假设促销方法是凭证优惠，则至少有四种方式可使顾客获得优惠券：置于包装内、在商店入口处派发、邮寄、印刷在报刊媒体上。每一种方式都代表不同的对象、到达率和成本。置于包装内的方式主要送达经常使用者，成本较低；而邮寄方式虽然成本较高，却可以送达非品牌使用者。

（七）促销持续时间

如果促销活动持续的时间太短，一些消费者可能因为太忙而无法参与这个活动；而促销时间太长或者促销活动过于频繁，消费者则可能认为这是长期降价，使促销活动失去应有的临时刺激作用，并对品牌产生怀疑。

确定促销活动的持续时间应综合考虑产品特点、消费者购买习惯、促销目标、企业经济实力、竞争策略及其他因素。

（八）促销活动费用预算

1. 制定促销活动费用预算的方法

促销预算通常分为两种：促销总预算和个别预算。前者是指一定时期（通常是一年）内所有促销费用总额，后者是指某项促销活动的花费数额。这里的促销活动费用预算即是后者。

企业中的财务预算，通常是以必须达成的成果作为目标，确定需要何种手段，再以活动经费估计列入预算。促销活动预算在本质上也采用同样的方法进行：在目标明确的前提下，考虑达到目标的方法，然后就其费用合计作为预算参考。这种方法固然不错，但由于促销活动具有其他活动所没有的几种特性，以致造成预算的困难。这些特性包括三个方面：

一是促销的成果是由各种不同因素综合决定的，并非做多少活动，就一定得到多少成果。由于缺乏明确的函数关系，因此达成某一特定目标究竟需要多少预算，很难明确计算出来。

二是促销目标是由一系列指标组成的，很多指标本身不易明确量化，也使问题更趋复杂。

三是在企业中促销活动与其他活动的界限不甚明确。例如，以消费者为对象的“附加赠送”活动，其内容告知是以“媒体广告”的形式进行传播，此费用本应列入促销费用，但有时厂商却将其列入广告费用；“折扣”一般也不被认为是促销费用，而是“销售费用”；而为了实施促销，一线销售人员的费用也不列入促销费用，反而被列入“管理费用”。由于许多企业都有类似的问题，给促销活动费用预算带来了更多的困难。

虽然有如此多的困难，但确定促销活动的费用预算还是有一定的规律可循。促销费用总额的预算通常采用以下四种方法：

（1）量入为出法

是指根据企业财力的承受范围来确定促销预算。在经济繁荣时期，利用量入为出法从事大规模的促销活动，有利于充分利用市场机会，扩展产品市场。然而这种方法忽略了促销对销售量的影响，从而导致整体营销预算的不确定性，给制订长期市场计划带来困难。

（2）销售比率法

是指按照拟实现销售额的一定百分比来确定促销预算，这种方法建立在销售量与促销成本之间有一定关系的基础上。确定百分比可依据企业以往的经验或行业经验，如食品、化妆品、保健品等消费品的促销预算比例通常都在15%以上。这种方法的主要优点在于计算简便，容易应用，而且可以促使管理者依据销售额、销售成本和销售利润之间的关系，去思考企业经营管理中的问题。但其不足在于这种方法没有考虑环境的影响，尤其没有显示出竞争因素。

(3) 竞争对抗法

是指在预测和比较主要竞争者促销投入的基础上，确定促销预算。显然，完全从本企业角度出发考虑促销预算是不现实的，还必须与竞争企业比较，确定足以与竞争对手抗衡的促销预算。虽然这种方法从理论上讲是不科学的，但从实际应用上看，这将有利于企业应对竞争、巩固市场竞争地位和保持企业形象。

(4) 目标任务法

是指根据市场发展和销售需要的特定目标，来确定与之匹配的促销预算。目标任务法建立在一定的因果关系基础上，具有较强的科学性，为众多的西方企业广泛采用。促销研究者们通过大量实证研究，找出与促销费用相关的因素建立数学模型，如促销费用与市场占有率之间的关系，厂商即通过计算分析确定最佳方案。

2. 促销费用项目控制

促销活动费用预算确定以后，还需进一步确定总费用下的每一项费用的构成和金额大小。费用构成主要包括管理费用（策划、组织、监控、差旅、租金、运输、保险及劳务费等）、销售费用（宣传、印刷、邮寄、公关及场地费等）和附加利益费用（样品、赠品、奖品、折价费用等）。下面以附加利益费用的控制为例进行说明。

(1) 优惠类促销费用控制

优惠类促销的费用对于消费者和企业来说是此消彼长的一对直接矛盾：给予消费者的优惠多，意味着企业的利润减少；反之，企业收益多，则给予消费者的优惠就会减少，影响对消费者的吸引力。一般来说，具体的控制指标为：

$$\text{折价费用} = \text{销售量} \times (\text{原单位售价} - \text{单位优惠售价})$$

$$\text{单位优惠售价} = \text{单位销售费用} + \text{单位毛利润} + \text{单位成本}$$

$$\text{单位销售费用} = \text{总销售费用} / \text{销售量}$$

(2) 赠品促销费用控制

赠品促销按照赠品的来源分为两种：一是非产品，二是自产品。前者是企业为了开展此次促销活动专门采购的商品。采用非产品作为赠品，选择面较大，容易满足消费者的要求，但费用开支较大，其费用总额为：

$$\text{非产品费用总额} = \text{非产品数量} \times \text{非产品单价}$$

后者是以企业的自产品作为赠品。用自产品作为赠品，成本费用低，在赠与的同时还能达到宣传产品的目的，但消费者的选择面较小。其费用总额为：

赠品费用 = 自产赠品数量 × 自产品单位成本

（3）财务激励促销费用控制

这类促销活动费用的控制重心在于资金的费用控制，即资金占用时间的长短、银行的贷款利息，以及这些资金的机会成本。

就银行利息而言，消费者占用资金的利息由企业承担，通常有两种办法来解决：一是将利息转移到产品的售价上；二是将利息作为费用，通过增加销售量来弥补。

对于第一种办法，企业处理起来较简单，风险性较小，但是对消费者的吸引力较低，通常用于售价很高的产品如汽车、住房、高档家具等。对于第二种办法，企业需要精确预测，否则将给企业带来损失。

【案例3-4】　一家饲料企业的促销经历①

一家饲料企业看到其他竞争厂家做促销：农民朋友买一包饲料可以得到一件文化衫，经销商做大了组织去国外考察。企业一想，这不是很难，我也做！

这时正值6—8月，在江南正是农忙时节，农户都忙着双抢，养殖业是淡季。企业想，淡季里一定要给农民刺激，诱导农民购买。该企业制作好了文化衫让销售人员发下去，文化衫后面是产品广告语，前边是企业标识，很漂亮。到了7月底，销售人员从市场回来，向企业抱怨，怎么这么晚才给市场发放促销品，别人早就做了。原来，竞争企业在5月底就将文化衫全部发放到位，农民在双抢时根本没有时间去购买饲料，他们几乎都在双抢前先购买好饲料，那时该企业的文化衫还在加工中呢！

第二年，该企业学乖了，很早就准备好了促销品，这次是质量很好的香皂。农忙时节农民朋友每天都要洗澡，香皂是他们的必需品，企业想这总不会错了吧！结果和他们的预料大相径庭。经销商拒绝大量进货，销售人员从市场前沿报告：经销商已经大量购进了竞争厂家的货，原因是经销商都参加了竞争厂家开展的一个促销活动：在市场淡季，经销商完成旺季销售额的85%就可以参加企业组织的出国考察团。原来，竞争厂家在旺季来临前，已经提前抢占了经销商的仓库和资金，让经销商根本没有多余的资金和库房来购买和堆放其他厂家的产品。

---

① 改引自中国营销传播网。

【案例3-5】 怎样促销宝洁的Cheer品牌①

22岁的Seth从常春藤大学拿到了MBA学位后，来到宝洁公司包装肥皂和洗涤剂部门的Cheer品牌组上班。从部门厚厚的册子中他了解到，Cheer牌洗涤剂是专门为开顶式洗衣机设计的一种白色并有蓝色和绿色微粒的洗涤产品。

在美国洗涤品市场上，宝洁公司的汰渍独占鳌头，远远领先于其他产品。Cheer虽然比不上老大哥，却也排名第二。而在全球范围内，三大巨头瓜分了大部分的洗涤品市场：美国的宝洁、高露洁—棕榄，还有一家是欧洲的联合利华。研究表明，大多数顾客在走进商店时，要买什么牌子的洗涤品心中早就想好了。因此，洗涤品厂商创造了几十种眼花缭乱的品牌来占据客户内心最首要的位置。于是，各式各样的折扣、优惠券、小礼品便成为司空见惯的竞争手段。

这天，公司促销部的Sonya，想和Seth谈谈Cheer新促销方案的事。

在促销部里，Seth被琳琅满目的小礼品惊呆了："这么多五花八门的玩意儿，怎么知道哪个适合Cheer啊？Cheer也不常采用小礼品来促销，我不知道部门的同事会怎么想。Cheer适不适合礼品促销？什么礼品适合它？"

"完全正确，"Sonya回答道，"但是至少值得一试吧，我们这儿有完善的测试手续，每个礼品都有它自己独特的地方，我请你来就是希望你能选择几个适合Cheer的小礼品，也许能够促进Cheer的销售呢！"Seth坐下来，仔细察看每个小礼品，从毛巾到小玩具什么都有，他越看越觉得Cheer不适合这样的促销手段。Sonya也有些灰心了。

正当Seth要离开的时候，某个蓝绿色交织有红斑纹长腿的小玩意儿吸引了他的注意："这是什么？""噢，这是新来的样品，一种橡胶玩具，给很小的小孩的，它们无毒又足够大，让小孩子无法吃下去，安全耐用。"Seth把它抓在手里："我把这个带回去给大伙儿看看。"

面对这个小玩意儿，部门同事有不同的看法。Skip看了一眼就说："纯粹浪费时间。"然后扬长而去。Lorinda是三个小孩的母亲，她说："我带回去给我的孩子们看看有什么反应。"经理Tom觉得这么做是个好主意。

第二天Lorinda很兴奋地跑来说，她的孩子们对这个小玩具爱不释手，这让Seth很受鼓舞，如果能够成功，他就可以成为公司引人注目的人物了，晋升也是十拿九稳的事情。他赶紧和Sonya联系，Sonya答应用这个产品以及另外4

① 转载自全球品牌网，2003年9月。

个参照品做一系列测试。一个月后，就在Seth觉得这事可能没戏了时，Sonya打来电话告诉他令人震惊的结果：这个玩具不仅很受欢迎，而且是整个公司历史上最畅销的三个促销礼品之一。Seth兴奋得简直手舞足蹈了，他给这个玩具命名为Cheery怪物，并仔细考虑各种的促销选择。

根据采购部门的估计，这个玩具的成本大约每个6美分。这包括制造成本和从亚洲的产地运到辛辛那提的运费。Seth的设想是每个大包装的Cheer放3个Cheery怪物来促销。那么，一盒就要增加18美分的成本，如果获得的销售效果好的话，抵消这部分损失绰绰有余。Seth分析了所有能想到的促销方式。

(1) 邮寄促销：让顾客把洗涤剂包装盒上的UPC寄到公司换取礼品。这样的方式对生产毫无影响，但无疑会减少礼品的吸引力，邮寄和等上两三个礼拜来收取小玩意儿实在是一件烦琐的事情。预计增加销量200 000盒，每三个礼品的包装邮寄处理费用为75美分。

(2) 放在包装内：礼品放在包装内，那么包装外面就必须有醒目的提示。包装过程不受影响，但是包装盒需要修改一下，况且设计吸引顾客的提示也是个问题；另一个消极因素是，顾客不能直接看到可爱的小怪物。预计增加销量500 000盒，改变包装的额外花费不会高于1.30美元/盒。

(3) 放在包装外面，但是和产品捆在一起。用真空包装膜将礼品和Cheer洗涤剂捆在一起，这要看工厂有没有专门的设备了。但是爱占便宜的客户可能会将礼品扯下偷走，而不买产品。不过放在外面的直观性要强多了。预计增加销量至少750 000盒，外包给其他包装厂将礼品捆绑在产品外需要1.75美元/盒，且由于增加体积导致每个大包装内盒数减少产生的费用是45美分/盒。

(4) 随产品派送：别打产品包装的主意了，在购买点即时奉送好了。但是，某些小的零售店可能会"贪污"这些小礼品，或者把它们拿出来卖。预计增加销量600 000盒，每300个Cheery怪物的运费为25美元。而且，全国有超过8 000家的零售商。

在向上司Tom做出详尽汇报之前，Seth需要做出选择和决定。

四、计划行动细节

不论是凭证优惠、游戏竞猜，还是有奖销售，每一类促销活动都包含着无穷的花样翻新的可能性，而对这些活动具体细节的准确选择和把握也是获得成功的关键。同时，开展一项促销活动必然会带来繁重而琐碎的行政事务工作，这也需要厂商事先计划好活动的细节。例如，要开展一次游戏竞猜活动，就要根据活动的具体情况确定活动主题、游戏规则和奖品设置，以及游戏过程的宣传、组织、控制和兑奖事宜的安排等。在实践中，考虑到策划和实施这些细节的专业性，有些厂商常常会聘请外部的专业公司来负责设计和运作。

另外，厂商在进行促销活动时，通常会在预算中考虑给经销商、零售商和消费者的让利分配，但是在实际的操作中，却经常会发生中间商截留分配给消费者的利润的情况。虽然没有造成生产厂家利益受损，但由于消费者没有获得真实的利益，会使促销活动的效果大打折扣。因此，在开展促销活动之前，厂商还应与渠道中间商进行密切的沟通，事先规定好优惠内容及其应尽的义务。同时，在促销活动中，要通过各种大众媒体和宣传单、店内 POP 等，把厂商促销活动中的各项具体内容告知消费者，让消费者知情。

五、预估促销方案

市场的持续变化、活动形式的不断创新，都要求厂商在确定了促销行动细节后，对拟定的促销方案和行动计划进行预先评估。该项评估工作主要表现在以下几个方面：

1. 法律方面

检查拟定的活动方案和行动细节，看其是否符合政府有关部门在保护消费者权益、维护公平竞争等方面制定的限制性法规。

2. 物资后勤方面

要开展的促销活动可能需要制作特殊的包装，或者加印特殊的商品条形码，因此需要检查是否能够适时准确地把促销用品和器材运输到促销现场。此外，还要确认相关部门在计划时间内实施该方案的可行性，确保各部门的配合到位。

3. 预算方面

评审整个活动经费的预算是否全面准确，各项费用是否合理，不同产品的促销活动之间是否相互协调、经费是否能够到位等，力求以最小的费用取得最大的收益。

4. 时间方面

检查促销时间的选择是否考虑了大多数经销商和内部销售人员的实际情况，以及是否符合消费者的购买习惯。

5. 促销方法和激励规模方面

检查所选定的促销方法和激励规模是否适合本次促销活动所要达到的目

的，以及是否能够有效吸引顾客的参与。

6. 促销媒介方面

检查促销媒介是否有效、经济，是否适用于本次促销活动。

厂商常常通过内部测试、消费者调查、在选定的市场区域内进行实验等方式，对上述方面进行预先评估，以完善原来的设计方案，使促销活动的风险降至最低。

【案例3-6】 百事都乐果汁促销策划案①

一、促销背景

1998年，百事集团收购了全美最负盛名的果汁公司Tropicana旗下的“都乐”（Dole）100%果汁系列和纯品康纳鲜榨果汁系列（Tropicana Pure Premium）。1995年9月，在中国广东省惠州投资建立的生产企业正式投产，在中国市场生产销售100%天然鲜榨果汁及100%还原果汁。

（一）产品

纯品康纳饮料有限公司旗下的“都乐”果汁自1995年进入中国市场后，一直以高品质、高价位的姿态出现在消费者面前，最近才直接由百事公司进行销售管理。厂商以“100%纯果汁”为口号，在推广果汁饮料时注意与自己“年轻”、“时尚”的品牌特点相吻合，将卖点着重放在“100%纯果汁”上，将自己的果汁饮料定位于高端消费群。

（二）市场

零点指标网（www. horizonkey. com）通过对北京、上海、广州、武汉、沈阳、西安6个城市的1925名饮料消费者的访问，重点研究了8类饮料产品中的23个品牌。本次研究选定的品牌主要是各个产品领域中具有全国性影响的国外或国内品牌。调查结果显示，“都乐”品牌虽然在认知度上远低于其他品牌，但在消费者心目中却有一定的美誉度。

而近年来国内果汁市场烽烟四起，“汇源”等国内知名品牌在消费者心目中不仅拥有知名度，而且拥有物美价廉的美誉度，从而吸引了大部分高端消费群。目标群体对“都乐”品牌及其内涵不熟悉而选择了“汇源”，这显然不利于“都乐”的销售。

① 卢泰宏等：《实效促销SP》，北京：清华大学出版社2003年版。

二、促销策划

（一）促销目标

（1）提高“都乐”在目标群体中的知名度，同时争取美誉度；

（2）争取在最短的时间内促进最大量的销售。

管理层对这次促销活动非常重视，因为这是接手“都乐”以来第一次进行全方位的促销，他们把这次活动归入了整体营销策略中，因此促销预算很充足。

（二）促销设计

1. 促销方式

这次促销从两个方面展开：一是针对经销商进行奖励促销；二是针对消费者，采取了派发优惠券、免费试饮、买一送一、商场捆绑等方式。这里要讲的是针对目标消费群派发优惠券的促销方式。

这次促销活动是通过厂商和经销商——屈臣氏的合作完成的。屈臣氏店提供一个场地作为“都乐”试饮促销点，并同意消费者以优惠券购买“都乐”产品时可获得一定的价格优惠（差额由厂商提供）；厂商委托广告公司进行优惠券的制作，并免费派送给目标消费群；消费者手持优惠券到指定的屈臣氏店购买任何一种“都乐”产品均享有1.5元的现金优惠，并可凭产品获得礼品赠送。

2. 产品范围

就这次派发优惠券来说，促销的产品范围为“都乐”各种包装规格、各种口味的产品。其中，最突出的是作为试饮产品的100%鲜橙汁。但是，由于厂商市场部和销售部之间，以及销售部和屈臣氏之间未能就这次活动协调好，造成屈臣氏店内产品供应品种不足，仅有250毫升的包装规格，并且果汁口味也不全。

3. 市场范围

从消费者来说，活动直接指向核心目标消费群，即24—35岁的职业白领女性。

从地理区域来说，主要集中在广州市几个重要商业区：天河区、东山区、越秀区。厂商在这些商业区选择了几间大型写字楼进行优惠券的派发，如金利来大厦、天河大厦等，目的在于近距离地面对目标消费者。

4. 竞争性防御

由于优惠券促销本身就是一种极容易被模仿的促销手法，因此厂商尽量将该促销活动控制在短期内完成，以减轻竞争对手反击对本次促销活动的负面影响。

5. 时间设定

该促销活动不是连续的，只有2002年8月23日和8月30日两天，优惠券的有效期也只限于这两天。首先，这是因为本次优惠券促销的目的并不在于一下子刺激市场购买，而只是促进核心目标消费群对“都乐”产品的认知。其次，把时间分隔开，能重复引起消费者注意，加深消费者印象。最后，出于竞争性防御的考虑，优惠券促销也不宜长时间使用。

6. 折扣率确定

在确定优惠券折扣率时，主要考虑了以下几个方面：厂商促销成本的限制；屈臣氏自身对“都乐”的定价；折扣率必须对消费者产生吸引力；折扣率过高会影响“都乐”高品位的品牌形象；由于屈臣氏店内只有250毫升少数品种的“都乐”产品，因此，这次可以直接采用现金券而不采用折扣率的优惠方式。事实上，现金券让消费者能享受到的优惠低于8折。

7. 整合

由于该促销活动需要经销商——屈臣氏的有力支持，因此厂商在进行消费者促销时，也向经销商强调这次活动客观上是为屈臣氏做促销，屈臣氏不需要付出任何代价，就可获得厂商促销带来的好处。因此这次活动既包括了消费者促销，也包含了经销商促销，同时，除了优惠券以外，消费者同时还能获得试饮和赠品，是三种促销方式的整合。

8. 促销条款

对于消费者，必要的促销条款在优惠券上都有说明，包括促销对象、优惠条件、优惠内容、有效时间，以及相关法律方面的说明，尽量避免消费者对促销条款的内容产生误会。

（三）促销评估条件

对于整个促销活动来说，评估条件从定量和定性两个方面来设定。

定量：对三个时期的销售量进行比较，即“都乐”促销前三个月的销售量、促销期间的销售量、促销后三个月的销售量。如果销售量在活动期间和活动后能有明显提高，则该促销活动是成功的。

定性：做市场调查，得到促销前“都乐”的知名度和促销后“都乐”的知名度的数据，以及人们对“都乐”口味的看法。如果知名度和美誉度有所提高，说明这次促销活动是成功的。

对于优惠券促销这一环节，由于活动目的不在于销售量的立即提高，因此更重视其在目标消费群中的知名度和美誉度是否得到提高。

【案例3-7】 百事可乐失败的有奖促销①

1992年5月，美国百事可乐在菲律宾举办了一次有奖销售活动，结果白白损失了1 100万美元。

这次名为“今天，你就可能成为百万富翁！”的有奖销售活动，宣称任何购买百事可乐饮料的消费者，只要在所买的饮料瓶盖上发现标有349这个数字，即可获得100万比索（合3.7万美元）的巨额奖金。消息传开后，菲律宾全国各地立即刮起了一股购买百事可乐饮料的旋风。然而结果是，因中奖而兴奋不已的人竟然有50多万个。

百事可乐公司马上乱了阵脚，公司立刻仔细检查，发现因计算机的问题，报错了中奖号，从而导致如此多的人中了巨额奖。于是百事可乐公司向菲律宾的广大消费者宣布，因计算机出错，原宣布的中奖号无效，公司拒付所有的巨额奖金。

眼看要得到一大笔横财的中奖者对此当然不会罢休。中奖者有7 000多人向法院起诉，控告百事可乐公司犯有欺骗罪。在这场风波中，百事的声誉在菲律宾受到了极大影响，市场占有率由原来的66%下降到17%。

为了平息这场风波，百事可乐公司答应给每位中奖者支付500比索作为一种友好的表示。到活动截止时，公司向48万中奖者支付了2.4亿比索，最终大约损失了1 100万美元。

第四节 促销策划书的撰写

促销策划书是对所策划的促销活动各环节工作的规范性书面描述，其目的在于将策划人员对本次促销活动的策略规划思想转变为具体的行动方案，统一促销工作人员对本次活动的认识和理解。可以说，它既是整个促销活动的行动指南，又是促销工作人员的指导手册。

一、促销策划书的撰写原则和写作要求

（一）撰写原则

1. 目标明确

在促销策划阶段，需要首先为促销活动确定一个明确的目标。同样，在促销策划书中，也应将促销活动要达到的总体目标明确地表示出来。明确的目标

① 靳俊喜：《促销管理与策划》，辽宁：东北财经大学出版社2001年版。

将有助于统一所有参与人员的认识，达到行动方向上的一致。

2. 分工协作

促销策划书还应将各项促销要素的分工协作体现出来。例如，促销方案中的不同方法与媒介的各自优势和目标，每个工作小组的职能、目标和工作程序等，都体现了不同要素之间的分工协作。也就是说，促销策划书同时还是有机连接各项促销要素，以达成统一目标的指导性文件。

3. 方案审核

清晰明确的计划方案是成功实施促销活动的基本前提。因此，运用一定的方法对方案进行严格审核，能够进一步明确行动计划，避免和减少可能发生的差错。具体的审核方法可以采取：明确每一项作业之间的关联性和前后衔接；将同时进行的作业在一张图内表示出来；明确每项作业的截止日期；明确每项作业的延迟对整体计划的影响程度，以及防止延迟的方法等。

（二）写作要求

1. 格式要求

（1）封面

策划书的封面应含有策划书的名称、文号、密级、策划组织名称和日期等。其中，名称应具体、明确、完整、规范，如“2004 年 8 月 × ×公司有奖征文促销活动策划书”。密级是指策划书的秘密等级，促销策划书通常属于企业的核心商业机密，如果其商业活动计划被竞争对手事先掌握，势必对企业实施整体营销战略和达成阶段性营销效果带来重大不利影响。因此，策划书还应标注“秘密”、“机密”、“绝密”等字样，同时严格控制非核心人员接触策划书。

（2）目录和摘要

在策划书的内容较多时，应加上目录，以方便读者阅读。摘要是对策划书正文的概括性说明，读者可以从摘要中了解促销活动的大致思路和内容。

（3）正文

策划书正文包括一系列项目，详见本节“促销策划书正文主要项目”的介绍。

（4）附录

附录包括创意、脚本、宣传文案、促销调查原始资料、策划参考文献、数据来源，以及其他需要注明的问题。

2. 行文风格

（1）简洁明了

把问题讲清楚即可，尽量删除不必要的文字，切忌行文啰嗦或有意卖弄文字。

(2) 表述准确

策划书涉及的概念、表述、数据、结论等一定要准确，只有准确表述才能使读者觉得可信。

(3) 逻辑清晰

策划书的写作，既要讲求文章结构的逻辑清晰，又要讲求专业策划思路的逻辑清晰，否则策划书就会显得结构混乱，没有说服力。

(4) 方便阅读

策划书还应通俗易懂，不应故弄玄虚。同时，文中的关键点宜以适当的方式加以强调，如加着重号或变换字体等，以便读者更好地理解策划思想和内容。

(5) 以理服人

无论促销策划书有多少创作灵感在里面，都不宜以情动人，而应以理服人。策划的思路、运用的方法、决策的要求都必须是理性的，并宜采用归纳法来表述观点，不提倡用推论、演绎的方法提出观点。

(6) 运用图表

图表比文字更加直观、形象、表现力强，因此，尽量使用各种图表，以提高策划书的表达力和说服力。

二、促销策划书正文主要项目

一般而言，正式的促销策划书正文的主要项目如下：

(一) 市场分析

1. 总则

2. 促销调查主要观点

3. 市场预测及建议

(二) 促销目标

这里的促销目标涉及促销的市场目标和财务目标等两方面。有时只确定总体目标就可明确责任，有时则必须将整体目标进行分解后才能明确责任。

1. 总体目标

2. 目标分解

(三) 促销提案

1. 方案细则

(1) 促销主题

(2) 促销时机和持续时间

(3) 促销对象

(4) 促销地点（区域）

(5) 促销产品

(6) 促销方法

(7) 促销媒介

(8) 促销活动方式

2. 活动详细说明

(四) 广告配合方式

包括选择什么样的广告创意及表现手法，选择什么样的媒介进行宣传，按照怎样的节奏发布广告等。

(五) 促销活动步骤

1. 前期准备

(1) 人员安排

在人员安排方面，要做到“人人有事做，事事有人管”，无空白点，也无交叉点。谁负责与政府、媒体的沟通，谁负责文案写作，谁负责现场管理，谁负责礼品发放，谁负责顾客投诉，各个环节都需要考虑清楚，否则会造成临阵时的顾此失彼。

(2) 物资准备

在物资准备方面，要做到事无巨细，大到车辆，小到海报、POP，都要罗列出来，然后按单检查，确保万无一失。

(3) 实验方案

由于活动方案通常是在经验的基础上确定下来的，因此有必要进行一定的市场实验来判断促销工具的选择是否正确，刺激力度是否合适，传播媒介和方式是否理想等。市场实验可以采取询问消费者、收集调查表，或在特定的区域实施促销方案的方法。

2. 中期操作

中期操作主要包括活动纪律和现场控制。纪律是战斗力的保证，是方案得以完美执行的先决条件，因此在方案中应对参与人员的纪律做出详细规定。现场控制是把促销活动中各个环节的时间、程序安排清楚，做到有条不紊，忙而不乱。同时，在方案的实施过程中，还要及时对促销范围、强度和重点进行调整，保持对促销活动的实时控制。

3. 后期延续

后期延续主要是媒体宣传的问题。例如，对这次活动将采取何种方式，在哪些媒体上进行后续宣传。

（六）意外防范

每次活动都有可能出现一些意外。比如政府部门的干预、消费者的投诉，甚至天气突变导致户外促销活动无法正常进行等，因此，需要对各种可能出现的意外事件事先做出人力、物力、财力方面的防范准备。

（七）促销预算

1. 预算计划

确定促销的总预算和各项分类预算，包括管理费用、销售费用、附加利益费用，以及预算使用的原则、要求和预算管理办法等。

2. 资金费用来源

（八）效果评估

预测本次促销活动能否达到预期的促销目标，并对投入产出比进行分析，以便活动结束后与实际情况进行比较，并从刺激强度、促销时机、促销区域、促销媒介等方面进行评估。

【案例3-8】 海尔剃须刀促销策划案（节选）[①]

一、促销提案

（一）活动主题——“时尚全天候、动感随身行”

海尔针对现代商务人士新推出的××剃须刀，具有日新月异、精巧时尚、功能全面、锋利耐用的特点，正成为领导剃须刀时尚化的代言品。

（二）活动目的

通过对海尔剃须刀在夏季的宣传推广、户内户外的推介促销，以及适当的媒体形象宣传组合，展示海尔剃须刀“震动按摩功能”的优越性和带给用户随时随地的使用方便，吸引消费者，极大提升海尔剃须刀的市场知名度和美誉度。

（三）活动时间及地点

2002年7—8月，具备推广海尔剃须刀资格的各工贸公司。

（四）主推型号

RSCW-A6、RSCW-B6、RSCW-B41、RSCW-S1（待定）。

---

① 卢泰宏等：《实效促销SP》，北京：清华大学出版社2003年版。

（五）卖点建议

“创意贴面干湿两剃，动感按摩随心所欲”。

（六）活动设计的促销类型——组合促销

活动促销、竞赛促销、免费促销（赠品）、优惠促销（折扣）和广告合作，涉及经销商、销售人员、消费者、参与新闻宣传的制造商的代理工作人员。

（七）产品特点

粗犷流畅的外形、利落的三维式刀头、捉附式刀网、特种钢刀刃，以及特别配备的修剪刀，还有干湿两剃、随意随时随地的 e 时代商务剃须功能；另外其独特的“震动按摩功能”，把“剃须与放松按摩融于脸部和掌中”。这款剃须刀集成了众多剃须领域的创新功能。其中值得一提的是全新的“震动按摩功能”，代表了海尔家电王国世界领先的科技精华，使消费者能够赶上时代科技潮流。

（八）活动主题解析——“时尚全天候、动感随身行”

包含因素：

(1) 时尚与功能并存，人文个性与快乐剃须同在，尽显商务生活的魅力；

(2) e 时代生活的随心所欲；

(3) 贴身的呵护和商场的伙伴、朋友；

(4) 剃须无障碍，随意随时随地轻松剃除任何情况下生长的长短、软硬胡须；

(5) 以人为本，彰显魅力；

(6) 干湿两剃功能，从容面对任何场合和随时出现需要即时剃须的状况；

(7)“震动按摩功能”使“剃须与放松按摩共同融于脸部和掌中”，令现代人士在体面的同时，更好地随意放松疲惫的身心。

（九）宣传形式

1. 针对卖场：小展台、小展板、海报、单页、挂旗、折页、POP、条幅、现场效果图。

2. 针对媒介组合：

(1) 电视广告。在当地有影响力的电视台发布电视字幕，电视字幕内容要包括海尔剃须刀正在举行的活动以及经销地点等内容。

(2) 上市地区。广告部统一在中央一台、中央六台的黄金时间发布电视广告。

(3) 广告片长度。电视广告片以 15 秒为主，专题片为辅。

(4) 新闻。每周发布海尔剃须刀当地热销新闻，对当地热销情况进行报道。

3. 针对户外：悬挂巨幅的过街横幅。

（十）一般促销活动

1. 海尔老用户参与部分：凡购买海尔剃须刀的用户均可获赠心动大礼一份；凡已经购买过海尔剃须刀的用户，凭购物发票到活动卖场购买海尔剃须刀时，均可享受8.5折优惠；凡海尔俱乐部会员购买海尔剃须刀均享受特价优惠。

2. 顾客参与部分：凡于活动期间购买海尔剃须刀指定品牌，或任何一款海尔剃须刀的用户，可获得心动大礼一份。奖品设置有海尔精品打火机、海尔礼品手表、海尔礼品金笔、海尔礼品钥匙包等。

3. 经销商参与部分：

（1）活动地点。各地42个工贸公司。

（2）主要内容。青岛海尔剃须刀项目组根据经销商的积分情况，在每个中心评出一家最佳经销商。

（3）评比办法。海尔剃须刀经销商每售出一款机型，即可获得相应的分数，根据活动期间的累计积分情况确定排名。

（4）累计积分计算方法。各地经销商每售出一款机型，现场让顾客填写用户连心卡，在经销商加盖公章后送交当地工贸公司。当地工贸公司以此来确定该经销商的积分情况。

4. 直销员部分：

（1）活动地点。各地42个工贸公司。

（2）主要内容。青岛海尔剃须刀项目组根据各中心直销员销量排名情况，评出最佳直销员。

5. 新闻报纸宣传：

（1）各中心坚持每周必须有新闻稿的原则，进行大量报纸新闻宣传，以提升海尔剃须刀的市场形象。

（2）在推介活动之后，继续宣传海尔剃须刀各地热销的新闻，以此带动海尔剃须刀整体市场形象的提升。

（3）通过宣传海尔剃须刀的新功能，以及系列产品的热销情况，既可以增加新产品的销量，又可以在提升海尔剃须刀整体形象的同时，提升产品美誉度。

（4）海尔剃须刀在当地有影响力的卖场销售形势搞好以后，立即配以海尔剃须刀在当地热销的新闻；新闻稿尽量免费发布，免费发布新闻频率达每周一篇，奖励产品经理50元/篇；每月免费新闻少于2篇，扣产品经理100元。

二、特别推介促销

（一）针对经销商、司机的现场推介会

口号：体面应对每一天。

在海尔标准的演示大厅里，在柔和的灯光下，只要被海尔剃须刀卡通人工气模碰到，即可成为劲剃协会的会员；司机可以在指定时间内，在国家标准加油站或标准汽车维修站，免费获得一款适合的剃须刀；经销商则被邀请参加早晨8点的剃须早餐。经销商和司机来参加的唯一条件是早晨不许刮脸和剃须，并在现场认真填写一份市场调查问卷。

（二）户外小型推介会

口号：动动手指猜感觉，心有灵犀一点通。

在特定的卖场外举行，活动时从现场选出几对夫妻或者恋人，让妻子和女朋友为其丈夫或男朋友现场剃须，剃完后猜出对方心中剃须的感觉，只要合乎情理就可免费获得现场使用的剃须刀。

（三）问卷问题（略）

（四）活动串词（略）

三、列入费用的项目

小展台、小展板、海报、单页、挂旗、折页、POP、海尔打火机、海尔手表、海尔礼品金笔、海尔礼品钥匙包、海尔T恤、其他费用等。

四、活动组织流程

（1）工贸活动准备：活动卖场确认，直销员培训，新闻预定、报审，人员分工，奖品准备，货源准备。

（2）宣传品下发：印制相关宣传品。

（3）用户连心卡管理：搜集、统计、整理用户连心卡。

（4）目前效果（略）。

五、活动实施效果

海尔剃须刀作为上市不久的新产品，依托品牌实力，通过运用整合营销，能迅速提高知名品牌下新单项产品的认知度，进而提高知名度。对剃须刀单项突出功能的强化推荐，既有利于提高整个剃须刀的性价比，又能让更多消费者接受新型的零部件。通过全方位、各层面的同期促销，使产品快速铺开，在同功能、同价格的同类产品中获得市场优势，实现良性循环。厂商的投入及所建立的社会效应更鼓舞了经销商的士气，为启动第二阶段产品的全铺市和在终端实现全面盈利，打下稳固根基。

六、整个活动应注意和严格控制的地方

(1) 成本控制：因整个促销活动的复杂性，涉及多个部门和地区，时间持续较长，活动项目较多，应严格做好预算，尽量根据预算行事。

(2) 始终保持“一个中心，多个层次”，即以产品推广为中心，控制好各个层面的促销活动以及每期、每个活动想要传达给消费者或经销商的信息。层次感和条理性对于活动取得好的效果很有帮助，应避免整个活动成为一个大杂烩。

(3) 活动中注意搜集来自各方面的信息，以便活动之后建立关于产品投放的数据库。

本章小结

促销调查，是指对影响企业促销活动的有关资料进行收集和整理，目的是为企业促销决策提供依据，是促销策略设计的重要基础工作。促销调查内容包括外部调查和内部调查两个方面：外部调查包括促销环境调查、市场流通调查、竞争对手调查、客户调查、消费者调查和其他专项调查；内部调查包括营销能力调查、营销实务调查、财务能力调查和企业管理能力调查。

广义促销组合中的不同促销工具对顾客有着不同的影响力。产品的属性不同，所使用的促销组合也不一样：生产消费品的厂商通常将大部分资金用于广告，其次是销售促进、人员推销和公共关系；生产工业品的厂商则把大部分资金用于人员推销，其次是公共关系、销售促进、广告。

处于不同竞争地位的企业，其促销策略是不一样的。强势企业主要采取着眼于长期效果的促销方法，而非短期效果的即效促销方法；弱势企业则将促销重点放在短期销售目标的实现上。

在不同的产品生命周期，厂商的促销策略也不一样。在导入期，需要动用多种方法，向销售人员、中间商和消费者进行促销；在成长期，促销成为厂商扩大市场份额、打击竞争对手的重要市场工具；在成熟期，企业的营销重点是维持现有市场份额，因此多采用中小规模的促销活动维持和提升产品市场；在衰退期，厂商一般都尽量避免在促销上花费太多，有时为处理库存产品，也开展折扣促销。

促销策划的另一个层面是对具体促销活动的策略规划。促销活动策划要求对促销活动的每一个环节进行详细的设计与规划。根据多年来的专家研究和企业实践，总结出促销活动策划按照以下五个步骤进行，即确立促销目标、选择促销方法、确定活动要素、计划行动细节、预估促销方案。其中，需要确定的活动要素包括促销范围、促销时机、激励规模、参与条件、促销媒介、持续时间和促销活动费用预算。

促销策划书正文的主要项目包括市场分析、促销目标、促销提案、广告配合方式、促销活动步骤、意外防范、促销预算和效果评估。

思考题

1. 促销调查在促销策略设计中具有什么作用？其调查的基本内容有哪些？
2. 不同属性的产品促销组合（广义）通常有什么规律？
3. 不同竞争状态下的产品促销有何不同？
4. 处于不同产品生命周期的产品，应选择怎样的促销策略？
5. 促销活动策划的实施程序是怎样的？
6. 选择促销方法应考虑哪些基本因素？
7. 制定促销活动预算有哪些常用的方法？
8. 促销策划书的正文包括哪些主要项目？

第四章

促销媒介的增效策略

教学目的和要求

1. 了解信息传播的含义、要素、类型和传播受众的特点；
2. 理解和掌握几种常见的促销传播媒介，以及它们的特点和适用性；
3. 掌握常见的促销媒介增效策略。

引言

舒尔茨（Don E. Schultz）在他的《整合营销传播》一书中提到，20 世纪 90 年代以来，我们的社会正在由口语社会向视觉社会转变，越来越多的人开始变得近似文盲。因为社会愈来愈重视图形和象征的运用，而减少了对阅读的需求。科技的发展也使得大众媒体不再像从前那样吸引大众，而开始产生一种叫做"媒体的细零化"的趋势。另外，消费者在面临购买决定时，越来越依赖他们自身的认知而非客观事实，也就是说，消费者购买决策的依据，往往是他们自以为重要、真实、正确无误的认知，而不是来自具体的、理性的思考或是斤斤计较后的结果。上述的诸多转变要求厂商在传播营销信息时，应提供能转化成概念、清晰、一致、易于理解的影像、声音或经验，能被消费者清楚辨认并加以分类，同时与人类既有的分类系统相吻合。而要传播具有上述特征的营销信息，还必须使用适宜的传播媒介。

传播媒介，即信息传播过程中所使用的中介物，它是联络传播者与受众之间的桥梁。厂商使用促销传播媒介能够传递厂商的促销意图，沟通厂商和消费者、中间商之间的思想，是完成促销行为的重要物质手段。

通过研究促销传播媒介，我们可以清楚地认识在促销活动中每一种传播媒介的特点，以及它们运作的基本规律。"工欲善其事，必先利其器"，传播媒介就是我们手中的"利器"，只有在充分把握传播媒介规律的基础上，我们才能熟练地驾驭和使用各种促销媒介，才能在促销活动中得心应手、游刃有余，更好地实现促销目标。

为了更好地把握和使用促销中运用的传播媒介，我们还应该坚持以下两个基本观点：

第一，传播媒介各有所长，也各有所短，在选择和使用时应做到取长补短。就几种常见的大众媒介而言，电视有其优势，如视听兼备，形象感、现场感强，生动、及时，但也有不足之处，如内容比较肤浅，转瞬即逝，观众不易选择等；广播的优势在于声音感染力强，而且收听便捷，这也是其他媒介难以比拟的，但也有类似电视的不足之处；报纸虽然可以深度报道，进行解释、分析，还可以自由选择，但传播对象却有一定的限制。

第二，传播媒介的整体发展趋势，是向更快、更广、更专、更便捷、更有效的方向发展，应把握每一种媒介的特点以及消费者的认知规律，加以革新，使之成为适应潮流的、更为有效的传播媒介。

第一节　信息传播概述

促销策略中的一个重要内容就是促销信息的传播，通过信息传播将促销活动以及厂商的其他信息传达给中间商和消费者，可以说信息传播是联系厂商、中间商、消费者之间重要的桥梁。

一、信息传播的含义与要素

（一）信息传播的含义

信息传播是个人、组织和团体通过符号和媒介交流信息，向其他个人或团体传递信息、观念、态度或情意，以期发生相应变化的活动。

信息传播具有以下几个方面的特点：第一，传播表现为传播者、传播渠道（媒介）、接收者等一系列传播要素之间的传播关系；第二，传播过程是信息传递和信息接收的过程，也是传播者与接收者信息资源共享的过程；第三，传播者与接收者、相关人群之间，由于信息的交流而互相影响、互相作用。

（二）信息传播的要素

1. 信源（传播者）

信源是信息产生的最初发源地，是信息传播的基础。在促销活动中，厂商就是信息传播的信源。

2. 信息

信息是指在信息传播中发布的内容。如厂商在开展促销活动时要发布的内容，内容的选择与具体的促销策划活动有关。

3. 编码

编码是传播者把所要传递的信息编制成外界所能接受和理解的符号的过程。如促销策划书的撰写、促销方案拟订过程等都是编码的过程。

4. 媒介

媒介是指进行信息传播的中介物，是连接传播者和接收者的桥梁。促销传播中常用的媒介主要有：新闻媒介，如报纸、杂志、广播、电视等；实物媒介，如展览会、展销会等；人际媒介，如人际交往、各种类型的会议等。

5. 信道

信道是指传递各种信息的流通渠道。如信邮系统，是文献资料传输系统；电报、电话、广播、电视是视听资源传输系统；计算机及网络是软件资料传输的主要渠道。

6. 信宿（接收者）

信宿是信息到达的目的地。在促销策划活动中，信宿一般是与厂商有关的消费者、中间商、零售商等。厂商的促销传播活动就是为他们设计的，希望在传播活动中能够准确、迅速地将信息传递给他们。

二、信息传播的基本类型

（一）人际传播

人际传播是发生在人与人之间的个人传播行为，即某个人发出信息，另一个人接收信息，并对接收的信息予以反馈。人际传播主要有两种形式：亲身传播和个体媒介传播。

1. 亲身传播

亲身传播是指人与人之间面对面的信息交流。由于在信息交流过程中，传播者和接收者身处同一时空的环境下，彼此能够感受到对方，在交流中可以使用语言和肢体语言（表情、动作等），使信息交流和反馈充分而快捷，更容易达成共识。亲身传播适用于组织内部信息的交流，并通过这种方式促进组织内部上下级之间、平级之间的情感交流，形成组织的凝聚力，也适用于不同组织之间高层领导人的沟通，并通过这种方式建立组织之间的关系。但亲身传播仅限于两人之间的交流，信息传播范围小，在较短时间内很难让更多的接收者了解传播者的信息。

2. 个体媒介传播

个体媒介传播是指传播者和接收者之间使用媒介进行传播。交流的双方可以在不同的空间、不同的时间借助媒介进行交流。比较传统的方法是利用书信交流，但文化水平的高低会对交流产生影响。随着通信技术的发展和电话的普及，电话交流以其快捷、方便的优势已经成为人际交流的主要工具。值得注意的是，网络技术的发展，给人们的人际交流开辟了更为广阔的天地：电子邮件可以实现即时传递；网络“视频聊天”可以跨越空间产生“亲身传播”的效果。

（二）大众传播

大众传播是指专业性的信息组织和机构通过媒介向为数众多、范围广泛、互不联系、不可预知的公众传播信息的过程。大众传播媒介一般有：报纸、杂志、广播、电视、书籍及电影等。在当今社会，大众传媒业日益发达，各种各样的传播媒介数量惊人，无所不在，日夜运转，使整个社会被大众的信息所包围。实践证明，无论何种类型的组织，只有充分利用大众传播的优势，把大众传播媒介当做自身发展的重要工具，组织才有可能获得好的发展。

（三）网络传播

网络传播是指在因特网上的传播。在新经济时代，网络传播作为一种新的传播模式，正逐步成为促销中最重要的传播工具之一。今天的因特网已经延伸到世界的每一个角落，信息在网上流通已经不再受到时空的限制。因特网将全世界的计算机网络连接起来，从而形成一个巨大无比的数据库。任何组织和个人，都可以通过因特网找到对自己有用的信息。因特网还可以综合大众传播媒介中不同媒体的优势，能够集文字、图形、声音和图像于一体，起到“多种媒体”整合的传播效果。网络传播还可以克服大众传播“单向性”的局限性，采用多种形式的互动，更有利于信息传播和信息收集。

观点

营销传播暗器——新闻传播①

有一种传播方式，它能够引起消费者对品牌的关注，可以营造品牌的强势影响氛围，可以把品牌内涵及优势更好地传递给消费者，增加品牌影响力，这种传播方式就是——新闻传播。

在当前企业进行整合营销传播的过程中，有一种被普遍使用的传播模式是软文传播，但软文同样是广告，它是广告的转型或延伸，当软文满天飞时，它便不再具有神奇的传播力量，而且软文与广告一样，同样要投入资金。

在传播领域，比软文更具杀伤力、效果更直接的传播方式就是新闻传播。新闻可以不花一分钱对企业及品牌进行传播。但为什么这种传播方式没有被更多的商家运用或运用得好呢？

原因很简单，新闻是需要门槛的，不是任何一种商业活动都能成为新闻关注的焦点。同时，新闻也是一把双刃剑，与软文相比，软文是企业自己写的，贴金贴银由企业自己说了算，而新闻则是由记者写的，里面的不确定性可以对企业产生正面或负面的影响。这就是软文与新闻本质性的差别所在。

① 改引自中国营销传播网。

三、信息传播的受众

信息传播过程中的受众，是对媒介信息接收者的总称。具体包括报刊书籍的读者，广播的听众，电影、电视的观众，以及其他各种传播媒介的受传者。

受众作为信息的接收者、信息再加工的传播者和传播活动的反馈源，在传播活动中身兼数职。在信息接收过程中，受众根据自身和所处环境，需要对信息的内容进行选择性的认识、理解和记忆，而不是被动接受。同时，受众有表达意见、观点和将信息及时传播出去的愿望，受众往往通过对信息的再加工而作为传播者将其传播出去。作为信息反馈的源头，受众对信息进行加工后，还以不同的反应向传播者进行反馈，受众的反馈信息往往是决定一个过程继续、转变或停止的主要因素。此外，不同受众组成的群体可以对个别受众的信息取舍造成影响，而成为传播活动中的人文环境。因此，把握受众心理，改造传播环境，对于提高传播效果有着积极的促进作用。

受众作为信息的接收终端，在信息传播活动中处于重要地位，决定着传播活动的基本方向。离开了受众，传播活动就失去了意义。但由于传受双方的时空间隔，传播者对受众的了解通常是间接而笼统的。

（一）信息传播受众的特征

作为传播媒介接收对象的受众，有着其独有的特征：

1. 对应性

不同类型的传播媒介对应不同的传播受众。每一类传播媒介的受众大都由具有共同经验的人群组成，而且由于在社会环境、社会角色、文化背景、民族等方面和其他类型的受众存在不同，在传播活动中也显示出了不同的特征。例如，受众对传播媒介发出的信息有着自己独立的价值判断，而且受众与传播者的利益是否一致，也会影响受众的接收效果。

2. 变化性

受众虽然由成分复杂的一大批人构成，但并不是一成不变的。受众是不断变化的。例如，性别、年龄、个性、经历、兴趣、爱好、智力水平等不同的受众，对不同的传播内容有着明显的选择偏向，但这些特征会随着时间的变化而变化。随着这些特征的变化，传播媒介所对应的受众也会随之变化。而且由于这些特征之间有着较高的相关度，受众还常常会受到几种因素的综合制约。这就要求在传播过程中，传播者应进行整体综合的把握。

3. 心理性

由于受众个人心理结构的差异，表现在对信息内容的选择、认知等方面均有所不同。受众的社会特征决定其还具有从众心理、逆反心理和移情等，这些心理特征同样彼此关联，并相互转换。

4. 群体性

受众作为群体中的个体，受到人际传播与社会关系的影响，并按照现实与自身的习惯有意识地选择信息。一般而言，群体的规模越大、组织力越强，受众对群体的依赖性就越强，群体利益对受众行为的约束力也越强。

（二）受众接触传播媒介的动机

受众不是被动的信息接受者，而是积极的信息传播参与者。受众希望能够通过传播媒介发表自己的见解和主张，希望能与传播者共同分享信息。

1. 获取信息，认识外部世界

人要生存和发展，离不开同外部世界的信息交流，而且必须对外部世界有所认识和了解，才能适应外部世界的发展变化。人们希望通过对这些情况的了解，为自己的一些具体行动、解决方案寻找可供借鉴的经验、行动指南和解决办法。

2. 娱乐消遣，满足精神需要

在辛苦工作一天之后，人们希望能够放松，从疲劳的状态中解脱出来，消遣、娱乐便是很好的放松方式。现代社会中很多人把传播媒介当成了消遣娱乐的最主要方式之一。受众通过大量使用媒介，接收传播媒介提供的娱乐休闲信息，获得精神上的享受和满足。有调查表明，人们读报主要是为了获取新闻时事，而收听广播和收看电视除获取新闻外，主要是为了欣赏文艺节目和娱乐。同时，受众也借助传播媒介消磨空闲时间，排遣寂寞和忧虑。一般来说，不同地区、阶层的受众，使用传播媒介的动机不完全一致。

3. 获取知识，提高自身水平

随着物质文化水平的提高，人们对各类知识的需要也日渐增长，传播媒介的功能也日益重要起来。受众通过收听、收看各种教学节目、科学节目，阅读科普报刊等获得新的知识，提高自身的科学文化水平。可以说，获取知识已经成为人们了解世界和娱乐消遣之外、接触媒介的主要动机。

此外，人们使用传播媒介，还有满足某种特殊心理需要，比如从传播内容中寻找生活的结合点、寻找刺激、转移感情等；也有通过传播媒介了解信息，从而增加人际交流中的共同语言，以及从传播内容中寻找认同感等其他需要。

第二节　常见的促销传播媒介

促销传播媒介是指厂商在运用促销策略开展促销活动时，为传达促销意图、传播促销信息，以及实施促销活动等所使用的各种宣传品、工具或载体。事实上，促销传播媒介的选择、运用和组合，本身就构成促销策略的一部分。

本节将促销传播媒介分为六大类，即大众媒介、中小众媒介、售点媒介、道具媒介、活动媒介和网络媒介。下面我们分别叙述。

一、大众媒介

大众媒介是指电视、报纸、广播、杂志等传播速度快、传播面广、表现力强的媒体，同时这类媒介也具有费用高、时效性差、不够直观等缺点。

厂商在较大范围内进行产品促销时，一般会通过大众媒体进行广告宣传，以提高产品和促销活动的权威性。虽然市场营销中的大众媒介属于广告研究的范畴，不是本章研究的重点，但在策划促销活动时，厂商仍须重视大众媒介与其他促销媒介的有效配合。在促销活动的前期、中期和后期适当地使用大众媒介，对于在较大范围内传达促销意图、传播促销信息，以及烘托活动气氛、为促销活动造势等都具有重要的作用。

二、中小众媒介

我们所处的世界正由大众营销向“一对一”营销发展，大众传播也向中众、小众，甚至个人传播发展。这里的中小众媒介主要是指厂商发行的内部刊物、各种形式的直邮信函（Direct Mail，DM）和通信服务等。这类媒介具有大众媒介的部分特征，比如传播面广、针对性和及时性强等，但它的传播主体是厂商，不是传统意义上的专门机构，所对应的传播对象也相对大众媒介有一定的限制，因此把这类媒介称为中小众媒介。

（一）内部刊物

内部刊物，是指以内部员工、中间商、顾客或潜在顾客为传播对象，由厂商发行的定期或不定期的免费内部杂志。目前一些大型企业都设立有专门的部门负责采编、发行自己的内部刊物，其目的在于：对内沟通组织成员，倡导企业文化，增强企业凝聚力；对外传达企业和产品信息，提升企业形象，加强与各方面的公共关系。

内部刊物在采编时要考虑到“兼具趣味性和实用性”与“对读者有用的信息”两个要素，尤其是后者应作为基本要素。因此，有的内部刊物开始发行时只是单一的企业宣传和产品信息，到后来逐渐将行业研究成果、促销技术指导、读者相互交流等纳入编辑范畴。

厂商长期发行内部刊物，能够培养内部员工、中间商、顾客或潜在顾客对企业的好感与信赖，加强他们对产品的了解，强化企业与他们的联系，同时为企业建立良好的信息反馈通道。可以说，内部刊物越来越成为一种极为有力的促销媒介。

通常，以下几种情况比较适合使用内部刊物：

一是当企业所经营的产品种类繁多，而且各种产品均与企业紧密结合时，如家用电器、食品、调味品等；

二是企业的产品主要是与大众生活息息相关的非消费类产品，且企业需要获得公众的好感与支持时，如社团机构、学校、医院、广播电台、基础工业等；

三是同质化的竞争产品或服务，如银行、证券公司等；

四是产品或服务的内容抽象而复杂，以纯粹的商业信息沟通很难充分表达时，如化妆品、香水、服装等；

五是产品或服务极富话题性，通过丰富的资讯量能够形成亲切感时，如房地产、汽车、装饰品、嗜好品等。

在内部刊物的实际运用中，编辑人员须考虑到企业高层经营者、读者、分发方式和信息反馈等几方面的问题。也就是说，内部刊物必须能够反映经营者的意志与理念，并采取融洽、渐进的潜移默化方式，针对各类读者的思想状况进行编辑；同时，还应采取可靠的分发方式确保刊物能够及时到达各类读者手中，定期追踪刊物发行数量和阅读量，以及读者的反馈信息等，为高层管理者在今后的产品政策、促销政策、沟通方式等方面的决策提供参考。

（二）直邮信函（DM）

目前在广告界和营销界常常提到一种非常盛行的促销媒介——DM，常译为广告信函或直邮信函。在竞争日趋激烈的今天，DM是“一对一”营销中信息沟通的主要媒介。这种促销媒介的主要优点在于传播对象具有选择性和集中性，易于控制管理，对个人的冲击力强。其缺点是成本较高，反应较迟缓，容易形成心理定势。DM的主题可选择新产品介绍、商品介绍、展示会、产品发布会、节庆酬宾活动、开业或新装修等纪念性销售。

DM有推销信函及附属品、明信片、折扣券、产品目录等多种形式。传统的DM通过邮寄方式到达每一个特定顾客或潜在顾客的手中，而今随着各种信息传播手段的广泛使用，越来越多的厂商采用电子邮件、传真、人员派发等方式发送。这里，我们把直接向消费者个人传播产品信息和促销资讯的媒介都称为DM。

DM的主要目的是传达产品和营销信息，通常在百货零售业运用得较为普遍；同时，对于一些需要详细研究其产品性能、价格的耐用消费品，如汽车、住房、家用电器等也适合使用这种媒介，因为它有助于消费者在购买前进行详细的比较。

使用DM作为促销媒介，其成功的关键环节在于顾客名单。优质的顾客名单必须具备两个条件：

一是准确性。是指寄送名单上的顾客是否是本产品的真正顾客和潜在顾客。通常在进行促销活动之前，就必须首先进行顾客属性的调查和名单内容的复核。所谓顾客属性即顾客地址、姓名、年龄、电话等分类要素，以及收入、资产、学历、职业、技术职称、家族成员、兴趣爱好等生活形态属性，其属性越精确，DM成功的可能性就越高。

二是正确性。是指顾客姓名和相关信息是否一致。在营销实践中，可以采取购买或借用名单的方式，例如，收集行业协会会员名单、入学新生名单、新入住业主的名单等，也可以通过举办产品展示和培训等活动，向参观者和购买者主动索取顾客个人信息。

同样，当DM送达顾客后，厂商还应从到达率、营业额、光顾频率、品牌忠诚和经费效率等方面，对DM的效果进行测定，从而进行顾客名单的整理和维护，以及DM内容的设计与策划，以便为今后的客户关系管理和营销策划提供有效的参考。

（三）通信服务

随着通信产品在我们生活中越来越普及，通信服务作为一种促销传播媒介，近年来开始受到厂商的极大关注，尤其是特殊消费品，如新婚摄影、名牌服装、保险，以及选购品如汽车、高档家电都比较适合使用这种媒介。通信服务包括电话和电信增值服务，如短信服务。

和DM类似，使用通信服务作为促销媒介需要一定的客户关系基础，比如详细准确的顾客名单。所不同的是，它还克服了传统DM媒介时效性差、成本高、单向沟通等缺点，具有及时、高效、低成本、双向沟通等优势。

【案例4-1】　西铁城手表厂内部刊物上的竞赛活动[①]

日本手表厂西铁城（Citizen）公司的《西铁城销售报》（*Citizen Sales News*）是基本页数为32页的月刊，属于公司内部阅览的刊物。现在每月末发行2 500

---

① 卢泰宏等：《实效促销SP》，北京：清华大学出版社2003年版。

册，分发给各级承包公司、批发商、零售店等业主、店员及公司内部职员阅览。这份《西铁城销售报》的内容，除提供给售货员情报以外，还提供销售及销售推广的技术，并备有读者相互交流意见的专栏。

刊物每期预留五六页篇幅，刊载商品研究报告，向售货员介绍关于公司新产品的意图，解说专门的技术知识、处理及使用方法、售后服务、销售重点、顾客分析等。

每期出版的公司刊物都选定一个主题为该期“专辑”的名称，以及本公司推销某项产品活动的特辑等，这部分内容约占刊物的1/2。

关于各种有关销售座谈会（如售货员座谈会、消费者座谈会）的记录，对售货员非常有参考价值，也尽量编入刊物内。

在举办推销活动时，公司为鼓励售货员加强推销某项主要商品，以公司刊物为媒体，也收到了理想的效果。

为使售货员彻底地认识他们所推销的商品，增加他们的商品知识，公司在《西铁城销售报》上举办了“销售谈话应答比赛”（Sales Talk Contest）。这次比赛出了两种测试题：一种是选择题，用来测验商品知识，一个问题后面附有三个供选答案，请读者选出一个正确答案；另一种是创作答题，在某种情况下，售货员应怎样回答才是最佳的选择等。

西铁城公司还训练售货员答复消费者的问题。为提高本公司产品在消费者心目中的形象，设计了一系列的问答比赛题目，请售货员回答。

正是通过这种特殊的方式，使西铁城的售货员素质大为提高。这对产品的销售，无疑也是一种非常有效的促销。

【案例4-2】 博士伦的《明眸通讯》[①]

博士伦的“明眸一族”俱乐部已经成为博士伦公司与消费者之间进行情感交流的桥梁。俱乐部通过每季一刊的《明眸通讯》与会员保持联系，传达信息。该通讯的主要专栏有：

(1)“博士伦世界”。主要介绍博士伦公司的最新动向、取得的成就、开展的活动等。通过这个专栏，会员可加深对企业的了解。

(2)“明眸新视野”。在这个专栏中会员可得到新产品资讯。随着科技进步，消费者在享受由此带来的舒适生活的同时，也越来越对种种新名词感到困惑。而眼睛护理产品由高科技所带动的快速发展，更需要消费者正确地认识与

① 周国林：《100个成功的促销策划》，北京：机械工业出版社2002年版。

对待，才能使自己宝贵的眼睛健康光明。“明眸新视野”正是用浅显易懂的语言说明那些在有限的广告中所不能说清楚的事项，这对于某些技术含量高的产品尤其需要。

(3)“明眸生活点滴”。生动活泼、清新自然是这个专栏最大的特色。这个专栏所刊登的文章都是会员的投稿征文，会员以诗歌、散文、漫画、随笔、照片等各种形式，描绘自己在使用产品时发生的小插曲，感受到的变化。这些真实感人的故事在不经意中述说着产品所带来的种种好处、所营造的快乐心情，比企业所做的任何一个广告都更具说服力、更吸引人。

(4)“博大夫信箱”。“博大夫”会回答会员提出的有关正确使用、保养产品的任何问题。如“参加体育运动可以戴隐形眼镜吗?”“镜片有小缺口可以修补吗?”等。这些知识平时多为人们所忽视，然而却是与身体健康息息相关的“大事”。

(5)“明眸急先锋”。这是一个有奖竞答的小栏目，每期都会刊出4个“急先锋问题”，涉及通讯中所传达的内容。会员将正确答案写在信封背后寄回俱乐部，回答正确的前100名读者即可每人获赠“博士伦”礼物5份。

【案例4-3】　蒙哥马利的电话促销①

蒙哥马利百货公司这家百年老店为扩大营业额，成立了汽车俱乐部，会员顾客通过电话购买东西，由公司送货上门。该公司以持卡顾客为对象，配合DM展开广告攻势，在三年内总共招收了100多万名会员，成绩喜人！然而，DM的推销力度逐渐减弱之后，该公司发现有一半的持卡会员对DM根本不予理睬，往往不经翻阅就随手丢弃，形成浪费。于是，该公司决定采用“电话促销”，希望：(1) 未成为汽车俱乐部会员的持卡顾客加入俱乐部；(2) 既有的汽车俱乐部会员能增加购买数量。

该公司在实施电话促销之后的一年之内，就有了可观的成绩：汽车俱乐部又增加了新会员15万多人；既有会员的购买量也大幅回升。之所以产生这么好的效果，是因为顾客感觉到蒙哥马利公司重视他们，时常打电话给他们。

该公司汽车俱乐部的负责人约翰·布莱克说：“俱乐部采用电话促销后获得了空前的成功。”他还总结了成功实施电话促销的几个关键方面：

(1) 在实施电话促销之前，先要拟定数个促销主题，这些主题必须经过仔细、全面地测定之后，才能作为电话促销的主题，作为电话促销时的独特销

---

① 张雪飞等：《成功促销技巧》，北京：中国纺织出版社2003年版。

售点。

(2) 已经选定的电话促销主题必须定期测试，并密切注视市场动态，观察市场状况有没有改变。如有变化，应采取相应的措施。

(3) 系统地训练电话促销人员，提高他们的谈话技巧，丰富他们的人际关系知识，是提高电话促销效果最重要的工作。

三、售点媒介

调查数据显示，有近2/3的购买决策是消费者在店内做出的，有些冲动购买型产品甚至高达80%。这些调查结果大大激发了厂商对购物点广告或售点促销媒介的兴趣。

售点媒介不仅能够增强现场视觉效果、营造购物气氛、促进顾客进行购买决策，更具有成本低、见效快、操作简单方便的优点，深受厂商和零售商的青睐。这类媒介主要包括店招、海报、焦点广告、电子媒介、促销人员和售点支持系统等。

(一) 店招

店招，又称商店招牌，在店铺林立、车水马龙的现代化城市里，我们常常看到马路两侧的各种店招，五光十色，耀眼夺目，蔚为壮观。

美国的研究机构的调查结果显示：按广告到达每1 000人为单位进行比较，招牌广告的成本仅需1.40美元；其次是电台30秒插播，需4.10美元；1/3页黑白报纸广告需7.75美元；全页四色杂志广告需7.90美元；电视黄金时段30秒插播需16.65美元。由此看来，店招可以说是单位费用最低的广告媒介。在营销实践中，一些厂商非常善于使用这种廉价的媒介，不仅自制具有独特企业标志的店招，还免费为经销自己产品的批发商和零售商制作统一的具有自己企业标志的店招，甚至还为那些不经销自己产品、但处于人流密集位置的商家，免费提供具有企业统一标志的店招。利用店招持续时间长、传播效果好、价格低廉的特性，达到宣传自己企业和产品的目的。

设计和制作店招，最好与附近的环境、道路、建筑物等配合一致，以免设置不当，影响路人和行车安全。店招不宜过分铺张，但应醒目、有个性，使顾客留下深刻印象，并创造与同业者的差异，树立独特的卖场形象。

(二) 海报

海报，本意是在商店旁边的墙面、特设的广告牌上张贴的具有一定时效性的印刷品。海报在美工领域里，使用历史相当悠久。第二次世界大战后，由于大众传播媒体日渐发达，人们发现滥贴海报有碍市容，海报的媒体价值曾一度有低落趋势。但由于摄影技术、印刷技术的提升，精美的海报不仅极具招徕顾客的魅力，而且传达了促销信息，提升了企业形象。因此，各厂商仍然乐于使用海报这样的促销媒介。

由于海报的最大特点是时效性，有时我们也把其他临时性的室外促销宣传品都列入海报的范畴。因此，除了传统意义上的印刷品外，海报还包括气模、吊旗、标牌等各种形式的室外临时促销媒介。

（三）售点广告

售点广告，即 POP，是一种有效刺激消费、扩大销售的促销媒介，它是英文 Point of Purchase 的缩写，是指在零售商店内的墙壁上、天花板上、橱窗里、通道中、货架上、柜台上张贴或摆放的各种广告物和产品模型。POP 容易引起顾客的注意，并使店员易于介绍新产品，说明商品的使用方法，强调商品的特色，促进售点生动化；作为经销商的售点装饰，还能成为教育经销商、消费者的手段。有统计数据显示，高达 62% 的消费者是在进入零售店内，才决定是否购买以及购买何种品牌的，因此零售店内的所有环境对消费者的购买行为都影响巨大。

零售商使用 POP 的首要动因是为了弥补大众媒体广告的不足，强化零售店对消费者的影响力。尤其随着开架式自助零售商店的广泛流行，从百货店、连锁店、食品店，到药店、书店等，都对 POP 情有独钟，纷纷自制 POP 广告品，向顾客提供醒目的产品、价格和促销活动等信息，以及自己的营业主张。其次，POP 可向顾客提供更多的产品和服务信息，还可提醒和唤起顾客注意未曾想到或早已遗忘的产品，以激发购买欲望。另外，POP 还是顾客购买之前最后接触的媒体，因此，强而有效的 POP 可以转变顾客的购买决策，促使其购买该促销产品。

厂商也制作大量各式各样的 POP 广告品，供零售商在开展促销活动时使用，以强化零售点的宣传效果。因为对零售商而言，厂商制作的 POP 更加完整和更富吸引力，而且可将顾客熟悉的大众媒体广告信息再现于零售点上，以协助达成销售目标。

厂商的促销经理通常和广告商共同确定 POP 的推行和扩展计划，然后将 POP 的设计与制作交给有实力的、专门从事 POP 广告业务的公司去制作。厂商与广告商、POP 制作公司长时间的默契配合，是 POP 促销得以成功的重要因素。

（四）电子媒介

电子媒介是指促销现场的室内广播、电视、广告影片、电子告示牌等电子传播媒介，以及幻灯片、录像带、光碟等信息存储器的总称。这类媒介运用电子信息和网络技术，将实际情景和厂商意欲表现的主题重复再现，通过丰富的色彩和音响效果达到较强的表现力，使信息传播效果生动、形象、直观，能够营造良好的购物气氛。

随着现代科学技术的发展，一些交互式电子媒介如IC卡、电脑咨询终端等，依托企业的内部局域网络，也开始在促销领域中广为使用。这类媒介能使消费者迅速索取名目繁多的产品资料，看到或听到有关产品的详细解释，不但能够节省消费者购物时间，也可减少店员的精力。

（五）促销人员

在促销现场，各种咨询人员、推广人员、导购人员、服务人员及现场模特等，以其专业、亲切、细致、周到的介绍、展示、演示或服务，成为促销现场一道亮丽的风景线。在这里，我们把上述人员统称为促销人员。通过促销人员这一传播媒介，厂商能够向消费者传递产品信息和促销意图。

相对其他传播媒介而言，促销人员是一种特殊的传播媒介，具有其特有的优点。首先，促销人员能与消费者进行较深入的双向沟通，使消费者立刻了解产品，尤其是新产品的特殊功效和主要特点，对消费者购买产品的态度影响较大；其次，促销人员专业、亲切的服务，还同时显示了企业的形象和实力。因此，促销人员一直活跃于服装、家用电器、保健品等产品的促销活动中，近年来也较多地运用在食品、卫生用品、化妆品等其他产品上。

但促销人员这种传播媒介在使用上也有其固有的局限性，主要体现在：只能对到现场的顾客进行服务，因此促销范围较窄，投入成本（租用商场柜台、促销人员劳务费等）较高，等等。

（六）售点支持系统

售点支持系统是指经营特色、卖场区域、行走路线、内部装潢、商品陈列、橱窗展示，以及灯光、色彩、音乐等组成的购物环境。良好购物环境的最直接效果是使消费者产生愉快心情，激发他们的购买欲望，进而达到促进销售的目的。

【案例4-4】 唐氏商场创造购买的现场气氛①

唐氏商场是新加坡最大的百货商店，该商场十分重视购物环境的美化和POP广告的运用，创造购买的气氛。用总经理维森的话说：“唐氏商场不是一

① 林成安：《促销管理》，北京：北京工业大学出版社2004年版。

块谷仓似的场地，而是让人们购物的一条林荫道。”

唐氏商场举办的“啊！意大利”主题促销活动，曾博得业界的一致好评。举办“啊！意大利”促销活动，主要目的是为了替一种新型的依斯蒂·劳德公司的男用化妆品打开销路。展销期间，整个商场散发着浓郁的意大利风情，红、白、绿色的彩旗迎风招展，琳琅满目的陈列品似在呼唤着同一个声音——“啊！意大利”。展销厅的中央摆有精致的玻璃器皿、大理石雕刻和雪花石膏艺术品。展厅周围是意大利流行服饰和午宴用的各式宽面条、食盐和意大利式冰淇淋，还有揉面团和蒸汽煮咖啡表演，酒水和冷拼盘品尝等。在一面墙壁上，挂有一幅绘有意大利西部托斯卡纳乡村风光的壁画。上述这些陈列和宣传活动，使顾客一走进商场，便置身浓浓的异国情调之中，在这种氛围的感染下，人们无法抗拒诱惑，尝试购买的欲望十分强烈。

唐氏商场十分善于使用POP广告为店面创造一种气氛，当为狄奥尔公司的珀伊森牌香水促销时，全店上下披红挂绿，以这种香水包装盒的颜色为基调，结果使该产品销路上涨，创造了世界零售纪录，即每44秒钟就销售出一瓶香水。

【案例4-5】　某购物者的经历：走进一家美国的超级市场①

七彩的“欢迎”字样闪耀在推车把手上的荧光屏上。当购物者把车推进食品部，诱人的番茄、玉米和生菜的形象一一跃入荧光屏。

顷刻间，画面又转为每周减价项目表：红叶生菜69美分，夏季南瓜每磅39美分，鳄梨77美分，草莓1品特1.37美元。画面上还显示，食品部有食谱可供取阅。

进入麦片粥部，另一个本周减价项目表出现。当手推车滑入“脆饼干”前面，荧屏上跳出几行字：“孩子爱巧克力饼的滋味！你也会喜欢：没有胆固醇、含4种谷物、9种维生素和矿物质。”

同时，熟食部的电子告示牌上滚动着一连串信息：“奥斯卡·梅耶香肠很适合你。”卫星电台系统播放着轻柔的音乐，间杂着第八条巷道的汰渍洗衣粉正在减价的广告。

在裤袜部，一名女子正在考虑裤袜的大小和式样。她走到一个大型电脑荧光屏前，回答有关身高、体重、鞋子式样和穿鞋场合的问题，电脑替她建议合适的大小和式样，并且建议她多买几双。

---

① 林成安：《促销管理》，北京：北京工业大学出版社2004年版。

当顾客排长队等待结账时，他们可以观赏口香糖和糖果架上电视荧光屏播出的新闻、体育、气象、广告等。排到了结账台，顾客自己做扫描的同时，物品画面及其价格也同时闪耀在荧光屏上。一名出纳员站在旁边收钱。

这家超级市场的电脑系统甚至连接到了顾客家中。几天后，一封感谢信寄达，里面附有退款券及折扣券。

观点

店内广告——可开发的宝藏①

商店是顾客购买商品的场所，因此商家往往会充分利用每一个与顾客接触的机会，如收银台、购物车、墙壁、天花板等皆可被利用。

1. 电脑小票的利用。电脑小票作为广告媒体，最大的优势在于其有效的到达率。小票作为顾客退换货的凭证之一，不会被轻易扔掉，且在一向单调的纸面上，突然出现带有色彩的广告，会达到较高的阅读率。同时由于接触电脑小票的，都是掌握家庭或单位采购大权的“实力派”，也正是广告诉求的最好对象。另外每千人3元左右的低廉成本也是各大厂商心动的原因。但由于电脑小票属于时点广告，且具有滞后性，只有在消费者完成一次购物后才能得到，故只能影响顾客的下一次购物以及进行产品的认知性宣传。

2. 购物车或购物筐的利用。购物车或购物筐的广告宣传一般是固定在购物车的前方和购物筐的一侧。这种位置的广告的最大优势在于流动性大，适合于购买随机性很强的商品，可以起到提醒顾客的作用，达到提高随机购买率的目的。

3. 购物袋的利用。购物袋已经成为顾客购物的辅助工具，在购物袋的两侧可以印制广告，这些位置的广告，一般为门店的商业形象广告，不仅有助于宣传本门店，同时又可为其他分公司做广告。

4. 在货架的层板上架设广告标牌。此法不仅可以使摆放在货架上的商品一目了然，被顾客率先选购，还能起到一定的提醒作用，尤其是在某些特定的节假日，效果尤为显著。

5. 地板。主要用于楼梯，打上广告字样或图形，那么顾客在上下楼梯时就能够看到，能起到一定的提醒作用。

① 改引自中国营销传播网。

6. 天花板。多数厂商都不喜欢使用此类广告，因为不引人注目，但是部分商家为了节约装修成本，利用天花板做广告能起到意想不到的效果。

7. 停车场。在门店的停车场四周，也可以制作类似足球比赛围栏的促销广告护栏，使驾车购物的顾客产生购物的意愿，提醒对某一特定商品的消费，从而起到促进销售的作用。

8. 门店的广告位。这类广告往往是选择在门店位置最好的一些墙面，一般都是由与商家合作最为紧密的大型厂商以全年的方式买断下来，达到长期宣传、树立企业形象的目的。

【案例 4-6】　文君酒的人员促销①

一次，我们几位大学同学在一家酒店聚会，其中两名男同学携女友同往。一进酒店，一位年轻亮丽的女孩非常热情地出来迎接，并引导我们进房间入座。在帮助服务员点菜后，她说道："各位是同学聚会吧，欢迎你们光临本店。趁菜还没有上来，我先给大家讲个故事吧。西汉时期有位富家美女叫卓文君，她与辞官而归的司马相如从四川临邛私奔之后，两人来到成都以开酒店为生，才子佳人妇唱夫随，尽享人间市井生活之乐。每当夜深人静、酒店打烊之后，他俩仍在边饮边唱，吟唱的是《凤求凰》之曲：凤兮凤兮归故乡，遨游四海求其凰。象征这浓烈的爱情之火永远不息。尽管后来司马相如被汉武帝召进长安为官，卓文君随夫君又过起了富裕的生活，但四川成都和临邛的老百姓却始终难以忘怀卓文君当酒娘的日子。据《北梦琐言》书中所记，始自文君当垆为业，蜀之士子，莫不酤酒。其影响之深远，可见非同寻常。多少年来，当地以她的名字命名的文君酒一直畅销不衰。今天看到两位帅哥有美女相伴的幸福样子，仿佛让我们又回到了几千年前，我真心地祝愿各位爱情甜蜜，浪漫永远。我是文君酒的促销员，能够为各位斟上如爱情般甘甜、纯净的文君酒，是我们文君酒业的荣幸。"女孩娓娓道来的浪漫故事和真诚祝福让在座的我们深深感动，几乎不假思索就点了文君酒，那晚大家喝得非常尽兴，感觉比任何一次聚会都更有意义。

四、道具媒介

在前面的章节里，我们提到了一些促销方法，都需要运用一定的中间道具

① 张少华等：《高效率促销实训》，北京：电子工业出版社 2006 年版。

来完成整个促销活动，这类道具媒介主要包括优惠凭证、促销赠品、包装及外观媒介、游戏竞赛道具等。

（一）优惠凭证

在凭证优惠、有奖销售、会员制等促销方法中，厂商采取直接邮寄、逐户分送、街头派发、报刊发送等方式向顾客发放各种优惠券、兑奖券、印花券、积分卡等，顾客可凭借这些优惠凭证参与促销活动或享受特殊服务。这类促销媒介是直接吸引和推动促销的媒介，对消费者吸引力大，容易激发顾客购物兴趣，提高顾客忠诚度。

通过优惠凭证不仅传达了促销活动的信息，还传递了产品和品牌的信誉度和美誉度，因此厂商应精心设计和制作各种优惠凭证，以增强促销效果和提升品牌形象。

（二）促销赠品

在免费使用、有奖销售、游戏与竞赛等促销方法中，厂商通过各种样品、礼品、奖品来吸引顾客尝试和购买，这类赠品媒介对于增进顾客对产品和品牌的好感、提高促销活动参与率、传播厂商良好形象等有着重要作用。其中，免费样品还是将产品直接送达消费者手中的最便捷的一种方式。

目前在许多大型企业里设有专门的部门，去收集和设计各种深受消费者喜爱且新颖独特的赠品。

（三）促销性包装与产品外观

俗语说："人要衣裳，佛要金装。"聪明的厂商都非常注重产品的包装和外观设计。事实上，大多数消费者对于他们购买的日用消费品都缺乏专业的判断标准，此时，商品的外观与包装，以及包装上印刷的有关产品和生产厂商的信息，在很大程度上为他们提供了购买与否的标准。如何将消费者购买商品时内心深处潜在的想法挖掘出来，并通过产品外观与包装将其表达出来，是厂商应当重视的问题。

通常，产品包装应从包装物材质、外观形状和印刷信息等几个方面进行设计。使包装不仅具有"包装"产品的功能，还能结合产品特性、符合行业规范以及与企业整体视觉识别系统相一致。

除了传统意义上的产品外包装，产品的内包装、购物手提袋也应纳入包装设计的范畴。设计独特的内包装能让使用者感受到产品的轻便和耐用，有助于增进使用者对产品的好感，建立对产品的使用习惯与忠诚；精美的外包装和手提袋如果能提供其他用途，比如较长时间盛装其他物品，还能为产品和品牌进行无声的宣传。因此，设计精美、实用的包装，能延长包装物在顾客视线内的时间，是值得每一个厂商关注的问题。

（四）游戏竞赛道具

这类促销媒介主要指在游戏与竞赛促销活动中需要使用的各种道具。例如，针对年轻一族推出运动型饮料的某生产厂商，在竞赛促销中使用的健身器材、运动器具等。新颖、时尚、有趣的道具能够吸引更多的消费者参与到游戏与竞赛活动中来，同时也向消费者传递厂商的实力和形象。

观点

促销用品的受众测量①

由于受到行业性质的限制，目前该种媒体尚无确定的受众测量体系。但是，为了确定该媒体的影响力，有人曾经做过市场调研。调查结果如下：

Schreiber and Associates 做的一项研究指出，有 39% 的人在收到赠品后 6 个月内还能回忆起公司的名字；A. C. 尼尔森的市场调研发现，31% 的被访问者还在使用至少一种一年前收到的广告赠品。

Gould/Pace 大学的研究表明，附有赠品的直邮广告具有更好的反应率，与没有赠品的相比，购买额增加了 321%。该大学所做的研究表明，在感谢信中附带赠品将有利于消费者对公司销售代表态度的改观，态度改变率约为 34%，而对公司态度改变的约有 52%。最后 Richard Manville 调研公司的报告中指出：每家平均有 4 本日历；有 2/3 的人认为如果没有免费获得日历赠品，他们会去购买一本日历。这说明人们对这类用品的需求是存在的。

【案例 4-7】 "非常柠檬"失败的赠品促销②

2005 年，娃哈哈集团公司在资产规模、产量、销售收入、利润、利税等指标上已连续 8 年位居中国饮料行业首位，成为国内规模最大、效益最好、最具发展潜力的食品饮料企业，在全世界食品饮料行业中的排名仅次于可口可乐、百事可乐、吉百利和柯特这四家跨国公司。但就是这家公司，在对其新产品"非常柠檬"的促销活动中，由于赠品选择不当，不仅没有起到相应的促销效果，反而给该产品的推广带来了极大的阻碍。

"非常柠檬"碳酸饮料是娃哈哈公司的一个新产品，它选用国际流行的柠檬口味，口感清新、冰凉舒爽。娃哈哈曾选择国际明星李玟作为"非常柠檬"

① 乔治·E. 贝尔奇等：《广告与促销》（第 6 版），北京：中国人民大学出版社 2006 年版。
② 卢泰宏等：《促销基础案例》，北京：清华大学出版社 2007 年版。

的代言人，并为此策划了一次促销活动。活动内容如下：

非常柠檬“百变李玟”新包装业已全面上市！每一瓶非常柠檬的标签上都有一张李玟的精美照片！想感受非常柠檬的美味吗？想领略百变李玟的百变魅力吗？欢迎参加COCO李玟Fans总动员！

活动细则如下：

集齐5张不同的非常柠檬标签，送李玟精美海报一张；

集齐15张不同的非常柠檬标签，送李玟精美画册一套；

集齐30张不同的非常柠檬标签，送李玟精美时尚手表一块。

在促销活动刚开始时，“非常柠檬”的销售业绩直线上升，但在赠品促销活动结束后，业绩又呈现直线下滑的局面。回顾这次促销活动，整个活动中李玟完全抢去了“非常柠檬”的风头，消费者记住的是大明星李玟，而不是“非常柠檬”的产品。后来娃哈哈公司的营销管理高层在活动结束后不无感慨地总结：赠品与公司产品虽然在目标人群方面是一致的，但是赠品和产品之间却没有什么必然的联系，虽然赠品非常受欢迎，但对于产品的销售却没有实质性的促进作用。因此，厂商在选择赠品时，必须慎之又慎。

五、活动媒介

活动媒介是指厂商为达到一定目的，在一段时间内灵活运用相应的促销策略和促销媒介而组织的一系列活动。一方面，这类活动是厂商向消费者推广产品的无形载体；另一方面，它也可以说是一种虚拟的促销媒介。活动媒介主要包括促销活动、促销事件和展览会等。

（一）促销活动

针对消费者的促销活动主要有竞赛、游戏、抽奖、特价、买赠、现场展示、以旧换新、免费使用、现场演示、培训等；针对中间商的促销活动主要有培训、旅游、经销商会议、销售竞赛、实地参观、进货折扣、随货赠送、销售奖励、陈列展示会、公共关系活动等；针对厂商销售人员的促销活动主要有销售会议、培训、销售竞赛等。不同类型的促销活动具有不同的特点，所达到的目的也各不相同。

针对消费者的促销活动应当体现出趣味性、主题性、新奇性和时机性等几个特点。趣味性是为单调的购买活动注入丰富的内容，让顾客在购物时体验更多的愉快感受；主题性是指整个促销活动要有一个明确的主题，以该主题将各个子项目有机地联系在一起，使活动形散而神不散；新奇性是指从促销活动的内容、形式、场景到促销媒介，都能够迎合消费者追求新奇的心理需要；时机性是指促销活动应恰到好处地与各种特定时间联系起来，最大限度地提高促销的效果。

厂商针对消费者开展大型促销活动的时机主要有：新产品上市或产品进入新的销售区域时；新产品导入市场的速度必须加快时；购买本企业产品的新顾客人数增加幅度较小时；顾客认为购买该产品有困难时；顾客在购买商品之前，要求说明或建议时；顾客购买频率或单次购买量下降时；某地区或某一时期内市场竞争特别激烈时。

针对中间商和内部销售人员的促销活动，通常是为解决企业存在的特定营销问题，因此应有明确的目的性；同时，还要具有一定的教育意义，即通过促销活动建立中间商和销售人员对企业的信心，激发他们的主动性和创造性。

厂商针对中间商和内部销售人员开展促销活动的时机主要有：本企业产品在经销商和零售店的库存较少时；使销售人员访问零售店的活动更加有效时；零售商对本产品的关注程度降低时；由于中间商经营产品种类繁多，对本企业产品较难大量进货时；竞争企业积极举办各种促销活动时；想要获得更多的渠道情报时；需要激发营销团队的士气时。

（二）促销事件

企业利用一定的活动和事件，使之成为大众关心的热点，并通过媒体的报道和传播，吸引消费者参与，从而达到提升企业形象和扩大销售业绩的目的。这样的活动和事件是一种虚拟的促销媒介，统称为促销事件。

随着科学技术的发展，产品的同质化程度在加剧，产品生命周期在缩短，更新换代的速度在加快。与此同时，消费者的购买日趋理性，传统促销手段的有效性在下降。在这种情况下，越来越多的厂商意识到应从产品单方面的促销，转向围绕消费者对企业的认知、偏好、信赖等方面做文章，以期形成企业形象的差异化，最终实现企业整体营销业绩的突破。故此，促销事件正成为许多企业竞相使用的传播媒介。

利用各种事件开展促销活动时，应遵循以下原则：首先，应选择合适的目标消费群，才能达到预期的目的；其次，事件不仅要具有创新性和新闻价值，还要与企业及品牌形象相关；最后，还应以企业和品牌的长远发展为着眼点，树立和提升企业的社会形象，与公众同呼吸、共命运，以获得目标消费者的信赖和社会各界的好评。

按照事件的形式和目的，可将促销事件分为以下几种类型：

1. 营销组合改变事件

当构成市场营销组合的因素如产品策略、价格策略、渠道策略、促销策略等发生新的重大改变时，这些新的变化与新的组合都是促销事件的话题和起因。

2. 公益事业参与事件

当厂商积极参与文化、艺术、科技、教育、健康、环保等公益活动时，不仅塑造了企业良好的社会形象，增强了消费者的信心，同时容易引起大众传播媒体的关注，使之成为有价值的新闻话题和社会热点。

3. 节假日庆典事件

厂商利用各种节假日如厂庆、店庆、市庆、国庆、伟人纪念日，以及各种中外节日，举办较大规模的庆典活动，以扩大企业的社会影响力，提升品牌知名度。20 世纪末，我国不少企业就利用香港回归、澳门回归、国庆 50 周年、新世纪来临等机会，策划举办了一系列活动，在社会上取得了良好反响。

4. 应变突发事件

企业在发展过程中，不可避免会遇到灾难、危害、危机等突发事件，此时企业不仅要有良好的应变机制，而且还可借力顺势策划相应的活动，以达到消除不良影响等特定目的。

（三）展览会

展览会又称交易会、展销会、博览会。通常情况下，展览会和交易会是指中等规模、以贸易和宣传为主要目的的集会，展销会是指中小规模、以零售为主的传统展览会，而博览会则指较大规模的综合性展览会。虽然它们在称谓上、操作形式上有所不同，但就它们的核心内容来说，都是通过某种形式把各个厂商或公司汇集到某个地方，如展览馆、会议中心或饭店，向来访的参观者演示、介绍自己的产品。在本节中我们将这些不同称谓的活动统称为展览会。

在最初的发展阶段，展览会并不是一项独立的商业活动，它仅仅是作为某项社会活动，如某次会议的附属内容。但是随着它在商业上的价值不断显露，商家和企业开始大量地使用它，进而使之逐渐演化成为一个独立的商业活动形式。近年来，我国众多厂商开始意识到展览会的各项功能，尤其是在市场营销上的功能，从而使展览会不仅在举办的频率上，而且在举办的规模上都达到了空前的水平。

展览会能够得到各类企业的青睐，主要有两个原因：一是它的“成本效益比”较好，厂商可以在展览中花较少的钱，较好地实现自己的市场目标；二是它的适用领域很广，几乎任何一个行业都可以利用展览会为自己的市场目标服务，特别是当企业有新产品进入市场时，展览会就更有其独特的功效，如果操作得当，它有可能比其他促销媒介更快、更有效地确立新产品的市场地位。

与其他促销媒介相比，展览会的优势在于它给厂商提供了这样一些独特的场合：使厂商可以面对面地直接与顾客打交道，向顾客直观、生动地演示自己的产品；使他们能够向那些对自己产品特别感兴趣的来访者详细介绍自己的产品；使他们可以更广泛地接触到那些在平常的销售环境中不易接触到的顾客，更详细地了解那些还未曾了解的顾客的兴趣和要求；使他们可以帮助顾客在不同的产品之间进行比较，并就产品的各种问题展开讨论和交流。

因此，展览会的作用主要体现在以下几方面：确认、了解和吸引潜在顾客；为公司的现有顾客提供服务；向市场介绍新的技术或产品；宣传和强化公司形象；检测市场对新投放产品的反应；收集感兴趣的市场信息。

展览会是一项系统工程，从参展的组织管理、人员的配置到费用的预算控制等方面，都具有很高的要求，企业应按照科学的程序来组织和运作展览会。

观点

会展——企业营销新利器[①]

随着市场竞争日益激烈、产品市场细分加快，人们对会展重要性的认识越来越深刻。会展作为企业的一个有效商务平台，为企业展示产品、交流技术、洽谈贸易、了解行情、拓展市场提供了桥梁和舞台，会展在企业市场营销战略中的地位愈发重要。

在发达国家，通过参加会展进行产品推广已成为企业的重要营销活动。美国贸易展览局近期的一份调查显示：制造业、通信业和批发业中，2/3 以上的企业经常参加会展；金融、保险等服务性行业虽然只能展示资料和图片，但依然有1/3 以上的公司将会展视为主要的营销手段。在德国，企业将参展作为生产研发之外的头等大事，它们认为没有哪一项商业活动能够像参展这样每天与数十个客户面对面交谈，并最终促成签约。

① 转载自中国营销传播网。

在我国，随着经济的高速发展，作为经济晴雨表的会展业已经成为国民经济的一个新的增长点，覆盖各行业的各种形式的会展不计其数，参展企业也越来越多。以房地产销售为例，房展会由于花钱少、收益大、见效快，已成为房地产开发商卖房的最佳营销方式之一。房展会不但为购房者提供了看房的场所，也为开发商提供了一片展示楼盘、展示企业形象的天地。“重展薄销”已是房展会发展的趋势，一些开发商在谈到房展会的好处时都认为，参加房展会的费用要比投入媒体广告的费用低廉，而且与目标客户直接接触，针对性更强，房展会现场即使无法售出大量楼盘，也能带来潜在的和长期的收益。

【案例4-8】 蓝色包装跃动上市，寻找“百事”新生代①

“成为‘百事’新包装上市的见证人”，这是百事公司在为其新包装上市所推出的“百事新生代”活动中的主题。产品改换包装看似简单，实则对企业意义重大，搞不好容易影响企业的销售业绩。百事公司成功地使消费者参与到新包装上市的活动中，不仅没有影响销售，反而提升了百事的品牌形象，扩大了产品的销售。

“百事可乐”更换了新包装后，在新包装上市期间，消费者可以在所收集的“百事可乐”蓝色包装中，找出生产日期最早的新包装，拨打热线电话进行申报。只要所申报的生产日期排在所有申报记录的前100位内，即可获得“百事新生代见证人”称号和纯金金箔特制奖牌1块。领奖时需出示与所申报日期相一致的瓶罐包装及领奖通知单。

【案例4-9】 “新西兰离欧洲很远”②

1999年6月10日以来，沸沸扬扬的“二恶英”让素来重视营养的上海市民一夜之间患上了“恐奶症”，因为产自法、德、荷兰、比利时等国的奶粉、牛奶、黄油、冰淇淋等乳制品均可能包含着与DDT杀虫剂相当的二恶英。

于是近两周来，上海大大小小的食品商店、超市、大卖场里聚集了络绎不绝的退货者。有怒不可遏的消费者还直接找到上述四国奶粉商的办事处或代理商进行谴责；有位一直使用西欧某国进口奶粉喂宝宝的年轻妈妈忧心如焚，几天下来导致精神极度衰弱；也有如惊弓之鸟者，怀疑起豆奶是否也含有二恶英

---

① 顾松林等：《消费品营销策略》，上海：上海远东出版社1999年版。

② 转载自中国营销传播网。

……总之，带“奶”、“乳”字的产品都多多少少被殃及了。

乳品商对这一突发事件做出了快速的反应。报纸上乳制品的广告版面比往常增加了8倍多。每个品牌各有各的妙招，均结合自己的实际采取了明智举措。

国产奶粉品牌的老大光明利用这一时机频频出击，除轮番接受记者采访外，还发布广告提醒市民杜绝受污染的奶制品。光明深知，消费者此时必然会转向购买国产品牌，光明只要让更多人深入地了解到二恶英的危害就够了。

许多非上述四国的洋品牌面临殃及池鱼之虞，因为消费者对整个西欧或进口品牌都产生了恐惧感，于是这些品牌的主要诉求目的是与上述四国品牌区分开来。新西兰的几个品牌如安怡、丰力富、安特，干脆在广告上画一幅世界地图，匠心独具地在新西兰、欧洲、中国三地标上不同颜色，让广告受众一目了然地知道新西兰与西欧有万里之遥，西欧的二恶英如何能到新西兰？

而地处欧洲的荷兰品牌康必奶、荷兰乳牛，则开始强调它的很多产品的原料都不是从受污染地区进口的，借此淡化荷兰国籍的影响；美国品牌惠氏则突出产地是澳洲、爱尔兰、美国等地；日本品牌雪印还抓住其奶粉因特别畅销而断货之机大登“致歉广告”，寓意雪印在二恶英事件后被更多消费者选购，此乃雪印绝无二恶英的最有力论证。

也有相关产品被逼无奈进行广告声明，如上海的恒寿堂金乳钙是面向肠胃功能不佳者的保健品，是不含脂类物质的，而二恶英只溶解于脂类物质，但还是天天有消费者前去质疑，为免受不白之冤，恒寿堂只好自辩解脱。

六、网络媒介

因特网作为现代社会的新兴传播媒介，有人将其列为继电视、广播、报纸、杂志之后的第五大传播媒介，目前它正以非凡的速度前所未有地改变着人们的生活方式。

在传统的市场环境下，厂商的促销活动已经形成了一套有效的、完整的模式，而因特网的出现，极大地改变了原有的市场营销理论和实务存在的基础。因特网以计算机、通信、多媒体、数据库技术为基础，通过网络实现传统的商业生产、批发、零售，以及进、销、存、调的流转程序和营销模式，真正实现了少投入、低成本、零库存、高效率，避免了商品的无效搬运，实现了社会资源的高效运转和最大结余。消费者也可以不受时间、空间的限制，足不出户地在因特网上广泛浏览、充分比较、模拟使用和开展电子商务活动。

（一）网络促销与传统促销的区别

利用因特网进行促销与传统的促销方法相比有较大的不同，主要体现在以下四个方面：

1. 时空观念的不同

目前我们的社会正处在两种不同的时空观交替作用时期。也就是说，我们的生活和生产是建立在工业化社会秩序、精确的物理时空观的基础上的；而反映现代生活和生产的信息需求又是建立在网络化社会柔性可变、没有物理距离的时空环境之上的。时间和空间观念的变化，要求厂商随之调整促销策略和具体实施方案。

2. 信息沟通方式的不同

促销的基础是买卖双方信息的沟通。在网络上，信息的沟通渠道是单一的，所有信息都必须通过线路传递。然而，这种沟通又十分丰富，多媒体信息处理技术提供了近似于现实交易过程中的沟通方式，这种双向的、快捷的、互不见面的信息传播模式，将买卖双方的意愿表达得淋漓尽致，也留给对方充分思考的时间。这种不同要求厂商开发新的促销方法和手段，适应新的沟通方式。

3. 消费群体和消费行为的不同

在网络环境下，消费者的概念和客户的消费行为都发生了很大的变化。上网购物者是一个特殊的消费群体，具有不同于消费大众的特殊的消费需求。这些消费者直接参与生产和商业流通的循环，他们普遍愿意进行大范围的选择和理性的购买。这些变化对传统的促销理论和实务产生了重要影响。

4. 对网络促销的新理解

网络促销虽然与传统促销在促销观念和手段上有较大差别，但由于它们促销产品的目的是相同的，整个促销过程的设计具有很多相似之处。因此，一方面，应当基于现代网络技术进行促销策划；另一方面，要吸收传统促销方式的整体设计思想和行之有效的促销技巧，打开网络促销的新局面。

（二）网络促销媒介的分类

因特网促销可分为旗帜广告和网络站点促销两大类。前者通过信息服务商进行广告宣传来开展促销活动，如化妆品、食品、饮料、医药制品、家用电器等，均可采用旗帜广告的方式进行广告宣传和促销；后者利用企业自己的网络站点，通过树立企业形象和宣传产品来开展宣传和促销活动，如大型机械产品、专用品、专业零售分销商则可采用这种方式。前者的促销宣传面广、影响力大，但针对性差；后者则快速简便、费用低、交互性强、成交率高，但检索困难。

因特网作为促销传播媒介，能够向虚拟市场的受众传递有关产品和服务的信息，不仅可以启发消费者需求，引发消费者的购买欲望和购买行为，还能够降低在传统营销模式下的总营销费用。更重要的是，这种促销媒介实现了与消费者的直接沟通，有助于厂商建立详细的客户档案，及时收集和汇总顾客的需求和意见，实现真正意义上的“一对一”营销。

【案例4-10】　经营有术的亚马逊网上书店①

网络零售业中最先兴起的，也最“惹眼”的就要算网上书店了。亚马逊（www. amazon. com）就是以网上书店形式涉足网络零售业的，它的拥有者和创始人Jeffrey Bezos利用Web方式创建了这一成功的商业模式，面对激烈的市场竞争，赢得了忠实的客户群，成为因特网上最耀眼的成功之星。

1994年，当因特网大潮涌向美国和全世界时，它所显现出来的无限商机，吸引了许多精明的经商人士，时年31岁的Jeffrey Bezos便是其中之一。这位颇具远见、干劲十足的华尔街年轻人敏锐地意识到在线商店将有广阔前景，于是辞去华尔街对冲基金经理的职务，带领4名助手，在西雅图的一间旧车库里办起了亚马逊公司。他们进行了仔细深入的市场调研，先后设想过20多种他们认为适合于虚拟商场销售的商品，包括图书、音像制品、杂志、PC软件等。最后，在图书与音像制品中，Bezos选择了图书。主要是考虑到两个原因：一是当时的图书有将近130万种，而音像制品只有大约30万种；二是音像市场已由6大录制公司控制住了，而图书领域还没有形成垄断，即使是老牌连锁书店Barnes&Noble的市场占有率也不超过12%，而每年图书行业的营业额能够达到250亿美元。

当亚马逊书店于1995年7月在因特网上正式开张后，每周7天、每天24小时的营业方式，立即受到了消费者的欢迎，销售额以30%的幅度逐月增长。今天，亚马逊已经成为世界上第三大图书销售商，它拥有500万的忠实顾客，每天网上图书的销售量达到5.7万册。1998年销售额达5.4亿美元，而1997年是1.48亿美元，1996年是1 600万美元。三年的时间，亚马逊迅速崛起，成为享誉全球的国际品牌。

① 转载自中国营销传播网。

第三节 促销传播媒介的增效策略

在促销活动中，选择何种传播媒介，以及如何使用所选择的传播媒介，将直接影响促销信息传播的质量与效果。因此，厂商应根据企业营销实际、市场状况及各种媒介的适用性，科学、合理地选择和使用传播媒介，有效地通过选择组合方式来增加效力，达到成本收益比的最大化。

一、选择传播媒介应遵循的原则

由于各种传播媒介之间常常互相补充、互相渗透，谁也不能取代谁，因此在各种传播活动中，需要综合运用各种传播媒介，形成有效的媒介组合。厂商在选择使用传播媒介时，应遵循以下几个原则：

（一）目的性

即按照传播的目的选择媒介。传播目的首先体现在传播受众上，因此，传播者首先要明确：传播活动的对象是谁，其分布状况如何，文化程度及经济条件怎样，工作和生活习惯如何等，以此来确定最接近目标受众的媒介。其次要考虑传播活动希望达到的预期效果，从一般信息发布、情感传播、影响态度和引发行为这四个层次上界定效果目标，并据此选择适当的传播媒介。

（二）适宜性

即充分考虑信息的表达和理解方面对媒介的要求。内容是否复杂，单纯文字能否表达清楚，是侧重于形象的显示还是理性的分析？是否需要受众反复思考才能明白？是一个完整的过程还是一次性的信息发布？根据这几方面的要求选择恰当的媒介，可以减少信息传播者编码和信息接收者译码的干扰，从而取得较好的传播效果。

（三）可行性

传播者与受众所在地区的传播条件、传播者自身的财务条件、传播者与有关媒介的关系状况，以及受众的接收程度等都是传播活动是否可行所需要考虑的问题。只有在需要和可行性达成一致的基础上才能够保证传播活动得以顺利进行，并以尽可能少的投入获得理想的社会效果和经济效果。

二、促销传播媒介的选择

（一）与企业的促销目标相结合

从媒介传播信息的广度和深度来分析，大致可将促销传播媒介划分为扩大销售额、增加市场占有率、树立企业或产品形象等三种类型。

1. 扩大销售额的媒介选择

扩大销售额的促销目标要求传播媒介能够促使消费者尽快做出购买决策。为实现这一目标，在传播媒介上较为理想的选择顺序通常是电视、广播、售点媒介、DM、报纸、杂志等。

2. 增加市场占有率的媒介选择

增加市场占有率就是争取新的消费者，甚至把竞争对手的消费者吸引过来，以加强企业自身的竞争地位。为实现这一目标，选择的传播媒介以报纸、杂志为最佳，其次是电视与广播，再次是售点媒介、DM及户外媒介等。

3. 树立企业或产品形象的媒介选择

树立企业或产品形象就是使消费者对企业或产品产生好感，提升企业或产品的知名度与美誉度。为实现这些目标，选择报纸、户外、交通和赛场等媒介较为适宜；同时，在电视、杂志上进行形象宣传，也会产生良好的效果。

（二）与目标市场相结合

1. 以区域划分目标市场的媒介选择

从区域上划分目标市场，可以分为全国范围目标市场和区域目标市场。如果目标市场是全国范围，选择传播媒介应寻求单位成本低、广告信息总暴露量大的媒介组合，比如国家级的电视台、电台、杂志和全国范围内发行量较大的报纸。而对于区域目标市场则可使用地方电视台、地方电台等针对性更强的媒介。

2. 根据受众特征进行媒介选择

传播受众接收信息的主要途径来源于与其需求相近的媒介。厂商应根据自身的产品定位选择传播媒介，并不断分析、预测受众兴趣爱好的发展趋势。这里，我们以15—20岁这一年轻群体为例进行分析。

15—20岁的年轻群体基本处于接受教育的阶段，其普遍特征表现为：系统思考能力不强，分析、解决问题的感性化色彩较浓；性格叛逆，敢于向传统挑战，乐于接受新事物；自我主张得到无限释放，个性化色彩浓厚；与潮流、时尚同步，对品牌很难保持较高的忠诚度，但一旦认可，将长期保持；娱乐明星对其影响较大。

通过对这一群体的特征分析，在传播媒介的选择上我们可以得出一个结论：新兴媒介如因特网、电子游戏、手机短信成为媒介首选；传统媒介中的某些部分如广播中的音乐、时尚类节目，电视中的综艺节目，报纸、杂志的时尚版块等对其有一定的影响。

这样，根据不同的产品定位和不同的传播受众，形成了不同的媒介选择。例如，宝洁公司的产品选择电视媒介，以期在家庭妇女中实现品牌感性渗透；资生堂选择时尚杂志，意在向年轻女性定向传播；麦当劳与电子游戏《模拟人生》合作，意图吸引更多的年轻消费群体。

（三）与营销环境相结合

1. 社会意识形态的影响

从统计分析结果来看，经济发达国家或通信业发达的国家，各种传播媒介的运用比较平衡，多种媒介都曾被广泛使用。但某些国家由于社会意识形态的限制，导致在某类媒介上的侧重。如挪威、瑞典、丹麦等国家，就禁止在电视、广播上播放广告；伊斯兰国家对于电视、电影的限制比较严格，导致这些国家偏向于选择其他类型的媒介。

2. 人口密度的影响

人口密度也影响媒介的选择。在人口密度低的地区，对媒介传播速度与传播范围的要求就高。

3. 文盲率的影响

文盲率的高低直接制约着印刷媒介的发行范围及数量。在文盲率高的地区，首先宜采用电视及广播这两类媒介去说服消费者，因为这两种媒介能够通过画面的直观形象和语言的通俗表达，将促销信息传达给消费者；其次，也可使用售点媒介和户外媒介。

4. 经济发展水平的影响

一个地区的经济发展水平的高低与通信传播业的发达成正比。经济发展水平高的地区，其报纸、杂志、广播、电视的普及率就高，这几种媒介的选用就比较常见。

（四）与媒介评估相结合

在进行媒介选择时，除考虑上述因素外，还应注意所选用媒介的适用性、有效性和经济性。除了凭借策划人员的经验之外，评估媒介主要有四个依据指标。

1. 发行量

媒介的发行量是衡量媒介的规模和影响面大小的重要尺度。一般来说，报刊的发行量是指发行的总份数，广播和电视的发行量是指收听或收看的受众总量。

2. 受众人数

受众人数是指接触某种媒介，并且通过该媒介获取信息的总人数。对于报纸、杂志、直邮广告等媒体，受众人数包括直接接触者和通过传阅的阅读者，它的数量与媒介的保存时间、媒介的传阅率有直接关系；对于电视、广播、因特网，受众人数是指听众、观众和浏览网民的总人数。

3. 有效受众

在总的受众人数中，特定的广告应针对特定的人群进行诉求，而这些人群只占总体受众的一部分，这才是有效受众。在广告界有句名言："我知道我的广告费至少浪费了一半以上，但我不知道究竟浪费在哪里？"事实上，大多数的广告浪费是因广告宣传的目标受众仅占总受众的很少一部分而造成。从这个意义上讲，根据媒介和受众的特点预测有效受众的多少是进行媒介选择的重要任务。

4. 传播媒介的特点

每种媒介都有各自不同的特点，表 4-1 列出了几种主要传播媒介的优点和局限。

表 4-1　不同传播媒介的优势与局限

传播媒介	优点	局限
报纸	当地市场的覆盖面大且受众广泛；可信度高；富于灵活性、实效性	保存时间短，复制质量差，读者的传阅率低
电视	综合视觉和听觉的符号，感观吸引力强；受众注意力高度集中；受众人数多	绝对成本高，广告拥挤，展露时间短，受众选择余地小
广播	成本低，受众总量大	只有声音效果，比电视注意程度低；展露时间短；受众选择余地小
杂志	地域和人口选择性强；可靠、声誉好；保存时间长；复制质量高；读者传阅率高	广告版面定制时间长，实效性差
户外广告	展露时间长，成本低，竞争强度低	受众可选择性差，广告创造性受到限制
邮寄广告	受众有高度的选择性，灵活性强，信息传播高度个人化，同一媒体内无广告竞争	成本较高，邮寄广告过多会引起受众反感，邮寄名单获得比较困难
因特网	富于灵活性和实效性，受众不受地域和时间的限制，受众注意力高度集中，成本低	受众选择余地小，地方性受众人数少，广告阅读率低，阅读门槛高

三、促销媒介组合增效策略

由于各种媒介的功能、特点各异，在进行促销活动时，厂商常常采用媒介组合来开展工作。所谓媒介组合增效策略，是指以一种媒介为主，以其他媒介配合使用，或选取多种媒介综合使用以形成最大信息传播效果、达到组合增效目的的方法，其实质就是通过对媒介类型的选择和对各媒介类型投放比例的安排，使信息最有效地到达目标受众。

（一）媒介组合的功能

首先，媒介组合能够弥补单一媒介在接触范围上的不足。在传播媒介领域，几乎没有哪一种媒介能够100%到达每一个目标对象。

其次，媒介组合能够弥补单一媒介在暴露频率上的不足。在媒介选择上，有的媒介能够以比较大的接触范围到达目标市场，但是由于广告费用太高，往往限制了厂商多次使用。

最后，媒介组合有助于广告的少投入、多产出。任何一个企业的促销费用都会受到一定限制，在特定时期，促销费用是一个常量。在企业无法以较大的促销费用投入进行宣传时，将促销费用合理分配在低费用的报纸、杂志、DM、户外等媒介，再辅助以其他促销活动，常常会达到理想的目标。常见媒介组合的功能如表4-2所示。

表4-2 常见媒介组合的功能

媒介组合	功能
报纸与广播组合	使不同文化程度的消费者都能够接收到广告信息
电视与广播组合	使城市和乡村的消费者都能接收到广告信息
报纸、电视与售点媒介组合	有利于提醒消费者购买已经有了感知信息的商品
报纸与电视组合	可以在报纸广告对商品进行了详细解释之后，再以电视开展广告攻势，产生强力促销的效果
报纸与杂志组合	可以用报纸广告做强力推销，而用杂志广告稳定市场，或以报纸广告固定市场，以杂志广告拓宽市场
报纸、电视与DM组合	以DM为先导，做试探性宣传，然后以报纸或电视开展强力促销广告，也可能取得比较显著的成效
DM和售点广告组合	在对某一特定地区进行广告宣传时，能够起到巩固和发展市场的作用

（二）促销媒介组合增效策略

一个有效的促销媒介组合策略必须考虑三个方面的因素：目标受众、促销媒介种类的选择、在各媒介上的投放数量和比例。也就是说，在确定促销媒介组合增效策略的时候，策划人员的工作实际上要分成三个部分，确定目标受众、选择媒介类别、建立媒介组合。

1. 确定目标受众

使信息有效到达目标受众是促销媒介组合增效策略的核心工作，因此目标受众的确定是制定媒介策略的第一步。这里的目标受众也就是产品、品牌的实际消费者或潜在消费者。我们可以将消费者按照人口变量、地理变量、生活方式变量、心态变量以及产品使用变量等要素进行划分。

2. 选择媒介类别

选择媒介类别的主要内容是选择合适的媒介与目标受众相匹配，这需要对目标受众的媒介接触习惯和消费行为特征有准确的把握，还要对各类型媒介的受众群体和传播特征有准确的认识。比如说，主要目标受众是25—34 岁之间的家庭主妇，而家庭主妇最常接触的媒介是电视，那么就选择电视作为主要的促销传播媒介；如果目标受众是20—34 岁之间的年轻时尚的白领女士，她们最常接触的媒介是网络和时尚杂志，那么网络和时尚杂志就成为促销传播媒介的首要选择。

3. 建立媒介组合

通常来讲，媒介组合策略有两种形式：一种是集中式媒介组合策略，一种是分散式媒介组合策略。前者就是把所有的媒介预算集中投放在同一类型的媒介上。这种投放策略的优势是使细分市场的目标受众能够对广告留下深刻的印象，而且对中间商也容易产生良好的效果。集中投放的另一大优势是能够得到较好的价格优惠和花费较低的制作成本。

当目标受众的范围较宽、地理分布也比较分散的时候，集中式媒介组合策略就无法达到大多数的目标受众了。这时把媒介预算分散投放在不同种类的媒介上会比较有效，即实施分散式媒介组合策略。这种媒介组合最大的优势是可以利用不同的广告媒介、针对不同的细分目标受众传递不同的广告信息。而且对于同样的消费者来讲，通过不同的渠道接触广告信息，更容易加深对广告的印象和对广告信息的理解。分散式媒介组合的另一大优势是能够产生比集中式媒介组合更高的到达率，因为各媒体的视听众都有不交叉的部分，当增加一类媒体时，就增加了另一类媒体所不能到达的目标受众。当然，分散式媒介组合往往需要更多的预算支持。

（三）促销媒介组合排期策略

根据媒介排期的持续性分类，促销媒介组合排期策略主要有三种形式：连续式、起伏式和脉冲式。

1. 连续式媒介排期

连续式媒介排期是指在广告活动的每一阶段都投入大约相等数量的媒介预算。比如一个广告活动分成四个阶段，在每个阶段都平均投入媒介预算的25%。

2. 起伏式媒介排期

起伏式媒介排期是指媒介预算的投放随时间段的变化而变化，甚至在广告活动的某个阶段不安排任何投放。比如上面那个例子，采用起伏式排期的话，可能是第一个阶段只投放媒介预算的15%，第二阶段根本不投放任何广告，第三个阶段投放55%，第四个阶段投放30%。

3. 脉冲式媒介排期

脉冲式媒介排期与起伏式一样，媒介预算的投放随时间段的变化而变化，但是不同的是，它在整个广告活动的任何时段都保持了一定的广告存在。仍旧采用上面的那个例子，采用脉冲式媒介排期的方式，可能是第一个阶段投入15%，第二个阶段投入10%，第三个阶段投入45%，第四个阶段投入30%。

具体在实践中，采用何种排期方式能够产生最大的媒介效益，则取决于多种因素：

（1）产品销售的季节性：对于销售季节性变化不明显的产品，比较适合用连续式媒介排期，以维持一定的广告接触和品牌知名度；对于销售季节性非常明显的商品，比较适合起伏式和脉冲式媒介排期，以支持销售努力。

（2）重复购买周期：媒介排期通常要考虑将广告排期的时间尽量与消费者购买该产品的时间接近，以起到提醒购买和指名购买的作用。

（3）产品的生命周期：在产品的导入阶段，需要大量而密集的广告投放使广告信息迅速到达消费者，在短时间内提高品牌的知名度。当产品处于成熟阶段时，广告投放的主要目的是使品牌与消费者保持一定的接触，同时配合产品的销售季节性来安排投放量。

（4）竞争对手的广告策略：在营销实践中，了解竞争对手的广告投放时间和投放量是非常重要的。具体采用跟进式广告投放策略还是避其锋芒错开式广告投放策略，要根据产品或品牌在市场中的地位和预算来决定。

（5）预算的约束：预算对排期的影响是全面而无法绕开的。它不仅影响广告排期的方式，而且影响整个广告活动持续时间的长短。

表4-3是各种排期方式的优缺点和适用性比较：

表4-3　各种排期方式的优缺点和适用性

排期	优点	缺点	适用场合
持续式	提高指名购买比例	需要有大量的预算支持	市场份额相对稳定，销售季节性不强的产品；购买周期短的产品
起伏式	品牌影响力会在某段时间内优于竞争对手	上次的广告容易被消费者遗忘	销售季节性变化明显的产品；具有特殊购买时机的产品；重复购买周期较长的产品
脉冲式	能够配合销售季节需要	对预算的要求较高	适合全年都需要购买，但季节性差异也相对明显的产品

表4-3虽然给出了各种排期方式的优劣势和适用场合的比较，但在具体实践中采用什么方式，还要结合上述各种因素综合决定。

在设计促销媒介组合策略时，应把握以下原则：

（1）有助于扩大广告受众总量的原则：任何一种媒介都不可能与企业产品的目标消费群完全重合，没有包含在媒介受众的那一部分消费群需要借助其他媒介来完成。因此，媒介的组合应当最大限度互补，以满足广告发布覆盖最大的目标消费群。

（2）有助于对广告进行适当重复的原则：消费者对广告信息产生兴趣、记忆、购买欲望，需要广告有一定的频率来提醒消费者。因为受众对于一则广告在一个媒体上重复刊播的注意力会随时间而减少，因此需要多种媒体配合，延长受众对广告的注意时间。

（3）应当有助于广告信息互相补充的原则：不同的媒体有不同的传播特性，比如电视广告对于吸引消费者的注意力有所帮助，但不能传递太大的信息量，报纸、杂志则可以传递较大的信息量。一般促销信息的发布可以由电视或报纸发布，但促销活动的详细规则可以由店面海报传递。我们常常能见到某个活动上写明：详情请见店面海报。因此，媒体的组合，还应当充分考虑信息的互补。

（4）应考虑媒体周期性配合的原则：不同媒体有不同的时间特征，比如电视、报纸可以非常及时，可以连续进行宣传，间隔较短。而杂志一般以月为单位，不宜发布即时的新闻。在媒体组合中，应当考虑时间上的配合。

（5）组合的效益最大化原则：在多种媒体上同时发布大版面、长时段的广告不一定达到最佳的效果，要对在各种媒介上发布的广告规格和频次进行合理组合，以保证在达到广告效果的情况下，节省广告费用。

由此可见，怎样利用媒介组合发布信息以使促销活动增效是非常重要的。对于厂商来讲，先进入市场的广告无疑能够占先声夺人、先入为主之利，但如果能够把握促销媒介组合的增效策略，后来者也可以后发制人、后来居上。

【案例 4-11】 艾科卡为“野马”汽车促销①

成功选用媒介组合能够产生良好的效果，其例证之一便是艾科卡为“野马”汽车促销所开展的媒介组合策略。

艾科卡为克莱斯勒汽车公司新型汽车的命名，是在比较了数千种动物名称之后，最后选定“野马”一词的。其所采取的媒介组合策略可分为以下几个步骤：

第一步，邀请国内外各大报社参加野马汽车大赛，有 100 多名记者亲临现场采访，数百家报纸杂志如期报道野马汽车大赛的盛况。

第二步，在野马汽车上市前一天，根据媒介选择计划，在 260 家报纸刊登整页广告，展开报纸广告攻势。

第三步，在有影响的《时代周刊》和《新闻周刊》杂志上刊登广告画面，广告标题都是“真想不到”。

第四步，从野马汽车上市开始，在各大电视台每天不断地播放野马车的广告，展开电视广告攻势。

第五步，选择最引人注目的停车场，竖立巨型广告牌，上书“野马栏”，既引起停车者的注意，又引起社会公众的关注。

第六步，在美国各地客流量最大、最繁忙的 15 个机场和空港，以及 200 多家度假饭店的门厅里陈列野马汽车，通过这种实物广告形式，进一步激发消费者的兴趣。

第七步，采用直邮方式，向全国各地几百万小汽车用户寄送广告宣传品，直接与消费者建立联系。

通过这一系列媒介广告活动，原来年销 5 000 辆的计划被远远超出，实际年销 418 812 辆。在野马汽车开始销售的头两年，公司就获得纯利 11 亿美元。艾科卡由于这一显赫成绩被视为传奇式人物，被誉为“野马车之父”。而给艾科卡带来奇迹的正是媒介组合策略。

① 马绝尘：《商业广告与销售促进》，北京：企业管理出版社 2000 年版。

本章小结

信息传播是个人、组织和团体通过符号和媒介交流信息，向其他个人或团体传递信息、观念、态度或情意，以期发生相应变化的活动。信息传播的要素有：信源（传播者）、信息、编码、媒介、信道和信宿（接收者）。信息传播的基本类型包括人际传播、大众传播和网络传播。

传播受众作为信息的接收者、信息再加工的传播者和传播活动的反馈源，在传播活动中身兼数职。传播受众的特征表现在：不同类型的传播受众对应不同的传播媒介，受众是不断变化的，而且受到个人心理结构及所在群体的影响。受众接触传播媒介的动机主要分为获取信息、认识外部世界、娱乐消遣、满足精神需要，以及获取知识、提高自身水平等。

促销传播媒介是指厂商在运用促销策略开展促销活动时，为传达促销意图、传播促销信息，以及实施促销活动等所使用的各种宣传品、工具或载体。促销传播媒介分为六大类，即大众媒介、中小众媒介、售点媒介、道具媒介、活动媒介和新兴媒介。大众媒介包括电视、报纸、广播、杂志等媒体；中小众媒介包括厂商发行的内部刊物、各种形式的DM和通信服务等；售点媒介包括店招、海报、POP、电子媒介、促销人员和售点支持系统等；道具媒介包括优惠凭证、促销赠品、包装及外观媒介、游戏竞赛道具等；活动媒介主要包括促销活动、促销事件和展览会等；网络促销媒介主要是指因特网。

促销传播媒介的选择应考虑与企业的促销目标相结合、与目标市场相结合、与营销环境相结合、与媒介自身特点相结合。媒介组合的功能在于能够弥补单一媒介在接触范围上的不足，能够弥补单一媒介在暴露频率上的不足，以及有助于广告的少投入、多产出等。因此厂商应选择适合的媒介组合，把握促销广告播发的时机，以发挥促销媒介组合的集中与协同作用。

促销传播媒介的选择应考虑与企业的促销目标相结合、与目标市场相结合、与营销环境相结合、与媒介自身相结合。媒介组合的功能在于能够弥补单一媒介在接触范围上的不足，能够弥补单一媒介在暴露频率上的不足，以及有助于广告的少投入多产出。

确定促销媒介组合增效策略分成三个部分：确定目标受众、选择媒介类别和建立媒介组合。促销媒介组合排期策略主要有连续式、起伏式和脉冲式等三种形式。应综合考虑多种因素进行媒介组合排期，包括产品销售的季节性、重复购买周期、产品的生命周期、竞争对手的广告策略、预算的约束等。

思考题

1. 信息传播有哪些基本类型？
2. 传播受众具有什么样的特点？
3. 常见的促销传播媒介有哪几种？各有什么优缺点？
4. 企业如何选择促销传播媒介？
5. 促销媒介组合的功能是什么？
6. 促销媒介组合排期策略有哪几种形式？各适用于哪些场合？

第五章

针对消费者的促销方法

教学目的和要求

1. 了解针对消费者促销的分类原理；
2. 掌握提供财务利益的几种促销方法，以及它们的优势与局限；
3. 掌握提供心理利益的几种促销方法，以及它们的优势与局限；
4. 掌握提供性能利益的几种促销方法，以及它们的优势与局限。

引言

走在大街上，面对厂商层出不穷的促销方法，如打折、抽奖、派发优惠券等，我们常常会感到眼花缭乱。各种促销方法不仅为消费者提供了价格上的优惠，而且提供了高于平常的产品品质和服务，甚至还会因为促销活动，让消费者将购买促销产品当成购物的一种乐趣。

常见的促销方法有很多种，不同学者对此有不同的分类方法。每一种分类方法虽然出自不同的角度，但有一个共同的特点，即是对目前市场上出现过的促销方法进行归类，并力图涵盖已有的各种促销方法。从实际运用来看，这样的分类是有一定的实效作用的。但是，当我们运用促销策划的基本原理研究促销方法时，不禁要进行这样的思考：如何分类才能给我们正在进行或即将进行的促销策划带来实质性的帮助？说到实质性，让我们先回顾一下市场营销、产品及服务的本质特征。

市场营销概念的核心是使交易各方都在交易中获得满意。在交易中，供给方获得利润，购买方获得利益的满足。这种双方都获得满意的媒介就是由供给方提供给购买方的产品或服务，它既是供给方获得利润的媒介，同时也是购买方满足利益需要的载体。

当顾客在准备购买某种产品或服务的时候，如果这种产品能够提供超出他预期的利益需要，这位顾客就会做出购买决定；如果这种产品所能提供的利益和预期的没有什么差异，而此时同质化程度很高的竞争品牌能够提供更多更新的利益时，这位顾客则可能选择竞争品牌。

在本系列教材的基础理论中，将产品的本质特征界定为特定利益结构的载体，而这样的利益结构是指：在性能利益、财务利益和心理利益等主要利益之间形成的主次分明、相对有序、相对稳定，并在一定条件下相互转化的整体利益联系。

这里，利益是指符合获得者价值观的积极结果和有益影响。其中，性能利益是指产品的性能、质量和各种实质性的技术特点方面，对顾客产生的积极结果和有益影响；财务利益是指在获得所有权和使用过程中的经济要求方面，对顾客产生的积极结果和有益影响；心理利益是指产品在品牌、外观、实物等方面，给予消费者各种象征性的心理感受方面的积极结果和有益影响。

这三种利益结合起来形成了顾客的利益结构，不同的利益结构满足顾客需要的程度和方面是不一样的。随着顾客对某个产品或某项服务逐渐熟悉，他们的利益结构同时也在发生变化，并向着更为成熟和理智的方向变化。因此，为获得利润，供给方所提供的产品或服务也应随之变化。从某种程度上讲，这种产品和服务变动的特点即是产品政策的核心，假如没有这种变化，产品和服务将很快不能满足顾客的需要。同时，结合顾客利益需要的变化，不断改变顾客从产品中获得的利益结构，还可以弥补单纯依靠开发新产品来保持产品更新换代所花费的巨大成本和风险，并能保持产品的创新，从而适应不断变化的顾客利益需要。

我们已经知道，促销的主要功能是通过为顾客提供产品附加利益，来实现对他们交易行为的积极影响。从这个角度上，本章以消费者为促销对象，分析他们的购买行为，以促销能够提供消费者的不同附加利益为分类标准，介绍了针对消费者常见的促销方法，每类促销方法常见的形式，以及它们各自的优点和局限。

第一节 消费者购买行为分析

消费者购买行为是指消费者为满足其个人或家庭生活而发生的购买商品的过程，其购买行为的产生受到内在因素和外在因素两大方面的相互促进和交互影响。详细分析消费者的购买行为，其意义十分重大，它有助于厂商更有针对性地选择促销方法，策划更适合消费者的促销活动。

一、消费者购买行为的基本特征

（一）购买者的广泛性

个人和家庭是消费品市场的基本购买单位，人们要生存、要发展，就需要消费。凡是有人群的地方，就有消费品交易的存在。消费品市场的购买者分布在社会的各个地方、各个层面，就其地理位置和社会阶层而言，是极其广泛的。

（二）购买者的非专业性

大多数消费者缺乏专门的商品知识，对消费品的性能、特点、使用、保养和维修等很少有专门研究，因而对消费品的购买表现出很强的情感性和可诱导性。购物时容易受到广告、包装、品牌、服务、外形、降价、商店的营业气氛、营业员的劝告等外在因素的影响，导致冲动性购买。

（三）购买需求的差异性

这种差异的体现是多方面的。由于消费者在年龄、性别、职业、收入、受教育程度、价值观念、兴趣爱好等方面存在不同程度的差异，而且随着社会经济的发展，消费者的消费习惯、消费观念、消费心理在不断发生变化，因此，他们对消费品的需求以及购买行为的表现存在着相当大的差别。

（四）购买行为的经常性和重复性

由于受家庭储藏条件、经济条件以及消费品本身特点的制约，消费者每次购买消费品的数量比较少，通常以能满足一段时间内个人和家庭的需要为限。由于消费者每次购买的数量较少，而其消费又具有日常性的特点，于是消费者就需要经常购买、反复购买，购买频率非常高。

（五）购买行为的发展性

随着社会的发展和人们生活质量的不断提高，消费需求也在不断向前推进。过去只要能买到商品就行了，现在追求名牌；过去不敢问津的高档商品如汽车等，现在开始消费了；过去自己承担的劳务现在由劳务人员承担了。由于新的需求不断产生，并且不断向前发展，使得消费者购买行为具有发展性的特点。

二、消费者购买行为类型

（一）根据消费者的购买目标划分

1. 全确定型

指消费者在购买商品以前，已经有明确的购买目标，对商品的名称、型号、规格、颜色、式样、商标以至价格的幅度都有明确的要求。这类消费者进入商店以后，一般都是有目的地选择，主动提出所要购买的商品，并对所要购买的商品提出具体要求，当商品能够满足其要求时，则会毫不犹豫地买下商品。

2. 半确定型

指消费者在购买商品以前，已有大致的购买目标，但具体要求还不够明确，最后购买需经过选择比较才能完成。如购买空调是原先计划好的，但购买什么牌子、规格、型号、式样等心中无数。这类消费者进入商店以后，一般要经过较长时间的比较、分析，才能完成购买行为。

3. 不确定型

指消费者在购买商品以前，没有明确的或既定的购买目标。这类消费者进入商店主要是参观游览、休闲，漫无目标地观看商品或随便了解一些商品的销售情况，有时看到有兴趣或合适的商品也会偶尔购买，有时则是观后离开。

（二）根据消费者的购买态度划分

1. 习惯型

指消费者由于对某种商品或某家商店的信赖、偏爱而产生的经常、反复的购买。由于经常购买和使用，他们对这些商品十分熟悉，体验较深，再次购买时往往不再花费时间进行比较选择，注意力稳定、集中。

2. 理智型

指消费者在每次购买前，对所购的商品都要进行较为仔细的研究比较。购买时感情色彩较少，头脑冷静，行为慎重，不轻易相信广告、宣传、承诺、促销方式以及售货员的介绍，主要依靠自己对商品质量、款式的判断。

3. 经济型

指消费者在购买时特别重视价格，对于价格的反应特别敏感。无论是购买高档商品，还是中低档商品，首选的都是价格，他们对“大甩卖”、“清仓”、“亏本销售”等低价促销方法最感兴趣。

4. 冲动型

指消费者容易受商品的外观、包装、商标或其他促销努力的刺激而产生的购买行为。购买一般是以直观感觉为主，从个人的兴趣或情绪出发，喜欢新奇、新颖、时尚的产品，购买时不愿做反复的选择比较。

5. 疑虑型

指消费者在购买时特别小心谨慎和疑虑重重。购买缓慢、费时多，常常是“三思而后行”，还常常会犹豫不决而中断购买，购买后还会疑心是否上当受骗。

三、影响消费者购买行为的因素

影响消费者购买行为的因素主要分为内在因素和外在因素。

（一）内在因素

主要由消费者的个体因素与心理因素组成。购买者的个体因素如年龄、性别、经济收入、教育程度等在很大程度上影响着消费者的购买行为。消费者心理是消费者在消费活动中的思想意识，它支配着消费者的购买行为，这部分已在第二章促销策划心理学基础中有介绍。

（二）外在因素

1. 相关群体

相关群体是指那些影响人们的看法、意见、兴趣和观念的个人或集体。可以简单地把相关群体分为两类：参与群体与非所属群体。

参与群体是指消费者置身于其中的群体，一般是指个人经常性受其影响的非正式群体，如家庭、亲密朋友、同事、邻居等。非所属群体是指消费者置身之外，但对购买有影响作用的群体，通常个人希望成为其中一员或与其交往的群体，如文娱明星、体育明星等。

促销中尤其应当重视相关群体对消费者购买行为的影响作用：既要利用相关群体的影响开展促销活动，也要注意不同商品受相关群体影响的程度。越特殊的商品，购买频率越低，对商品的知识越缺乏，受相关群体影响就越大。

2. 社会阶层

社会阶层是指一个社会按照其社会准则，将其成员划分为相对稳定的不同层次。身处不同社会阶层，其经济状况、价值观念、兴趣爱好、生活方式、消费特点、闲暇活动，以及接受的传播媒体等方面都各不相同，这些因素都会直接影响他们对商品、品牌、商店的购买习惯和购买方式。

3. 家庭状况

在日常生活中，一家一户组成了购买单位，家庭中不同成员对购买行为有相应的作用，因此还应关注家庭成员对购买行为的重要影响。

第二节　提供财务利益的促销方法

某些促销方法能够为消费者提供实际的价格减免，使他们从直接的价格差中获得经济利益上的满足。本节介绍的促销方式，主要提供消费者对财务方面利益的需求。这类促销方法分为三大类，即折价、凭证优惠、凭证退费。在每一类中，又有若干种不同的形式。

一、折价

折价又称价格折扣，是指厂商通过降低产品的正常售价，以提供给消费者经济利益，从而促进消费者购买的一种促销方式。

（一）常见的促销形式

1. 直接打折

指对某商品或服务的直接价格折扣，如“九折优惠”、“特价销售”等都是直接的折价促销方式，消费者可以很清楚地知道该商品究竟便宜了多少。直接打折的方式能较强烈地引起消费者的注意，并刺激消费者做出购买决策，使消费者增加购买数量，或者改变购买的时间（提前购买）。通常，折扣率至少应达到 10%—20% 才能对消费者产生影响。

对于品牌知名度较高的产品，以及购买频率高、消费者关注度高的日用消费品，直接打折的促销效果尤其突出。而对于同质化程度高的产品而言，如果品牌知名度不高，即使采取较高的折扣，也很难达到促销效果。

2. 数量折扣

指对大量购买某种产品或服务的消费者提供的一种价格折扣。通常是按照购买数量的多少，分别给予不同的折扣，购买数量越多，折扣越大。数量折扣可以规定消费者一次购买某种产品达到一定数量或金额时，给予一定折扣优惠，也可以规定消费者购买某几种产品达到一定数量或一定金额时，按总购买量给予一定的折扣优惠。

数量折扣的目的在于鼓励消费者大量购买或集中购买，因此常用于购买频率高、产品之间相关程度大的日用消费品。

3. 附加赠送

当消费者购买一定数量或金额的产品后，按照一定比例附加赠送同类产品。"买一送一"是最常见的附加赠送的方式，消费者花一份产品的钱可以得到两份产品，相当于享受了五折优惠，其实质还是折价促销。

这种方法不仅可以有效刺激消费者购买，而且能够帮助营销人员完成期末销售量指标。常用于单价较低、包装简单、使用频率较快的日用消费品。

4. 加量不加价

加量不加价和附加赠送非常类似，区别在于该方式是在产品出厂之前，将赠送的产品装在包装内，以未加量的价格出售，让顾客能以同样的价格买到更多的产品。这种方式能够大幅度降低厂商在促销活动中的管理成本。

这种方式能很好地刺激消费者购买，尤其对于消费者熟悉的品牌。如果是陌生品牌或新产品，这种方式的接受程度就要低一些。

（二）折价促销的优点和局限

1. 折价促销的优点

（1）帮助解决特定营销问题

价格往往是消费者选购商品时的主要决定因素之一，特别是对于品牌知名度高的产品。因此，折价是对消费者冲击最大、也最有效的促销方法。由于折价的促销效果明显，厂商常常以此作为新产品上市、应对市场突发状况或解救企业营销困境的手段，如处理到期产品或过季产品、减少库存量、加速资金回笼、配合商家促销等，有时也成为营销经理完成营销目标的应急手段。

（2）是最简单、最有效的市场竞争手段

为了抵制竞争者即将入市的新产品，或应对竞争者新的营销策略，及时采用折价方式刺激消费者购买，减少他们对竞争产品的兴趣，并通过促进消费者大量购买或提前购买，占据他们的储物柜，达到抢占市场份额、打击竞争对手的目的。

（3）有利于培养和维系现有消费群

直接的商品折价活动配合一定的节庆和事件，还能够产生一定的广告效应，塑造质优价廉的产品形象，吸引已经使用过本产品的消费者重复购买，形成稳定的现有消费群体。

（4）促销活动容易操作和控制

厂商可以根据不同的地区、不同的时间，在允许的促销预算范围内，设计不同的折扣率。这种促销方法的工作量较少，成本和风险也容易控制。

（5）深受零售商和内部销售人员的欢迎

折价促销可以吸引零售终端的人流量，刺激本产品和其他产品的销售。内部销售人员也借助折价促销尽快实现商品销售量，完成销量指标。

2. 折价促销的局限

（1）误导厂商对市场的正确认识

折价促销虽然能够在短期内增加产品销量和提高市场占有率，但不能解决企业营销的根本问题，反而会误导厂商对市场的正确认识，不利于产品结构的调整。长期采用这种方式会使营销管理者沉迷于眼前销量的假象，不思解决之道，甚至对这种促销手段产生依赖。

（2）折价损失的利润很难弥补

虽然由折价促销增加的销量会弥补企业的利润损失，然而仔细算来，假设产品的利润率是20%，按9.5折的折扣计算，则至少要增加33%的销量才能收回投资；如果9折折扣，则需增加100%的销量；如果8.5折折扣，则需增加300%的销量。

（3）经常性的折价会对品牌形象造成损害

消费者往往会认为经常打折的产品质量会低于售价高的竞争品牌产品，或者认为产品原来的售价是不合理的。结果是消费者并不领厂商的情，他们会习惯于打折后的价格，并且对产品和品牌形象大打折扣。

(4) 折价促销不利于建立消费者的品牌忠诚度

由于折价促销最能吸引对价格关注度高的消费者，而这类消费者习惯于只购买打折产品。因此一旦折价促销结束，他们就会马上转换到价格相对较低的其他品牌。

(5) 折价促销还易引起竞争对手强烈反击，引发价格战

调整价格是市场竞争中最简单、最有效的竞争手段，但是高折扣促销会引发恶性价格竞争，不利于维护产品价格形象和维持合理的利润空间。

【案例 5-1】 1996 年长虹彩电降价占领市场①

1996 年我国彩电企业已达 90 家，1995 年彩电生产能力为 3 600 万台，而市场需求总量仅为 1 600 万台，且有 50% 的市场被进口品牌瓜分。面对这种情况，价格大战事出必然。于是在 1996 年春夏之交，四川长虹全面拉开了降价战的序幕。

1996 年 3 月 26 日，长虹出人意料地降价，打破了国内彩电价格波澜不惊的局面。随即国内大部分彩电生产厂家纷纷采取行动：TCL 王牌推出“拥抱春天”让利降价活动，6 月 6 日康佳宣布全面大幅度降价，“熊猫”、“北京”、“海信”、“金星”等也相继推出一系列促销活动，使彩电市场烽烟四起。

1995 年长虹销售收入为 69.3 亿元，名列中国电子行业第一，作为降价的先行者，每台彩电的降幅为 8%—18%，降价额为 100—850 元。按照国家统计局的统计数据，降价后长虹彩电的市场占有率由原来的 16.68% 上升至 31.64%。1996 年 4 月全国百家商场长虹彩电的销量达到 9 785 台，比降价前的 3 月份增加近一倍，其销售额首次取代进口品牌而排名第一。其中，几个大城市的销售情况如下：

北京双安商场进口品牌的彩电销量明显下降，长虹已成为消费者购买彩电的首选品牌。城乡贸易中心调价后一个月内，零售国产彩电 100 余台，是调价前的 2.4 倍。

上海第一百货股份有限公司长虹彩电的销量比降价前同期增长 76% 以上。

武汉长虹的市场占有率从降价前的 30% 左右上升到 50%，销售额比 1995 年同期翻一番。

---

① 卢泰宏等：《实效促销 SP》，北京：清华大学出版社 2003 年版。

【案例5-2】 美利坚航空公司首创航空里程优惠促销[①]

航空公司的里程优惠促销是近年来各航空公司争相采用的促销方法。首创里程优惠促销的公司是美利坚航空公司（AA）。1981年，为鼓励顾客搭乘该公司的飞机，该公司规定：只要个人累积里程超过一定数量时，就可以获赠一张免费机票。目前该公司仍维持此优惠方案，在其Advantage Program活动中，就表明凡搭乘其欧美航线累积15万英里者，即可获赠一张商务舱机票。

自AA公司之后，许多欧美航空公司也竞相模仿。不仅如此，到了20世纪90年代以后，经济力量日益强大的亚洲市场也成为里程优惠促销争夺战的目标。消费者凭此可以得到优惠，而航空公司又可培养常客，从而获得稳定利润。

【案例5-3】 百事可乐绝处逢生[②]

今天，百事可乐是可口可乐最强大的竞争对手，是可口可乐不可轻视的紧追品牌。但在历史上，百事可乐曾数次濒临绝境，3次乞求可口可乐收购，却遭可口可乐傲慢的拒绝。百事的转机发生在1932年。

1932年，在百事可乐几乎被可口可乐逼得走投无路之时，其总裁古兹灵感一闪：目前所有的饮料都是用6盎司的瓶子装着卖，如果改用12盎司的瓶子是否会有贪便宜的人上钩呢？

为了降低成本，古兹挖空心思，用回收的啤酒瓶子装百事可乐，这种瓶子就是12盎司。

这一招还真灵，正饱受经济大萧条折磨的人们很欢迎这种价格低廉的饮料，因为一大瓶12盎司的可乐与原来6盎司一瓶的可乐都只卖5美分！这吸引了大量的消费者购买百事可乐，甚至不买可口可乐而买更合算的百事可乐。另外，古兹算得很精，从瓶子、装瓶加工等环节上省了一笔费用，所以半价也有赚头。

这次促销活动使百事可乐绝处逢生。到1936年就赚了200万美元，1937年更赚了420万美元。古兹给公司带来过厄运，这回他如摩西一般，给百事可乐带来了一条生路。

二、凭证优惠

凭证优惠是指消费者依据某种凭证，即可在购买产品时享受一定优惠的一

---

① 改引自樊志育：《促销策略》，上海：上海人民出版社1995年版。

② 赵彬：《促销手册》，北京：中国华侨出版社2002年版。

种促销方法。这里所指的优惠可以是直接的价格减免，也可以是事先规定的某种折扣。凭证优惠促销方法和折价相比，虽然多了一个价格减免的媒介，但实质上仍然是一种折价，对于消费者而言，主要还是在价格上满足了他们的财务利益需要。

（一）常见的促销形式

1. 优惠券

优惠券又称折价券、优待券，它是企业通过一定形式向顾客免费赠送的、可享受一定价格减让的凭证。持券人凭此优惠券在指定的地点购买特定产品时，可享受一定折扣的价格或者特惠价。这是一种最古老但至今仍风行的促销方式，在今天，美国90%以上的制造商都使用过折价券促销产品。在超市中，经常可以看到家庭主妇们拿着折价券按图索骥地选购商品。

厂商可采取直接分送、报纸广告、报纸夹页，以及置于促销产品的包装内、包装上等多种途径向顾客发放优惠券。尼尔森调查公司对不同分发途径的优惠券兑换率进行了调查，调查结果如图5-1所示。可以看出，利用产品包装内或包装上送出的优惠券，其兑换率将高于由其他媒体发送的优惠券。

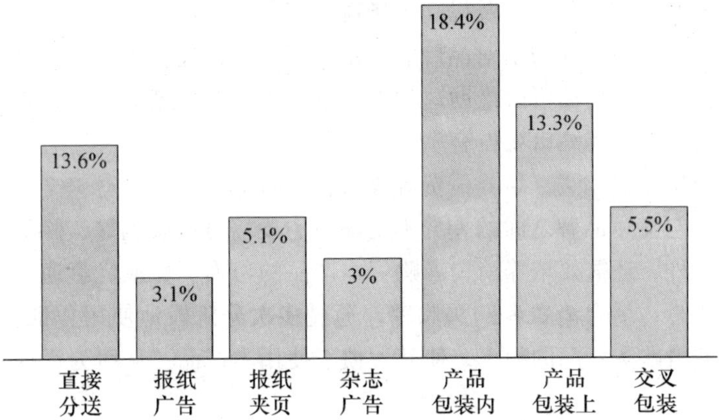

图 5-1 通过不同途径发放优惠券的兑换率

优惠券促销除了能达到折价促销的效果外，特别适用于针对特定的目标顾客进行促销，并有助于建立品牌忠诚度。但对于消费者不熟悉的品牌而言，进行优惠券促销将会收效甚微。因此，在新产品入市时，常将优惠券与免费试用装同时使用，促使那些尝试过该产品并对该产品满意的消费者使用优惠券购买产品，从而实现第一次购买。

在营销实践中，厂商还可以利用回收优惠券的机会，要求消费者填写简单的市场调查问题，通过对这些答案进行分析，了解产品在消费者心目中的地位和产品的改进方向。

2. 以旧换新

所谓以旧换新，即利用旧产品或用过的产品包装盒作为优惠凭证进行的促销方式。当产品进入成熟期后，有些企业往往采用以旧换新的促销策略，鼓励消费者以自己用旧的产品抵一部分现金去购买新产品。这样做一方面可扩大新产品的销售，促进产品的更新换代；另一方面也为消费者解决了存放旧产品的顾虑，同时还能树立起节约资源的环保形象。

耐用消费品如汽车、彩电、冰箱、电脑等，是最适合使用以旧换新促销方式的产品。以旧换新并不局限于本品牌的旧产品或产品包装盒，也可以鼓励消费者用竞争对手的旧产品或产品包装盒换购自己的产品。

（二）凭证优惠的优点和局限

1. 凭证优惠的优点

（1）使消费者对减价金额一目了然

与折价促销相比，凭证促销方式能够更明确地向消费者显示节省的具体金额，有利于消费者进行购买前的计算比较。

（2）有利于推广新产品及提高市场占有率

凭证优惠的方式能吸引对品牌有一定好感，或已经试用过产品并对产品感到满意的消费者，厂商可以借助这种方法推介新产品、新品种、新口味，或拓展新的消费群，或提高市场占有率。

（3）鼓励重复购买，培养消费者成为企业的忠诚客户

当产品与竞争品牌之间的差异不明显时，要培养品牌偏好，除了进行品牌形象的建设外，还需要培养消费者购买本产品的习惯。凭证优惠通常是针对老客户实行优惠，结合消费者购买频率，通过多次分阶段地使用凭证优惠促销，可提高消费者购买产品的频率，使其习惯于使用本产品，从而为厂商培养忠诚的顾客。

2. 凭证优惠的局限

（1）对于新品牌及没有知名度的产品，促销效果较小

当消费者面对一个产品价值未知或者并不了解的产品时，无论优惠券提供了多大的折扣，他们都无法判断是否值得去使用优惠券购买产品。

（2）兑换率很难预测

不同的地区和时间、不同的优惠券分送方式，以及优惠券的不同创意表现等，都会影响消费者的参与程度，而这些因素如何作用于消费者是一个很难预测的问题，由此带来的兑换率的不确定性直接影响促销经费预算和成本收益估

算，以及促销过程中的管理问题。

（3）不成功的优惠券设计会损伤品牌形象

凭证优惠的本质还是价格折让，使用这种促销方法会在一定程度上损伤品牌形象。因此，厂商尤其应精心设计和制作优惠券，通过优惠券尽可能传递出产品或品牌的信誉度和美誉度，提高优惠券的兑换率。

（4）和折价促销相比，凭证优惠会增加额外的工作量

印制、发放和回收优惠券，以及与商家进行结算，将给厂商带来繁重而琐碎的管理负担，同时增加运作成本。而且，要说服零售商协助厂商进行这类促销活动，也会有一定困难。

【案例5-4】 肯德基的优惠券①

肯德基与老对手麦当劳的优惠券之争由来已久。这些优惠券以套餐优惠、折价优惠、学生优惠等折价方式，通过免费派送和消费赠送的途径，派送到消费者手中。虽然这些优惠券都标明有效日期，但新一轮的优惠券很快就产生，同时优惠内容组合也有新的变化。作为一种促销手段，肯德基似乎打破了“产品促销期不宜太长”的促销原则。事实上这种长期促销手段已经成为一种变相的降价销售手段，它们的目标并不是促销后能够提升多少销量，而是在长期促销价下能产生的销量。

【案例5-5】 “哈根达斯”优惠券，给你多一次的心醉之吻②

“哈根达斯”冰淇淋在本地发行量最大的晚报上刊登了这样一则广告：“要想再多一次享受哈根达斯的香浓之吻，请沿虚线剪此券，并携带此券到哈根达斯冰淇淋甜品屋一次消费满100元，凭收银单可获价值50元的礼券一张，供下次消费时使用。”

【案例5-6】 “牡丹”电池以旧换新，工商联合保护环境③

上海新立电池厂与华联超市合作，在上海地区举办了回收“牡丹”牌废电池的活动，消费者可以在华联超市用4节“牡丹”牌废电池换回1节新电池。

在这次活动中，新立厂共投入30万节“牡丹”牌5号、7号碱性电池，用于回收废电池。新立电池厂同时向消费者承诺，所回收的废电池将全部按照环

① 卢泰宏等：《实效促销SP》，北京：清华大学出版社2003年版。
② 顾松林等：《消费品营销策略》，上海：上海远东出版社1999年版。
③ 同上。

保要求处理。并且，新立厂将常年开展废电池回收业务：消费者持“牡丹”牌废电池，就可以优惠购买该品牌的新电池。

三、凭证退费

凭证退费是指消费者购买一定商品或累计达到一定金额时，厂商凭消费者提供的购买证明退还一定数额的现金或折价券的促销方式。退款金额可能是商品售价的一部分，也可能是全额甚至是超额。

凭证退费起源于20世纪70年代美国能源危机时期，克莱斯勒汽车制造商为了挽救下降的汽车销量，首先采用了这种促销方式，即在交易成功以后，顾客会得到一张即期的现金支票，运用这个方法，克莱斯勒成功地挽救了汽车销售危机。在美国，汽车和家电的凭证退费促销目前已非常普遍，在我国，这类促销方式运用得还较少。

凭证退费从本质上讲还是属于折价促销的范畴，主要提供的是消费者的财务利益。一般来说，在售价20%以上的退款才能引起消费者的兴趣。

（一）常见的促销形式

1. 凭交易凭证退费

在这种促销方式中，消费者可以凭购买产品的交易单据向厂商要求退款。这种方式特别适合单价较高的消费品，如保健品、首饰等。由于商品价格高，所能提供的退费金额也大，可以吸引消费者购买一些平时可望而不可即的商品。

2. 凭其他证明退费

消费者除了可以凭交易单据，还可以凭其他证明，比如包装袋、包装盒、随产品附赠或包装上附带的退费申请卡等，向厂商要求退款。这种方式适合于单价较低、使用周期短、购买频率高的日用消费品，以及目标消费群一致的某几种商品，比如口味不同的食品、调味品，不同用途的美容化妆品等。

（二）凭证退费的优点和局限

1. 凭证退费的优点

（1）适合应用于高价值产品

凭证退费配合特殊的节庆和事件，尤其适合于价格较高产品的销售。对于平时舍不得花钱购买的大宗商品，在特定的购物环境中，消费者往往会为高额的退费所吸引。同时，凭证退费方式也适合于季节性和周期性商品的销售及特殊处理。

（2）无损产品和品牌形象

退款发生在消费者购买以后，不直接涉及产品价格的改变，相比折价而言，退款降价比较有隐蔽性，不会损害到产品和品牌形象，也不会引发同行之间的价格战。同时，会使消费者感受到这是厂商的一次真诚回馈，进而还会在心理上提升对该品牌的总体印象。

（3）实际促销成本通常会低于预算成本

由于消费者有时会遗忘漏兑、遗失凭证，或者嫌麻烦不去兑换退费，从而使促销活动实际支出的费用低于计划支出的费用。

（4）有利于收集客户资料

厂商可以要求消费者在寄回的退费申请卡上，填写相关信息，通过这样的促销活动，厂商能够获得一份准确的客户情况表，为进一步开展数据库营销及加强客户关系管理，收集宝贵的一手资料。

2. 凭证退费的局限

（1）高额退费是一柄双刃剑

高额退费可以有效地提升销售额，提高新品牌的知名度，创造良好的口碑传播效应，让消费者认识到购买该商品不存在多少风险和障碍，会使他们比较乐意购买。但同时可能引起消费者参与率过高，使兑换现场发生拥挤失控的状况，或者使厂商付出较多的退费成本。

（2）对消费者即刻行动的刺激力不大

相对于折价和凭证优惠来讲，凭证退费是购后退款，不能让消费者在购买时享受优惠，而且兑换手续还会增加他们的额外负担，因此对于刺激消费者即刻购买的作用较小。解决的办法是合理使用广告组合，如使用大众媒体和售点广告相结合的方式，以及适当加大退费让利的力度。

（3）会增加额外的管理成本

特殊的广告宣传、退费凭证的印制、回件处理、资料整理、公证、退款程序等都会给厂商带来不小的额外管理成本，这是厂商在采取这类促销方式时需要考虑的。

【案例 5-7】 福特全新都市电动车退费优惠促销①

福特全新的 2002 都市电动车于 2002 年秋天开始向全美一些指定的福特经销商供货。这是美国同类车中第一辆可以合法上路的全功能蓄电池电动汽车。为了鼓励顾客购买，福特公司采取了退费优惠的促销策略。

① 卢泰宏等：《实效促销 SP》，北京：清华大学出版社 2003 年版。

活动目的：降低顾客的想象风险，吸引目标顾客（经销商和上班族）购买福特都市电动车，在汽车市场迅速占领10%的份额。

活动时间：2002年10月至2003年4月。

活动内容：只要购买这一款汽车，顾客即可获得不同地区、州和联邦的退费优惠。如纽约州可享受10%，即多达5 000美元的退费优惠。同时，顾客还可以凭借证明获退充电设备的费用。

效果评估：由于高额的退款加上价值不菲的免费充电设备，吸引了大量顾客购买这款都市电动车。在短短的两个月内，该车的销售在纽约、威斯切斯特郡、王后郡、普特南郡、拿梭、萨福克和罗克兰郡都取得了不俗的业绩。而且，越来越多的顾客认识到这款车的优点，即车身尺寸小巧、机动灵活，可以轻松地驶入拥挤的城市停车场。

福特公司总裁兼首席行政官杰克·纳赛尔表示，有信心在不久的将来，使更多的都市人加入购买都市电动车的行列，开着零排放电动车穿行于城市的大街小巷。

【案例5-8】 “卡迪那”12元换200元，点袋成金[①]

1998年4月17日，生产“卡迪那”牌薯片、薯条的北京联华食品公司在上海某媒体上刊登了题为“花12元得到200元”的大幅彩色广告。广告中称：只要您拿来6个“卡迪那”空包装袋，我们立即换给您现金200元，绝不食言。每人限换一次，幸运者为排在前面的888人，时间是4月25日上午9时至下午14时，地点是上海南方商城。

如此“点袋成金”（该广告用语）的好事吸引了无数消费者大嚼一番该品牌的薯片、薯条，期望能集得6只空包装袋去换200元现金。据南方商城一名营业员介绍，24日上午，一些消费者提早24小时就拿着小板凳在商城门口排队等着以袋换钱。晚上，前来排队的人已难以计数，商城门前彻夜喧闹，最多时达到五六千人。

联华食品公司见秩序如此混乱，并唯恐秩序进一步恶化，不得已在24日晚上22时30分提前为排在前面的888位消费者进行登记。主办单位认为，即使等到25日上午9时，有资格成为幸运者的还是这早到的888人，让他们露宿一夜没有必要，更何况到时还不知有多少人，秩序也无法保证。

① 顾松林等：《消费品营销策略》，上海：上海远东出版社1999年版。

但是，25日凌晨3时以后到达的消费者没有看到这一幕，谁也无法让他们相信赶这么早竟然“来迟了”。虽然有公证处工作人员与民警不断解释，但陆续赶来的人并不相信市公证处会在半夜里提前给予现场公证，怀疑联华食品公司骗人。有的情绪激动，出言不逊，有的将挂着的促销横幅点燃，现场一片大乱。至25日中午12时，数百名消费者随联华人员拥入南方商城，与数十名商城保安发生冲突，联华食品公司的一名女职员被打伤。几个冲在前面、态度激烈的年轻人被保安拖进小房间关了起来。见此情形，本来互不相识的消费者一齐向保安发泄怒火，冲突再度升级，商城厚厚的玻璃门被挤碎。最后，警方采取了强制措施，才控制了事态。

至下午13时45分，上千名换钱无着落又气又饿的消费者，怀着被愚弄的懊丧，离开了南方商城。他们身后留下了无数“卡迪那”包装袋，满地狼藉。

当时已登记的幸运者也因受秩序影响而未兑换到现金。为此，联华食品公司于次日在媒体上刊登了一则“卡迪那绝不食言！卡迪那感谢上海人民”的说明广告。广告中称：联华食品公司于1998年4月25日在上海南方商城举办的“点袋成金”活动未能在当日派发奖金，让许多热情的朋友扫兴而归，也使我们酬宾的诚挚未能尽情表达。“点袋成金”活动将继续进行，请已登记在册的888名幸运者从即日起至1998年5月15日，在9：00—17：00之间务必拨打兑奖专线……经核对无误后，我们将通知您在1998年5月16—31日的某一天到指定地点领奖。届时，上海市公证处会进行现场监督公证。

第三节　提供心理利益的促销方法

促销不仅能够提供给消费者财务利益，还能通过产品的品牌、实物、赠品以及购买过程，给消费者提供各种心理利益，这种利益的满足也会促使消费者产生购买行为。本节即介绍提供消费者心理利益的促销方法。这类促销方法分为五大类，即免费使用、有奖销售、游戏与竞赛、公益赞助、会员制。在每一类中，又有若干种不同的形式。

一、免费使用

对于许多新上市的产品而言，先要让消费者试用、试穿、试吃、试饮，让他们亲身感受到产品的性能和质量后，才能激起他们的购买欲望。免费使用就是一种将产品直接送达消费者手中的最便捷的促销方法。由美国营销促进协会（PMA）在2002年开展的一次大型研究中发现，绝大多数收到样品的消费者都选择了马上使用或留着以后再用，另有70%的被调查者有在尝试了一个免费样品后购买一个平时通常不用的产品的经历。研究还发现，当结合优惠券一起使用时，免费样品可以引发更多的购买。

由于无须消费者付出任何代价，因此这种方法是促使潜在客户试用和购买产品的最有效手段。尤其是当产品具有差异性或优于竞争品牌，而且消费者在使用后能够直接感受到它的特点时，免费使用更能取得良好的效果。

消费者通过免费使用产品，建立起对产品和品牌的好感与认同，同时还获得一种意外的收获，满足了他们被尊重与被信任的心理感受。

（一）常见的促销形式

1. 免费样品

某些单位价值较低的日用消费品，易于以独立小包装的形式分送的如食品、卫生用品等，因而可采用免费样品的促销方式。发放样品时，厂商可以要求消费者凭事先规定的兑换凭证（如报纸上剪下的折价券）换取样品，也可不需要任何条件，直接送达目标消费者手中。

免费样品送达消费者手中的途径有多种，最常见的有直接邮寄、逐户分送、定点分送、媒体分送等。

2. 免费试用

对于一些耐用和半耐用消费品如汽车、服装，以及服务类产品如报刊、通信等，可采取在一定地点和时间内请顾客免费试用、试穿、试阅的方式，以达到促进消费者购买的目的。

（二）免费使用的优点和局限

1. 免费使用的优点

（1）提高消费者对产品及广告的关注度

免费使用给人的感觉是“天上掉馅饼”，这种方法极大地提高了消费者对产品本身的关注，由于是额外得到的免费使用机会，消费者会比其他时候更仔细地体验产品带给自身的感受。同时，这种促销方式也会提高消费者对原先视而不见的广告的阅读率。

（2）提高新产品的尝试购买率和重复购买率

消费者在免费使用后，如果发现产品的确不错，出于好感再加上礼尚往来的回报心理，他们往往就会进行尝试性购买。在第一次购买后，如果发现这个产品比较适合自己，或者出于一种认同心理和惯性消费，就会逐渐成为该产品的重复购买者。

（3）提升产品和品牌形象

组织有序的免费使用促销活动，能够取得较好的社会效益，赢得良好口碑，获得消费者的好感和认同，在一定程度上提升产品和品牌的社会公众形象。

(4) 深受零售商的欢迎

同折价促销一样，免费使用的促销方式有利于帮助零售商制造销售气氛，吸引零售终端的人流量，并带动其他商品的销售，因此这种促销方式易得到零售商的支持和配合，深受他们的欢迎。

2. 免费使用的局限

(1) 促销成本较高

免费使用虽然能让潜在顾客迅速认同某种产品，但和其他促销方法相比，它也是成本最高的促销方法。它的高成本主要体现在样品本身的价值、样品的包装、样品的运输和仓储、配套的广告宣传以及派送费用上，这样的促销成本往往让许多厂商觉得难以承受。

(2) 促销管理难度较大

在促销活动的管理过程中，营销人员常常被逐户派送的样品到达率、街头定点派送的重复派发现象、现场派发的参与率过高、派发对象的针对性差，以及样品的安全保障等问题所困扰。由于组织这样的活动涉及厂商、经销商、业务员、派发人员和消费者等不同环节，活动环节多、分散性大、可控性差，给促销管理工作造成很大难度。

(3) 适用于这种方法的产品有较大限制

免费使用的产品应具有差异性，在使用后能够直接感受到它的特点，并且这种特点足以让相当比例的顾客在免费使用后就产生购买倾向或购买行为的情况下，才适合使用这种促销方法。而对于同质性很强的产品，或者本身品质平平的产品，消费者在使用后，很难将它与现有其他产品区分开来，这时采用这种促销方法就可能成为一种徒劳无功的举措。

另外，对于一些个性化很强的产品，如不同颜色的彩妆产品、个性化的服饰等，以及一些高价值的产品，即使是免费使用，也很难得到消费者的统一认识，使产品的接受程度非常有限。

【案例5-9】 免费品尝——百事可乐的挑战①

1974 年，百事可乐在饮料市场上还处于不显眼的地位，很少有人问津。为了树立品牌形象，公开对可口可乐发起挑战，百事公司提出了一个大胆的促销计划。

---

① 卢泰宏等：《实效促销 SP》，北京：清华大学出版社 2003 年版。

百事决定让达拉斯的市民同时品尝可口可乐和百事可乐，并公正地说出到底哪种饮料的味道更好。这种免费试饮品尝一旦失败，其结果可能是可口可乐超过百事可乐，但百事可乐本来就处于二等饮料的位置，不存在失败的负担。

于是百事在报纸上大肆宣传，在大街上打出横幅，欢迎市民参与品评。一排桌子上放满了装有百事可乐和可口可乐的瓶子，由过往行人自愿品尝，指出孰优孰劣。由于试饮者眼睛给蒙上了，他们根本不知道先饮的是可口可乐还是百事可乐。当场有公证人进行登记，还有电视新闻记者的镜头跟踪。

结果是出人意料的，认为百事可乐味道略胜一筹的人数竟高过可口可乐。

通过这次成功的免费试饮促销活动，百事可乐在达拉斯声名鹊起，在当地的市场占有率很快达到 17%，销量也跟着扶摇直上。到 1977 年，百事可乐在美国国内超级市场的销量已超过可口可乐，可口可乐靠海外市场和贩卖机等才维持住了霸主地位。

由于这次活动成果卓著，于是一场声势浩大的“百事可乐的挑战”——可口可乐与百事可乐品尝评定活动在全美 80% 的地区开展起来，参与品尝的人士越来越多。百事可乐还将整个活动拍成影片在电视上播放，更加稳固了百事可乐的竞争地位。

【案例 5-10】 MCI 介入长途电话市场争霸战①

美国长途电话业务，长期以来被 AT&T 垄断，自美国政府宣布打破垄断之后，很多小公司开始与 AT&T 竞争，不甘示弱的 MCI 公司便是其中之一。1985 年 MCI 仅占长途电话市场份额的 1.5%。如何提高业绩，以快速成长成为 MCI 的当务之急。

经研究发现，MCI 成长缓慢的主要原因是：一般人对 MCI 服务项目缺乏了解，甚至认为如果从 AT&T 长途电话服务改用 MCI 服务，家中的电话机可能需要某种特殊设备才能使用。其实想变更长途电话公司十分简单，只要在电话机键盘上拨几个键即可完成。

要使社会大众认识到从 AT&T 改为 MCI 电话用户是件容易的事，MCI 决定在几家购物人潮汹涌的大型超级市场或购物中心安装几台电话，让消费者亲身感受拨长途电话容易的情形。

---

① 樊志育：《促销策略》，上海：上海人民出版社 1995 年版。

从11月中旬到翌年1月，是美国的购物旺季，很多商店都想趁此黄金时段举办各种促销活动，大捞一笔。MCI便利用这一时机，选定165家百货公司及购物中心，装了很多台示范电话，邀请每位购物者打3分钟的免费长途电话。唯一的条件是，打电话者要留下姓名、住址及电话号码。MCI公司借此搜集了很多顾客的名单，并交给各地的业务代表。

同时MCI配合各地的免费电话活动，邀请各地社会名流、政府要员分别召开记者会或免费电话活动说明会，让大家共同参与此项活动，以达到家喻户晓的传播效果。

MCI的此项推广活动，共动用了12万美元作为促销及公共关系费用，使更多的人了解了MCI公司及其简单易操作的长途电话拨打方式。同时MCI还获得了40万名潜在顾客的资料，各地的MCI业务代表又凭其三寸不烂之舌，使每10人中就有1人从AT&T变更为MCI，这次活动使MCI一共创造了37 000个新订户。

二、有奖销售

有奖销售是指以赠送物品或发放奖品为促销诱因，以刺激消费者购买产品和扩大产品知名度的一种促销方法。消费者通过参加厂商组织的各种有奖销售活动，不仅得到了额外奖励，还在了解品牌和购买产品的过程中感受到了乐趣。

有奖销售不仅可以激发消费者的购买欲望，还可以通过活动主题来强化产品形象，提高产品和品牌的知名度。一般来讲，厂商开辟新市场、推销新产品、更换新包装、鼓励重复购买，以及重大事件和节庆活动时，均适合运用有奖销售。

（一）常见的促销形式

1. 附送赠品

厂商将其他商品以赠品的形式赠送给那些购买某产品达到一定数量或金额的消费者，这样消费者在购买产品的同时可获得一份额外的赠品。附送赠品方法与折价促销中的附加赠送比较相似，二者都是以购买产品为前提，获得的都是额外的赠品。其本质的区别在于，附加赠送是买产品送产品，也就是常说的买X送X；而附送赠品则是买产品送其他产品，是买X送Y，赠品可能是该品牌旗下的其他种类产品，也可能是其他厂商生产的产品。

附送赠品可以应用于多种场合，以应付各种营销状况，是一种运用得非常广泛的促销方法。根据美国1989—1993年的统计资料显示，每年厂商提供给零售业的随货附赠品的数量均以两倍的幅度增长。另据统计，目前有近 1.5 万种用于各类促销活动的赠品，最常见的有签字笔、咖啡杯、钥匙链、日历、T 恤衫、打火机、鼠标垫以及厨房用具。看一看我们身边，你可能会发现你正在使用的笔、雨伞或日历，都是在某次购物活动中获得的赠品。

对于厂商而言，赠品的选择在整个促销活动中至关重要。精美而独特的赠品可以帮助产品打开市场，提高市场占有率，提升产品价值和品牌形象，而糟糕的赠品不仅不能推动销售，还会损害品牌在消费者心目中的形象。因此，选择赠品应注意这样几个原则：一是赠品的价值要在允许的成本范围内对消费者有吸引力；二是赠品应设计独特、制作精良，而且不易在一般的零售店内买到，让消费者认为这样的赠品值得自己为之付出；三是赠品最好和产品及品牌有关联，这样的赠品才能让消费者容易产生对产品和品牌的联想，也就是说，选择赠品还应从产品的特征、性能以及品牌的内涵、属性等方面综合考虑，选择和产品及品牌相关联的物品作为赠品。

在实际的促销活动中，赠品可以放置在产品的包装内，也可以和产品捆绑在一起，还可以和产品分开放置，甚至直接设计耐用的产品包装作为赠品。具体选择何种方式应依据产品的性质特点、赠品的性质特点和促销管理成本等方面进行综合考虑。

2. 自助获赠

在支付了购买产品的费用外，消费者还须支付一定的费用才能获得赠品，这样的促销方式叫做自助获赠。这种方法不仅可以解决赠品成本较高的问题，而且可使消费者对赠品的选择余地更大，使促销活动对消费者更具吸引力。通常，消费者需要支付的费用在赠品市价的 30%—50% 最为理想，这样能够获得消费者的大量参与。

自助获赠的关键仍然是赠品的选择。在这种方法中，要求消费者支付一定的费用才能得到赠品，因此和附送赠品相比，赠品的设计更增加了一定的风险和难度。一个重要的原则是，这样的赠品应是消费者喜爱的，或者对他们有实用价值的，又或者是独一无二的、精美的和时尚的，并且只能从这次赠送活动中得到，而很难从其他地方找到。

3. 集点换物

集点换物又称积分优待、印花促销，是指消费者依据产品的购买凭证换取相应的奖励。作为积分的凭证通常是产品包装，或者是包装上的某一特殊标志，如瓶盖、商标贴或包装内的小卡片，也可以是厂商发放的积分卡或者积分记录。其与凭证退费促销的区别在于：凭证退费是以现金直接返还，消费者会在购物时计算直接的经济收益，因此提供的是消费者的财务利益；而集点换物是以实物作为奖励，消费者很难清楚地计算出它的实际价值，对消费者而言它更是一种额外的收获，更多地满足了消费者的心理利益需要。

如果参加了某一集点换物活动，消费者就会主动地去累积印花，这时他们通常不轻易转向购买其他品牌的同类产品。因此，集点换物的最大特点就在于鼓励消费者重复购买，培养忠实稳定的消费群。为此，厂商还可以设计不同等级的奖品来吸引消费者，以增加他们的重复购买次数和消费数量，同时还可提供多种奖励选择，解决消费者对奖品“众口难调”的问题。

集点换物适合于购买频率高、消耗快的产品，特别是当各品牌之间无明显差异，导致消费者难以选择时，举办这类活动可以吸引消费者对产品的注意，并使他们免受竞争品牌的干扰。

4. 抽奖

抽奖是指消费者在购买某种产品或累计购买达到一定数额时，可参与厂商事先安排的抽奖活动，最后由厂商从参与者中抽出幸运者并赠与其奖品的促销方法。这实际上是利用了人们追求刺激、希望侥幸获奖的心理，来吸引他们踊跃参加促销活动。实践证明，抽奖的促销效果是非常明显的，它不仅为消费者提供了获得意外收获的机会，还迎合了他们“以小搏大”即以抽奖赢得现金、礼品或旅行机会的心理。

抽奖的形式有摇奖、摸奖、转奖、兑奖、刮奖等。

选择何种奖品是抽奖活动成败的关键。为了提高消费者参与促销活动的积极性，厂商挖空心思寻求极富吸引力的奖品，从普通消费品到珠宝、电器、汽车、住房，甚至现金，从有形奖品到无形奖品如国内外旅游、入住豪华酒店等，都曾被厂商作为奖品使用过。

同时，奖品组合设计也是非常重要的环节，通常采用金字塔形的奖品组合就能够很好地吸引消费者，即一个或几个高价值的大奖，几个或几十个中等价值的奖品，配合数量较大的低价值奖品或纪念品的奖品组合形式。

（二）有奖销售的优点和局限

1. 有奖销售的优点

(1) 直接促进销售额的提升

由于受丰富的奖品所吸引，消费者通常会当场购买当场兑奖，销量自然得到明显提升；如果是以累计购买额为兑奖条件，还会增加消费者购买的次数，减少品牌转化的可能性，销量增加的幅度和时间持续会更长。

(2) 对产品的宣传力度较大

有奖销售活动需要醒目的媒体广告和售点广告来告知活动的详细规则，这样的广告容易吸引消费者，加深他们对产品及品牌的关注和了解，因此有奖销售活动本身也会产生很好的广告宣传效果。

(3) 促销费用比较稳定和容易控制

由于有奖销售活动是事先计划好的，其奖品的总金额也在事先的预算之内，只要促销活动计划周密且实施有序，奖品的费用都不会超出预算范围。

(4) 有助于提升品牌形象

适当的奖品除了对消费者具有吸引力外，还在一定程度上满足了消费者的情感需求，增进了他们对品牌形象的认同和好感。同时，有奖销售能够强化现场购买气氛，使厂商和零售商品的品牌影响得到增强。

2. 有奖销售的局限

(1) 受法律的限制较大

由于有奖销售的大奖往往价值不菲，而且其中的抽奖促销活动带有博彩的性质，具有较大的投机性，因此，很多国家对抽奖有严格的法规限制。

我国企业从20世纪80年代起开始引入抽奖销售，收到了一定的促销效果，但也存在许多问题，目前国家在法律上已经或正在进行规范和健全。全国人民代表大会早在1993年9月2日就通过了《中华人民共和国反不正当竞争法》，紧接着国家工商管理局于1993年12月2日依据《中华人民共和国反不正当竞争法》发布了《关于禁止有奖销售活动中不正当竞争行为的若干规定》，明确规定了抽奖式有奖销售单项奖品不得超过5 000元。因此，在策划有奖销售活动时，厂商应向律师、公证机关和工商管理部门进行咨询，了解活动与相关法规有无抵触，以及整个促销活动的公证事项，必要时还需要经过当地工商部门的审批。

(2) 会引起未获奖消费者的不满

在抽奖活动中没有得奖的消费者肯定是绝大多数，抽奖活动容易让这些人产生挫折感和失落感，还可能引起这部分人今后抵制该商品。因此，为了减少这种情况对产品销售的负面影响，厂商在设计促销方案的时候，要考虑突出活动主题，淡化投机色彩，并且在考虑奖品等级时设计合理的中奖概率，或者采取多重连环抽奖的方式，增加消费者中奖机会。

(3) 对促销方案设计和活动组织实施的要求较高

一方面，消费者在促销活动中是被动地接受厂商的促销规则，这不仅要求厂商有较大的媒体宣传投入，还要求所设计的促销规则必须简单明确，因为消费者大多是没有耐心仔细研究的；另一方面，消费者又是主动逐利的，因此在促销活动的组织实施中，每一个环节的执行都非常重要，活动的组织者尤其应避免由于工作疏忽给消费者带来的不利影响。

观点

促销用品的“3R”策略①

在当今众多的营销活动中，促销用品起着日益重要的作用。根据国际促销协会的统计，1994 年世界促销用品耗资 170 亿美元，比 1993 年增长了 12.6%。尽管大多数消费者都喜爱促销用品，但要想真正取得理想的促销效果，对厂商来说并非易事。美国广告学者丹·贝克利（Dan Bagley）认为，“3R”策略是运用促销用品成功的关键要素。

第一个“R”是相关性（Relativity）。所选用的促销用品及用语必须与产品或服务的宣传紧密相关。如美国旅行者保险公司在电视广告中用雨伞作为公司标志，而且发放雨伞赠品以暗示“未雨绸缪”，成为促销的经典案例。又如送挂历，画面可采用当地风景或本城球星的照片。如果给新客户赠送礼品，可选用当地特产的家庭用品。这样的促销用品有助于强化公司在消费者心目中的定位和形象。

第二个“R”是重复性（Repetition）。只有让消费者经常目睹促销用品及所载广告词语，才能不断加深其印象。因此，选用促销用品时，应该考虑到消费者将如何使用它们。使用或接触的频率越高，“重复”作用就会越大。

第三个“R”是获益感（Reward）。由于促销用品是免费赠送或低价售予，顾客总会感到是一种奖励。如能针对顾客特点选送最合适的用品，那么顾客的获益感就会加强。从这种意义上说，送给家庭主妇的赠品应不同于送给公司采购员的赠品。

美国使用促销用品的实践为我们提供了一些可资借鉴的经验。国际促销用品协会的研究成果还发现：

（1）消费者得到促销用品时，非常重视实用性（98.3%），以下依次是质量好（71.8%）、有吸引力（61.5%）、雅观（59.8%）、使用方便（45.4%）、独特性（43.7%）和耐用性（28.2%）。

① 引自《销售与市场》1996 年第 10 期。

(2) 尽管得到广告特制品后，顾客对广告商会产生良好的印象，但如果广告特制品是由公司推销员或公司代表亲自赠与，顾客对其印象会更为深刻。

(3) 如果有多家公司经营同类产品，消费者往往对采用促销用品的公司评价更好。

(4) 某些促销用品特别是高档用品，如果它们上面的广告词语比较含蓄或不明显，消费者会更愿意保存和使用它们。

总之，促销用品已成为当今营销沟通中的重要组成部分。对厂商来说，问题不仅在于是否采用，而在于如何选用促销用品才能达到“事半功倍”的效果。

【案例5-11】　沈阳乳业“买牛奶、送面包，营养早餐大派对”①

2000年5月，当“辉山利乐枕”奶产品上市的时候，沈阳乳业推出了以“牛奶会有的，面包也会有的……”为主题的“买牛奶、送面包，营养早餐大派对”促销活动。这次促销活动为沈阳乳业扩大市场份额立下了汗马功劳。

活动开始的第一天，其13个销售点的销售总量就达到了5吨，而在此之前，国内三大品牌同类产品的销售总量每天不足2吨。买一袋牛奶，送一个面包，解决你的早餐问题，消费者怎能不满意？一份营养早餐，平常购买至少需要五六元钱，现在只需要两块多钱就搞定，消费者又怎能不开心？甚至活动结束了几个月后，还有消费者打电话询问什么时候会再送面包。

总而言之，沈阳乳业在这次促销活动中充分考虑了消费者对赠品的了解程度以及其对消费者的吸引力问题，并结合“牛奶会有的，面包会有的……”的促销主题，选取与产品紧密关联的赠品，加上简单可行的终端操作，最终获得了成功。

【案例5-12】　上品饼干的包装内赠品②

上品饼干（Cracker Jack）是由芮克罕兄弟公司出品的。1899年，当时的包装专家E. G. 艾克斯坦首先发明了蜡纸纸箱，这种包装可以保持产品的原始风味和松脆性。产品的销量在四年内从6.8万箱增加到17万箱，并不断增长。

① 卢泰宏等：《实效促销SP》，北京：清华大学出版社2003年版。

② 同上。

1908年作曲家杰克·诺握斯在其歌曲《带我去看球赛》中提到了上品饼干，更使上品饼干名声大噪。

虽然有上述原因使上品饼干的销量不断成长，但它仍然只是市面上数百种类似产品中的普通一种而已。

原本已相当激烈的竞争，在电影院开始出现以后，变得更为激烈。厂商可以把刚生产出来的饼干拿到电影院去请观众们"试吃"。1912年，电影院纷纷自行设立贩卖部，上品饼干的销量在激烈竞争下减少到只有5.8万箱。

为了让上品饼干在众多竞争者中脱颖而出，芮克罕兄弟考虑了各种促销方法，其中之一是在包装盒内附上兑换券，在积累到一定的数目后，就可以拿来兑换赠品。另一种方法是赠品活动，即把包装盒连同小额现金寄回公司，就可得到一份赠品。

1910年，上品饼干展开了兑换赠品的促销活动，赠品都是些家庭用品和运动用品，还有一些玩具。大部分赠品的赠送对象是成年人，有一阵子销量稍有提高，但随后马上又有所下跌。

公司于是将赠品做了更换，把小玩具放进饼干盒内，直接吸引小孩子购物，因为小孩子比他们的父母更容易重复购买同一产品。上品饼干的好名声再加上盒内赠品对小孩具有直接吸引力，果然使销路大增。1912年，小陀螺、哨子、别针和乐乐球开始在上品饼干盒内出现，上品饼干的销量直线上升。对小孩子来说，拆开饼干盒后，马上就可以得到各种小玩具比那些将来用兑换券换回来的玩具，显然更具有吸引力。

1914年，上品饼干在盒内装入棒球明星卡牌，立刻风靡了全美国。芮克罕公司共印制了1500万张卡牌，成为当时全美最畅销的单一赠品（一套完整的上品棒球卡牌目前价值5万美元）。

一年后，芮克罕公司取消全部兑换券赠送活动，而完全采取盒内赠品的方式，其销量也达到空前纪录的25.7万箱。

其他厂商见上品饼干销售成功，于是纷纷跟进，也同样在盒内装入玩具或其他赠品。但由于他们所选用的玩具没有芮克罕的那般受欢迎，所以销路也无法和上品饼干相提并论。芮克罕公司这时已建立了特殊渠道，可以有多种新奇玩具供他们选择，其他厂商不久便纷纷知难而退，不再模仿上品饼干的盒内赠品方式。

到1920年上品饼干已畅销美国，每年平均卖出100万箱。

在经济萧条时期，为了挽回下跌的销量，上品饼干在广播电台打出广告，提供一些全国性与地方性的"悬疑侦探广播剧"节目，推出可以解开这些广播剧谜底的“问号”或“神秘”包装。这些饼干盒内还附有“总统硬币”，持有这种硬币的小朋友可参加抽奖，奖品种类繁多。在两年之内，共有23名小朋友获奖。在小朋友对硬币的兴趣消退之后，珍·哈露和克拉克·盖博等多位明星的卡片开始在上品饼干盒内出现。后来还出现了精美的磁制玩具、模型汽车，甚至还有一列玩具火车，这些都不断吸引着小朋友们购买并收集。与此同时，上品饼干的销量也随之回升。

第二次世界大战期间，上品饼干的玩具赠品都是军人、水兵和飞行员模型，以及每种美国飞机与军舰的卡片。

后来，上品饼干的主要目标消费群——5—12岁的儿童，对太空和电视产生了兴趣，玩具赠品又马上变成塑胶火箭，以及著名电视节目主角的玩具模型。

每一年，上品饼干都要推出15套新玩具，每套有20—25种新奇造型，一共要送出1500万份玩具。到目前为止，上品饼干共送出2万种赠品，总数高达160亿份，而每样玩具都是人工装进去的。为了保证不让任何一位消费者在打开上品饼干盒后因为找不到玩具而大失所望，芮克罕公司在每个包装机旁都装置有三部电眼，监视每一盒的包装情况，如果有哪一盒饼干没有装进玩具，电眼可以立刻检查出它的重量不足，而将它剔除。

从这个案例可以看出，这些小赠品正是促成消费者购买上品饼干的最主要原因。这些小玩具也成为收藏家收集的对象，在俄亥俄州哥伦布市的一个银行保险箱内，就保存有一万份最难找到的上品饼干的盒内赠品。

【案例5-13】　圆梦大抽奖：“尽享尊贵在香江”①

在1989年初的信用卡抽奖大战期间，大通信用卡别出心裁，推出“概念式”抽奖游戏，将抽奖促销推至一个出神入化的境地。

整个促销计划标榜的是一份非实物的奖品——给予得奖者一次豪华感受。这个名为“尽享尊贵在香江”、价值不过30万元的抽奖活动，却以一个城市梦想为构思，通过豪华的包装提高了品位及格调，树立了尊贵气派的形象。

大通的奖品设计是颇具创意的，它提供了香港最热门的消费项目：阿一鲍鱼宴、日本“金游膳”金箔晚宴、五星级酒店六日住宿、劳斯莱斯房车接送、豪华游艇专程澳门游等，其消费项目由得奖者自选。

---

① 卢泰宏等：《实效促销SP》，北京：清华大学出版社2003年版。

这个以生活风尚为基调的抽奖活动，为银行本身保持了一个以上层阶级为主的机构形象，并与时尚趋势相契合。抽奖活动给得奖人一个实现如灰姑娘传奇般梦想的机会，不但得奖者本身受惠，更惠及他身边的亲朋好友：对得奖人而言，得奖是一件可以津津乐道的事情。而大通信用卡也借此为抽奖定下了一个新的感性模式。

三、游戏与竞赛

这类促销方法是由厂商事先设计好游戏规则或竞赛规则，让消费者通过自身努力来赢得丰厚的奖励。

人类天生具有喜欢游戏的心理倾向。在游戏中，人们得以放松身心、舒缓压力。许多人对构思新颖、趣味无穷的游戏更是乐此不疲，游戏活动满足了他们追求快乐、体验新奇的心理需求。在竞赛中，人们的竞争性和好胜心理得到了满足，并通过竞赛活动实现了展示才华、挑战自我的目的。

游戏与竞赛促销同抽奖促销相比，有较多的共同之处，如它们都有诱人的奖品，获奖者都是从众多的参与者中产生，但它们之间也存在很大的不同：首先，抽奖促销是以购买产品为参与抽奖的前提，它对参与者本人并没有其他要求，而游戏与竞赛可以不以购买产品为参赛的前提条件，但是对游戏的参与者要求更高；其次，抽奖促销的目的主要是提升短期销量，而游戏与竞赛则更能展示产品的魅力，让目标消费者充分了解产品的特点，其目的是扩大品牌知名度，建立产品忠诚度，培育潜在市场。

（一）常见的促销形式

1. 游戏促销

游戏促销是基于人们喜爱游戏的天性而设计的。将简单枯燥的商业促销活动变得丰富多彩、妙趣横生，吸引消费者的关注，加深他们对品牌的印象，并有利于特定目标消费群的销售。游戏促销比较适合于有一定知名度的品牌和产品。

能否激发人们的参与热情和兴趣，是游戏促销活动成功的关键。在表现形式上，促销游戏往往不拘一格，具有很大的创作余地。比如，最早的“刮刮卡抽奖”就是一种促销游戏，其新颖、有趣的形式使普通的抽奖活动变得更具趣味性，激发了人们的参与热情；又如，具有趣味性的游戏如拼图、拼字、故事接龙等活动，还会吸引消费者重复持续地参加，从而激发了消费者的重复购买。

2. 有奖征集

厂商常常邀请消费者帮助解决一些实际问题，并根据参与者回馈的信息给予不同程度的奖励，此即有奖征集，例如征集广告词、征集商标或徽标图案、征集新产品名称、征集包装设计等。有奖征集与有奖销售类促销的不同在于，参与者可不以购买产品为获奖的前提条件，并且也不是凭个人的运气，而是靠参与者的才能、学识和创意来获得奖励。

有奖征集的目的是树立厂商良好的社会形象，扩大产品和品牌的知名度，培育潜在市场，而不仅仅限于追求短期销售额的增长。

3. 答卷奖励

答卷奖励是指参与者根据实际情况，或在学习了有关背景资料后完成规定的答卷，由主办单位对参与者给予奖励的促销方法。这种促销方法可不以购买产品为获奖的前提条件，也不需要答题者特殊的学识和技能，通常人们只要看过背景资料，就能比较容易地回答出来。

答卷奖励促销方式集产品知识传播和市场调查为一体，其目的是通过宣传资料的散发和答卷的完成，普及企业和产品的相关知识，提高企业的知名度，树立企业的社会形象，了解消费者对品牌和产品的认知情况，培育潜在的目标消费群。

厂商可以围绕产品的品名、特性、性能、使用方法及相关常识等方面，设计出若干问题请消费者回答。

4. 竞技比赛

竞技比赛这种促销方式是以某种特殊技能为比赛主题，邀请消费者亲身参与，展示他们的才华和技能，最后由厂商对比赛的优胜者进行奖励。竞技比赛能够有效地帮助厂商推介新产品，提升企业和品牌形象。同时，举办这种形式的比赛活动，厂商需要通过各种媒体进行广泛宣传，因此所带来的广告效应也比较大。

（二）游戏与竞赛的优点和局限

1. 游戏与竞赛的优点

（1）增强广告传播力

一个趣味横生的游戏主题，一个富有挑战性的提问，一个别致的竞技比赛，都能引起消费者的关注和好奇，鼓励人们去思索和参与。因此，以游戏或竞赛为主题的广告能够加深广大消费者对品牌的印象，帮助产品制造差异化，其广告也能从众多广告中脱颖而出。

(2) 传达和提升品牌形象

厂商通过具体的游戏或竞赛活动，创造了一个向消费者近距离传播品牌形象的机会；在愉快、激烈的活动中，更易于拉近品牌和消费者的距离，使消费者能够直观地认识和感受品牌。同时，厂商为广大消费者举办了喜闻乐见的趣味游戏或竞赛，却大多不以购买产品为参与前提，更有利于扩大品牌的知名度，塑造品牌的亲和力，提升企业和品牌的社会形象。

(3) 针对目标消费群进行广告宣传和产品促销

游戏与竞赛的活动主题，通常是针对产品的目标消费群，结合品牌或产品特性进行设计的，因此更能符合特定消费群心理层面的真正需求。

(4) 强化现场的购买气氛

游戏与竞赛活动以其强烈的刺激性和趣味性满足了顾客的精神需求。通过活动的开展和顾客的热烈响应，烘托了购物现场的气氛，从而带动促销产品和其他产品销售量的增加。

2. 游戏与竞赛的局限

(1) 参与率不高，较难引起普遍关注

一方面，游戏与竞赛活动通常限于针对那些具有一定能力和知识，对活动感兴趣并有时间参与的特定对象，这样就提高了参与的门槛；另一方面，如果活动规则过于简单无趣，人们会失去参与的兴趣，过于复杂，又很难引起人们的广泛关注。这些都是造成活动参与率不高的原因。

(2) 广告宣传费用较高

在游戏或竞赛之前，厂商需要投入大量的广告，以告知广大消费者并“教”会他们比赛规则；在活动的进行过程中，厂商需要做大量的现场宣传，营造和渲染活动的热烈气氛，鼓励消费者踊跃参加；活动结束后，厂商还需要在相关媒体上进行宣传总结，为活动划上圆满的句号。要达到较好的活动效果，上述广告宣传都是不可少的，因此，厂商常常不得不花费大量的广告宣传费用来配合活动的实施。

(3) 对活动方案设计和组织控制的要求较高

同有奖销售一样，多数消费者都没有耐心仔细研究活动规则，这就要求活动方案必须清晰、明确、可行；同时活动主题的创意还要求新颖独特，才能达到吸引消费者的目的，这对活动设计者创新思维的要求较高。由于活动还涉及众多消费者同时参与，某一个工作环节的疏忽都可能给公众带来一定的负面影响，因此对活动组织和控制的管理要求也非常高。

【案例5-14】 《化装舞会》的游戏促销[①]

在英国，一位出版商策划了一场引起广泛关注的活动，其目的是为一本儿童读物促销。那是英国人基特·威廉姆斯创作的一本名为《化装舞会》的儿童读物。在销售宣传中，要小读者根据书中的文字和图画猜出一件“宝物”的埋藏地点。“宝物”是一枚制作精巧、价格高昂的金兔。

该书出版后，犹如一阵旋风，不但数以万计的青少年，而且各个阶层的成年人也怀着浓厚的兴趣，按照在书中得到的启示，在英国各地开始寻宝，前后历时两年多，在英国的土地上留下了无数被挖掘的洞穴。最后，一位48岁的工程师在伦敦西北的浅德福希尔村发现了这枚金兔，一场群众性的探宝活动才告结束。这时《化装舞会》已经售出了200多万册。

【案例5-15】 识“佳宝”字体，赢新春大礼[②]

佳宝公司推出了两个系列竞猜题，均围绕“佳宝”的品牌标志开展。

其一，要求消费者从宣传画上的A、B、C、D、E五种“佳宝”字体中，选出与产品包装上相同的“佳宝”字体；其二，判断一下“佳宝”字体属于黑体、宋体、汉隶、篆体、行书这五种字体中的哪一种。

参加者只要将一期正确的答案连同三个不同品种“佳宝”产品包装袋一起寄往指定地点，就可参加抽奖活动。奖项设价值1 000元的高级镭射随身听3个，价值600元的变速山地车5辆，价值300元的时装真皮背囊或波鞋10个，另设纪念奖100个。

【案例5-16】 马自达汽车摄影比赛促销活动[③]

在日本汽车制造业中，丰田、日产等品牌已扬名国际，马自达（Mazda）汽车在日本仅屈居第四位。为扩大市场占有率，该公司于1985年推出一项极具创意的促销活动。这是一个以“马自达汽车提高生活情趣”为主题的全世界摄影比赛活动，成功地向全球传达了“马自达是一家讲究品质的国际性大公司”的信息。

马自达汽车公司认为，这项活动至少可以达成两大目标：第一，举办全球摄影比赛，影响波及全世界；第二，入选的照片以不同国家为背景，即便是偏僻地区的国家也有机会入选，提升了马自达的全球形象。

---

① 周广华等：《促销管理实战》，广东：广东经济出版社2003年版。
② 顾松林等：《消费品营销策略》，上海：上海远东出版社1999年版。
③ 卢泰宏等：《实效促销SP》，北京：清华大学出版社2003年版。

此项活动的基本做法是把入选的照片印成月历作为店面广告（POP），以广招徕。主题为“马自达汽车提高生活情趣”摄影比赛的收件日期，定为同年6月1日至8月30日，并从6月18日至7月16日在影响极大的美国《时代》杂志的全世界不同版本上刊登广告，呼吁各国摄影爱好者在各地马自达汽车展示场索取申请表。具体规定：提交底片作为参选作品；照片内必须有马自达汽车，不论汽车是否为其所拥有；须以各国风光作背景；录取前20名，每名奖金为3000美元；入选作品版权归马自达所有；获奖作品及获奖者于11月19日由《时代》杂志公开宣布；将入选作品印刷成13万份月历，分发给世界各地的经销商。

此项活动在媒体方面支出56.39万美元，在促销方面支出14.9万美元，总共花费为71.29万美元。结果总共收到来自世界各国4000位参选者的作品，制作的13万份月历散布在世界各地的马自达经销商处，大大提高了马自达的国际形象，促进了马自达的销售。

四、公益赞助

厂商在经营活动中，必然和社会公众有着密不可分的联系，正可谓“水能载舟，亦能覆舟”。因此，采取一定的方式来获取公众的理解与支持，创造良好的企业生存环境，是企业发展的必经之路。而公益赞助正是最有效的方法之一。

公益赞助是指厂商赞助某项社会活动，借助该活动产生的良好社会效应进行营销宣传，以获得社会公众的关注与好感，从而达到传播和提升品牌形象、刺激产品销售的目的。

在观众的认知心理上，公益赞助促销与直接的商品促销活动有着较大的不同。由于公益赞助促销将直接的金钱交易关系隐藏在热闹、有益的活动主题中，淡化了商业气氛，同时适当的社会活动又激发了消费者强烈的兴趣和好感，因此消费者通常对活动的赞助商也较能接受和认同。

厂商举办公益赞助促销活动的作用主要在于：首先，其商业性和功利性没有硬广告那样明显，促销效果自然，使消费者对品牌产生肯定感；其次，促销沟通面广，沟通对象数量大，也有一定的针对性；最后，活动气氛热烈，容易激发消费者的购买热情。

（一）常见的促销形式

1. 赞助文体活动

文娱、体育活动是广大群众业余生活的一部分。厂商利用众多消费者对文体活动的热爱和对文艺体育明星的崇拜追随心理，以及在赛事活动中牵动的民族荣誉感、家乡情结等，通过赞助文体活动的方式达到宣传企业和品牌的目的；同时借助活动或赛事中的相关事件和热闹气氛，在活动期间举办一定的有奖销售活动，更能使赞助促销的效果发挥到最大。

这类促销活动通常有赞助媒体节目、赞助赛事活动和赞助参赛者等几种形式。把握赛事活动的进程，使企业的促销活动与赛事进程同步进行，是取得良好促销效果的关键所在。

2. 赞助公益活动

公益活动的最大特征是不以盈利为直接目的。参与公益活动的厂商自觉承担起社会责任，倡导良好的社会风尚，为提高公众整体素质和改善公众生活环境服务，所以更容易为公众所接受；同时公益活动还易引起大众传媒的关注，成为有价值的新闻话题和社会热点。

厂商借助教育、科技、环保、赈灾、助残之名举办各种社会公益活动，塑造企业良好的社会形象，增强品牌的亲和力，增加消费者对品牌的信心，从而最终促进产品的销售。

（二）公益赞助的优点和局限

1. 公益赞助的优点

（1）树立品牌形象，提升品牌知名度和美誉度

由于所赞助的公益活动通常是政府支持、公众关心的社会活动，因此厂商能够借助活动产生的光环效应树立品牌形象；同时，公益活动本身也具有一定的公众关注率，因此这类促销活动还有助于提升品牌的知名度和美誉度。

（2）有利于厂商创造良好的生存发展环境

企业在社会中开展商业活动，不可避免会受到政治、经济、文化环境的影响，通过公益赞助活动，将帮助企业和政府及相关社会团体建立密切的联系，在很大程度上提高社会各方面对企业的认同程度，从而为企业品牌和产品的推广创造良好的社会环境。

（3）公益赞助活动的热烈气氛有利于促进产品销售

公益赞助活动会制造许多消费者关注的热点，并随着活动的进展，将活动气氛逐步推向高潮。公益赞助活动所特有的热烈气氛能够激发消费者的参与意识和消费意识，从而促进产品的销售。

(4) 提高内部销售人员的士气

对于内部员工来讲，企业举办公益赞助活动，一方面树立和明确了企业文化，另一方面激发了员工的工作热情和自豪感，大大提高了内部销售人员的士气。

2. 公益赞助的局限

(1) 费用投入较多，风险较大

赞助或组织公益活动的费用通常是一笔不小的投入，而要使活动真正发挥效用，还需要投入另外的资金开展系列宣传推广活动，这对于很多企业来讲，是一个不低的门槛；同时，投入较大成本，活动的收益并不能够完全控制。因此，公益赞助可以说是一个高投入、高风险的促销方法。

(2) 对活动组织者要求非常高

由于公益赞助活动规模较大，涉及很多的营销工具和宣传手段，通常并不是某个企业能够独立承担的，这就要求活动的组织者具有全面、专业的实际经验和统筹能力，以及各方面的支持与协作。只有时刻监控活动进程和消费者对活动的接受程度，才能够使活动达到最佳的效果。

(3) 需要特定的活动时机

公益赞助活动常常需要一个特定的事件，以及需要和其他组织共同协调进行，因此活动具有一定的时机性，而这样的时机并不是企业能够控制的。对企业而言，需要及时抓住各种有利机会，甚至调动社会力量创造机会。

【案例 5-17】 "一分钱"的力量——农夫山泉赞助奥运①

中国申奥成功的一大赢家当属农夫山泉。这是因为养生堂公司看中了体育精神与企业文化的同质性。在和平时期，体育是最能聚集公众注意力和情感的领域，体育的热闹、紧张、激动，包括失望之后留下来的拼搏、平等、快乐、健康等人类情感，都是构成品牌形象的内涵元素。

据相关报道，农夫山泉为打申奥牌，下了 6 000 万元的赌注，在中央电视台的"一分钱"广告也开展得如火如荼："再小的力量也是一种支持。从现在起，你买一瓶农夫山泉，就为申奥捐出一分钱。"公司每销售一瓶农夫山泉都会提取一分钱，以代表消费者支持北京申奥事业。随着刘璇、孔令辉颇具亲和力的笑脸在媒介上频频展现，这个广告每天都在渗透着我们的生活；随着主办城市投票鼓点的日渐密集，申奥气氛也跟着一天天升温，而站在申奥队列中的

① 周国林：《100 个成功的促销策划》，北京：机械工业出版社 2003 年版。

农夫山泉也不知不觉成了一锅沸水。

其实，早在2000年悉尼奥运会期间，农夫山泉就把2001年的营销主题定在申奥上，可谓蓄谋已久。而且，农夫山泉的包装策略与广告策略同步进行，整个活动具有很强的整体性。此外，农夫山泉还在全国33个城市组织了“农夫山泉申奥狂欢夜”的公益活动，进一步加强此次活动的攻势。中国奥委会特别授予养生堂公司“2001—2004年中国奥委会合作伙伴/荣誉赞助商”的称号，并且拥有中国体育代表团专用标志特许使用权。养生堂公司由此成为中国奥委会及中国体育代表团最高级别的赞助商之一，也是最早与中国奥委会建立合作伙伴关系的赞助企业。

在北京申奥成为全国人民乃至全世界华人关注焦点的时候，业界内外已对养生堂公司的此次成功创意给予了关注和肯定：长达7个月的全国范围筹款筹集了一笔非常可观的巨额资金。但这来自千万双手的点滴凝聚，比之企业的直接捐赠，是后者数倍的乘数效应。因为这既为申奥注资，又为公民搭建了一条表达心愿和参与申奥的桥梁。最后，作为企业，也在此次“善行”中提升了品牌和效益。

五、会员制

会员制又称“俱乐部制”，即厂商和消费者之间建立起一种相互信任的关系后，利用会员资格作为载体，向会员提供优惠、便利或其他服务。加入会员组织的条件可以是一次或累计购买一定数量的产品，也可以是一次性交纳一笔入会费。

由于人类在心理上有一种团体归属的需求，需要从属于某个有形的组织，使自己成为其中的一员，以此获得被认同感和归属感。当然，前提是这个组织的宗旨必须符合他的价值理念，能够满足他的心理需要。因此，会员制促销方式从本质上讲，是提供心理利益的一种促销方法。

会员制促销同时也是最能体现长期效果的促销方式，在国外已被广泛运用于零售、酒店、航空、旅游、美容、图书等行业，并取得明显的效果。我国在20世纪90年代开始逐渐应用此方法，并有愈演愈烈之势。随着IT技术在商业中应用的进一步深入，会员制促销借助科技的力量，能够实现真正意义上的“一对一”营销。

（一）常见的促销形式

1. 优惠类会员制

对于消费者来讲，如果成为会员的费用远小于此后低价购买所带来的好处，他们往往会在简单计算成本收益后，选择这种消费方式。厂商使用这种促销方法旨在通过提供折扣价格，吸引和维持一个较固定的顾客群。

2. 积分类会员制

在一定的时期内，会员购买产品的累计金额，按照厂商事先规定的折算方式换算成积分，凭积分多少可领取相应的礼品。该促销方法旨在鼓励消费者长期购买本企业的产品，培养忠实稳定的消费群。

3. 便利类会员制

成为会员后，消费者能够享受到诸多便利，比如定期收到新产品资料和样品，足不出户享受送货上门，或者免费接收及时的产品促销信息等。

（二）会员制的优点和局限

1. 会员制的优点

（1）增强营销竞争力

会员制促销可以实现厂商和消费者之间一对一的双向信息交流，使厂商更好地了解消费者的需求变化。消费者的各种反馈信息都将为厂商的市场细分、产品线调整、宣传策略、促销计划等提供准确的市场数据，从而帮助厂商向消费者提供更具针对性的定制化产品和个性化服务，提高消费者的满意度，增强品牌的竞争实力。

（2）建立长期稳定的市场

会员制促销以招募会员的方式，不仅聚集了一定数量的客户群，还通过有组织、有约束的形式，将不稳定的短期消费者变成稳定的长期消费者，为厂商的产品销售建立长期稳定的市场。

（3）提升品牌的附加价值，培养消费者的品牌忠诚度

厂商通过建立会员俱乐部，不仅塑造和提升了品牌文化，还使消费者在享受会员权益的同时，感受到品牌的额外价值，并通过周期性、创新性会员活动产生的叠加效果，将会员紧紧地团结在企业周围，免受竞争品牌的干扰。

（4）规避直接竞争

由于会员制促销是厂商和消费者之间进行的直接接触，消费者的个人资料以及厂商的各项营销政策和促销效果都不易被竞争者知晓，从而可以有效防止竞争对手直接模仿和针对性的反击。

(5) 直接收入相当可观

会员制促销的入会条件可以是一次性交纳会费，也可以是一次性购买商品达到一定数量或金额。较好的组织理念或组织形式会吸引大量的消费者成为其会员，入会的直接收入通常都会相当可观。

2. 会员制的局限

(1) 市场回报时间较长

虽然很多会员制促销能够提升初期的销售量，但要真正获得会员的认可和建立品牌忠诚度，还需要厂商与会员进行多次的沟通，而且只有当会员制组织发展到一定规模后，其对营销的影响才能够体现出来。

(2) 费用较高，并具有一定的风险性

会员制组织开展的各项持续性服务活动，以及对会员个人资料的管理等，都需要长期的经费投入，这对很多企业来讲是一笔不小的支出；而且，由于其滞后的市场回报，在活动开始前和开始后的一段时间内，都很难预测实际的促销效果，因此较高的费用投入还具有一定的风险性。

(3) 对组织者的要求较高

会员制是一个全面综合的营销活动，它是企业整体营销战略的一个重要组成部分，为企业长期的营销目标服务。因此，厂商应以满足消费者的真正需求为宗旨，不断创新，不断超越，以先进的营销理念和针对性的营销服务将会员紧紧团结在企业周围。这不仅要求组织者进行定期的广告宣传、促销策划，还要求他们能够敏锐地把握消费者的心理变化，实现对消费者的长期管理，以较少的成本投入获取较大的投资回报。

(4) 有一定的商业道德风险

厂商在实施会员制促销策略时，合理收集和使用会员资料是一个需要重视的问题。如果使用不当，会引起消费者的反感，认为企业过度使用了自己的个人信息，侵犯了个人隐私权，甚至会招致具有法律意识人士的起诉。因此，厂商在收集和使用会员的个人资料时，必须明示资料用途，并在双方都认可的资料用途范围内使用，否则就会带来一定的商业道德风险。

【案例 5-18】 天贸南大的会员促销①

实行会员制度已经成为广州本地零售商抓住顾客的重要途径之一，不少商场均以会员制来争抢客源。通过掌握会员资料，为会员提供积分、举办活动等

---

① 卢泰宏等：《实效促销 SP》，北京：清华大学出版社 2003 年版。

“个性化”服务，可以提高顾客的忠诚度，带动商品销售，扩大商场知名度，这是此模式迅速在广州各大商场流行起来的主要原因。

为适应百货业逐渐激烈的竞争环境，几年来各商场一直不约而同地加强会员卡的经营。有数字显示，各商场近年会员总量一直呈现上升势头。例如，天贸南大近两年会员集中增加，仅当年头4个月就增加了2万会员，使会员总人数一下子飚升到8万人。与此同时，会员消费也随会员数量的增加而上升。天贸南大的会员消费已经占公司全年销售额的1/3，其中，会员日当天的销售额中有50%以上来自会员。

随着商家对会员重视程度的日益提高，商家已逐渐转变角色，开始从会员角度考虑问题。天贸南大办理会员卡已不再收取工本费。消费者只要在商场消费满2000元以上，即可向商务中心申请成为尊贵会员并获赠贵宾卡一张，每年持卡购物积分满3000分以上（从每年4月1日起计算），可获赠天贸南大荣誉卡一张，成为该公司荣誉会员，并享有特别优惠。

为了方便会员，天贸南大还将原来每月两次的会员日扩展到现在每个星期五一次，而且时间也从原来的下午16点到晚上22点改为全天，让会员能够享受一天疯狂购物的感觉。

会员带动消费让商场尝到了甜头，于是，围绕会员的优惠逐渐成为商场吸引消费者的主要方式。目前，所有商场会员卡的基本内容都是商品价格让利打折，折扣深度从8.5折到9.8折不等。与此同时，商场还为会员寄送新商品信息，提供电话咨询服务，举办品牌展销会，节日送礼品等，这些举措无疑吸引了更多的顾客加入成为会员。例如，天贸南大除了平时对会员实行9—9.5折优惠外，还在此基础上设置折扣更大的会员专场，即会员在会员日当天购物可以享受“折上折”优惠。除了给予会员以价格优惠外，天贸南大还为会员提供增值服务，即与天河城附近的商家如美容美发店、餐饮店或楼盘等联系，使天贸南大的会员卡在这些地方消费时也能获得优惠，这样就将会员卡优惠由店内延续到店外，增添了会员卡的魅力。

【案例5-19】 “味好美”新生活俱乐部①

味好美公司通过向会员发送“新生活菜谱”的方式，吸引消费者成为“味好美”调味品的忠实顾客。

① 周国林：《100个成功的促销策划》，北京：机械工业出版社2003年版。

味好美公司在其所派发的宣传单中，印制了一个用于填写消费者个人资料的表格，消费者填写此表后，按指定地址寄回公司。公司声明："我们将经常带给您意外的惊喜。"

对消费者来说，其中的收获之一是，味好美为消费者精心设计、安排了一周的家庭每日三餐的菜谱及烹饪方法，既讲求色香味，又注重营养均衡。在菜肴、点心的制作介绍中贯穿了各款"味好美"调味品的使用方法，让消费者充分了解产品的特色及用途。

第四节　提供性能利益的促销方法

除了提供上述两种利益，有些促销方法还能够增加和改善产品的性能、质量，或者超越产品本身提供给消费者一些额外的附加利益，使他们感受到这部分增加的利益带来的满足。本节即介绍提供消费者性能利益的促销方法。这类促销方法分为两大类，即服务促销和财务激励。在每一类中，又有若干种不同的形式。

一、服务促销

服务促销是通过向顾客提供各种服务，达到预期营销目标的一系列促销方法，它与其他促销方法相比的最大特征在于连续性和长期性。因此从某种角度看，它已经成为厂商所提供的产品性能的一部分，消费者在购买时也将这部分服务考虑成自己应得的利益。

（一）常见的促销形式

1. 售前服务

售前服务即在产品销售之前，厂商为吸引消费者购买产品所提供的各种服务。通常有这样几种形式：对潜在顾客实行免费教育培训或导购咨询，邀请他们参观产品生产现场并答疑解惑，向顾客提供免费的定制服务以及其他购物便利等。

2. 售中服务

厂商在产品销售过程中提供的服务叫做售中服务。为使顾客在购买过程中感到满意，厂商提供了种种便利，包括免费停车、免费寄存、免费咨询、免费包装、免费代为照顾小孩，以及提供良好的购物环境等。

3. 售后服务

厂商在产品出售之后继续为顾客提供部分服务，包括免费送货，免费安装调试，免费为所出售的产品提供质量保险，免费在一定时间内包退、包换、保修甚至终身保修，以及开设用户免费投诉电话，定期拜访，定期上门保养产品，定期向用户寄送产品资料和服务资料等。

（二）服务促销的优点和局限

1. 服务促销的优点

（1）有助于树立和传播良好的企业形象

厂商通过提供各种服务，逐渐获得顾客的信任和满意，从而树立起良好的企业形象。此外，通过服务活动的持续开展，在顾客群中形成良好的口碑效应，由此收到广告所无法实现的宣传效果，帮助企业不断扩大市场份额。

（2）制造差异化，建立长期稳定的业务关系

厂商通过周到的服务，一方面给消费者带来新的利益满足，另一方面也将自己的产品区别于竞争产品。这样的差异化是不容易为竞争者所模仿的，而且还能把顾客长期地吸引在企业周围，有利于培养忠诚顾客和巩固现有市场。

（3）增强与消费者的沟通

服务活动所引起的交易双方之间的双向沟通，与单纯的交易活动相比，其内容更加丰富，结果更加真实，反馈更加及时，从而使厂商能够迅速、准确地了解市场需求状况，为新产品开发和老产品改造提供有力帮助。

2. 服务促销的局限

（1）对企业整体素质要求较高

相比其他的促销方法，服务促销是一项系统工程，企业的整体素质是服务促销能否顺利实施的关键。服务促销首先要求企业高层实施顾客满意战略，并在整个企业管理中输入这种管理理念；其次，由于服务价值的高低很大程度上依赖于提供服务的人的素质，以及相应的服务设施和工具，因此需要一定的人员培训和硬件投入；最后，企业还需建立相应的服务监督系统，以保障和改进服务的质量。上述几方面都对实施服务促销的企业提出了较高的要求。

（2）需要把握适度的顾客满意度

一方面，厂商在服务过程中总是尽力满足顾客的要求；另一方面，顾客千差万别的要求又给企业增加了管理上的难度，使企业不能不计成本地满足顾客的所有需要。因此，厂商需要在顾客满意和管理成本中找到一个最佳的平衡点。

【案例5-20】 波音公司用服务促销①

1992年，波音公司被全球客户评为民用飞机制造业中服务最优秀的飞机制造公司。波音公司董事长梯·威尔逊说:“不能让人说，波音公司只是在推销飞机时才对我们感兴趣。”波音公司的售前和售后服务无微不至、无与伦比，它在实践中建立了一个庞大的客户服务体系。在波音，客户的确是“上帝”。

纵观波音公司的客户服务，有非常显著的四大特色。

1. 庞大的客户服务体系

波音民用飞机集团专门成立了一个客户服务部，为飞行在全球的7000多架波音飞机提供后勤支援。波音公司设立了客户培训组，为世界各地的客户(航空公司)培训飞行员和飞机维护人员。1992年，为客户训练了2000多名飞行员和4700多名维护人员。

波音公司为全球客户设立了世界上最全面的飞机备件系统，除了位于西雅图的中央分送中心外，客户还可以通过亚特兰大、布鲁塞尔、伦敦、北京、新加坡等分送中心获得备件。1993年，西雅图新的中央备件分送中心落成启用，中心占地65万平方米，总投资额1亿美元，仓库容积1500万立方米，储存达50万种零件，24小时运作。1992年，各备件中心通过环球电脑联网，一共处理了9800万张订单。与此同时，备件中心服务效率非常高，各地订单均可以在4小时内得到处理。一般情况下，98.5%的零备件可以在2小时内付运。

2. 波音服务的细致入微

波音专门设有维护工作组，该组的工程师协助每家航空公司确认其雇员及技术的需要，确保一切准备就绪后才交付飞机。维护工作组还向客户提供全套的“拥有者手册”，其中有印刷品、微型胶卷或计算机软件。1992年波音共寄出了1750本手册给客户，另外还有43000盒微型胶卷。

波音派驻全球56个国家200多名专业人员，驻场负责处理现场问题，同时肩负起波音“亲善大使”的重任。波音还设立了停产产品的服务组，负责支援已经停产的飞机，如707、727、737。

波音公司成立了“新机组”，主要任务是在开发新机之初，便从客户的角度出发，提供设计意见。也就是说，新机型还未投入运营，波音就已经在为未来的客户提供服务了。例如，波音777的客户服务组是在1990年成立的，而第一架777投入营运是在1995年。

---

① 转载自中国电力营销网。

3. 波音的服务——快

波音的客户服务以快取胜。快得有时连航空公司都深感意外。有一次，一架英国航空公司的747客机在印度尼西亚上空37000英尺处遇上了火山灰云层，4个引擎一下子全熄火了，飞机迫不得已紧急下降，机长发出了求救信号。逃出了火山灰云层后，引擎才重新发动。44分钟后，飞机降落在雅加达机场，机长一走下飞机，第一个看见的人就是波音客户部的技师吉米·加伯。波音反应之快，令该机机长不得不叹服地笑道："波音一定有颗间谍卫星在盯着我们。"

4. 波音的服务"不见外"

波音和同行们有一个不成文的行规，那就是无论哪一家的飞机坏了，彼此间都有责任帮助检修。

有一次，台湾某航空公司一架空中客车的机腹门把手掉了，无法关紧，飞机不能起飞。波音驻场代表汤姆·唐自告奋勇地接下了这个难题。他认真地做了一个代用品，装上去很管用，使这架飞机重新飞了起来，但这其中却闹了个笑话。航空公司副总以为汤姆·唐是空中客车的人，对空中客车大加赞扬。波音客户服务部的赫特曼先生刚好来这家公司办公，这位副总便执意要他见见这位空中客车的驻场代表，二人一见面才知道原来是一家人。波音就是通过这种超一流的服务征服了世界各地的客户，这难道不是一种超级的促销吗?

二、财务激励

财务激励是指厂商借助金融手段，参与消费者个人理财的促销方式。这类促销方法常常被用于高额的耐用消费品，比如住房、汽车、家用电器、组合家具等的销售。在我国，随着信贷消费为越来越多的消费者所接受，厂商使用该方法也越来越广泛。

对于昂贵的耐用消费品而言，如果一次性支付全款，消费者会由于较大的财务压力而延迟或取消购买决定。财务激励则通过抵押、信用担保等方式，向消费者提供一定数额的资金融通，从而减轻了消费者的财务负担，激励他们做出即期购买的决定。在该促销方式中，厂商不仅向消费者提供了合格的产品，还为他们提供了商业信贷。因此，财务激励对消费者来说也许并没有提供什么财务利益，但此方式所提供的商业信贷功能却帮助消费者提前实现了消费。

（一）常见的促销形式

1. 分期付款

消费者分若干次付清产品全额的方式叫做分期付款。这种方法较好地解决了消费者一次性支付的财务困难，尤其适用于家用电器类商品的销售。

分期付款的实质是由厂商向消费者提供首付款以外部分的小额无息商业贷款。为保证贷款的安全性，消费者在购买产品时，必须与厂商办理具有法律效力的相关手续，约定在所有款项付清之前，产品的全部或部分所有权归厂商所有。

2. 后付款

后付款是指厂商承诺在一定资金额度下的滞后还款期，这种促销方式的主要作用是为消费者的支付行为提供方便。由于是先消费后付款，因此在无形中也鼓励了消费者增加消费金额和消费次数，故常用于周期性或连续性消费项目，如通信、餐饮服务等。

后付款方式的实质，是由厂商向消费者提供一定时间内、一定额度的资金，因此，这种方式也需要通过签订正式协议来约束购销双方的交易行为。

3. 银行按揭

对于大宗消费品如汽车、住房等，厂商亦无力向消费者提供长时间的大额资金融通，这时，借助银行等金融机构就能解决这一问题。

消费者以所购买的商品作为抵押，向银行贷款支付商品金额，同时和银行签订还款协议，并按照协议还款，这样的方式就叫做银行按揭。因此，在款项未付清之前，消费者必须将商品的所有权证抵押给银行，以这样的法律形式来约束还款行为。在这个过程中，厂商则为消费者简化了贷款手续。

4. 银行卡

银行卡是指由商业银行（含邮政金融机构）向社会发行的具有消费信贷、转账结算、存取现金等功能的信用支付工具，包括具有“信用”意义的贷记卡（信用卡）和不具有“信用”意义的借记卡两种形式。二者的不同在于，使用贷记卡的消费者可在银行规定的信用额度内先消费后还款，或存入一定备用金后在规定的信用额度内透支消费；而借记卡则只能先存款后消费。

由于银行卡涉及发卡银行、持卡人和厂商等三方当事人，因此银行卡促销的实质是，银行向消费者提供短期小额信用贷款（有一定的免息期），银行、厂商共同提供存取及结算上的便利。

某些大型零售机构和服务场所与银行联手发行的联名卡也属于银行卡的附属产品。这种联名卡是在原有银行卡的名称上加上商业机构的名称，是发卡银行和零售商互惠互利的一种新型促销方式。

（二）财务激励的优点和局限

1. 财务激励的优点

（1）形成各方多赢的局面

财务激励通常涉及厂商、消费者和金融机构三家的利益。就厂商而言，使用财务激励促销，虽然会因此向金融机构支付一定比例的手续费或承担一定的资金利息，但由于激励了消费者即期购买，所带来的将是市场份额的扩大和销售额的增长，以及资金的及时回笼，这样的收益是显而易见的。从消费者来看，接受财务激励促销，即使交纳一定的贷款利息和手续费，但满足了他们提前实现高质量生活的愿望，这种促销方法也深得消费者关注和喜爱。对金融机构来讲，由于使用了抵押或信用担保，贷出资金的金融风险可以降至最低，而由此带来的利息收入和手续费收入正是金融机构获利的主要来源。因此形成三方的多赢是财务激励的最大优点。

（2）推动社会进步

财务激励能够改进传统的支付结算方式，扩大银行信贷资金来源，加快社会财富流动，节约流通费用和社会劳动，推动社会信用机制建立，从而最终推动社会进步。

2. 财务激励的局限

（1）适用范围较窄

财务激励主要用于大额的耐用消费品和周期性的服务产品，而很少用于其他类型的产品和服务。另外，多数厂商还对消费者和金融机构的所在地区进行了限制。

（2）外部环境限制

财务激励还受到来自外部环境的限制。例如，按揭和银行卡实际上改变了消费者的生活方式和消费观念，目前我国也只是在经济较发达、观念较新的地区应用得比较广泛，因此对国内多数的传统消费者来讲，还有一个逐步接受的过程。

同时，外部环境还包括建立社会信用机制、规范相关法律，以及提高银行服务水平。当前这些方面的不完善，都在一定程度上影响了财务激励促销的应用。

【案例 5-21】 武汉国投分期付款卖"大件"[①]

武汉国投经贸发展公司曾独家推出了大件耐用商品分期付款销售活动，不但商家实现了促销商品的目的，也给广大江城人民带来了方便和实惠。

这次分期付款活动销售的商品范围包括：彩电、空调、冰箱、冷柜、洗衣机、照相机、摄像机、影碟机、电脑、钢琴、组合家具、健身器材、微波炉、摩托车等。办理程序分为以下三步：

(1) 顾客携带身份证、户口簿和工作证，到指定的商场"受理处"或厂商进行咨询，领取"分期付款申请表"和"分期付款客户资信资料"，填好后交给商场"受理处"或厂商。顾客在递交"申请表"和"资信资料"的同时要缴纳 100 元"诚意金"。

(2) 厂商派人到顾客家中走访，核实资信资料。主要是了解顾客住处的所在位置和门牌号码，以及顾客是否有按期还款的经济能力，必要时向顾客或其直系亲属的所在单位了解情况。

(3) 情况了解清楚之后，厂商如果批准了顾客分期付款购物的要求，就打电话通知顾客来商场"受理处"与厂商签订《分期付款购物合同书》。然后顾客向厂商支付商品总价 30% 的款项就可提货，其余 70% 的款项，可以按照顾客要求，分 3、6、9、12、18 个月付清，每月支付一次。

【案例 5-22】 "零首付"走进我们的生活[②]

从现在起，上海顾客可以在商店柜台当场贷款买走货物。由建设银行上海市分行首家推出的即来即贷式"零首付"信用消费贷款，提供了这种方便。目前上海持有公积金龙卡和龙卡信用卡的 428 万居民，只要有良好个人资信，都能在上海南京路上的第一百货、新世界商厦，淮海路上的新华联商厦、百盛商厦，徐家汇的汇金百货等著名商店，享用这一银行最新产品。

据介绍，建设银行上海市分行发挥办理上海居民缴付住房公积金的优势，通过商店连接到银行信息库的网络，能迅速了解顾客缴付公积金的情况和信用卡记录，当场审核"零首付"贷款，从而大大节省了传统资信核查的时间，既简化了申办手续，又有效控制了信贷风险。

---

① 周国林：《100 个成功的促销策划》，北京：机械工业出版社 2003 年版。

② 转载自中国营销传播网。

本章小结

消费者的购买行为具有广泛性、非专业性、需求差异性、购买的经常性和重复性，以及发展性等特征，消费者购买行为的产生受到内在因素和外在因素两大方面的相互促进和交互影响。

按照促销能够提供消费者的不同附加利益为分类标准，可将针对消费者的促销方法分为三类：提供财务利益的促销方法；提供心理利益的促销方法；提供性能利益的促销方法。

某些促销方法能够为消费者提供实际的价格减免，使他们从直接的价格差中获得经济利益的满足。这些促销方法包括：折价、凭证优惠、凭证退费等。

某些促销方法还能够通过产品的品牌、实物、赠品以及购买过程，给消费者提供各种心理利益，这种利益的满足也会促使消费者产生购买行为。这些促销方法包括：免费使用、有奖销售、游戏与竞赛、公益赞助、会员制等。

除了能够提供上述两种利益，有些促销方法还能够增加和改善产品的性能、质量，或者超越产品本身提供给消费者一些额外的附加利益，使他们感受到这部分增加的利益带来的满足。这些促销方法包括：服务促销和财务激励。

每一种促销方法又有各种不同的表现形式，并且它们都具有不同的适用特点以及优势与局限。在企业的营销实践中，需要结合实际情况，选取最适合的促销方法。

思考题

1. 为什么说折价促销不适合用于同质化程度高且品牌知名度不高的产品？
2. 如何理解折价或优惠促销给品牌形象带来的损害？
3. 许多厂商不愿使用免费样品促销，其原因主要体现在何处？
4. 有奖销售的附送赠品促销中，赠品的选择至关重要。在赠品的选择中，厂商要注意把握哪些原则？为什么？
5. 公益赞助促销有哪些优点？厂商在开展公益赞助促销时要注意哪些问题？
6. 会员制促销是最能体现长期效果的促销方式，为什么？
7. 为什么服务促销对企业整体素质要求较高？
8. 财务激励的实质是什么？

第六章

针对渠道成员的促销方法

教学目的和要求

1. 了解中间商的购买行为；
2. 掌握针对中间商的几种促销方法，以及它们的优势与局限；
3. 掌握针对内部销售人员的几种促销方法，以及它们的优势与局限。

引言

产品营销渠道的通畅程度，将直接影响其他营销决策的制定和营销的最终效果。比如，厂商要进行大规模派发免费样品的促销活动，此时如果零售点铺货不足，或者缺乏相应的终端宣传措施，将会导致消费者试用产品后虽感到满意，却买不到产品，而使派发样品的促销效果大打折扣。

一般来讲，产品在从生产者经过经销商、零售商，最终到达消费者手里的流动过程中，如果得到经销商和零售商的支持越多，产品到达消费者手中的机会也就越多。因此，为了增加产品与消费者见面的机会，厂商必须激励和管理好渠道中每个层级的成员；而在对消费者开展促销活动时，更需要各级渠道成员的积极响应与支持配合，才有取得成功的可能。

现在，厂商早已告别了过去那种只管向中间商出货的时代，变得对中间商非常重视，并且将对中间商的促销看成整体营销计划的一部分。一些企业对中间商的激励策略甚至已经上升到营销战略的高度。当厂商在制定营销策略和设计对消费者促销时，就已经把对中间商的促销规划了进去，以使企业尽量避免处于被动应对的状态。因为市场状况让他们认识到，要绕开中间商去实现市场目标将会疲于奔命，甚至会破坏企业的有序发展。

有统计数据表明，2001 年美国在消费者促销方面的花费近 1 000 亿美元，而针对零售商和经销商的促销支出约为 1 500 亿美元，占总促销费用的 60% 以上。事实上，厂商在渠道上的促销花费甚至要比他们愿意支付的更多，虽然他们更希望把钱花在消费者身上，但越来越强大的渠道控制能力使这些中间商有资本向厂商要求更多的奖励和资助。新品牌和弱势品牌尤其需要依赖这些中间商，由于自身经济实力和营销力量较弱，他们只能选择将有限的资金集中到渠道的激励上来，于是无力再做消费者的工作，这使他们更难以摆脱对中间商的依赖。

在产品从厂商到消费者的整个流动过程中，厂商的销售人员同样起着至关重要的作用。这些作用包括推销产品、扩大市场、收集和反馈市场信息、宣传企业形象、对产品进行分配协调、直接向顾客提供服务等。采用适当的方式对内部销售人员进行激励，有利于发挥他们工作的主动性和积极性，激发他们的士气和成就感，从而最终配合企业营销目标的实现。

第一节 中间商购买行为分析

在商品种类十分丰富的今天，人们对中间商地位与作用的认识发生了极大转变。这些中间商不再是昔日听人吆喝的买主了，他们有很大的自主选择余地：他们可以卖你的产品，也可以卖其他人的产品，谁能提供给他们更多的利益和援助，他们就会与谁结盟。

如前所述，本书使用“中间商”来专指经销商和零售商，即产品从厂商流向消费者的过程中所要经过的中间企业。这些企业是通过购买和销售产品、转移产品的所有权而从中获利的。

在市场上，经销商与零售商同时具有买方和卖方的双重身份。对厂商或批发商而言，他们是买方，具有购买者的一般特征；而对次级批发商、零售商或消费者来讲，他们又是卖方。因此，厂商要想有效地开展对中间商的促销，首先必须了解和掌握他们所具有的行为特点和购买规律，才能在此基础上确定促销方法和设计促销策略。

一、中间商的分类

中间商可划分为经销商和零售商两类。

经销商是将所购买的产品转售给其他批发商、零售商，以及其他企事业单位的商业组织，处于商品流通的中间环节。按照经营产品的所有权归属，又可分为三种类型：对经营的产品具有所有权的独立批发商，受厂商委托承担销售责任的代理商和经纪人，厂商自办的销售机构。

零售商是将所购买的产品直接销售给最终消费者的商业组织，处于商品流通的最终环节。按照经营产品的范围，可以分为专业商店、百货商店、超级市场、购物中心和便利店等类型。

二、中间商的功能

（一）经销商的主要功能

1. 购买功能

对厂商来说，经销商的购买行为使其所生产的产品价值得以实现，并节约了大量的销售费用。对零售商来讲，经销商是零售商的购买代理人，其集中进货也节省了零售商进货时在人、财、物方面的投入。

2. 销售功能

经销商经销产品的最终目的是销售产品获取利润，因此经销商充当着厂商的销售代理人，加速了产品流向消费终端的进程，缩短了再生产的周期；同时，经销商丰富的市场销售经验，还有利于厂商拓展和渗透市场，扩大产品知名度，提高市场占有率。

3. 分销功能

在通常情况下，厂商考虑到成本费用的因素不愿意小批量出售产品，而零售商受财力、人力限制，又不可能分别向每个制造商直接购买。所以，经销商在这里发挥了分销功能，既向厂商大批量购买，又小批量将产品转卖给零售商。

4. 运输功能

许多厂商都无力或不适宜亲自到远方市场运输和销售货物，多数零售商也没有实力亲自去远方市场采购商品。因此，经销商在购买产品之后，还担负着组织产品运输的任务：一方面将产品从厂商处运回自己的仓库；另一方面，将产品从自己的仓库运到零售商处。

5. 储存功能

商品的储存是其不断流通的条件之一，因此，经销商还对商品起着类似“蓄水池”的储存作用：充分利用仓储设备，创造时间效应，使零售商可随时获得小批量的进货，满足消费者的即时需求；同时还可调节市场的淡旺季需求。

6. 融资功能

经销商对上游的供应商和下游的购买者起着一定的融资作用：当零售商向经销商实行信用进货时，能够适当地减少其经营资金的需要；而资金雄厚的批发商，还可以利用预付货款的方式，帮助厂商解决流动资金周转不畅的困难。

7. 服务功能

批发商要为零售商提供宣传、广告、定价和商情等咨询服务，同时也要为厂商的产品和销售政策做必要的解释和宣传工作。

（二）零售商的主要功能

除了上述的购买功能、销售功能、分销功能与经销商基本一致外，零售商还具有以下两项主要功能：

1. 服务功能

零售商的服务功能主要体现在对消费者的服务上，包括提供数量充足、品种齐全、质量优良、价格合理的商品；提供设施先进、优雅方便的购物环境；提供热情周到、技能高超的导购服务；提供让顾客放心满意的售后服务保证等。

2. 沟通功能

零售商还承担着促进厂商、经销商和消费者之间联系的功能，主要表现在：零售网点直接与消费者接触，可以为厂商和经销商传递市场信息；零售商作为厂商和经销商的代言人，对消费者进行指导；同时又可及时了解市场的变化，以及收集消费者的反馈意见，向厂商和经销商提供最新的市场信息。

三、中间商的购买特点

中间商的购买，通常被称为“采购”。由于购买目的和购买商品的用途不同，其购买行为与消费者的购买行为有很大差别。中间商的购买特点主要表现在以下五个方面：

(1) 购买规模较大。由于中间商要以销售所购买的商品来获得盈利，因此，必须要有足够大的购销利润空间才能弥补经营费用和获取利润。通常情况下，这需要相当大的购买规模才能实现。

(2) 购买的理智性较强。中间商的购买活动是其经营活动的重要内容之一，为了获利，采购行为必须十分冷静、理智，完全从经济利益的角度考虑问题和做出决策，而较少掺入个人感情因素。

(3) 重视商品的获利能力。中间商的购买是为了转卖，因此，他们在购买商品时，主要考虑该商品在市场上是否有较好的销售前景，能否赚取利润。没有销售前途和获利能力的商品，中间商是不会购买的。

(4) 购买者的专业性较强，购买经验丰富。中间商一般应对产品的特性、功能非常熟悉，在同厂商的贸易洽谈中也具有熟练的技巧和才能。

(5) 非常注重购买时机。经销商和零售商要尽量减少购买与销售的风险，同时还要尽量降低购买后的储存、运输费用。因此，他们十分注重购买的时机。

四、中间商的购买程序

在中间商的购买程序中，不同的阶段会表现出不同的特征，这给厂商的促销活动提供了不同的努力方向。

（一）制订采购计划

中间商采购计划所包括的主要内容有：确定采购货品、采购型号、采购数量及金额、采购时间、采购方式、采购价格和采购途径等。

在采购计划的制订和实施过程中，受利益驱动及其他客观条件的影响，计划很可能随时调整。比如，如果厂商同意给予更多的价格让步，则通常订货的数量会有所增加。因此厂商在此阶段应善于创造某种条件，使中间商的采购计划向有利于增加销售量的方向调整。

（二）确定订货对象

选择和确定订货企业是中间商的一个重要决策内容。决定和影响他们选择订货企业的因素有：货品的性能与质量、货品的价格、数量、交货期和其他条件等。

在上述因素中，如果前四项对不同厂商来说没有太大的差别，此时关键就要看谁能够提供令中间商心动的“其他条件”。因此，厂商在这方面也可以利用促销手段，争取更多的中间商成为自己的顾客。

（三）订货、签约和付款

在该步骤中，中间商主要是通过采购人员来具体实施。厂商可以根据采购人员的心理特征策划有效的促销活动，加强采购人员对本企业产品的好感，使采购人员愿意与本企业建立长期良好的合作关系。

五、厂商对中间商促销的基本目标

对厂商来讲，促使经销商积极主动地销售本公司的产品，加强和巩固市场份额，提高销售业绩，并帮助他们建立和完善自身的经营管理体系，提高整体经营水平，维护更加稳定持久的合作关系，是厂商对经销商促销的基本目标。

厂商对零售商促销的基本目标在于：促使零售商积极推销本公司的产品，扩大本公司产品的陈列橱窗，提高零售商整体的经营水平，提高其对本企业产品的销售业绩，扩大产品知名度，提高本公司的产品信誉等。

六、厂商对中间商的监督与管理

长久以来，厂商对渠道及中间商的研究工作做得不够，原因是以前的厂商无须经过任何协商和让步就可以获得中间商的良好合作。但是，随着商品的极大丰富和市场竞争的加剧，中间商掌控了越来越多的资源和谈判的筹码，使他们对厂商营销活动的影响越来越大。因此，厂商对中间商的监督与管理显得日益重要。以下是有关中间商管理的几个具体内容：

（一）销售网点经营情况调查

厂商需要追踪自身及竞争对手的分销经营情况，以便客观评价自己的产品。为了取得分销研究的数据，厂商可以委派市场巡访专员或委托市场研究公司立项调查，定期（通常是每季度）访查批发和零售网点的负责人，获取有关品牌的款式、规格销量，以及价格等一手数据。这些数据一般为厂商与中间商所共享，用以分析提高经营业绩的努力方向，帮助经销商和零售商管理业务。

（二）厂商在中间商心目中的形象调查

厂商通常很注重自己在消费者眼中的形象，其实厂商在经销商和零售商心目中的形象也非常重要。一年或半年一次的调查，可以帮助厂商衡量和评价自己，以及竞争对手在他们眼里的形象，以便继续发扬良好的工作作风和及时改进工作中的不足。

（三）促销策略实施的有效性调查

厂商的促销策略一般要通过经销商和零售商的合作才能有效地实施。在对促销策略实施的有效性调查中可以得到如下信息：消费者对商品陈列的兴趣、购买频率、一次购买数量等。这都将帮助厂商判断现期促销策略是否有效，并为今后设计促销策略提供参考依据。

（四）对经销商广告的测试评估

现在许多厂商开始重视通过商业出版物或大众媒体，专门针对经销商做广告。对经销商广告通常不需要像对消费者广告那样进行严格的测试和评估，原因是投入的经费比消费者广告要少很多。但是，由于中间商的作用日显，现在这种评估变得越来越重要了。对消费者广告的一些测试评估技术也逐渐应用于经销商广告中。

（五）新产品上市的可行性评估

新产品上市通常是要冒一定风险的，入场费、货架空间占用费和损失赔偿费的收取更是增加了上市的成本。在推出新产品时经常容易被忽略的是经销商的接受程度。因此，经销商对新产品的反应也应并入关于上市效果的测试当中。调查经销商的反应可以帮助厂商修正不够完善的市场策略，提高品牌成功的机会，甚至在产品上市之前就可以判断出它成功的可能性。

（六）商品导购工作的实施情况调查

据统计，50%的零售商除了销售商品外，不为厂商做任何别的促销工作，有2/3的折扣也未能顺利地到达消费者的手中。然而商品的导购工作又是非常重要的，特别是商品陈列、宣传品的提供等都能帮助厂商达到促销的目的。厂商期望零售商能够在陈列新产品、人员导购等方面做些工作，就需要进行导购工作的实地调查。事实证明，如果是由双方合作共同设计商品的导购方案，就易于得到零售商的认可与配合。

（七）厂商与中间商的冲突解决

厂商愈发认识到中间商对商品销售的控制作用，他们正在花费越来越多的费用，以便对中间商进行促销。这笔日渐庞大的开支使双方期望值也日渐增高，并容易产生冲突。厂商经常抱怨中间商在商品的销售上没花工夫，白领了折扣；中间商则认为厂商不重视自己的经营目标。因此双方要精诚合作，理解对方的要求。

【案例6-1】 维达纸业与零售商的合作

近年来，生产商与大型零售商在促销方面的矛盾尤为突出。一方面，大型零售商为了短期内提高销售量，增加人气，往往提出有利于零售商的促销方案，要求生产商或供货商参与，分担其中大部分成本；另一方面，生产商则更愿意从企业长期发展角度出来，提出自己的促销方案。双方在促销活动的方式、时间、促销对象等方面的选择上存在较为明显的差异，这样双方的促销矛盾就会产生，实际上源于双方各自利益的冲突。

维达纸业在共赢的原则下，与华中地区主要大型零售商采取销售提升解决方案的合作方式：双方共同对消费者进行调研，掌握消费者的促销方式消费偏好；共同设计促销组合方案；共同进行效果评估及方案改进。

如武汉某大型超市由于近期内销售下滑，希望与维达合作进行促销。为此，维达市场部与超市相关人员组成解决小组，共同制定促销方案。通过调研，发现消费者面对各种形式的促销活动显得比较理性，更愿意选择直接降价的产品。因此，超市相关人员建议针对维达部分产品进行降价销售，但维达市场部工作人员却并不完全赞成这种促销方式，认为通过组合促销更有利于双方的共赢，并提供了这两种促销方式在其他店的促销效果数据。具体如下：促销产品是维达400抽取式面巾纸。在门店M进行促销方式A即降价25%的直接促销，在门店N进行促销方式B即购买第一件原价、再买第二件就打五折的组合促销。这个商品在两个门店的促销力度其实是一样的，因为如果买两件的话，消费者都是节省25%。但是，在相同的促销时间内，这两种促销的效果差异却很大，如下表所示：

门店	促销方式	月销售量	月销售额	毛利	毛利率	人流量
M	A（直接降价 25%）	105	519.5	28.6	4.62%	28 654
N	B（第二件打五折）	346	2 041.4	251.9	12.34%	36 748
方式 B 提升效果	—	229%	293%	780%	167%	28%

最终双方经过协商采用组合促销方式，在促销活动效果事后评估中，该零售商不仅总的销售额得到明显提升，而且维达纸品的销售也得到了显著的增加。

第二节　对中间商的促销方法

由于中间商购买产品的目的不同于消费者，因此不宜简单地将其划分为财务利益、心理利益和性能利益的提供。这里，我们把对中间商的促销方法分为六大类，即进货折扣、随货赠送、销售奖励、销售竞赛、补贴和其他激励措施。每一类中，又有若干种不同的形式。

一、进货折扣

中间商在进货时，都希望厂商给自己一个较低的折扣价。折扣是吸引他们关注厂商产品的重要因素。因此，进货折扣也是使用最广泛、操作最简便、效果最明显的对中间商的促销方法。

（一）常见的促销形式

1. 现金折扣

现金折扣是指厂商对于在约定时间内提前付清货款或用现金付款的客户，给予一定比例的折扣。比如，“2/10，net/30”是指客户需在 30 天之内付清货款；如果在 10 天之内付款，将给予 2% 的现金折扣；如果超过 10 天，在 30 天之内付款，不给予折扣。

这种促销方式的目的在于鼓励客户以现金付款和尽快付款，以提高销售回款率，加速资金周转，减少收账费用，预防坏账发生。这也是针对国内目前的商业信用环境常用的一种折扣方法。

2. 数量折扣

数量折扣是指向大量购买本产品的中间商提供价格折让。厂商通常和客户事先约定，按照购买数量或金额的多少给予不同的折扣，数量越多，折扣越大。数量折扣在实际中又分为两种。

一种是累计性购买数量折扣，即在一定时间内，按客户购买产品累计达到的数量或金额，给予大小不同的折扣优惠。这种方法的目的在于鼓励客户长期购买，成为厂商稳定的客户。

另一种是一次性购买数量折扣，即当客户一次购买产品达到一定的数量或金额标准时，给予的折扣优惠。当顾客的购买量超过这一标准时，超过越多，所得到的折扣比例就越大。例如，购买饮料，进货5—10箱折扣2%，进货11—30箱折扣5%，超过30箱折扣10%。这种方法的目的在于鼓励客户集中大量进货，以降低生产、销售和储运费用，加快产品出货和资金周转速度。

3. 附加赠送

厂商根据客户的购买数量，向其赠送一定数量的相同产品，比如买100件产品送2件产品。由于从所赠送的产品数量中很容易计算出本次进货的实际折扣，因此，附加赠送从本质上看还是一种数量折扣方式。事实上，附加赠送和数量折扣相比，还是一个减少库存的好方法，更易受到厂商的青睐。

4. 提前采购折扣

这是厂商对于季节性产品（如空调、保暖内衣等），以及无法预测销售额的新产品使用的一种促销方法，即对在销售淡季购买或提前购买产品的客户，给予价格折扣优惠。这种折扣的幅度一般较大，有时高达30%—40%。

厂商通过这种方法来减少资金积压、降低仓储费用和商品损耗，有利于一年四季保持稳定的生产和销售，同时也是厂商将风险分摊给中间商的一种方式。

5. 职能折扣

当经销商或零售商愿意为厂商执行销售渠道中的某些职能时，厂商将向他们提供一定比例的价格折扣。这些职能包括运输、储存、宣传、促销、售后服务、展售等。一般而言，中间商承担的职能越多，享受的折扣也就越多。

职能折扣的目的在于鼓励中间商利用自身资源，为厂商分担营销管理职能，同时强化中间商对厂商的忠诚度，加强他们与厂商的合作及联系。

6. 协作力度折扣

厂商根据客户销售本产品时所给予的合作程度不同，而实行不同的价格折扣优惠。其目的在于强化客户对厂商的忠诚度。这种协作力度的价格折扣优惠，一般是通过考察中间商的以下表现来确定的：

一是对于本企业产品的陈列状况，包括陈列数量、陈列场所、陈列位置、货架位置和大小等；二是客户遵守厂商所规定的出货价格或维持指定销售责任区域等制度的情况；三是客户对厂商开展的促销活动的配合和支持情况；四是客户对厂商产品所做的售点广告宣传或橱窗展示的情况。

7. 进货品种折扣

如果客户在进货时，同时买进几种大小不同，或口味不同，或颜色不同，或款式规格不同的产品，厂商则视其购买品种的多少给予一定的折扣优惠。

这种方法可以使厂商兼顾畅销产品和滞销产品，避免造成滞销产品的积压，同时也有助于新产品的销售。

（二）进货折扣的支付方式

厂商对中间商进货折扣的支付方式有以下几种：

1. 现金支付

折扣大多数采用现金支付。过去一般是在年末或半年末支付，现在常常在季度末支付，或在客户向厂商付款时先把折扣金额扣除。

2. 用公积金支付

即厂商把折扣金额积存下来，等到年底一次性支付，或在客户整修店面、购买运货车辆时支付。通过这种方法，厂商可强化与客户之间的合作关系，并在一定时间内用这笔钱作为流动资金使用。

3. 提供销售工具

即厂商用实物来支付对客户的价格折扣。大到送货的汽车，小到商店的用品，都可以是价格折扣的变相形式。

4. 用产品支付

厂商赠送相当于价格折扣金额的产品给中间商。这种做法由于不是送现金，而是送产品，当然对厂商更有利。但如果该产品在市场上销路不好时，就难以刺激客户进货。

（三）进货折扣的优点和局限

进货折扣具有直接的激励性，能够对中间商产生短期明显的促销效果，解决厂商的销售紧急状况。尤其对于销售季节性较强的产品，在销售淡季或旺季来临之前，比较适合使用这种促销方式，能够帮助厂商降低经营风险、拓展市场，以及加快资金周转。

然而从长远看，根据进货数量实行折扣价格或附加赠送本产品，会引起中间商的超前购买，甚至导致部分经销商低价抛售和恶性窜货（指经销商突破厂商指定的销售区域进行跨区销售，是一种扰乱市场的行为），引发价格混乱，严重影响大多数经销商的销售信心和积极性，使产品的正常销售受到影响。但对于零售商来说，由于他们经营的品种较多，加上零售终端在地理位置上的分布已经相互分隔，对单品进行杀价竞争的可能性很小，因此厂商对零售商进行折扣促销仍不失为一种较好的促销方式。

目前折扣政策已经成为厂商之间常用的竞争手段，而且折扣比率还有逐渐升高的趋势。越是处于弱势的厂商，越要付出更大的折扣来吸引客户，并且一旦抬高就很难降下来。但高折扣对于厂商的危害是显而易见的，它不仅挤占了厂商的利益，而且经常性的折扣一旦被经销商列入自己的销售计划之中，就失去本来用于激励的功能。

有人将折扣称为“麻醉药”，或“饮鸩止渴的行为”，因为一旦开始使用折扣，如果中途发生问题，也无法中途停止，反而会加速事态恶化。因此，新一代的企业经营者已将折扣视为“禁忌”，而尽力缩小折扣运用范围，或者对折扣限定使用时间。

【案例6-2】　“嘉士伯”啤酒进货，附送出租车票①

嘉士伯啤酒公司为激励广大二级批发商对“嘉士伯”啤酒的配合与支持，于1996年8月1日至8月31日期间开展了进“嘉士伯”啤酒送计程车票的促销活动，目的在于鼓励二级批发商在销售旺季多多进货。其奖励标准如下：

凡进货达100箱，奖励计程车票5张，折扣比例为5%；

凡进货达200箱，奖励计程车票12张，折扣比例为6%；

凡进货达300箱，奖励计程车票20张，折扣比例为6.7%；

凡进货达400箱，奖励计程车票30张，折扣比例为7.5%；

凡进货达500箱，奖励计程车票40张，折扣比例为8%。

所有二级批发商在规定时间内购进“嘉士伯”啤酒达到如上数量者，即按实际进货数给予相应的折扣奖励。

【案例6-3】　启发集团的保值促销②

时下提到订货会，一些人也许会想到“观光旅游”、“回扣”等字眼。然而河北启发纺织集团召开的一次淡季订货会却在不观光、无回扣的情况下取得了巨大成功，订货数量达3 250吨，在同行业中引起极大反响。据了解，这次订货会的成功得益于一种全新的促销手段——“保值促销”的推行。

启发纺织集团是河北省最大的民营毛纺企业，年产值1.2亿元，产品畅销到26个省、市、自治区。由于毛线销售的季节性强，旺季供不应求、淡季产品积压的矛盾十分突出。在启发集团召开的产品淡季订货会上，董事长王启发大

① 顾松林等：《消费品营销策略》，上海：上海远东出版社1999年版。

② 张自利：《促销实战手册》，北京：中国纺织出版社2003年版。

胆推出“保值促销”新举措。具体做法是：经销商在淡季订购一定数量的毛线，厂方保证在旺季以同等价格供给相应数量的产品，而且价格在优惠的基础上给予保值，即旺季如果出现市场价与保值价倒挂现象，厂方保证补齐差价，以维护经销商的利益。

这种营销新举措对经销商产生了巨大的吸引力，50 多位客商竞相订货。订货会期间，收到预订金 500 万元，随后还陆续收到 1 800 万元货款或预订金。

王启发认为，有实力、信誉好、产品适销对路、机制灵活、市场预测准，是工业企业实行保值促销必须具备的条件。

二、随货赠送

随货赠送与前面提到的附加赠送有所不同，附加赠送是买产品送同种产品，其实质还是一种数量折扣；而随货赠送则是买产品送其他产品，赠品可以是本厂商生产的其他产品，也可以是其他企业生产的产品，还可以是赠品券、折价券、抽奖券、优惠券等。

（一）常见的促销形式

1. 箱外赠送

厂商按照经销商进货数量的多少赠送一定数量的物品，这些赠品是放在箱外随货送出的，叫做箱外赠送。箱外赠送适用于对经销商的促销。

赠品通常是与产品有一定关联度的物品，比如购买调味品送厨房用品，也可以是与产品没有关联但与经销商日常经营活动有关联的，比如送挂历、计算器、电脑等。有的厂商还抓住客户追求新鲜刺激的心理，赠送当场兑奖的“刮刮卡”或赠送用来抽奖的“奖券”，将有限的资金发挥出最大的促销效果。

2. 箱内赠送

零售商是渠道中非常重要的环节。积极性高的零售商，既可以形成对市场的推动力，又可以形成对上游批发商的拉动力。因此，激发零售商的积极性是一种事半功倍的投入。

箱内赠送和箱外赠送唯一的不同在于，前者是将赠品或赠券放在产品的外包装箱内，而后者是放在箱外的。将赠品放在箱内，能够让零售商感受到实实在在的优惠，因此，箱内赠送适用于对零售商的促销。

和箱外赠送一样，箱内可以放置有形赠品，也可以放置用来抽奖的“奖券”，或能够直接兑现的“刮刮卡”。

（二）随货赠送的优点和局限

多数厂商都希望针对消费者开展直接的促销活动，把优惠真正送给消费者。但对于多数零售商来说，厂商针对消费者促销，只是让他们看到了消费者的品牌转移，而实际上并不能增加零售商店的销量和利润，而且他们还得为消费者分发促销礼品而增加管理费用，因此，他们会直接要求厂商对他们实行促销优惠。而事实上，如果没有中间商的配合，厂商是很难顺利地开展促销活动的。因此，对经销商和零售商进行随货赠送促销，能够很好地保证促销活动的顺利开展，增强客户的购买积极性。

不幸的是，随货赠送本来是厂商给予中间商优惠的一种方式，现在却演变为不得已而为之的行为。面对着掌控销售网络的经销商和零售商，厂商挖空心思送出赠品，以获取他们的好感，而他们的竞争对手也不甘示弱，造成赠品的档次和数量越来越高，送出频率越来越高，但中间商们的积极性却难以调动起来，还养成了他们对额外利益不断追求的习惯。现在的厂商发现，中间商越来越需要额外的利益才肯履行其本来的职责，而且为了获得更多的奖励要求，中间商们甚至不惜使用各种方法来胁迫厂商。

【案例6-4】 荷兰乳牛礼品包装“物以稀为贵”①

荷兰康必奶（中国）公司曾为旗下的“荷兰乳牛”奶粉推出了数量有限的超值礼品包装，并打出“数量有限，莫失良机!”的广告词。

该企业对此次活动的宣传内容是：荷兰康必奶公司推出超值礼品装产品——“荷兰乳牛”奶粉，不但价格优惠，而且内含礼品，数量有限，配额供应。其中，A级店可进货8箱，B级店可进货4箱，C级店可进货2箱，D级店可进货1箱。

【案例6-5】 “加佳”岁末大酬宾②

“加佳”洗涤用品公司曾针对“加佳”洗衣粉在二级批发商和零售商之间进行了一次“酬宾销售”。厂商根据不同的进货规模给予不同的奖励，使各种级别的批发商和零售商都能够获得利益，鼓舞了销售的积极性。

以下是“加佳”洗涤用品公司针对二级批发商和零售商推出的特别酬宾活动：

(1) 购进1箱“加佳”洗衣粉即可得兑奖券1张，凭兑奖券可参加抽奖(兑奖券数量为125万张)。具体奖项包括：特等奖50名，奖价值2 000元的奥林巴斯照相机1台；一等奖500名，奖价值380元的全毛衬衫1件；二等奖

① 顾松林等：《消费品营销策略》，上海：上海远东出版社1999年版。
② 周国林：《100个成功的促销策划》，北京：机械工业出版社2002年版。

5 000 名，奖350克加酶洗衣粉1箱；三等奖12 500名，奖不锈钢饭盒1个；四等奖25万名，奖350克加酶洗衣粉1袋。

(2) 一次性购买"加佳"产品100箱，另赠不锈钢汤盆1套（5件装）。

(3) 累计购买"加佳"产品满2万箱，另奖价值2 000元的奥林巴斯照相机1台。

三、销售奖励

销售奖励与进货折扣的最大不同在于，前者是根据某一时间段实际的销售目标完成情况进行奖励，而后者则是根据进货的数量、品种、时间，以及承担的职能等提供折扣优惠。

(一) 常见的促销形式

1. 年度销售奖励

厂商在年初事先设定销售目标，如果经销商或零售商在一个经营年度内达到了这个目标，则给予一定的奖励；如果超额完成，则提供更高的奖励。销售目标可以是单一的年度销量指标，也可以是一系列的销售指标，如月度销量、季度销量、新产品销量、销售品种、回款、专销、渠道渗透、价格执行等。为兼顾不同中间商的销售能力，厂商还可分设不同等级的销售目标，奖励额度也逐级增加，以鼓励中间商向更高的销售目标努力。

传统的奖励形式是返还一定比例的折扣，目前越来越多的厂商改变了原来的直接返利方式，选用运输工具、电脑、管理软件、灯箱广告等作为奖励的物品，或者提供人员培训、旅游、考察的机会，以帮助客户提高经营管理水平作为奖励的形式。

2. 阶段销售奖励

为了实现某一段时间内的销售目标，厂商也会进行阶段性的奖励促销。例如，在销售淡季对新产品销量、陈列堆码、价格执行、网络维护等进行达标奖励，或在销售旺季对销量、回款、广告展示、渠道渗透等进行达标奖励。

一方面，由于年度奖励的效应要在较长的时间后才能体现出来，所以，短期奖励就更具有即时的激励性；同时，结合市场特性制定的销售目标，也为中间商实现目标提供了现实的可能性。另一方面，一年中不同阶段的销量不仅构成了全年的总销量，而且对保持和抢占市场份额、有效阻击竞争对手也至关重要。因此，实行阶段销售奖励还能够帮助厂商获取最大市场份额，以及进行渠道管理的过程控制。

（二）销售奖励的优点和局限

与进货折扣相比，销售奖励是和实际的销售目标完成情况挂钩的，因此更具有现实性。但现实性所带来的一个问题是，厂商常常会抱怨中间商并未执行促销协议中的规定，比如提供相应的销售支持，但同时中间商也在抱怨厂商的期望值太高，要求太高。这就使得不少对中间商的奖励计划虎头蛇尾，于是，双方的合作变得越来越困难，厂商对渠道的管理也变得日益复杂。

另外，在目前的国内市场上，许多厂商的成熟产品都面临着部分经销商恶性窜货导致的价格混乱问题，而按销量返利正是其中的主要原因之一。经销商在事先明确了厂商的返利政策后，根据往年的销量就能够推算出其出货的价格底线。为拓展渠道，他们自然就会想到杀价窜货，年末再用厂商的返利来补足利润。因此，按销量返利的促销政策，更适用于新上市的产品，而对于成熟产品，这种方法看似公平，实际却导致了中间商之间的不公平行为。

现在，许多厂商开始改变以现金或产品返奖的方式，或者不事先规定明确的折扣，或者选用与经销商经营的产品相差较大的品类，作为奖励的形式，以增加中间商对奖励的实际价值的预测难度，使他们难以将奖励按原值变现，或者说难以准确计算直接收益。因而在营销实践中，以培训、旅游、考察等非有形物品作为奖励越来越受到广大厂商和中间商的欢迎。这样的促销方式不仅很好地提高了中间商的积极性，加强了他们与厂商合作的深度，也有效减少了中间商的杀价行为。

【案例6-6】 “百威”啤酒二级批发商销售奖励协议①

百威公司规定二级批发商的销售目标是：旺季月销量不低于800箱，每季度不低于6000箱；淡季月销量不低于400箱，每季度不低于3000箱。并规定其销售方式是货物不放交易市场，不低价抛售，不跨区域销售。

二级批发商可额外享受由一级代理商提供的每瓶0.1元的奖励，每季度反馈1次。

此外，厂商每半年奖励给二级批发商价值8000元人民币的物品。不过，如果二级批发商愿意一年后一次性接受制造商的奖励，其奖励价值将增至价值20000元的物品。

---

① 周国林：《100个成功的促销策划》，北京：机械工业出版社2002年版。

【案例 6-7】 百事与经销商的双赢活动①

百事可乐在销售上也和其他消费品一样，曾发生过经销商大量窜货、低价抛售的现象。百事可乐公司通过对各级经销商特性的分析和研究，制定出一套较为完善的双赢销售政策来巩固百事可乐在销售通路中的品牌优势。

在百事可乐公司与其经销商签订的合同中，对返利奖励政策的规定包括年扣、季度奖励、年度奖励、专卖奖励和下年度支持奖励五个部分。这五个部分的奖励除年扣在合同中明确规定为 1% 外，其余四项均不明确表述，事后才告之经销商，这样厂家在销售活动之初就让经销商感到“稳”（年扣 1%），销售过程中还肯定会“赚”（季度奖励、年度奖励、专卖奖励、下年度奖励）。

针对销售活动的复杂性和多变性，百事可乐公司为达到真正意义上的“双赢”，在合同文本中清楚规定：

（1）季度奖励。是对经销商前三个月销售情况的肯定，也是对经销商后三个月销售活动的支持。这样就促使厂家和经销商在每个季度合作完成后，对前三个月的合作情况进行反省和总结，相互沟通，共同研究市场情况。百事可乐公司规定季度奖励在每一季度结束后的两个月内，按一定比例以产品形式给予支付。

（2）年扣、年度奖励。是对经销商当年完成销售情况的肯定和奖励。年扣和年度奖励在次年的一季度内按进货数量的一定比例以产品形式配送发放。

（3）专卖奖励。是经销商在合同期内专销百事可乐公司的产品，在合同结束后，厂方根据经销商销量，以及与厂家合作的情况给予奖励。

（4）下年度支持奖励。是对当年完成销量目标，且次年继续和百事可乐公司合作并签订次年销售合同的经销商的肯定和奖励，同时也是对次年开展合作销售活动的支持。此奖励在经销商完成次年第一季度销量的前提下，在第二季度的第一个月以产品形式给予奖励。

除了返利奖励政策外，百事可乐公司还针对经销商采取价格优惠和折扣的办法。在 1999 年的碳酸饮料销售中，百事可乐的批发价在各竞争品牌中处于最低行列，具有很强的竞争力。除直接价格低廉之外，百事可乐还对经销商提供了诸如一个月的赊销支持、免费旅游、季度抽奖等活动。

为了让更多的经销商对百事可乐公司及其产品有足够的忠诚度，百事可乐公司在合同文本上还规定每季度对经销商进行如下项目的考评：

---

① 卢泰宏等：《实效促销 SP》，北京：清华大学出版社 2003 年版。

(1) 经销商实际销售量；

(2) 经销商销售区域的市场占有率情况；

(3) 经销商是否维护百事产品销售市场及销售价格的稳定；

(4) 经销商是否在碳酸饮料中专卖百事可乐系列产品；

(5) 经销商是否执行厂家的销售政策及策略。

四、销售竞赛

厂商在经销商之间、零售商之间依照一定的规则，对销售目标完成情况展开竞赛，并对优胜者进行奖励。这是厂商常用的激励中间商的促销方式，目的在于激发参赛者的热情，鼓舞参赛者的士气，增强厂商凝聚力，提升销售业绩，实现销售目标。销售竞赛如果配合其他广告和促销措施，将产生加倍的效果，这也是许多厂商在实际营销管理工作中常用的方法。

厂商在设计销售竞赛时，不仅要设置合理的竞赛目标和公平的竞赛规则，奖品的设置也要对参赛者具有吸引力，如使用现金、实物、旅游机会等；同时在奖励面上，不仅对优良者给予奖励，对大多数参赛者也要有一定的奖励。对获奖者的获奖理由也应明确解释，使所有参赛者都能清楚其获奖的原因和努力的方向，以达到教育的效果。

（一）常见的促销形式

1. 销售量竞赛

以一定时期内（如半年或一年），中间商销售本企业产品的数量和金额作为竞赛项目，优胜者获奖。这是最常见的竞赛方式。

在开展销售量竞赛时，由于很多中间商受自身实力和客观因素的影响，很难达到前几名而获奖，因此参加活动的积极性不高。针对这种情况，厂商可以采取与上年同期比较、与其他商品构成比较、目标达成率等作为竞赛基本准则，也可以把同类经销商按不同规模划分为几个等级，不同的等级设立不同的销售量考核标准，以促使更多的中间商参加销售量竞赛活动。

2. 陈列竞赛

一般来讲，商品的陈列越美观，而且同一种商品的陈列数量越多，陈列在越容易被顾客看到的场所，其销售量就越容易增加。因此，厂商也常常使用这种竞赛来激励中间商，以实现销售量的增加。

陈列竞赛有质的竞赛和量的竞赛两种。质的竞赛包括对商品陈列和外观美感等方面的竞赛，目的在于提高经销商和零售商的商品陈列技术；量的竞赛包括对陈列在货架上的促销商品数量和陈列位置两个方面的竞赛，目的在于提高和确保促销商品在经销商及零售商货架上的占有率。

3. 店铺装饰竞赛

店铺装饰竞赛是指在促销活动中，经销商和零售商利用厂商提供的 POP 广告，或利用店内自有的器材对店铺进行装饰，厂商根据装饰的效果评比优劣，并对优胜者给予一定的奖励。竞赛内容一是评比售点广告数量的多少，二是评比售点广告感染力的强弱。

在厂商对消费者开展促销活动时，如果零售商愿意协助实施，整个促销活动将更容易获得成功；如果经过精心设计且有利于厂商的店铺装饰，实际上是以整个店铺作为一种特殊的广告媒体，其宣传效果不言而喻。因此，如果能够促进更多的零售商参加这种销售竞赛，对店铺装饰主动思考、积极行动，其对消费者产生的效果将是非常巨大的。

4. 销售技术竞赛

销售技术竞赛是以经销商或零售商的店员为对象，评比项目包括接待技巧、劝说技巧、推销口才、商品知识、商品功能现场演示技巧、包装技巧、理货速度、计算技能、商品库存管理、商品货架摆放技巧、售后服务技术等。

事实上，这种竞赛以店员教育为着眼点，对提高店员对特定厂商的认识颇为有效。为了获奖，店员会主动加强对该产品的研究，同时，厂商销售人员常常会上门对经销商和零售商的店员传授该产品的销售技巧及有关知识。因此，这种竞赛的结果，不仅能促进产品的销售，在双方的人际关系上也能产生良好的效果。

5. 创意竞赛

创意竞赛是对广告语、新产品命名、产品设计及改进、产品新用途，以及商品陈列、售点广告等进行设计而展开的竞赛，它能够较好地激发参赛者的主动性与创造性，其对象也是中间商的店员。

这种竞赛的一大好处是可以搜集到市场对产品的反映信息。由于店员直接接触广大消费者，消费者对产品的意见与感受会集中地反映到店员那里，店员提出的产品改进意见或产品新用途的开发，对厂商来说是一种宝贵的信息财富。另外，创意竞赛还可以促使店员学会独立思考，提高营销意识，使他们感受到厂商的凝聚力，从而改变过去那种被动、消极的销售状态。

（二）销售竞赛的优点和局限

众所周知，要想使产品尽快地推向市场，经销商和零售商具有非常重要的作用，然而仅仅靠厂商在价格上的折扣和销售奖励是远远不够的。国内外的营销专家认为，要在短期内扩大产品销售，对中间商开展销售竞赛，具有其他促销方法不可比拟的优势。它能够向中间商提供精神和物质两方面的刺激，并为中间商树立一个横向比较的参照系，因而，能更有效地调动他们的积极性。

激烈的市场竞争使厂商为激励销售而开展各种竞赛活动。但对经销商和零售商而言，来自各方的竞赛方法已经司空见惯，他们对参赛的热情并不高。因此，为保证销售竞赛能够圆满成功，在制订促销方案时，厂商应认真研究以下问题：以不同目的设计不同的销售竞赛；区分参加竞赛的对象；让更多的经销商或零售商参与竞赛；制定合理的评价标准和奖赏制度；提高竞赛活动的效率。

要让更多的中间商参加竞赛活动，一个关键因素是厂商的销售员。销售员必须“挨家挨户”地巡回拜访，向经销商或零售商详细说明参加竞赛的意义以及参赛的具体办法，鼓励其积极参加活动，并指导他们如何争取获奖机会。此时销售员所扮演的角色，不仅是“商品的推销员”，还是“销售企划的推销员”。总之，让更多的中间商参与竞赛，是厂商销售员的基本目标，为此也需要对销售员在这一方面的成果给予专门评价。

【案例 6-8】 “高原皇”饮料的名牌经销商评比活动①

1999 年 11 月 24 日，“高原皇”邀请了湖北省内数十家新闻媒体，在华中国际博览中心举行了隆重的“高原皇向名牌经销商授车仪式暨新闻发布会”，向襄樊、沙市、孝感、威宁等 15 个湖北地市经销商颁发了“名牌客户”荣誉证书，并分别奖励福田小卡车或昌河面包车各一辆。“高原皇”评选名牌客户是武汉商界甚至全国商界首创的，对经销商的大手笔奖励也是业界罕见的。这次活动引起了很大的社会反响，大大调动了经销商的积极性。

12 月 19 日，“高原皇”结合综合考核结果，再一次向宜昌、宜都等 5 个地市的经销商颁发“名牌客户”荣誉证书，并予以授车奖励。在短短不到一个月的时间里，“高原皇”就向 20 家经销商奖励了 20 辆车，并颁发“名牌客户”荣誉证书，总投资近 100 多万元。

“高原皇”这一维护、培养经销商的举措，让各地经销商很受感动，当然产品也就随着这一感动迅速冲向市场。

【案例 6-9】 中国台湾某电扇厂商的陈列奖励活动②

为确保经销店陈列本公司产品，增加产品曝光机会，台湾某电扇厂商特举

① 卢泰宏等：《实效促销 SP》，北京：清华大学出版社 2003 年版。

② 黄宪仁：《促销管理实务》，广州：广东经济出版社 2000 年版。

办“陈列奖励活动”如下：

（1）陈列期间：1996 年 3 月至 1996 年 6 月。

（2）陈列台数：陈列期间店面至少应陈列 10 台以上，其中 A 型电扇不得少于 3 台。

（3）陈列奖励：5 000 元整。

（4）陈列铺货：3 月份开始进行店面陈列，当月最少须出货 50 台至店面；但 A 型电扇以不超过出货总台数的 1/3 为限。

（5）陈列检查：

① 业务代表于 4 月 10 日前将店面陈列电扇之彩色照片一张，寄回公司。

② 公司不定期派员检查，有无依协议内容陈列电扇。

③ 未依上列二项约定者，取消陈列奖励。

（6）陈列奖励金颁发：

① 1996 年 8 月 30 日，在经销商区会、新产品发布会上颁奖。

② 颁发“陈列优良”奖项、“销售成绩优良”奖项。

【案例 6-10】 “淘大”产品陈列比赛[①]

在亚洲金融危机期间，受经济不景气影响，消费者缺乏购物热情。淘大食品有限公司推出了针对零售商的“美味尝不尽，淘大至正宗”产品陈列比赛。由于零售商的踊跃参加，各商户均尽显创作心思，将“淘大”产品的优点表露无遗，极大地吸引了消费者的目光，激发了他们的购买热情，令“淘大”产品的销量再攀高峰。

淘大食品有限公司举办的“淘大”产品陈列比赛分设超市组和杂货组，由于参赛者水准极高，经过多番讨论与甄选才决出名次。其中，“祥康”超市的庞大堆头设计独特，巧具心思，配上自制的精美大挂牌及厨师形象更显出色，不但主题突出，而且非常醒目，荣膺香港特区超市组冠军；澳门特区超市组冠军“泰丰”超市陈列出多款“淘大”产品，配以书法写成的标语，独具特色；“胡须洪”平价市场别出心裁的堆头置于相当显眼的位置，配以鲜艳的装饰，缤纷耀眼，荣获香港特区杂货组冠军。其他商场有的因奇异有趣的人物形象非常抢眼，有的自制黄色夺目挂牌、层次分明，还有的加上金光闪闪的堆头标志，令陈列的产品生辉不少。

淘大公司为感谢零售商多年来对“淘大”产品及对本次陈列比赛的支持，

① 周国林：《100 个成功的促销策划》，北京：机械工业出版社 2002 年版。

特设宴款待各商户并当场颁奖。其中，超市组冠军奖港币5000元，亚军奖港币3000元，季军奖港币2000元，优异奖3名、各奖港币800元；杂货组冠军奖港币3000元，亚军奖港币2000元，季军奖港币1000元，优异奖6名、各奖港币500元。

五、补贴

除了前面几种促销方法外，厂商还常常对经销商或零售商采取各种补贴措施，以换取他们的支持与合作。

（一）常见的促销形式

1. 售点广告补贴

即厂商给中间商一笔钱，作为其在销售现场布置售点广告的费用。

2. 合作广告

即厂商与当地的中间商合作，各出一部分钱，为厂商的产品在当地做大众传媒广告。合作各方要签订书面合同，规定各自付费的比例和广告宣传的内容。

3. 商品陈列展示补贴

厂商要求中间商把商品陈列在特殊的位置上，如把商品大量陈列在通路两旁，或进行橱窗展示，或在店头设置专柜陈列，以增加销售机会，这时厂商一般要付给中间商补贴费。

4. 产品示范表演和现场咨询补贴

如果厂商要派员在中间商销售现场对产品进行示范表演，或对消费者进行咨询服务，一般要付给中间商一定的补贴。

5. 降低零售价补贴

如果厂商要求零售商在指定时间内降低产品的零售价，以优惠消费者，扩大销路，提高市场竞争力，就需要给零售商相应的补贴，以弥补其损失。

6. 点存货补贴

点存货补贴的办法是：在促销活动开始时中间商盘点存货，加上进货量，再减去促销活动结束时的剩余库存量，其差额就是厂商应该补贴的实际销货量。

例如，厂商承诺在促销期内，中间商每卖出一箱饮料补贴2元。活动开始时盘点存货是150箱，促销期内又进货200箱，总计350箱。到促销活动结束时，清点库存还剩65箱，一共卖出285箱（350箱－65箱），于是厂商向中间商补贴285×2＝570（元）。

7. 恢复库存补贴

在点存货补贴结束后，中间商通常不太愿意进货。为解决这个问题，厂商往往还开展“恢复库存补贴活动”，其操作办法还是以上例说明。

在点存货补贴结束后，中间商还剩余65箱的库存。厂商规定，如果中间商把库存恢复到当初150箱的水平，即进货85箱，每箱可得1元的补贴。另一种方法是，厂商规定中间商必须把库存恢复到过去最高的库存水平350箱，也就是中间商要进货285箱，厂商才给予每箱1.5元的补贴。

8. 延期付款或分期付款

这种方法是：中间商先进货，过一段时间把产品销出后再向厂商付款或分几次向厂商付款，以解决中间商资金周转紧张的困难。

9. 赊销或代销

厂商把产品交给中间商销售，如卖完，中间商就付款；如未卖完，则把剩余的产品退还给卖方。

赊销或代销目前在实际中运用很普遍。中间商赊销或代销商品是没有风险、稳赚不赔的，但正由于中间商没有付款，而且厂商承诺没有卖完的可以退回，对中间商而言，就和自己已经付款的货物销售不一样了。由于没有任何风险，他们销售的积极性反而不高，而把更多的精力投入到销售其他有一定风险的产品上去；另外，他们退回的商品也往往受损变旧，或者有效期限将满。厂商不仅要额外付出不少时间、精力和运输费用，有时候甚至收回已卖出商品的货款也困难重重。赊销或代销通常是在卖方产品滞销或缺少销售网点的情况下，不得已而采用的做法。

对中间商进行赊销或代销时，首先要判断对方的商业信誉是否良好，以决定是否对其代销或赊销。一旦已经对中间商进行了赊销或代销，则要经常性地检查其有无异常的变化，及时觉察其异动；如发现对方拖延付款，或进货量突然减少，销售情况恶化，或不少员工纷纷辞职，或商店附近的房产要进行拆迁而中间商有搬迁或关门的迹象时，要及时采取有效措施，防止中间商卷款而逃。

（二）补贴的优点和局限

补贴能够加强厂商与中间商之间的联系，培养中间商的合作意愿，促进产品在市场中的销售，以及提升产品的市场竞争力。同时，还能够帮助厂商实现阶段性的销售目标，如减轻库存压力、加大出货量等。

但补贴带来的危害也是显而易见的，可以说补贴是造成厂商对中间商促销费用居高不下的重要原因。由于中间商经销着不同厂商的产品，造成他们习惯于依赖厂商提供各种各样的补贴或援助，甚至主动向厂商索取补贴，以此作为厂商产品进场或完成销售任务的前提条件。在营销实际中，零售商常常向厂商开出各种名目繁多的进场费、单品费、赞助费、DM 活动费、周年庆、重大节日活动费、损耗费等条件，使厂商疲于应付。

另外，如果大量使用延期付款、分期付款、赊销或代销等财务激励促销方式，还会给企业带来流动资金紧张，以及资金安全等诸多问题。

【案例 6-11】 “莱克”啤酒灯箱赞助协议①

狮王啤酒公司在推广“莱克”啤酒时，对其主要终端售点——餐饮店的奖励政策是：餐饮店承诺每月销售规定数量的“莱克”啤酒，并且店内只销售狮王公司的品牌，双方签订协议后，狮王公司即为该店制作店名灯箱一只。

协议中还规定，如果该店不能达到协议规定的销量，狮王公司有权撤离该灯箱，并由店方赔偿灯箱制作、安装费用及相关经济损失。

六、其他激励措施

厂商与经销商之间是一种互惠互利的关系，虽然这种关系有一定的法律约束，但却常常受到来自外界其他方面因素的干扰。而厂商为了顺利实现销售目标，就必须使用各种各样激励中间商的方法。除上述五类主要的促销方法以外，厂商对经销商还使用了其他激励措施。这些措施包括正面激励和负面激励两种。

厂商对中间商提供的正面激励措施有：向中间商及时提供适销对路、销量大、销售速度快的产品；授予中间商在某一地区的独家经营权；向中间商提供广告援助或开展各种促销活动，支持中间商的经营；赠送中间商经营所需要的销售设备和运输工具；给予一定人力、资金、物质上的援助；提供经营管理培训等。

如果正面激励措施不能奏效，反而使中间商漠视厂商的存在，厂商也会适当地使用一些负面的激励措施。例如，减少畅销产品的供货量；减少中间商的利润幅度；减少为中间商提供的服务；撤销过去承诺的奖励措施，甚至停止供货，取消其经营权等。

采用正面激励或负面激励是根据中间商的实际表现决定的，而且激励的程度也是厂商需要适度把握的问题。也就是说，厂商必须确定最合适的激励程

---

① 周国林：《100 个成功的促销策划》，北京：机械工业出版社 2002 年版。

度，达到既能调动中间商的积极性，又能让自己最大限度获利的目的。

【案例6-12】 “亿家能”对经销商的服务促销[①]

山东“亿家能”太阳能有限公司是一家专业生产全玻璃真空集热管、太阳能热水器及其配套产品的大型股份制企业。2002年，“亿家能”仅用一年时间就走过了太阳能企业4—8年所走过的路程，跃居中国太阳能行业“三甲”，2006年，“亿家能”在获得了“国家免检产品”和“中国名牌产品”的称号后，一路高歌，公司旗下2 000多个营销网点遍及全国30个省市，迅速跃居全行业第二，并赢得了广大消费者的普遍赞誉。

作为一家耐用消费品生产企业，“亿家能”对经销商的服务有其独到之处。公司宣称：“以现代化的24小时后勤保障、信息处理、物流运输等全方位体系，随时随地为经销商提供业界最为完善的迅捷服务。”

(1) 智力支持。由公司高层亲自介入经销商市场操作层面，以多年市场经验，帮助经销商量身定做市场营销方案，全方位解决经销商铺货、区域市场推广、人员绩效考核、客户关系管理等各种经营难题。同时该公司利用其网站开设“经销商培训学校”，推出“全新100°服务”，以此提供对经销商的全面支持。

(2) 资金支持。提供市场初始广告、特殊广告的费用支持，以及各种丰富的终端物料，包括各种POP、DM、陈列架等。全年在全国市场共计投入近亿元整体推广费用。

(3) 市场推进支持。由公司市场精英团队与经销商一同作战，协同拜访客户、协同检查终端陈列、协同搜集市场信息，并以“传、帮、带”的形式，帮助经销商建立一支最具战斗力的营销队伍，培养一批业界实力过硬的安装队伍。提供产品售后服务专用车辆，以及协助工程开发，提供方案设计、投标、安装等全程支持。

(4) 制订一整套周密的市场推广方案，指导经销商更快速启动市场。包括提供市场整合传播方案、“亿家能”品牌完全手册、网络建设与管理指南、“亿家能”终端导购手册、“亿家能”促销员培训手册等。

(5) 经销商能力提升支持。“亿家能”对经销商进行长期的系统培训，重点扶持，帮助经销商迅速成长为当地的知名企业人士，使经销商具备包括专业市场策划、品牌经营、市场运作、专卖店和员工管理在内的运作市场的能力。

① 卢泰宏等：《促销基础案例》，北京：清华大学出版社2007年版。

(6) 新经销商开业模式支持。总部专门配备市场启动队，负责新经销商的开业支持和开业庆典指导，并由业务系统根据开业方案在大造声势的同时迅速打开销售局面。

(7) 经销管理支持。包括品牌专卖店选址、设计规划、装修安装，协助进入各大商场、建材市场、家电市场，以及开设太阳能行业绿色通道，保障渠道通畅。

第三节　对内部销售人员的促销方法

厂商对销售人员开展促销的主要目标是：鼓励销售人员大力推销新产品；鼓励销售人员开拓新的细分市场，寻找更多的潜在顾客；推销积压商品；顺利完成对消费者、中间商的销售促进活动；解决企业面临的销售难题；提高销售人员的销售效率等。

针对内部销售人员的促销方法可分为三大类，即销售竞赛、销售赠奖和其他激励措施。

一、销售竞赛

即在一定的时期内，在销售小组或销售人员之间开展形式多样的竞赛活动，对竞赛成绩优异者给予奖励，这是企业常用的一种对销售人员激励的方法。销售竞赛以前主要在保险、信托投资、汽车、化妆品等行业中使用，而今天这种方法已被大多数企业广为采用。实践证明，其激励效果颇佳。

开展销售人员之间的销售竞赛，一方面为优秀销售人员提供一个获得赞赏和承认的机会，也为其他销售人员树立了榜样；另一方面还有利于提高销售队伍的士气，激发销售人员的工作热情。这样不仅可以提高销售业绩，还可以增强销售人员的自信心和自尊心；同时，在竞赛中销售人员为了争取较高的销售业绩，必然会主动充实销售知识，改善销售方法，提高销售技术，这也有利于销售队伍整体素质的不断提高，促使优秀销售人员不断涌现。

厂商还可以销售小组为单位展开销售竞赛。除了能够实现上述目标外，小组竞赛还能促进团队协作，增进每个参赛成员的组织归属感，提高团队战斗力和凝聚力，促使小组成员精诚团结，齐心协力实现销售业绩目标。

在竞赛项目的设置上，可针对销售总额、特定产品销售额、销售增长率、销售目标达成率等以销售额为基础的项目展开竞赛，也可针对开发新客户、拜访客户次数、货款回款、销售毛利、销售费用率、退货率，以及销售技术、客户服务等其他非销售额的项目展开竞赛。

销售竞赛的奖励形式可以是物质层面的，如给予奖金、奖品、额外报酬，以及耐用消费品等实际的物质利益；也可以是精神层面的，如颁发奖状、授予称号、晋升、晋级等；还可以是综合层面的，如免费观光旅游、带薪休假、教育培训等。在奖励方式的设计中，厂商尤其要注重将物质奖励和精神奖励结合起来使用，如在颁发奖状或荣誉证书的同时，附带发放奖金或奖品，以满足销售人员对利益和名誉的双重追求。总之，奖励方式要符合销售人员的当前需求，才能够最大限度地激发他们的参赛热情。

同中间商的销售竞赛一样，不仅奖品的设置应该对参赛者具有吸引力；在奖励面上，也要让尽可能多的销售人员以不同名义获奖，同时对获奖理由也应明确解释，使所有参赛者都能清楚其获奖原因和努力方向，以达到教育的效果。

【案例 6-13】　Artistry 钻饰金饰销售人员的销售竞赛活动①

Artistry 品牌的钻饰金饰销售是分销售小组展开的，为推动销售业绩，在小组之间展开销售竞赛活动时，分 DD 组销售竞赛和个人组销售竞赛。由于公司销售业绩比去年同期增长了 77%，参与销售竞赛的个人组人数达到 10 000 人。

竞赛规则如下：DD 组销售额满 100 万元可得价值 80 000 元的心钻钻石项链一条；个人组销售额满 25 万元可得价值 25 000 元的心钻钻石项链一条；个人组销售额满 15 万元可得价值 10 000 元的 Pro68 钻石胸针一枚；个人组销售额满 10 万元可得价值 5 000 元的纯金手链一条。

为了激励 DD 组挑战更高的目标，Artistry 销售竞赛 DD 组部分，除原设的售货额达 100 万元的奖项外，另外新增 180 万元及 300 万元的竞赛标准。

二、销售赠奖

销售赠奖是指厂商在销售人员正常的薪酬制度之外，按照事先约定的奖励规则，根据其销售业绩的目标完成情况支付一定奖励的促销方法。通过这种方法可以将企业的总销售目标层层分解下来，激励销售人员在特定的时期内，集中全力完成既定的业绩目标，提高销售效率。

销售赠奖的项目和形式与销售竞赛相类似。在赠奖的时间上，应注重对销

① 卢泰宏等：《实效促销 SP》，北京：清华大学出版社 2003 年版。

售人员奖励的及时性，以发挥激励的效果。赠奖时间可按年、季、月、周等。

销售赠奖促销方式已经成为企业绩效管理系统的一部分，因此还应与企业整体绩效管理方针保持一致。具体应符合以下原则：一是经济原则，即考虑企业成本，并发挥奖励的调节作用；二是激励原则，即制定合理的业绩目标才能够产生激励作用；三是均衡原则，即督促销售人员维护企业长期的整体利益。

【案例6-14】 某企业销售人员的绩效考核标准①

某企业在对内部销售人员的绩效考核上，制定了简单易操作的考核规则。

(1) 考核项目第一项

销售目标达成率 = [净销售额(量)/销售目标额(量)] × 100%

① 本项加权比重为50%。

② 销售目标达成率如在95%以上，最少可领取合格奖金1 000元；销售目标达成率未达95%者，不发绩效奖金；未达80%者，记过一次。

③ 绩效点数 = 加权比重 × 销售目标达成率。

(2) 考核项目第二项

收回货款天数 = ∑(货款金额 × 收款天数)/总收款金额

① 本项加权比重为30%。

② 收回票据天数为60天者，给予100分。每增加1天则减0.5分，每减少1天则加1分。

③ 绩效点数 = 加权比重 × 收回货款天数业绩得分。

(3) 考核项目第三项

呆账率 = (呆账额/净销售额) × 100%

① 本项加权比重为20%。

② 呆账率为零者得7.5分；控制在0.2%以内者，得5分；超过0.2%者，每增加0.1%扣5分。

③ 绩效点数 = 加权比重 × 呆账率业绩得分。

(4) 个人优秀奖金

销售人员绩效总得分为上述三项绩效点数之和。其绩效总得分排名在前10名以内者，则第10名奖金为2 000元，以后每前进1名增加奖金2 000元。依此类推，故第1名可得绩效奖金20 000元。

---

① 黄宪仁：《促销管理实务》，广州：广东经济出版社2000年版。

三、其他激励措施

其他激励措施包括对销售人员的培训和协助。

其中，培训是指对销售人员进行入职培训和继续培训，目的在于提高销售人员的总体素质，如增长知识、提高技能、强化态度和意识。具体培训方法可采用实地学习、案例分析、角色扮演、讲义教学、会议讨论等。

协助是指厂商向销售人员提供统一的职业装束、用具、产品样品或模型、产品型号、销售手册等销售道具，目的在于提高销售人员的销售效率。

本章小结

在市场上，经销商与零售商均同时具有买方和卖方的双重身份。对厂商或批发商而言，他们是买方，具有购买者的一般特征；而对次级批发商、零售商或消费者来讲，他们又是卖方。中间商的购买特点在于购买规模较大，购买的理智性较强，重视商品的获利能力，购买者的专业性较强，购买经验丰富和注重购买时机。

厂商对经销商促销的基本目标体现在：促使经销商积极主动地销售本公司的产品，加强和巩固市场份额，提高销售业绩，并帮助他们建立和完善自身的经营管理体系，提高整体经营水平，维护更加稳定持久的合作关系。厂商对零售商促销的基本目标在于：促使零售商积极推销本公司的产品，扩大本公司产品的陈列橱窗，提高零售商整体的经营水平，以提高其对本企业产品的销售业绩，扩大产品知名度，提高本公司的产品信誉等。

针对中间商的促销方法可分为六大类，即进货折扣、随货赠送、销售奖励、销售竞赛、补贴和其他激励措施。每一类中，又有若干种不同的形式。

厂商对内部销售人员开展促销的主要目标是：鼓励销售人员大力推销新产品，鼓励销售人员开拓新的细分市场、寻找更多的潜在顾客，推销积压商品，顺利完成对消费者、中间商的销售促进活动，解决企业面临的销售难题，提高销售人员的销售效率等。

针对内部销售人员的促销方法可分为三大类，即销售竞赛、销售奖励和其他激励措施。

思考题

1. 为什么现在厂商越来越重视对中间商的促销？

2. 如何理解进货折扣促销对产品销售带来的危害？

3. 为什么许多厂商开始改变以现金或产品返奖的方式，而代之以培训、旅游、考察等非有形物品的奖励方式？

4. 在中间商的销售竞赛中，哪些是专门针对零售商的？哪些是针对中间商的店员的？

5. 在对中间商的补贴中，哪些补贴措施可以促进中间商进货？

6. 厂商开展内部销售人员的销售竞赛，在组织方式、竞赛项目、奖励形式和奖励面等方面应注意什么问题？

第七章

促销方法的综合应用

教学目的和要求

1. 理解和掌握联合促销的几种方法及其应用；
2. 掌握网络促销的几种方法及其应用。

引言

随着市场竞争的加剧，厂商对市场份额的争夺日趋激烈，为了开拓新的市场、扩大产品销量以及推广新产品，常规的促销方法（如折扣、优惠、赠品、抽奖等），使促销成本高居不下，厂商与渠道商均不堪重负。在市场份额和利润的双重压力下，厂商开始寻求一种以双赢或多赢为目的的新的促销方法——联合促销。

联合促销作为促销方式的一种，其思想的理论渊源可以追溯到1966年，艾德勒在《哈佛商业评论》上发表的“共生营销”（*Sgmbiotie Marketing*）文章中提出的共生营销概念，可说是联合促销理论的雏形。20世纪90年代末全球企业界掀起一股强劲的兼并、收购、剥离的潮流，标志着企业开始进入竞争与合作交替的新时代，而联合促销的概念也正是这时真正被提出并研究的。其中以瑞克曼在1998年写作出版的《合作竞争大未来》书中的阐述最为系统和全面。作为一种新兴的营销理论，我国营销理论界对联合促销的研究始于2000年以后，由于文献资料的缺乏和研究条件的限制，现阶段对于联合促销的研究，并没有形成专门的研究派别。目前国内较成熟的研究是对联合促销进行概念性的描述，以及运用实际案例说明联合促销的具体实施情况及其效果，而对联合促销的实证分析研究，则是这个研究领域有待填补的空白。

自从互联网被联合国新闻委员会正式宣布成为继电视、广播、报纸之后的第四大媒体以来，它不仅给传媒领域带来了革命性的发展，更具有相当广泛和深刻的社会意义。从宏观上看，网络正改变着政治、经济、文化、社会等诸多领域的发展进程；从微观上看，网络已经渗透进我们每个人的生活当中。对于网络媒体的兴起，北京大学新闻与传播学院的杨伯溆教授说：“传统媒体提供的是舞台，在这些舞台上活跃的是精英，其他人则被称为受众。而新媒体提供的主要是平台，平台上的内容基本上要由使用者自己提供。无门槛、参与、互动、平等、自由、创作、分享等，是新媒体传播的核心特征。”“从舞台到平台，从受众到使用者，所发出的信息是社会转型。”

网络促销正是在网络这个新的平台上诞生的。因特网作为连接世界的大网络，它聚集了全球的消费者，融合了多种生活和消费理念，显现出全新的电子时空观。在这种环境中，消费者的理念和消费行为都发生了很大变化。同时，所有的企业，无论其规模大小，都被推向这样一个全球性的大市场，传统的区域性市场正在被逐步打破，厂商不得不直接面对激烈的全球竞争。这对厂商提出了更高的挑战：开展网络促销不仅需要熟悉传统的促销方法，更要掌握相应的软硬件技术知识，才能使传统促销方法和手段在网络这一全新的平台上，绽放出更美丽的奇葩。

第一节 联合促销

一、联合促销的概念

联合促销是指两个或两个以上的企业在互惠互利的基础上，共同运用某一种或几种促销工具进行的促销活动，以期在竞争激烈的市场环境中实现促进销售、分摊成本、扩大影响等效果。联合促销的主要特点是在市场资源共享下，使联合体内的各成员以较少的费用获得较大的促销效果，并能达到单独促销无法达到的目的。

无论对于知名的大品牌，还是不知名的小品牌，联合促销都是非常有效和低成本的促销模式。因此，在运用联合促销的厂商里，既有知名的跨国公司，也有一些毫无任何知名度的小品牌。而对于那些不知名的小品牌来说，联合促销似乎有着更大的、不可抗拒的吸引力。如果能够与一些知名度高的品牌实现联合促销，借助高知名度品牌的影响力，这些不知名的小品牌甚至可以在促销后收到一鸣惊人、意想不到的效果。

【案例7-1】 百货公司与咖喱饭①

日本工商大臣小林一山曾在一家百货公司当总经理。一次，他让秘书到全市调查并亲自品尝，看哪家饭馆的咖喱饭味道最好。然后他把饭馆老板请来，商量在百货公司开辟一处地方卖咖喱饭，价格比市场上低四成，这四成由百货公司负责给老板补上，饭馆老板自然乐意。全市味道最好的咖喱饭，又比别处便宜四成，这吸引了大批的顾客。顾客吃完饭就要逛商场，逛商场就要买东西，一年下来商场营业额比上一年增加了5倍，饭馆营业额增加了几十倍。

---

① 改引自中国营销传播网。

二、联合促销的优势

（一）降低促销成本

联合促销的费用由参与活动的各方共同承担，在获得更好的促销效果的同时，降低了各方促销的费用。联合促销能够缓解销售竞争，通过有效的联合建立起强有力的市场地位，有效遏制恶性的促销竞争，防止企业各项费用的攀比提升，联合体各成员均能以较少的投入取得较好的促销效果。

（二）扩大消费群体

不同厂商之间的联合促销，参与各方的消费群体不可能完全重叠，有时重叠度还很低，这样就可以通过联合促销，使属于其他厂商的消费者也成为自己的消费者，从而扩大自己的消费群体。而厂商和渠道商的联手促销，其影响力必然比单个厂商或渠道商的影响力大，也必将吸引更多的消费者前来消费。

（三）提升品牌影响力

参与联合促销的厂商由于各自的品牌定位、产品性能等不完全相同，所以在联合促销时就会产生品牌与产品特性的互补效应、品牌声望互补效应和品牌熟悉度溢出效应。这里的品牌熟悉度是指消费者对参与联合促销品牌的态度，由于消费者对品牌的熟悉度与自己的爱好或兴趣有关，不管消费者对参与联合促销品牌的熟悉度如何，他们的联合都会产生溢出效应，从而提升企业品牌的影响力。

（四）有利于新产品的推广

企业在推广新产品时，常常会面临较大的风险，但只有不断地推陈出新，才能够获得较高的顾客满意度和维持忠诚顾客。因此推广新产品时，厂商可采取两种联合促销的方式：一是企业内部不同产品的联合促销，即利用原有产品的影响力来推广新产品；二是企业之间的联合促销，利用企业的外部资源推广新产品。

三、联合促销的类型

根据促销参与主体的不同，可以将联合促销分为以下几类：

（一）不同行业的企业之间联合——交叉联合

不同行业的企业之间通常不存在直接的竞争关系，而且还具有优势互补、资源共享的特点。因此交叉联合是联合促销最常见的形式。交叉联合的优势在于目标市场一致，容易寻找合作伙伴，可以明显减少促销费用，但其弱点在于容易受对方的牵制，并且联合各方对促销时机的选择和促销的具体条款较难协调一致。

（二）同行业内的企业之间联合——横向联合

横向联合是指同行业企业根据共同的需要，基于利益共享、风险共担的原则所开展的联合促销。俗话说“同行是冤家”，但同行之间并不是没有合作的余地，而且有时他们必须联合起来才能实现共同的目标，例如房地产行业的企业联合起来通过展览会的形式进行促销。同行业企业的联合促销不仅可以使联合各方增强自身的行业竞争力，还可以通过造势扩大行业在社会中的影响。横向联合的优势在于能够暂时缓解竞争的加剧和促销费用的上升，但其弱点是企业信息容易外泄，同时难以对联合各方进行差异化定位。

（三）厂商和渠道商之间联合——纵向联合

纵向联合是指厂商与上游企业或下游企业合作，或者厂商与渠道商基于渠道战略联盟而开展的联合促销活动。由于未来的竞争不再是单个企业之间的竞争，而是供应链与供应链之间的竞争，有战略眼光的企业早已联合上下游企业共同组织促销活动，为整个供应链的生存和盈利拓展空间。纵向联合可以实现资源优势互补，带动彼此销售，但弱点在于企业间关系比较复杂，管理成本上升，尤其是当渠道商对此投入热情不高时，则促销效果很难令人满意。

【案例 7-2】 强强联手共推电子商务发展①

为了让更多的客户能够体验优质、安全、便捷的电子商务服务，从2009年5月份到11月份的半年内，工商银行联合阿里巴巴、淘宝、支付宝开展了丰富多彩的系列活动。包括：

（1）“用工行网上银行开启阿里巴巴财富之门”活动。面向工行企业网上银行客户和阿里巴巴“诚信通”客户推出一年企业网上银行年费减免和价值2 400元的阿里巴巴广告位推广优惠。

（2）“U盾＋红包只给有身份的你”活动，面向淘宝高级用户免费赠送U盾和购物红包。

（3）“工行金融@家与你相约”活动，面向开通支付宝的工行客户进行抽奖，奖品为100元购物红包。

（4）“TOP买家＋工行购物狂有礼”活动，面向淘宝客户进行交易抽奖，奖品为100元至3 000元购物红包。

此外，为了及时向广大客户提供贴心、贴身的金融信息和支持服务，解决客户网上银行使用过程中的问题，工行还在淘宝网社区等国内知名网络论坛和

---

① 改引自中国工商银行网。

社区建立了“工行网上工作室”，指定专职人员负责解答网民提出的各类咨询，并提供专业的金融业务指导。为鼓励广大淘宝用户积极发帖，工行联合淘宝推出了“论坛天天贴红包赠好贴”活动，对于网民发表的优秀使用经验、建议等进行奖励。

【案例7-3】 联手同行并驾齐驱①

俗话说“同行是冤家”，像奔驰与宝马、麦斯威尔与雀巢、百事可乐与可口可乐、肯德基与麦当劳之间一直在进行着激烈的市场竞争。但是，两败俱伤不是市场发展想要的结果，共同把市场做大的“双赢”格局才是各厂商追求的目标。同是生产热水器的两大厂家“万家乐”与“神州”化干戈为玉帛的联合广告促销就谱写了一段业界佳话。

联合促销中，万家乐热水器的广告词是：“万家乐崛起于神州”；而神州热水器的广告词则是“款款神州，万家追求”。可谓你中有我，我中有你。其结果是两家企业双双跻身全国500家最大工业企业行列。

四、联合促销的策略

（一）纵向型联合促销策略

厂商对渠道商促销给予的补贴率是决定纵向联合促销成功与否的关键。厂商在一定时期内，为鼓励、支持和控制渠道商而在其品牌、价格、分销、促销等方面，需制定和采取一系列销售策略组合：

1. 返利政策

厂商根据一定的评判标准，以现金或实物的形式对经销商进行奖励。为了鼓励经销商多进货，很多企业都会给渠道商承诺一定的现金返利、广告返利或实物返利等。

2. 回款政策

回款秩序的平衡、稳定是检验一个市场成熟及营销网络良性循环的重要标准。企业可以根据渠道商的经营理念、方法、专业化程度及团队能力等，将渠道商划分为几个等级，并针对不同等级的经销商制定不同的回款政策。

3. 价格政策

在实施产品价格政策时，针对不同品牌、品种、规格的产品，对渠道各环节有不同的出厂价、批发价、零售价等。厂商为激励渠道商的销售积极性，也

① 改引自中国营销传播网。

可以实施价格坎级政策，按销售量的多少分为几个档次，销量越大，档次越高，享受的优惠越大。

（二）横向型联合促销策略

1. 目标市场相近

首先，要从合作各方的目标受众着眼，在消费习惯、年龄特征、地理区位、文化层次等市场细分变量上应具有一定程度的一致性。其次，合作各方的目标市场应尽可能地相近，其重叠程度越高，联合促销成功的可能性就越高。理想的联合促销关系产生于两个目标市场一致的品牌之间，这样他们可以最大限度地实现优势互补，牢牢锁定目标消费群。

2. 形象一致

厂商树立自己的市场形象非一朝一夕之功，一旦选择合作伙伴不当，不仅达不到预想的促销效果，还很可能损害自己原有的市场形象。而选择一个拥有较好市场形象的合作伙伴，对自身市场形象也会起到很好的推动作用。因此在联合促销中尤应认真选择合作者，并确立由于某方过错造成对另一方损害时的评价、补偿机制。

3. 价位相适

联合促销厂商或品牌之间产品的价位相关不宜太大，应具有相互的适应性，联合促销才会有较好的效果。如果产品的价格相差太大，顾客在购买高价位产品时往往会十分慎重，低价产品也难以收到促销效果。

五、联合促销的操作难点与应对措施

（一）联合促销的操作难点

联合促销是一种行之有效的促销策略，常常能够出奇制胜，创造良好的促销效果。而在具体的营销实践中，厂商营销管理人员或策划人员却常常遭遇各种各样的问题，成为联合促销的操作难点。主要表现在以下几个方面：

1. 联合促销的费用分配难以协调

参与联合促销的各厂商很难以统一的标准来分担费用，且在联合促销中企业相互之间的戒备心理非常严重，尤其是一些重要的财务数据是不能与人分享的。所以，无论是按照企业规模、销售金额、参与促销的产品数量还是促销时期的利润状况，都很难进行促销费用的分配，这样就较难实现联合促销活动的公平合理。

2. 联合促销活动的相关内容难以统一

联合促销是企业之间为了某些共同的利益而联合起来的，每个成员都能在其中获得好处，但是每个企业也都在考虑自己的利益最大化。所以，参与联合促销的各成员都希望选择对自己产品最有利的时间、地点和促销方式。但成员之间固有的差异性使得最后形成的方案不可能对所有的成员产生均等的利益。

3. 联合促销难显单个企业特色

厂商的经营特色或产品特色对于企业的经营发展是至关重要的，但在联合促销的广告宣传和促销活动中，联合各方必须找到一个共同的切入点来实现宣传和销售的统一。因此，为了联合可能迫使厂商放弃自己的特色而妥协于促销活动。

4. 联合促销过程中易产生摩擦

参与联合促销的厂商之间的竞争是不可避免的，为了在联合促销期间提升自己产品的销量、为自己产品吸引更多顾客等利益，厂商之间会发生一些不可预知的摩擦。这些情况的发生也为下次的合作埋下了隐患。

5. 联合促销的关系难以长期稳定

大多数企业的联合促销是形成一种暂时的松散的联盟体，但由于企业之间的责任不明确、各方的行为缺乏强有力的约束、联合的基础不牢固等因素，导致联合促销的过程控制难以有效实施。结果是各成员间的利益冲突难以协调，相互怀疑情况增加，这些问题往往使得联合促销难以维持长期的关系。

（二）应对措施

1. 明确联合促销的目的

厂商对于联合促销应有理性的认识，认真权衡其中的利弊，根据企业的整体营销战略来制定自己的促销策略，并明确此次活动的目标和任务。

2. 选择合适的合作伙伴

合作伙伴的选择对于联合促销活动能否成功非常关键，通常应注意考察合作伙伴的品牌、渠道、目标人群、参与联合促销的产品等。

3. 制订完善的促销计划

只有制订完善的计划才能保证促销活动的方向和依据，开展活动有条不紊，在出现异议的时候有据可依。

4. 相关协议的签署

联合促销是不同的利益主体因共同利益结成的暂时联盟，其内部的竞争是客观存在的。为了避免突发事件的发生和发生争议事情后有据可依，在联合促销前应当签署相应的协议并规定产生矛盾后的处理办法。

第二节　网络促销

截至2009年6月底，中国网民规模达到3.38亿人，较2008年底增长

13.4%;使用手机上网的网民达到1.55亿人，半年内增长32.1%。我国网民人数的急剧攀升和互联网资源的不断开发，明显改变了人们的生活模式，对企业营销行为也产生了深远的影响。同时，电子信息技术的快速发展，也在硬件上极大地推动了企业营销活动在方式、手段、环境条件等方面的转变。

随着网络经济的快速发展，网络成了厂商实施促销策略的重要平台。网上促销与其他的促销方式相结合已成为厂商越来越重视的促销策略组合，有不少企业正从战略高度来规划企业的网络促销。本书的网络促销是指利用互联网平台和网络技术，向消费者传播有关产品或服务的促销信息，以及传递促销凭证等，以激发消费者购买欲望和购买行为的各种活动。网络促销包括使用互联网、手机网络和数字电视网络等新兴网络媒体，它们的共同特点是可以传输数字信号。

一、网络促销的分类

相对于传统促销而言，虽然网络促销实施的形式和介质都不同，但是究其根本，其活动目的、性质以及采取的活动形式基本都是一致的。

(一) 消费者可获得直接价格优惠的促销活动

包括折价、买赠、优惠券、游戏或竞赛等。

折价在网络交易中比较常见，比如：当当网或易趣网提供的折扣等，主要是让利于消费者并刺激他们的进一步购买。

传统促销中的优惠券发放一直存在很多问题，比如发放给非目标顾客、使用率低以及虚假凭证等，在较大范围内发放时还需要很大的人力和印刷成本，对厂商来说存在较高的促销成本。而网上折价券则解决了这些问题，无需发放成本和制作成本，来下载的消费者一般都是目标顾客，不仅避免了优惠券发放的地域、时间和人力的限制，而且还节省了制作费用和人工成本。

传统促销方式下的赠品很容易被截留，以至最终没有到达消费者手中。网上赠品则是指利用网络和信息技术展示赠品款式、样式和价格等，方便消费者比较和选择。网上赠品一般分为两种：一种是实物赠品，通过邮寄的方式向消费者赠送商品；另一种是虚拟物品，包括升级软件，赠送免费使用的邮箱、账号等。

竞赛和抽奖也是网络促销常用的方式之一。传统的竞赛和抽奖由于等待时间长、过程复杂、消费者要亲自到现场确认等原因，致使消费者参与热情度有限。而在网上开展的竞赛和抽奖，具备即时知道结果、程序简单、消费者无需亲自去现场等优点，极大地提高了消费者参与的积极性。网上竞赛和抽奖既可以是实物奖励也可以是虚拟商品奖励，只需消费者注册个人信息即可参与，且参与门槛较低。

（二）消费者获得除金钱以外的促销活动

包括免费使用、虚拟展览、网上培训和网上体验式促销广告等。

网络促销中免费使用的一般是网络产品，如网络游戏或应用软件等。通常是商家事先提供产品样品在网页上供网民免费使用一段时间，等到网民已经接受这个产品或产品需要升级时，商家就开始设置一些条款让使用者购买或付出别的代价。

由于时间和空间的限制，很多人会错过自己想去的展览会，于是有的厂商试着通过网上展览的方式，让网民可以在网上实时看到展览会的情况。网上展览一般分为三种形式：一是制造商利用自己公司网站展销；二是专业展览公司的展览网站；三是专业展览网站。

网上培训是网络促销特有的方式。厂商通过自己的网站开设一些培训课程，其目的是帮助经销商认识产品和企业，帮助他们更好地销售产品，并提供一些提高他们能力的培训项目。消费者同时也可以通过网络培训了解一些企业产品信息和专业知识。

网络体验式促销广告是目前网络资源中应用最广泛的工具之一。在特定的门户网站上投放广告具有成本低、受众精确的优势，此种做法受到越来越多企业的青睐。除发布商业广告外，企业还可以在特定网页的页面上投放软文或体验式游戏，以此来引导和激励消费者做出购买行为。

（三）利用网络优势开展的其他促销活动

包括团体购买、网上社区等。

团体购买是指消费者自主在网上集结到一定的购买数量，当达到较大购买量的时候，厂商给予这个临时购买团体一定的价格折让或服务优惠，这也是网络中独有的促销方式。

网上社区是随着服务经济向体验经济发展而在网络上流行起来的一种消费者之间的新型沟通形式，因共同爱好或购买了同一类型产品的消费者在网络上聚集在一起，相互交流询价、购买和使用信息。从网站经营者的角度来看，网络社区经营成功，不仅可以带来稳定的流量，增加广告收入，注册会员更能借此拥有独立的资讯存放与讨论空间，会员多、人气旺的网上社区还给厂商促销造就了良好的场所。厂商可以利用网上社区开展一系列的活动，如积分、游戏、抽奖、竞赛等，这在很大程度上激发了目标顾客的兴趣，同时也克服了传统促销方式在组织、管理等方面的成本劣势。同时，营销人员可以在社区里与顾客进行直接的交流和沟通，为客户解答产品使用、保存、购买、运输等问题。这种互动式的交流方式让顾客体验到了购物的乐趣并获得了心理上的满足，极大地提高了顾客的满意度。

【案例7-4】 碧欧泉“领取美白试用装”用户体验活动[①]

碧欧泉为了让新产品上市的信息在消费者中迅速传播，调动用户了解、咨询产品的积极性，在其重点销售区域，开展了“领取美白试用装”用户体验活动。

碧欧泉在移动梦网首页和时尚频道投放有针对性的定向广告，并开展优惠券下载活动。持有优惠券的用户可到销售点免费领取美白试用装，让更多用户体验碧欧泉的透白焕彩，加速新产品推广。

本次促销活动广告受众高达418481位用户，投放预计达到8000次优惠券下载，最终达到了10000人、近17000次的优惠券下载效果。

【案例7-5】 Rejoice飘柔的游戏促销[②]

Rejoice飘柔曾经做了一个免洗护发素的网络促销活动：凡购买该免洗护发素者即可获得游戏币一枚，参与现场抽奖。这种促销手法并不少见，但Rejoice还通过网络小游戏配合这次促销活动。

在屈臣氏网站上放置了“小梳子历险记”的网络小游戏。游戏主角正是该免洗护发素使用者的缩影——广大的时尚MM。游戏设计是以汽车绕避障碍物作为蓝本，但看似简单的构思被Rejoice融进了产品和消费者的元素。比如：路面是MM的头发（还分直发和曲发），障碍物是头屑、尘粒等各种头发的脏物。可爱的MM坐着小车绕过障碍物或击退障碍物到达终点便成功过关。而途中有由这次的促销产品和其他rejoice产品充当的武器装备，获得这些装备即可击退障碍物。

Rejoice通过这样一个小游戏成功地传递出产品的使用效果——用了Rejoice的产品，就能够为您的头发清除所有脏物。同时，游戏的易玩性和界面的设计都非常符合目标消费者的特质。

二、网络促销的优势

随着信息技术的发展，互联网、手机网络和有线电视的普及，网络营销成

---

① 改引自中国营销传播网。

② 改引自宝洁中国网。

为越来越多商家的重要选择，而网上促销因其经济、便利、定制、快捷、互动等特征也成为厂商一种非常有效的促销策略。

（一）市场覆盖范围的经济性

传统的促销方法在接近目标顾客的时候都会遇到一个不可回避的问题，那就是促销活动的覆盖范围非常有限，即使不考虑促销成本而一味扩大市场范围，促销效果也不是很佳。

在使用网络促销时，由于网络覆盖面广、持续时间长、成本可控、可消除时空差距带来的现实障碍，因此使厂商能够以最经济的成本实现最大的市场覆盖目标。

（二）操作实施的便利性

由于网络促销借助于网络平台，只要厂商营销人员对网站有良好的控制能力，就可以利用互联网、手机通信网络或有线电视网络开展各种促销活动。即使厂商没有专业人员对网络进行控制，也可以聘请专业的网络代理公司或促销代理公司来实现。

网络促销突破了时空限制，因此在实施促销活动时，厂商只要设置好活动的程序就可以通过网络平台发布信息，让目标顾客主动参与，这一点与传统促销相比，极大地方便了营销人员的实际组织和控制。当然，由于网络上的信息太多，消费者接受信息时会受到较多的干扰，所以，在产品销售的实体店里可以配合网络促销活动的开展，在产品上或商店内醒目的位置进行说明和宣传，以增加消费者参加网络促销的积极性。

（三）较强的目标顾客针对性

与传统的促销方法相比，网络促销的针对性更强一些。由于网上社区、虚拟展览等网上交流平台的经济性，使网络促销具有很好的一对一与消费者交流沟通的优势，这同时也是挖掘潜在顾客、获取顾客信息的最佳途径之一，使厂商后续的促销方式和手段更具针对性和时效性。

（四）丰富生动的表现力

网络的广泛应用为厂商促销搭建了新的平台，它利用多媒体技术，可以同时以声音、图像、图形、文字和动画的方式传播产品及促销活动信息。丰富的表现方式结合网络技术的快速发展，网络促销成就了很多经典的案例。同时，利用网络平台，厂商还为消费者提供了一个近距离了解企业、体验产品的机会。

（五）信息交流的互动性

传统促销方法是以消费者被动接受为主的促销方式。而网络促销则是在具有较强的针对性、市场覆盖面广和较好经济性的前提下，为消费者与厂商之间提供方便、快捷的信息传递和信息反馈的交流平台。但由于网络信息的海量性，网络促销对厂商也提出了较高的要求，要求厂商在制订促销方案时，除了要考虑活动的吸引力和趣味性，同时也要考虑活动设计的周密性以及技术上的可控性。

【案例7-6】 大众汽车成功的互动营销推广①

大众汽车在产品推广方面有个好主意，它要在网上发布最新两款甲壳虫系列——亮黄和水蓝。总共2000辆新车出售，均在网上销售。公司花了数百万美元在电视和印刷媒体上大做广告，推广活动的广告语为“only 2000，only online”。

大众汽车e-business经理Tesa Aragones认为：“大众汽车的用户中有很多人能上网，这次市场活动不仅推广了新车型，而且支持整个在线购车的过程。我们将使之成为一次独特的品牌宣传，大约60%的客户通过互联网来了解和购买我们的产品和服务。”

这是大众汽车第一次在自己的网站上销售产品，推广活动从5月4日延续到6月30日。网站采用Flash技术来推广这两款车型，并实现虚拟的网上试驾车——采用Flash技术，将动作和声音融入活动中，让用户觉得他们实际上是整个广告的一部分。用户可以选择网上试驾车的不同场景，如在城市中、在高速公路上、在乡间田野或其他地方。

网上试驾车使网站流量迅速上升，网站的月平均流量为100万人。在推广的第一天，就有超过8万的访问量。在活动期间，每天独立用户平均为47000人，每个用户花费时间翻了一倍，达到19分钟，每页平均浏览1.25分钟。

网上试驾车同时完成了主要目标——得到更多的注册用户。用户还能在网上建立名为“我的大众”的个人网页。在推广期间，超过9500人建立了自己的网页。他们能够更多地了解自己需要的汽车性能，通过大众的销售系统检查汽车的库存情况，选择一个经销商，建立自己的买车计划，安排产品配送时间。

Aragones说：“用户能够就自己的需要，通过互联网、BBS或电话与经销商取得联系。一旦交易成功，用户能够直接确定新车型的发送时间。推广活动

① 改引自大众汽车网。

总共产生了2500份在线订单，其中60%是水蓝车型。”

三、网络促销的难点

网络的广泛应用给消费者购买商品、了解信息带来了很多的便利，这给厂商带来了更多的商机，但同时互联网这个新型的商业平台也向厂商提出了更多的挑战。面对这种全新的促销平台，厂商在进行促销策划和活动执行时，还难免会受到传统促销策略思维的影响，而遇到一些难点。

（一）整合营销传播的应用

网络促销与传统促销方式最大的不同在于，网络促销需要消费者主动去寻找厂商的促销信息，因此吸引消费者主动寻找即是促销成功的第一步。厂商应当综合运用多种传播媒介，包括传统促销时采用的宣传策略，宣传企业的促销活动，让更多消费者知晓、了解并参与其中。

实施网络促销的厂商为了让更多消费者参与到促销活动中，首先必须让消费者在网上能够轻易搜寻到企业的促销信息、或者知道在哪些地方可以得到相关信息。这对于厂商的传播策略提出了更高的要求。在目前各种营销传播媒介迅速发展、特别是新型媒体异军突起的情况下，厂商应当根据各种传播媒介的不同特点，结合企业和产品的实际情况整合利用，以维护厂商良好的品牌形象、展示产品特色和传播促销信息。这样，网上促销传播结合网上促销活动的开展就能够达到厂商的促销目的了。

（二）信息资料的实时更新

不断发展的互联网已经进入到消费者生活的方方面面，改变了消费者的意识和行为。而网上促销信息是根据产品营销特点并结合消费者需求发布的，这就要求厂商应实时更新网上信息，与实际情况保持一致。试想一个实时更新网页信息的企业与一个更新滞后的企业哪一个对消费者更有吸引力呢？

（三）网上促销的转售行为

随着网络促销的迅速发展，一些新的问题也不断涌现，其中促销产品的转销行为就是一个比较有代表性的问题。由于网络促销的经济性，使促销产品的销售成本比传统方式降低了很多，销售价格也可以非常便宜。于是就有人借促销之际大量囤积促销商品，然后再转手卖掉。这样不仅使商家的促销效果大打折扣，而且还扰乱了商家的销售渠道，给经销商和零售商的正常销售带来不利影响。所以，厂商在实施网络促销时还应当综合考虑各种因素，趋利避害方能有益于企业的发展。

四、网络促销的实施

对于任何一家厂商而言，如何实施网络促销都是企业在发展过程中遇到的新问题。目前全球有几百万个站点都在争相吸引用户的注意，因此厂商应结合企业和产品特性，深入了解产品促销信息在网络中传播的特点，分析网络促销信息的接收对象，制定合理的网络促销目标，按照科学的促销程序实施网络促销活动。

根据国内外网络促销的实践，网络促销的实施程序可分为以下五个步骤：

（一）明确网络促销对象

网络平台的全天候、即时、互动等特质满足了现代消费者追求个性化的需求特征，但要使产品的销售在网络上真正得以实现，首先必须分析市场和目标消费者，以明确网络促销对象。所谓网络促销对象，即在网络虚拟市场上能产生购买行为的消费者群体。这一群体主要包括以下三类人员：

（1）产品的使用者，是指产品的实际使用者或消费者。这些消费者购买产品是为了满足实际需求，他们是厂商促销对象的重要组成部分。

（2）产品购买的决策者，是指在购买产品中做出实际决策的人。在一般情况下，产品的使用者与购买者是一致的，特别是在网络虚拟市场上更是如此。但在另外一些情况下，产品的使用者和决策者却是分离的。例如，中小学生在网络中看到富有挑战性的游戏，非常希望购买，但是实际对购买行为做出决策的则是学生的父母。

（3）产品购买的影响者，是指其看法或建议对最终购买决策将产生一定影响的人。当消费者在选购耐用消费品时通常会比较谨慎，这时产品购买影响者的影响力较大；而在低价、易耗日用品的购买决策中，产品购买影响者的影响力较小。

（二）设计网络促销内容

消费者购买商品是一个复杂、多阶段的过程，在设计网络促销内容时，应根据购买者当前所处购买决策过程的不同阶段，以及产品所处生命周期等来决定。例如当产品刚刚投入市场时，由于消费者对该产品还不太了解，因此网络促销应侧重于宣传产品的特点，以引起消费者的关注；当产品处在成长期，此时产品在市场上已有了一定的影响力，消费者已逐步认识和了解了该产品，那么促销活动的内容应具有唤起消费者购买欲望的作用；而当产品进入成熟期后，市场竞争已变得十分激烈，促销活动的内容除了对产品本身进行宣传外，还应对厂商形象进行大量的宣传，以树立消费者对企业的信心；在产品的衰退期，则需要进一步加强与消费者之间的感情沟通，通过让利或折价促销，延长产品的生命周期。

（三）选择网络促销组合方式

对应不同的企业特点、产品种类、销售对象和促销方法，将会产生不同的网络促销组合方式。厂商应结合实际，根据网络促销的特点和优势，扬长避短，合理组合，以达到最佳促销效果。

一般而言，日用消费品如化妆品、食品饮料、医药制品、家用电器等，采用网络广告促销的效果比较好；而大型机械产品、专用品则采用网络站点促销的方法比较有效。在产品的成长期，应侧重于网络广告促销；而在产品的成熟期，则应加强企业站点的建设。厂商应根据自身网络促销能力选择不同的网络促销组合方式。

（四）制订网络促销预算方案

制订网络促销预算方案是厂商在网络促销实施过程中最困难的一个问题。由于运用因特网技术进行促销是一个新生事物，对所有的销售成本、网站运行成本、实施控制成本等都需要在实践中进行比较，才能利用有限的资金收到最好的效果。

（五）评价网络促销效果

网络促销的实施进行到一定阶段，厂商就应当对已经执行的网络促销活动进行评价，衡量促销的实际效果是否达到了预期的促销目标。对促销效果的评价主要依赖于两方面的数据：一方面要充分利用互联网上的统计软件，及时对促销活动的成果做出统计，例如主页访问人次、点击次数、千人广告成本等。利用这些统计数据可以了解自己在网上的优势和不足，以便对网络促销方式和方法进行调整。另一方面，可以通过销售量、利润和促销成本的变化，判断促销决策的正确性。同时，还应注意促销对象、促销内容、促销组合等方面与促销目标的关系，以便对未来的网络促销工作做出正确决策。

本章小结

联合促销是指两个或两个以上的企业在互惠互利的基础上，共同运用某一种或几种促销工具进行的促销活动，以期在竞争激烈的市场环境中实现促进销售、分摊成本、扩大影响等效果。联合促销的优势主要有降低促销成本、扩大消费群体、提升品牌影响力和有利于新产品的推广。

联合促销主要分为以下几类：不同行业的企业之间联合——交叉联合；同行业内的企业之间联合——横向联合；厂商和渠道商之间联合——纵向联合。

联合促销的策略包括纵向型联合促销策略：返利、回款和价格，以及横向型联合促销策略：目标市场相近、形象一致和价位相适等。

网络促销可分为三种：一是消费者可获得直接价格优惠的促销活动，包括折价、买赠、优惠券、游戏或竞赛等；二是消费者获得除金钱以外的促销活动，包括免费使用、虚拟展览、网上培训和网上体验式促销广告等；三是利用网络优势开展的其他促销活动，包括团体购买、网上社区和会员积分等。

网络促销的优势主要体现在：市场覆盖范围的经济性、操作实施的便利性、较强的目标顾客针对性、丰富生动的表现力和信息交流的互动性。网络促销的难点则在于整合营销传播的应用、信息资料的实时更新和网上促销的转售行为。

思考题

1. 联合促销与厂商单一促销相比，其优势主要体现在哪些方面？
2. 联合促销有哪些基本类型？
3. 网络促销主要有哪些类别？请以生活中的实例说明。
4. 网络促销与传统促销相比，主要有哪些优势？
5. 网络促销在实施中会存在哪些难点？厂商应如何应对这些难点？

第八章

促销策略评估

教学目的和要求

1. 理解和掌握促销策略评估的内容；
2. 掌握促销效果事前评估的几种方法及其运用；
3. 掌握促销效果事后评估的几种方法及其运用。

引言

当企业的营销决策者意识到促销作为一种重要的市场工具，并加以广泛运用时，促销费用在整个营销费用中所占的比例开始不断上升，但这些众多的促销活动并不一定都能够成功。出现失误的促销活动不仅使企业蒙受经济上的损失，而且还造成严重的负面效应，损害企业的商誉和品牌形象。这类事例并不鲜见。

在本章中，我们研究促销策划的第二个环节：促销策略评估。促销策略评估是指以市场实际、企业实际和产品实际的当前状况与未来发展为基本参照，对各种促销策略及其效果进行的评估。促销策略评估是促销工作重要的环节，甚至对整个市场营销战略的实施都具有重要意义。本章涉及两个方面的内容：一是对促销方案的评估，二是对促销效果的评估。

促销方案涉及促销目标、促销方法、促销要素，以及行动计划等方面。在促销活动开始之前对促销方案进行测评，可根据评估结果及时调整促销方案；在促销活动结束之后，通过分析总结促销方案的得失，可为今后的促销工作提供经验指导。

在促销活动开始之前，对其可能产生的效果进行预测，能够确保促销策略的科学性、效益性和可行性，有效降低促销活动的风险，帮助厂商调整促销活动的运行机制。促销活动结束后，对其效果进行评估，是检验促销活动能否达到预期目标，以及促销费用是否合理的唯一途径，同时还能及时总结经验教训，为将来的促销策划提供修正建议。

在营销实践中，尽管促销活动的花费在不断增长，促销的技术手段也愈来愈丰富，但是关于如何对促销策略进行评估的研究却显得相对滞后。试想，如果促销效果的评估研究能够得到厂商足够的重视，并使用科学的工具和方法去加以评估，那么促销必能取得更大的效果与利润。

第一节　促销策略评估对象

促销策略评估对于厂商获取理想的经营绩效有较大的影响，这是因为促销工作需要长期不断地开展下去，而对每一次促销活动进行评估与分析，总结其成功与不足，都将为今后的促销工作提供宝贵经验。一般而言，促销策略评估从促销方案和促销效果两个方面进行。

一、促销方案

在促销策略设计出来以后，需要对促销方案进行综合评估，以判定该方案的可行性和有效性，并根据评估结果及时调整促销方案，或以此在多个备选方案中寻求最佳方案。

（一）评估促销目标

在促销活动开始前，根据企业促销策略拟定的目标，测评促销目标是否合乎市场状况、产品特点，以及企业的资源状况和管理水平。在促销活动结束后，测评目标是否达到，或达到的百分率是多少。

（二）评估促销方法

将方案交与专家、经销商或消费者等讨论，测评所选择的促销方法是否合理，论证其适用性与可执行性，并通过事前的小规模实验来检验，对促销方法的优缺点做出评估，以选择利于执行且能被普遍接受的促销方法。促销活动结束后，及时分析评估该促销方法的成功与不足之处，并将经验推广到今后的促销活动中去。

（三）评估促销要素

促销活动开始前，结合促销调查所获得的结论和历史经验，评估本次活动的促销范围、促销主题、促销时机、激励规模、参与条件、促销媒介、持续时间和费用预算等几大要素是否适用。促销活动结束后，同样需要分析评估每一项要素，并总结经验教训，指导今后的促销策划工作。

（四）评估行动计划

为确保促销活动有序进行，还需要事前对行动计划的周密性和系统性进行评估。事后也应及时总结行动计划的得失，才能不断提高企业对促销活动的组织控制能力与行动效率。

二、促销效果

促销策略评估不仅需要对促销方案本身进行评估，更重要的是在事前设定目标并努力执行，事后追踪促销成效，将实际效果与设定目标相比较，评估实际促销效果，分析其中的差异及原因，采取修正行动。因此，与其他的营销活动一样，促销活动也需要进行效果评估，以保证其按计划高效率执行。

（一）市场评估指标

1. 销售额（量）

销售额（量）是衡量企业经营绩效的重要指标，它也是最常被用到的促销效果评估项目。该指标的测定必须有具体的、量化的统计数据，并根据促销活动前后数值的变化进行比较分析。例如，促销活动前 A 产品平均每月销售 500 万元，促销活动后第一个月 A 产品的销售额为 670 万元，第二个月为 570 万元，这说明促销活动对 A 产品销售额的提升起到了一定作用。

2. 铺货率

所谓铺货率，是指本品牌铺货点的数量在同类产品的渠道终端网点数量中所占的比率。铺货点开发得越多，铺货率相对也就越高，产品面对消费者的曝光度增加，产品售出的机会自然会相应提高。

评估促销活动中的铺货率，须事先明确目标区域内经营同类产品的零售商的位置和数量，在促销活动结束后，将新的铺货点数除以所有的铺货点数，将所得结果与原铺货率比较，即可得知铺货率的提升状况。

3. 参与者人数

“人潮”常常与“成交客户”、“销售额（量）”呈现某种程度的正比关系。例如，超市特价出售某种产品，借此吸引人潮，其原因在于绝大部分的零售商都相信，只要人潮增加，其他商品被选购的机会也会增加。因此，参与者人数的多寡，也是促销效果的评估重点。

当厂商举办促销活动时，若能说服更多的经销商参与促销活动，或者能够吸引更多的消费者参与，则会更利于促销目标的达成。如企业举办有奖销售促销活动，若参与人数多，则表示成交客户多，当然销售额（量）也高。而对于零售商而言，“吸引人潮”尤其是一项重要的促销目标。

4. 试用者人数

有些产品在进入新的市场时，或由于产品本身的特殊性而难以解说时，常常采用免费试用的促销方法，消费者在经过试用了解产品特性后，较易产生购买行为。因此，试用者人数亦可作为企业评估促销效果的一项指标。

5. 其他指标

除了上述几个常用指标外，厂商还可结合不同的促销方法，通过相应的指标来评估促销效果。表 8-1 列出了常见的其他评估指标。

表 8-1　常见的其他评估指标

促销对象	测定效果的指标
针对销售员促销	销售员培训出勤率及考试成绩、促销用具使用量、促销手册利用率、销售奖励额、销售竞赛排名顺序、名次差异、参加人数等
针对中间商促销	经销商参加店数、下订单的经销商店数、经销商的订单金额、库存量总数、从业人员教育参与人数及考试成绩、内部刊物读者数、投稿数、寄发赠品总数、POP 张贴率、问卷回收率、零售陈列面、陈列位置
针对消费者促销	市场占有率、来店顾客数、交易数、DM 回信数、来电数、重复购买率、指名购买率、参与活动的消费者结构、消费者意见改变、POP 张贴率、产品知名度、认知度

以“消费者意见改变”指标为例，在第六章“百事都乐果汁促销策划案”中，通过对促销效果的调查，得出目标消费群为 24—35 岁的职业白领女性。在这次针对性非常强的优惠券派发活动中，认识了“都乐”品牌，尝试了“都乐”口味后，决定下次购买的占 48% 左右，表示完全没兴趣的占 18% 左右，表示保留观望态度的占 34% 左右。通过观察该指标在活动前后的变化，可以对促销活动的效果做出相应的评估。

（二）经济利益评估

促销活动本身所产生的利润增加额是评估促销活动最直接的经济利益指标。然而，在实际工作中，有时这种增加额是企业的应获利润，有时是由于促销的贡献，究竟是什么往往不容易确认。为了解决这个问题，就需要采用有效方法进行利润的分析。

1. 促销利润增加额计算

如果企业是在销售正常的情况下开展促销活动，不是因为销售困难而采取促销，这时，促销的利润增加额 = 本期销售利润 - 前期销售利润，此增加额在一般情况下为正。

如果企业在采取促销时所面临的环境是销售状况不佳，想通过促销来扭转销售被动局面，这时，促销的利润增加额 = 本期销售利润 - 前期销售利润，此增加额可为正、负或零。负数表示本期（促销期）销售利润虽不及前期（没有开展促销前），但是如果不开展促销很可能亏损更多，而此时尚有一定利润。

2. 促销利润分析结果的作用

促销利润除了显示促销活动的效益和促销工具的价值以外，还有一个很重要的作用，即它能为企业的营销决策提供依据，指导企业的经营活动，使企业的经营管理数量化。

由于促销活动会增加营销成本，所以促销期间产品的边际利润会有所下降，如实行折价促销时，由于降低了产品的价格，利润就会降低；采用免费样品促销须支付邮寄费等，也会间接地增加成本。因此必须确定：要达到多少销量水平才能补偿促销所需的成本费用，即要明确促销利润与销量之间的相互关系。

例如，某公司生产一种食品，边际利润是8元，每天正常的销量为1 500盒，促销活动中每瓶的促销费用是3元。在促销期间每天需达到什么样的销售水平才能补偿促销活动的成本呢？根据公式

促销期最低销量×促销时的边际利润=非促销期的正常销售量×正常的边际利润

则：促销期最低销量=(1 500×8)/(8－3)=2 400(盒)

销量增加的百分比=(2 400－1 500)/1 500=60%

即促销期销量必须增加60%以上才能补偿成本。

通过这种测算决策者就能做到心中有数，如果预测促销期的销量很难达到要求的最低销量，说明促销活动的成本费用太高，企业搞此活动将得不偿失。这样的话，就需要考虑降低激励规模或者选择其他的促销方法。

（三）促销利润评估实例

某零售商对某品牌商品举办了为时一周的销售促进活动，促销内容包括降价（由原价1.09元降到0.89元）、POP广告和商品展示。销售的数据如下：

促销前四周的平均销售量为960个单位，单价为1.09元。

促销期间的销售量为2 640个单位，单价为0.89元。

促销期后的一周内销量为720个单位，单价为1.09元。

POP广告的成本为300元，商品展示的成本为18元，POP广告的成本不是由零售商支付。

商品的成本是每箱21.5元。

制造商提供的商品折扣是每箱2元，广告津贴是每箱1元，展示津贴为每箱0.5元，用于广告展示的商品是每箱24个单位产品。

零售商并未提前大批量购买，因而不存在降低库存的需要。

从以上资料中，我们可以计算出促销活动的获利情况：

(1) 如果不举办这次促销

销售收入 = 960 × 1.09 = 1 046.40(元)

销售成本 = 960 ÷ 24 × 21.50 = 860.00(元)

销售利润 = 1 046.40 － 860.00 = 186.40(元)

（2）促销期间的利润

销售收入 = 2 640 × 0.89 = 2 349.60（元）

销售成本 = （2 640 ÷ 24）×（21.50 − 2.00 − 1.00 − 0.50）

= 1 980.00（元）

销售利润 = 2 349.60 − 1 980.00 = 369.60（元）

（3）促销活动的成本

直接成本 = 300 + 18 = 318（元）

还有一项成本也应计算在内，即促销期过后的销售量由正常的960个单位跌至720个单位，减少了240个单位，损失利润为240 × 1.09 −（240 ÷ 24）× 21.50 = 46.60（元）。所以

促销总成本 = 318 + 46.60 = 364.60（元）

（4）此次促销活动的利润

促销增加的利润 = 369.60 − 186.40 = 183.20（元）

促销活动的总成本为364.60元。

所以，此次促销活动所造成的损失为181.40（364.60 − 183.20）元。

以上分析可以看出，从短期销售效益来看，这次促销活动得不偿失，应从降价幅度是否过大、促销方式是否合适等方面寻找原因，总结教训。

值得一提的是，厂商的促销活动在多数情况下是很少立即赚到钱的，有调查数据表明，不少跨国公司在增加促销预算时，10次中只有5次会增加销售额，而这5次中又只有一半情况下增加的销售额足以支付促销费用的增加。换言之，不少追加的促销费用只有1/4的机会能获利。因此，从某种程度上看，当厂商举办的促销活动能将竞争对手的顾客拉过来尝试一下自身的产品，并使这些顾客永久地转换过来，此时，这项活动就算是十分有效的。

【案例8-1】 切沃勒汽车“午夜疯狂”促销活动评估①

英国一家汽车公司为了促销切沃勒（Chevrolet）汽车，隆重推出名为“午夜疯狂”的促销活动，内容是配合强大的报纸广告和广播的攻势，给购买新型切沃勒汽车的顾客以减价优惠。促销活动的策划者为使这次减价促销活动区别于一般的减价促销，别出心裁地制定出特别的活动规则：在午夜或午夜后一、二、三点钟购车的顾客，无论购买哪一款车，都可以以很低的价格成交。

以下是关于此次促销活动效果的数据：

① 卢泰宏等：《实效促销SP》，北京：清华大学出版社2003年版。

（1）销量较上个月提升了6%，比去年同月提高了3%；

（2）由于减价优惠，使汽车销售的边际利润下降，边际利润仅为正常边际利润的80%。

如何评估这次促销活动呢?

第二节　促销效果事前评估

促销效果的事前评估，是指在促销活动正式开始之前对促销方案的效果进行评估与测试，看其是否能够达到预定的促销目标。

在营销实际中，厂商可以向消费者和中间商说明将采取的促销方式和步骤，听取他们的意见，预测本次促销活动是否会提升品牌形象，竞赛中的问题是否难度适宜，以及奖品是否合适等，并预测将有多少人参与促销活动，广告宣传必须达到多大强度才足以传播促销信息；或者通过一些小规模实验，用相关的数据与结果来证明促销方案的可行性。

比如厂商在促销活动中可能使用两种奖品，它可以在10家零售店使用奖品A，而在另外10家零售店使用奖品B。通过对两组零售店销售情况的比较，得出哪种促销手段更容易被消费者接受的结论。以上这些方法在实践中都得到了广泛的应用。

一、对消费者促销的事前评估方法

（一）消费者征询

消费者征询即企业采用访谈询问的方式，向消费者了解对各种促销活动的预期反应，从中选择一个能被普遍接受和相对理想的方案。这种方法得到的结论往往较客观，具有较高的参考价值。它是促销效果事前评估最常用、最基本的方法。

快速而便宜的消费者征询可以采用集中征求意见和随机采访的方式。集中征求意见可以及时地改进和发展促销的创意；随机采访可以广泛地征求市场上消费者对各种促销方案的意见，从中筛选出更具吸引力的促销方案。就如同在产品测试中所采用的技术一样，对促销活动的事前评估，关键在于对市场上消费者的反应进行测试。

消费者征询的工作内容有以下几点：

1. 准备访谈计划

组织者必须对所从事的访谈工作有全面的了解，清楚要达到什么目的，准备提哪些问题，问题点在哪里等，并预先拟定访谈提纲。提纲内容一般包括谈话目的、谈话步骤和问题设计等。

2. 准备访谈用品

进行随机访谈时，还要准备好有效证件，如工作证、介绍信、证章、佩带卡等，以便顺利接近访谈对象，取得对方最初的信任。

3. 模拟访谈

为了保证访谈效果，在正式访谈之前，最好能做一次模拟访谈，找出正式访谈中的不足之处。

4. 检查准备情况

检查调查人员的装备是否完备、计划步骤是否清晰、对访谈对象的特点是否清楚，以获得对各种促销活动的充分意见，更好地指导促销活动的进行。

5. 正式访谈

按照访谈计划，采取个别访谈或集中访谈的形式，向消费者征询对拟开展促销活动的意见和看法。

6. 调整改进

根据所收集到的消费者意见，结合研究人员的市场经验和综合判断，对原促销方案进行调整和改进，得出相对合理的促销方案。

（二）小规模实验

小规模实验是指选定一定地区、在一定时间内对备选方案进行短期试验性实施，通过变换规模、水平、媒介、时机等变量来了解消费者的不同反应变化，并根据市场记录信息的反馈，最终确定效果最佳的方案。

厂商通常进行的是小规模对比实验。常见的对比实验有三种：

其一是选择两组消费特征相近的人群或店面，将其分为受试组和控制组，对受试组实施促销方案，对控制组不实施促销方案。在实验期间，监测受试组和控制组的促销产品销售量，比较二者的差别，就可以知道促销活动的效果。同时监测的指标还有未促销品牌的销售量、同类其他品牌的销售量、购买者的人口分布情况、店铺的销售总量等，这些指标都明显地影响了促销产品的销售。

其二是选择两组消费特征相近的人群或店面，分为甲组和乙组，对二者采取不同的促销方法，如对甲组实施凭证优惠，对乙组则提供免费样品，通过对两个试验组销售情况进行比较，判断哪种促销手段更容易为消费者所接受。

其三是对甲组和乙组使用同样的促销方法，但分别提供大小不同的激励规模，如面值不等的优惠券；或采用不同的媒体传播促销信息，如通过报纸、杂志发放或在店头发放优惠券。然后检验其不同的销售情况，以判断哪一种促销方式更加合理。

通过以上比较可以看出是否应使用促销方法，使用哪一种促销方法，促销激励规模和促销传播媒介等的选择是否为最佳，从而进一步完善促销方案。

例如，7 月 2 日—8 月 2 日某商品在某地受试市场与控制市场销售额分析如表 8-2 所示。

表 8-2　某商品销售额分析表

单位：元

	去年平均销售额	今年平均销售额	增减百分比
实验前			
受试市场 A 市 2 家商店	12 100	18 510	+53%
控制市场 B 市 2 家商店	11 800	15 930	+35%
实验期间			
受试市场 A 市 2 家商店	29 000	53 400	+84%
控制市场 B 市 2 家商店	26 000	25 700	-1%
	实验前 增减百分比	实验期间 增减百分比	增减百分比
测试市场 A 市 2 家商店	+53%	+84%	+31%
控制市场 B 市 2 家商店	+35%	-1%	-36%
百分比净差	+18%	+85%	+67%
增加的销售额 = 测试期间销售额 53 400 元 × 百分比净差 67% = 35 778 元			

注：若有资料，可用同样的方法分析来店顾客数与交易数。

（三）专家意见法

厂商还可以邀请一些促销领域的专家，针对制订好的几套促销计划，对促销目标、促销方法和实施方案进行综合评估，请他们评估不同方案的可行性，评估实施后可能产生的效果，包括短期销售效果和长期沟通效果。此时亦可对各位专家的意见赋予一定的权重，最后得出综合的评估结果。

一般来说，这种方法的准确度不会太高，其准确程度主要取决于所选取专家的权威性和市场判断能力。在操作时，应尽量保证选取的专家具有代表性，并且是在促销领域里有着丰富实践经验和理论知识的人士。

【案例8-2】 胡佛公司的失败促销[①]

"买一台价值100英镑的胡佛（Hoover）牌吸尘器，您将拿到一张到美国去的机票（价值至少250英镑）。"这广告听起来像个骗局，但做广告的公司却真的信守诺言了。结果一件不可思议的事情发生了。

1992年下半年，胡佛吸尘器欧洲公司为了在已经饱和的市场中再创佳绩，推出了这一奖励促销奇招。此招一出，即让英国的消费者们目瞪口呆，果然造成了轰动。经销商们一口气售出20多万台吸尘器，好像谁不占这个便宜谁就是傻瓜。

这一销售佳绩使胡佛公司在苏格兰的工厂不停地加班生产，可是在市场达到饱和以后，恶果立刻出现了。不但设在美国的总公司要倒贴2 000万英镑为客户买机票，而且到处可见"出售未拆封胡佛吸尘器"的广告。因为很多家庭早已有了吸尘器，畅游美国归来后，顾客想，卖掉它总比闲置划算。事实上，这么一来，顾客等于花50英镑游览了美国，实在是便宜之至。

胡佛公司可是"黄连入口，苦不堪言"。苏格兰的工厂无事可做，工人们也只好同意将周薪冻结为170英镑（直到1994年为止），以免公司倒闭。胡佛欧洲公司总裁、市场服务部总经理也因这一销售策略的失误丢掉了乌纱帽。这一错误举动，甚至波及了英国的旅游代理业，因为每年到国外度假的人数约有100万，这一年，其中1/5的客源被胡佛公司的吸尘器给"吸"走了，不少代理商因收入锐减而关门歇业。

可另一方面，胡佛欧洲公司却意外地拯救了陷入困境的航空业。以波音747每架载客400人计算，胡佛欧洲公司就要包下500多架次，航空公司当然是"乐不可支"。表面上义气过人的航空公司摆出助人为乐的高姿态，同意凑5万张机票。胡佛公司只好忍痛大出血，另掏腰包租飞机载客。

至于英国的5 274家零售商，他们则个个获利丰厚，除了应得的佣金以外，还拿到了超额销售的奖金。英国政府也可以收取胡佛吸尘器0.5%的增值税和航空公司的增值税。其余的消费者就算是没有捞着白得飞机票的好机会，也可以在二手货市场以半价购买一台全新的吸尘器。结果，一家公司的失误，成全了多家的美事，从而使该事件蒙上了一层幽默滑稽的色彩。

---

① 卢泰宏等：《实效促销SP》，北京：清华大学出版社2003年版。

二、对中间商促销的事前评估方法

中间商对促销活动的接受率在促销活动完成之后很容易被测量出来，它也被作为测量促销活动效果的指标依据。可是，如果等待促销活动完毕之后再获得促销成功与否的数据就为时已晚了。所以，对厂商而言，事前就了解此次促销活动对中间商是否具有吸引力、接受率是多少等，是非常重要的。

此外，对中间商促销的事前评估，不仅可以帮助厂商改善和修正促销方案，还可以对中间商做预先的沟通工作，提高他们对促销活动的接受率，取得他们对促销活动的充分理解和支持，进而促进整个促销活动的全面成功。因为通过事前评估，厂商可以督促中间商做出更进一步的营销努力和促销支持。同时，假如中间商能够意识到自己为某品牌做出了促销努力后的美好前景，他们一定会乐于去努力。因此，从这个角度上看，事前评估也是取得中间商对促销活动支持的必要手段。

（一）经销商征询

和消费者征询类似，即厂商选择一些具有代表性的经销商，征询他们对促销活动方案的意见和看法。

（二）深入访查法

深入访查一些有代表性的中间商，了解他们支持或不支持促销活动的原因，以及实施促销活动过程中出现的问题与困难，根据这些信息来改进促销方案，使之更能与他们的意愿相吻合。

（三）综合分析法

找出所有可能影响品牌的因素如市场份额、存货量、零售利润，以及交易因素如价格折扣的上下限等进行综合分析，得出一些对促销策划有价值的结论，以此来指导促销方案的修正。比如，某品牌并非市场的领导者，其销售量稳定且极具潜力，此时应考虑采用高的价格折扣吸引经销商，而不宜采用要求达到一定销售量后再给予奖励的促销方法。

第三节　促销效果事后评估

促销活动完成后，对其效果进行评估，这是检验促销活动是否达到预期目标以及促销费用是否合理的唯一途径；同时，由于促销工作的常规性，使促销效果的事后评估成为促销工作的一项重要内容。厂商对每一次促销活动的经验总结，将为今后更好地开展促销活动提供帮助。

这里，促销效果的事后评估有两个方面的含义：一方面是短期的销售效果，即促销活动当期所获得的经济利益和市场份额；另一方面是长期的沟通效果，它是当期销售效果的保障，也是促销效果得以持续的保证，更是提升品牌形象的基础。

一、短期效果评估方法

（一）目标比较法

即比较促销活动开展前后销售指标的变化情况，如销售量、销售额、市场份额、品牌知名度、重复购买率、指名购买率等。其中，最常用也最容易操作的是对销售量进行比较。

在促销活动前、促销期间和促销活动后，产品的销售量会有所变化，并呈现出几种不同的变化情况，在其他条件不变时，说明不同的促销活动产生了不同的效果。通常，可能出现的情况有以下五种：

1. 稳步上升

这是营销者最希望看到的情形，如图 8-1 所示。在促销期内销售量明显上升，促销结束后仍能保持促销期内的销售量，这说明促销对消费者产生了吸引力，促销的效果明显，且对今后的销售有积极影响。

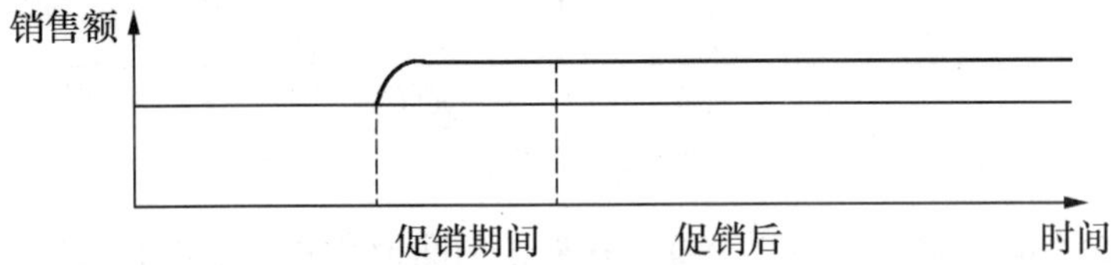

图 8-1　稳定上升

这种情形一般很少见，常见的还是后面三种类型。在这三种类型中，促销期内销售量的增加是以促销结束后的销售量减少为代价的。

2. 平起平落

如图 8-2 所示，促销期内产品的销售量上升，促销结束后销售量下降。从整个过程来看，销售量增加的数量大约等于销售量减少的数量。在这种情形下，促销期间的主要购买者是既有顾客，当他们受到促销激励时采购该产品，但并没有增加对该产品的长期购买量，只是改变了购买的时间。待促销期一过，再慢慢消耗该产品，经过一段时间后，又回到原来正常的购买量。这种促销冲击力强，但缺乏实质内容，不能对消费者产生真正的影响。然而，这种促销效果也并非得不偿失，关键看厂商的促销目标如何。如果企业存货过多，想尽早清除存货，这种促销也还是有效的。

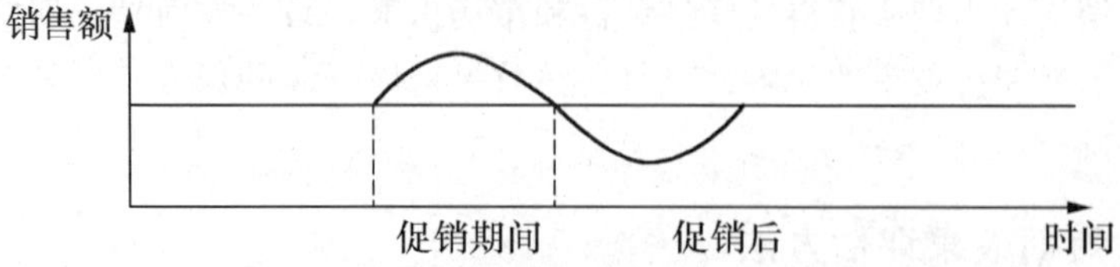

图 8-2　平起平落

最典型的例子是洗衣粉的促销：促销期间消费者会抢购一大批数量的洗衣粉，足以供其在近期或将来的一段时间内使用。但是，消费者对洗衣粉的使用量却不会因促销而大量增加，因此促销结束后的一段时间里洗衣粉销售量是会下降的。

3. 大起小落

如图 8-3 所示，促销期内销售量上升很快，促销结束后销售量略微减少，总体来说，销量增加的数量超过了销量减少的数量。在促销期内，消费者迅速从别的品牌转向该品牌，购买频率明显提高，购买量也明显增大。

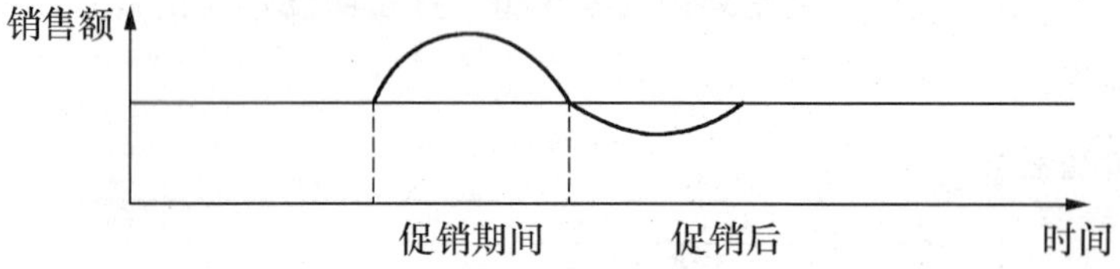

图 8-3　大起小落

比如软饮料、啤酒和冰淇淋等，在促销期间消费者会增加购买数量和提高购买频率，如果此类消费者不是某一特定品牌的忠诚购买者，那么他的购买习惯就会从原品牌转到促销品牌上来。

4. 小起大落

如图 8-4 所示，这是厂商最不愿看到的情形。促销期间销量增加的数量还不如促销期过后销量减少的数量。这种情形发生的原因通常是由于产品本身的问题或外来的其他因素，使该品牌的原有消费者构成发生动摇，而新的顾客又不愿加入，因而在促销期过后，销量反而大幅度减少。

比如快餐店举办了促销活动后，在促销期间经常购买的消费者对该食品产生了腻烦感，于是在未来的时间内，他要转到其他餐厅去换换口味了。此时销售量就会明显地下降。

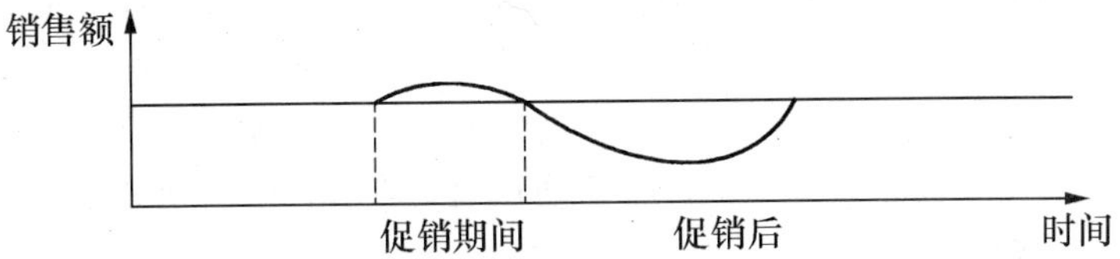

图 8-4 小起大落

5. 不起不落

如图 8-5 所示，促销期间的销售量同促销活动前基本一致，促销活动结束后也没有多大变化。这种情况说明促销方法不适当，或该产品基本处于销售衰退期，即将被市场淘汰，促销对产品销售无任何影响。

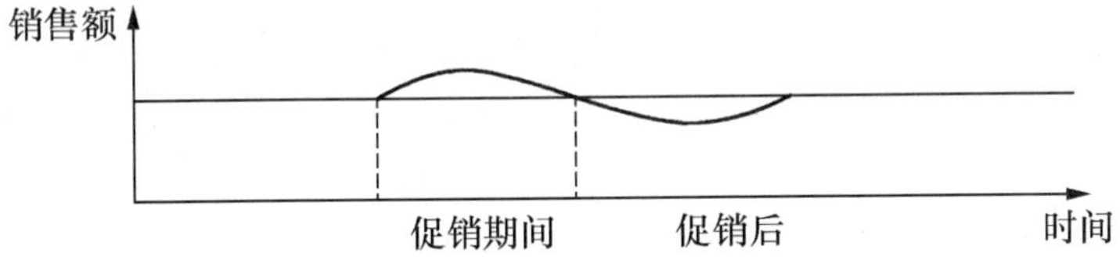

图 8-5 不起不落

正如以上几种情形的分析，衡量销售量的变化，一般是通过比较该产品在促销活动前、促销期间和促销活动后的销售量来实现的。尤其对于拥有先进的电子扫描技术的零售店来说，更能够方便地监测销售量的变化。

用这种方法来评估促销效果是比较简便可行的，但此方法也有一些局限，主要表现在：产品价格以及其他产品对促销产品的影响没有考虑进去，因此在使用该方法得出结论之前，还要综合考虑其他因素的影响。

（二）观察法

观察法是指通过直接观察消费者或零售商对促销活动的反应，对促销活动的效果进行评估。这种方法操作起来简便可行，而且费用较低，反馈及时；但结论易受主观影响，不太精确。当促销前后的销售量不易测量，第一种方法无法使用时，可采取此方法代替。当然，也可将此方法作为第一种方法的补充。

观察消费者对促销活动的反应，主要是对消费者参加竞赛或抽奖的人数、顾客反应率、优惠券的回兑率、顾客态度等情况进行观察；观察零售商可以从赠品的发送情况、零售店的陈列面、张贴 POP 的情况、是否给消费者优惠等加以观察，从中得出评估结论。

（三）消费者调查

消费者调查是在目标市场中随机寻找一组消费者样本，和他们面谈，了解促销活动的知名度、消费者对促销活动的认同度、企业形象在促销活动前后的变化情况、有多少人从中获得利益，以及本次活动对他们将来的品牌选择有何影响等。通过分析这些问题的答案，就可以了解促销活动的效果。

例如，想要了解正在开展的促销活动在消费者心目中的认知情况，可以设计如下一些问题：

您为何购买××产品而不购买其他牌子的产品？

您知道这个产品正在举办促销活动吗？

您是怎样知道的？（如果回答不出，可提示是否看过什么广告。）

您知道这个活动应该怎样参加吗？

您会参加这个活动吗？为什么？

您以后还会购买这个产品吗？为什么？

消费者调查这种方法还可以进一步采用某些标准对消费者进行分类，研究出更为具体的结果。因此，这种方法常被用来研究某种促销方法对消费者的影响。

（四）短期促销效果评估实例

表 8-3 所示例子将说明如何用零售店的店铺销售量来评估促销效果。

表 8-3　计算短期的促销效果

销售期	P－3	P－2	P－1	促销时点 P	P＋1	P＋2	P＋3
销量	1 003	1 028	945	2 306	805	911	942

促销前的平均销量 ＝（1 003 ＋ 1 028 ＋ 945）/3 ＝ 992

促销后的平均销量 ＝（805 ＋ 911 ＋ 942）/3 ＝ 886

促销前后减少的销量 ＝ 992 － 886 ＝ 106

促销期间销量的净增量 ＝ 2 306 － 992 －（106 × 3）＝ 996

从以上计算可知，促销后比起促销前一共减少了 318 个单位的销量（106 × 3 = 318）。促销期间销量较以前增加了 1 314 个单位（2 306 － 992 = 1 314），所以尽管促销期后减少了 318 个单位，总的销量仍净增了 996 个单位（1314 － 318 = 996）。

在计算中有两个地方值得注意。首先是采用销量平均值代替促销前或促销后的销量水平。用均值计算比较公正、准确且具有代表性，剔除了偶然因素引起的销量变化。其次是促销后减少的销量意味着促销活动引起了人们的积极购买，但事后的回头客减少，重复购买的人数不多。观测这种销量的变化时，应监测促销后引起销量变化的所有期间（如本例为 3 个期间），只有如此才能完整地计算出促销活动引起的整体销量变化。

二、长期效果评估方法

采用消费者固定样本调查可对促销活动的长期效果进行评估。主要是定期调查某一部分消费者的品牌态度，包括品牌认知、品牌形象和品牌忠诚度等一系列指标上出现的变化，由此推断一段时间内促销活动的效果。

根据专家对消费者固定样本调查发现，促销通常强化品牌转移，其转移比率则视促销方式而定。其中，通过媒体分送赠券能够导致品牌大量转移，而折价则较少导致品牌转移，因为许多消费者在享受了折价优惠后，很快又恢复到原来偏好的品牌。至于放在包装内的优惠券，却几乎对品牌转移没有影响。

电子扫描技术的发展更为促销活动长期效果的评估提供了良好的技术手段，应用这些先进技术可以观察家庭的购买行为、媒体行为的变化，以及消费者对不同形式促销活动反应的敏感程度，甚至可以帮助厂商辨别，哪种形式的促销活动对转换消费者的品牌购买习惯所起的作用最大，或者什么形式的促销活动是形成消费者品牌忠诚的最佳选择。当然，也可以揭示出促销活动可能产生的对品牌资产和品牌地位不利的负面影响。

三、促销组合效果评估方法

促销活动的时机、促销方法、媒介选择、宣传力度等因素被组合运用后，使得某一种促销方法对促销效果的评估变得困难，厂商很难确切知道某个促销方法的应用是否正确，能发挥多大的效力。因此，还需要对促销组合效果进行评估。

例如，某商场对某知名品牌饮料进行了跟踪调研发现，当运用各种促销方法及其组合后，对销售增长有不同的影响，如表 8-4 所示。

表 8-4　各种促销方法的组合影响力

促销方法	销售增长
店内广告	30.5%
专柜展示	53.5%
降价 10%	142%
降价 15%	248%
店内广告 + 降价 10%	404%（ >30.5% + 142% = 172.5%）
专柜展示 + 降价 10%	342.3%（ >53.5% + 142% = 195.5%）
专柜展示 + 降价 15%	494%（ >53.5% + 248% = 301.5%）

由表8-4可以得出：组合促销方法比单一促销方法具有明显的合力增加效应；单设专柜展示比纯粹店内广告效果好，但“店内广告与降价的组合”比“专柜展示与降价的组合”的合力效应更佳。

第四节 促销策略评估综合实例

对于宝洁的成功，绝大多数人将功劳归结于富有宝洁特色的三步式（提出问题→分析问题→解决问题）的专家型和对比型广告，但却往往忽略了宝洁市场营销活动中最关键的一步——促销。

菲利普·科特勒曾经说过：“如果广告提供了购买的理由，那么促销则提供了购买的刺激。”其实，对于宝洁来说，三步式专家型和对比型广告的投放，就如踢足球时球被传到球门边，而此时最关键的临门一脚还得靠促销来完成。因此，宝洁的三步式专家型和对比型广告只是为销售创造了氛围和条件，而实际上，真正令宝洁成功的是其令人佩服的促销。

根据权威机构一份针对日用、洗化行业的研究报告指出：2000—2002年，在中国进行的各种日用、洗化用品的促销活动中，只有不到1/2（49.3%）的促销活动，在保持收支平衡的基础上获得了盈利，并给目标消费者留下了深刻印象，真正起到了促进销售的作用。而其他绝大部分的促销都只是花钱买吆喝，完全没有达到预期的目标和效果。也就是说，每年在日用、洗化行业中的1/2的促销费用打了水漂。

残酷的数字折射出了中国日用、洗化行业所面临的严峻局面，但在中国并非所有的日用、洗化企业都与49.3%有缘。同样是做促销，与之形成鲜明对比的是，作为日用消费品霸主的宝洁却以86%的成功率和有效率一骑绝尘，表现出了与众不同的王者风范。

面对这样的现实，大多数人的疑问可能是：在整体不济的大环境下，宝洁缘何可以一枝独秀、屡屡得胜呢？

一、宝洁的促销理念

一般情况下，一个标准的促销活动流程是：建立目标→选择方法→制订方案→评估方案→实施和控制方案→评估结果。而在实际操作中，大多数国内日用、洗化企业的流程是：建立目标→选择方法→制订方案→实施和控制方案→评估结果。

宝洁在运作一个促销活动时的流程是：建立目标→选择方法→制订方案→

评估方案→改进和完善方案→实施和控制方案→评估结果。

对比以上三个流程，我们不难发现，由于成本、时间，乃至观念等种种缘故，评估方案这一步往往被不屑一顾的国内企业省略了，即便有也是敷衍了事、不置可否，而宝洁却始终坚持宁愿把更多的成本和时间放在促销方案的评估和改进上，也不愿意花少量的钱做一个失败的促销。

为了避免盲目实施一个不合理的促销方案所带来的风险，宝洁在实践中已经形成了一个科学而周密的评估机制，使其能够及时改进促销方案中的缺陷与不足，将最能有效刺激消费者购买的促销呈现在目标消费者面前。

宝洁发现，在将促销方案正式付诸实施之前进行不厌其烦的评估，并根据评估结果进行适当的改进和完善，至少具有以下三个方面的好处：

（一）回避风险

“避险是衡量行动的准则”，这是宝洁企业文化中的一面。宝洁认为：任何市场行为都有风险，但凭借正确的经验和方法却可以避开风险。

试想，一个全国铺开的促销活动一般投资都在百万以上，如果不经过测试和评估，盲目地将一个效果不理想的促销活动进行全面实施的话，由于2/3的促销费用在活动前期就已经基本投完，当你发现效果不理想要刹车的时候，却为时已晚。你会发现损失的不仅仅是投入的促销费用，实际上还包括了一个效果理想的促销活动本来可以产生的更多潜在收益。

由此看来，拙劣的促销不仅会给企业带来巨大的财产损失，而且还会使企业错失重要的市场机遇。所以，周密的测试不仅能够回避风险，还可以帮助企业制订最优的促销计划。

（二）便于制订最佳方案

任何一个促销方案的初期制订都不是最完善的，难免有值得商榷的地方。况且市场环境、消费者的消费行为和消费心理等不是一成不变的，在不同时期都会发生一定的变化。刺激力度是否最佳、实施方法的效率如何等诸多因素，只有通过实践的检验，才能找到最佳答案。找出促销方案中的不足和疏漏之处，并对方案中的促销方法和方式进行适当的修改和调整，才能制订出真正能有效刺激消费者的最佳方案。

（三）更好地控制费用

在制订促销方案的时候，为了避免方案中的估计与实际不符而产生矛盾，方案的制订者往往会把促销中的各项费用开支尽量往高处报，以免促销进行到一半时突然弹尽粮绝，或者根本就无法开始的现象出现。因而，实际上初步制订的方案在费用方面的含水量都很高。而通过评估与测试，企业就可以知道每项费用都用在了哪里，是否合理，哪些费用是可以减少或省略掉的，哪些费用应适当增加，增加多少，等等。如此一来，整个促销费用的使用情况一目了然，厂商就可以进行全面的控制，用合理的费用达到最佳的促销效果，而不像初步制订方案时那样一头雾水。

那么，宝洁又是如何进行促销策略评估的呢？

二、宝洁如何进行促销事前评估

（一）测试时间的确定

一般选择在促销活动全面开始前一个月，以便于测试之后有充分的时间调整和准备。促销活动评估的持续时间则根据具体情况来确定，但要求能够恰到好处地接触到尽量多的目标消费者，通常情况下为7—15天。

（二）测试地点的确定

促销测试地点一般分大点和小点，大点是指促销测试所在的城市，小点则是指促销测试所在的具体地点如超市、电影院等。

在大点的选择上，宝洁一般选择离公司总部较近的城市，因为这样便于了解和控制。但也存在不同品牌经理偏好的问题，比如沙宣的品牌经理就喜欢选择深圳作为测试城市，因为品牌经理认为这个城市比较适合沙宣品牌对目标市场的要求。

而在小点的选择上，则要根据不同产品、不同促销活动进行选择，但任何产品促销测试小点的选定均必须符合两个要求：第一是必须在相同类型所有的场地中最具代表性、最能反映情况的。代表性是指场地的人气、场地的知名度、目标消费者的集中度、消费者的消费水平、与品牌的切合度等因素。第二则是小点场地所需的附加费用应相对较低。

（三）测试人员的确定

测试人员分为执行组、调查组，分别由不同的公司成员担任。为了防止舞弊现象出现，宝洁要求两组人员素未谋面，而且事先宝洁不会透露任何消息给其中任何一方。

对于执行组，宝洁要求所有人员必须按正式方案配齐。虽然是测试，促销人员也必须经过专门、严格的培训才能上岗，以避免由于人员问题而导致促销效果出现偏差。

对于调查组，由于其直接影响促销测试效果的收集、处理，以及最终结果的准确率，因此，宝洁对他们的要求也非常苛刻。宝洁要求调查组接受品牌经理的直接领导，其成员由经过专门训练、从事过多年调查工作并具备了一定经验的人员组成。这些人员必须具有优秀、出众的沟通能力，以及勤奋和较强的敬业精神。

在促销活动开始之前，宝洁会召集调查组的全体成员召开多次会议，使调查人员能够完全熟悉促销活动的过程和细节，把握品牌经理的意图，了解自己的使命。会议中，宝洁会进行现场模拟测试，让调查人员明白如何获得正确的调查结果。

（四）测试流程

执行组：确定促销方案→准备促销用品→确定促销场地→培训促销人员→执行促销活动→促销活动结束→提交报告。

调查组：熟悉促销方案→培训调查人员→确认促销场地→促销活动执行前调查→促销活动执行中调查→促销活动结束后调查→集中数据→分析数据→提交报告。

（五）测试方法

在对促销活动的测试中，宝洁一般采取三种方法进行：

1. 对比法

对比法是指通过比较受试群（对其实施促销）与控制群（对其不实施促销）的不同反应来评估促销的效果。这是宝洁常用的一种促销活动测试方法，如“激爽—超爽沐浴 SHOW”、“碧浪除渍奖上奖”等大型促销活动都采用了这种方法来测试促销活动的效果。具体方法如下：

（1）在卖场内进行的促销。在卖场内进行的促销一般有产品效果展示、附送优惠等，宝洁采用对比法时，会让执行组选择两组数目、档次相同，平时销量相近的卖场，一组作为受试群，另一组为控制群。对受试群实施促销活动，而对控制群则不实施促销活动。在促销测试期间，宝洁通过调查组监测受试群卖场与控制群卖场的促销品牌销售数量、金额，来比较两者的差别，根据数字判断促销活动效果。

（2）在卖场外进行的促销。在卖场外进行的促销一般有展示活动、免费赠送样品等。对于这种促销，宝洁一般让执行组在同一个城市选择两个相隔较远的区，分别作为受试群和控制群，同样对受试群进行促销，对控制群不进行促销，然后由调查组比较各自不同的销售量，再对比各自以往的销售量得出结果。

（3）促销效果评估。根据受试群比控制群超出的百分比，宝洁将促销效果划分为三个档次，如表 8-5 所示：

表 8-5　促销结果分档

百分比	判定结果	促销方案处理意见
≤50%	效果不明显	需要大力改进
≥70%	基本有效	部分改进
≥100%	有效	基本可行

2. 体验法

体验法是指促销测试开始前预先与某些忠实消费者达成协议，由其亲自前往促销点作为目标消费者体验促销，再由其评估促销效果，并提出改进意见的方法。体验法主要用于有丰富活动节目内容的户外展示、路演等。如 2000 年的大型促销活动“将沙宣风格进行到底——谢雨欣小型歌友会”就是采用体验法进行测试的。

在具体执行体验法时，宝洁也是让执行组进行促销，而调查组则负责联络体验消费者，并负责记录其意见。同样，为了防止舞弊现象出现，宝洁会对任何一方守口如瓶，执行组和调查组根本无从知道相互的情况。

与对比法相比，体验法的好处在于可以非常直观地了解到：促销方案是否有效、是否可行。如果效果明显，主要是由于哪部分在起作用，这部分的作用是否还可以放大，是否还可以做得更好；如果效果不明显，问题出在哪里，哪些细节还需要改进。

体验法的效果评估依据参加体验的消费者来评估判断，如果体验消费者中有 75% 以上的肯定意见，则被视为有效。

3. 单位成本法

单位成本法是指用整个促销所需投入的资金，除以促销活动中接触的目标消费者的数目，所得出的数字即为接触一个目标消费者所需的单位成本；然后用这个数字与广告投放的单位成本相比，如果低于广告的单位成本，则说明该促销优于广告。

以上是宝洁最常用的三种测试方法。在实际促销活动中，宝洁常常会将两个以上的测试方法同时用于一次促销活动。但无论怎么运用，其目的都只有一个，即通过周密的测试，让最完美的促销活动以最完美的方式呈现在目标消费者的面前，给目标消费者留下最完美的印象，产生最完美的效果。

三、宝洁如何进行促销事后评估

在促销活动执行完毕之后，立即对其进行效果评估，这是宝洁在开展促销活动中一直恪守的准则。宝洁认为促销的事后评估是检验促销活动是否达到预期目标，以及促销费用是否划算的较好途径，同时也是在为下一次的促销决策提供参考和衡量的依据，从而避免再次盲目行动的风险。

（一）促销事后评估的原则

1. 全面性

一件事情的成功或失败，往往是由多个因素共同作用的结果，同样，一次促销活动之所以成功或失败，也不是某个因素造成的。因此，在对促销活动进行评估时，宝洁要求对整个促销活动进行全面的评估，以期获得更有参考价值的信息来指导后面的工作。

2. 可比性

在实践中，宝洁认为：单独罗列的销售数据或事实，往往很难辨别促销进行时的市场环境、竞争状况等客观因素的影响，而比较不同时期的销售数据和事实却可以轻易地辨认出两者的差别。所以，宝洁要求对促销进行事后评估时必须具有可比性，能够轻易分辨出客观因素的影响。

3. 精确性

精确性是宝洁衡量一切数据是否有效的依据，因为他们认为不精确的数据只会导致决策的失误。宝洁不喜欢听到“或者”、“可能”、“也许”、“大概”等模棱两可的用词，也就是说，对促销进行事后评估的数据必须是精确的。

（二）如何进行促销的事后评估

1. 评估时间的确定

（1）评估开始时间。一般在促销活动全部结束后2—3天内开始。

（2）评估持续时间。一般为25—30天左右。但为了确保评估所得到的销售数据更为准确，评估持续的时间会视产品的不同而不同。品客薯片被消费者买回去之后，可能即刻就被吃完了，最慢也不会超过2天；而一瓶海飞丝或沙宣洗发水就不同了，消费者用完它们一般需要25—30天的时间，或者会更长。因此，消费者的再次购买与产品有很大关系。不同的产品，其再次购买时间长短都不一样，这样就导致单位时间内的销售数据产生差异。所以针对不同产品促销进行的事后评估，其所需持续的时间应有所不同。

2. 评估地点的确定

所有参与促销活动的卖场。

3. 参与评估的分工

（1）促销活动执行组。提供促销活动总结报告。提供的数据包括：整个促销活动消耗了多少促销用品（如试用装、礼品），运用了哪几种促销方法，促销活动中每个项目的支出与总支出，促销活动总共接触到了多少名目标消费者，提供了联络方式的目标消费者又有多少，等等。

（2）促销活动调查组。提供不同时期（促销前→促销中→促销后→评估持续时间）的目标消费者调查数据，以及促销点销量变化数据。

（3）分销商。提供促销城市的促销产品流向。

（4）促销卖场。提供促销前、促销中、促销后、评估持续时间等各个时期促销产品的销量。

4. 宝洁促销事后评估的方法

（1）销量浮动评估法。销量浮动评估法是宝洁常用的一种促销事后评估法，它是指根据促销前、促销中、促销后、评估持续时间等各个不同时期中，促销产品的销售量或市场占有率进行比较分析，从而做出判断的一种评估方法。

一般情况下，宝洁采用销量浮动评估法时，会根据数据做出以下判断（以飘柔的一次促销为例，如表 8-6 所示）：

表 8-6　飘柔的一次促销数据

销量浮动情况				判定结果
促销前	促销中	促销后	评估持续时间	
55%	87%	50%	70%	很好
55%	87%	40%	65%	好
55%	87%	40%	60%	有效
55%	75%	30%	55%	无效

（2）随机抽样评估法。随机抽样评估法是一种辅助的评估方法，目的在于了解促销活动对目标消费者产生的影响，如对促销活动的评估、对促销产品的印象、对促销传播目的的了解，等等。

随机抽样评估法的具体做法是：根据促销活动执行过程中收集到的目标消费者资料，从每个促销点中随机抽取 5 名目标消费者（必须是提供了有效联络方式的目标消费者），通过电话由专人与其联系，了解其在促销活动中的感受，如是否了解该次促销活动的目的，是否了解该次促销活动的产品，是否在近期购买了该次促销的产品等。最后汇总所有的目标消费者答卷进行判断。一般情况下，如果有 85% 的目标消费者正确回答了 90% 的问题，则视该次促销活动非常有效。

（3）数据综合分析评估法。数据综合分析评估法也是宝洁较常用的一种促销事后评估法，它是指综合分析整个促销活动中的各项相关数据，并与具有可比性的一组数据（即参照案例）进行比较，从而做出对促销活动效果判定的一种方法。

数据综合分析评估法通常会综合促销活动中销量浮动变化的数据、促销活动各个环节的成本、促销活动的总成本、促销工具的成本、促销活动接触目标消费者的数目、促销活动接触一个目标消费者所需的单位成本等六方面的数据，与过去做过的某个类似且比较成功的案例的同一组数据进行比较。通过两组数据的比较，宝洁就能得出自己的判断。

以上就是宝洁最常见的三种促销事后评估方法。在实际操作中，宝洁通常不会单独采用某一种方法，而会根据实际情况，同时运用几种方法来评估某次促销活动的效果。但不管怎样，宝洁的目的只有一个，那就是为促销的成功或失败找到理由，为下次促销活动树立可以参照的标杆。

管理大师彼得·德鲁克曾说："创新其实在于舍弃，它不在于实施新措施，而在于舍弃的是什么。"如此说来，宝洁在促销中不断总结、不断扬弃的精神，也应该算得上是一种创新了。

本章小结

促销策略评估是促销工作的一项重要内容，它对于厂商获取理想的经营绩效有较大的影响，这是因为促销工作要长期不断地开展下去，而对每一次促销活动进行评估与分析，总结其成功与不足，都将为今后的促销工作提供宝贵的经验。促销策略评估通常从促销方案和促销效果这两个方面进行评估。促销方案评估包括对促销目标、促销方法、促销要素和行动计划的评估。促销效果评估包括市场评估和经济利益评估。

促销效果的事前评估，是指在促销活动正式开始之前对促销方案的效果进行评估与测试，看其是否能够达到预定的促销目标。对消费者促销的事前评估方法有：消费者征询、小规模实验和专家意见法。对中间商促销的事前评估方法有：经销商征询、深入访查法和综合分析法。

促销活动完成后，对其效果进行评估，这是检验促销活动是否达到预期目标，以及促销费用是否合理的唯一途径。同时，由于促销工作的常规性，使促销效果的事后评估成为促销工作的一项重要内容，厂商对每一次促销活动的经验总结，都将为今后更好地开展促销活动提供帮助。促销效果的事后评估有两个方面的含义，即短期的销售效果和长期的沟通效果。前者是指促销活动当期所获得的经济利益和市场份额，后者是当期销售效果的保障，也是促销效果得以持续的保证，更是提升长期品牌形象的基础。短期效果评估方法包括目标比较法、观察法和消费者调查。长期效果评估通常是采用消费者固定样本调查对促销活动的长期效果进行评估。

通常，组合促销方法比单一促销方法具有明显的合力增加效应。我们也可以通过促销组合效果评估方法，了解某个促销方法应用是否合理，以及对销售增长的影响力。

思考题

1. 促销策略评估在促销策划中具有怎样的地位和作用？
2. 促销策略评估的内容包括哪些？
3. 促销效果的事前评估方法有哪几种？如何运用？
4. 促销效果的事后评估方法有哪几种？如何运用？
5. 请谈一谈你对宝洁公司促销评估工作的认识。

第九章

促销策略控制

教学目的和要求

1. 了解促销组织的分类，以及内外部促销组织的职能和运作方式；
2. 了解促销管理人员各自的职责与岗位要求；
3. 掌握促销活动实施与控制的基本程序；
4. 了解促销活动中每一环节的主要控制工作。

引言

要想有效地实现既定的促销策略，在促销活动实施的各个阶段进行严格的控制是必不可少的。促销策略控制是促销活动能否成功的重要关键因素。

卓越的促销管理者通常能够较早地发现问题，并及时提出调整和修改方案，因为他们知道，只有这样才能在时间和经费上比事后对问题进行解释与修正更有效、更经济。也就是说，只有当管理层真正了解到策略控制的重要性时，组织才能够有效防止主要问题的发生，并能在问题发生时采取必要的补救措施。

促销策略控制首先是对促销组织机构和人员的控制。科学、合理的促销组织是成功实施促销活动的基本前提；促销人员是企业与中间商、消费者沟通的桥梁，是企业市场目标的实现者。其次，促销策略控制还包括对促销活动过程的控制，这就要求在一定的原则下，依据一定的基本程序，对促销活动的每一个环节进行必要的控制。

值得一提的是，促销人员在实施一项促销活动时，更多的是关注本次促销的目的，因为对促销活动的评价和考核因素也多集中于此，如拉动区域销量、扩大市场份额、处理积压品、配合新品上市、应对竞争对手，等等。目的虽没错，但重要的是，在促销理念上还要始终坚持为客户创造价值，并以此不断深化客户关系，强调与客户的多次交易，以及挖掘客户的终身价值。因此在促销的具体实施中，促销人员应更多地从价值创造的角度对待客户，宣传公司理念，引导消费观念，创造市场需求，而避免紧盯在眼前商品的销售上，生硬地将信息、产品推销给客户。

第一节 促销组织

促销组织是实施促销策划活动的主要执行部门，根据组织是否属于企业内部，促销组织可分为外部促销组织和内部促销组织。

一、外部促销组织

所谓外部促销组织，是指促销主体以外的促销代理组织，或能够完成部分促销活动任务的组织。大型企业在举行大规模或大范围内的促销活动时，通常会借助外部促销组织。外部组织虽然不是最终的决策者，但由于其信息来源较广，促销业务配套性强，市场运作的经验比较丰富，因而在企业的促销管理中起着重要作用。

（一）外部促销组织的职能

虽然不同的外部促销组织一般兼有其他职能，但从促销的角度看，主要有以下职能：

1. 促销调查

促销调查是促销活动的基础，促销调查的内容主要涉及外部调查和内部调查两个方面。外部调查包括对促销环境、市场流通、竞争对手、客户、消费者等方面的调查；内部调查包括对企业营销能力、营销实务、财务能力和管理能力等方面的调查。

2. 促销策略设计

促销策略设计的重点是对促销目标、促销创意、促销主题、促销方法、促销媒介、促销活动等方面的设计和计划，并提出可行的实施方案。

3. 促销物品制作

促销物品是促销活动成功的物质保证因素，包括促销活动用到的器材、道具、宣传品等，相关物品的质量、成本，以及制作效果等。

4. 促销活动实施

促销活动实施是成功达成促销目标的重要环节。一旦外部促销组织参与这个过程，就必须把握方案的具体性、明确性、时间与周期安排、人员调配、实施监督与控制等环节的落实问题。

5. 促销效果评价

外部促销组织一方面要针对促销方案本身进行评价，另一方面还要对促销效果进行事前的测试和事后的评估。

6. 促销管理咨询

促销管理咨询涉及如何使企业的促销管理机构更好地发挥作用，以及对促销活动各环节管理问题的诊断与咨询。

（二）外部促销组织的类型

外部促销组织主要可分为以下四种类型：

1. 市场调查类

这类组织的主要业务和优势在于进行市场调查，它们能为企业、社会组织及政府机构提供专项的信息调查服务，同时也开展诸如市场咨询、策划等服务。

2. 咨询策划类

这类组织的主要业务和优势在于咨询策划，它们主要为企业及各类社会机构提供营销、广告、公关、促销、产品开发、展销会、新闻发布等方面的项目咨询与策划，而市场调查工作则作为其基础性的工作来进行。

3. 设计制作类

这类组织的主要业务和优势是创意、设计制作，它们主要为企业及各类社会机构提供广告、促销品、宣传画册、展示用品、包装物品等的设计制作服务，同时也兼营一些其他相关业务。

4. 代理服务类

这类组织的主要业务和优势是进行全面的营销或促销代理服务，服务的方面涉及调查、策划、实施、效果测定等营销或促销活动的主要方面。

（三）外部促销组织的服务方式

外部促销组织开展业务的方式通常有以下几种：

1. 独立设计、联合实施

一些中小型企业或大型企业的派出机构在开展促销活动时，由于企业内部促销组织管理能力不足，往往委托实力较强的外部促销组织设计促销方案，经企业认可后，共同配合实施。

2. 联合设计、联合实施

对于日常的促销活动，一些大型企业借助自己的职能部门就可以完成；而对于竞争性的、大型的促销活动，则需要借助外部促销组织的优势和力量。双方先成立联合项目小组，共同设计方案，经企业认可后，共同配合实施。

3. 促销代理

某些企业为了保证促销活动的专业化管理，与外部促销组织形成了促销代理关系，即在一定时期内由外部组织代理开展促销活动。这种情况目前在国内还不多见，但随着咨询业的专业化发展，促销代理关系将会越来越多。

【案例9-1】 雀巢公司Gale牌蜂蜜的促销代理[①]

1994年，雀巢公司历史悠久的Gale牌蜂蜜面临着一种典型的品牌竞争。Gale蜂蜜比零售商自有商标的蜂蜜贵15%，不久以后，价格还会上涨。消费者抱怨："这是什么蜂蜜！"Gale的销量在下滑，品牌忠诚度在下降，一些大型零售商扬言要从商品目录中将Gale清除出去，公司预算也所剩无几了。降价虽然能在短期内解决问题，但零售商自有商标的蜂蜜同样会采用奖励促销等方法来抗衡，最终使降价难以维持。那么Gale应该怎样做呢？

雀巢的品牌经理给促销代理商SMP列了一大串目标：减缓销售下滑，避免零售商清除商品，在包装上增强冲击力，拓宽分销渠道，鼓励多件数购买，建立顾客忠诚，同时还要控制促销成本。

在促销过程中最大的挑战是如何抓住这一大堆任务的核心，这也是代理公司要做的第一件事。SMP推出的促销基本形式是发放优惠券，即消费者凭优惠券在购买时可优惠20便士，SMP希望以此增加销量。这种方法是一种实际可靠的增加重复购买的办法，但缺乏冲击力，而且成本很高。因此，SMP又设计了另一种全新方案。

SMP把20便士的优惠券内容印在外包装的乳胶涂料上，它可以刮开，消费者如果幸运的话，就有机会中奖，奖金为10英镑。这样消费者就面临一种非常有趣的选择：不刮开乳胶，则可获得20便士的优惠；如果刮开，则20便士无效。那么是要10英镑的抽奖机会，还是稳妥地获得20便士优惠呢？

接下来的问题是选择刮奖的大多数人都不会中奖，那么该给他们什么鼓励？SMP在没有10英镑奖金的乳胶下面印上一个蜂巢图案，消费者通过收集三个该图案就可以兑换Gale的系列陶器产品。

这次促销效果不错，零售商也不再提出清除Gale蜂蜜，销售总额增长了15%，优惠券领奖率控制在2%以下，而且Gale蜂巢图案的收集者剧增。

---

① 朱利安·柯明斯：《促销》，北京：北京大学出版社2003年版。

观点

销售促进公司[①]

开发和管理销售促进计划（如竞赛、抽奖、返券和折扣、奖励和激励以及抽样规划）很复杂。大多数公司使用销售促进公司来开发和管理这些方案。一些大型的广告代理公司创立了自己的销售促进部门或收购销售促进公司。不过大多数销售促进公司则是致力于计划、开发和执行大量销售促进计划所需服务的独立公司。

销售促进公司经常同他们的客户如广告代理公司合作，以协调它们在广告和直接营销规划中的努力。大型销售促进公司提供的服务有：促销计划、创意、调查、协调、执行、奖金设置和开发、目录制作以及竞赛与抽奖管理。许多销售促进公司还开发了直接营销、数据库营销和电子营销，以拓展其在整合营销传播服务上的能力。销售促进公司与客户的合作通常按照费用制获取报酬。

二、内部促销组织

所谓内部促销组织，是指促销主体内部负责完成促销活动的职能部门或分支机构。一般而言，大中型企业或产业价值链中的下游企业建立内部促销组织是有必要的，这直接关系到企业的发展。

（一）内部促销组织的职能

内部促销组织的职能与外部促销组织的职能基本上是一致的，它们必须经常性地进行销售跟踪与市场调查、设计促销方案、直接介入或以自身为主完成促销方案的实施，以及评估促销效果等。此外，内部促销组织还具有制订年度促销计划与预算、促销事务管理等职能。其中，促销事务管理是内部促销组织的常规性工作，涉及促销业务的对外接洽、促销合作谈判、促销方案审查、促销实施监管、促销管理制度规范和促销资讯管理等。

不同的企业在发展阶段、主要任务、机构设置考虑上的不同，设立的承担促销职能的部门名称也各异。例如企划部（策划部）、广告部、市场部、销售部等。企划部（策划部）的职能比较宽，任务也比较明确；广告部的业务内容实际上远远超出了广告的范畴，承担了促销的职能；有些企业由于设立策划部

---

① 乔治·E. 贝尔奇等：《广告与促销》（第6版），北京：中国人民大学出版社2006年版。

门的条件不够成熟，其促销职能由市场部或销售部来承担。

（二）内部促销组织的形式

1. 小公司直线式

在规模较小的公司，促销部门可采用直线领导的组织形式，形成一种纵向管理的关系，有利于促销经理直接向总经理报告有关业务情况。促销经理下设促销员，促销经理负责指导促销员的活动。这种组织结构如图 9-1 所示。

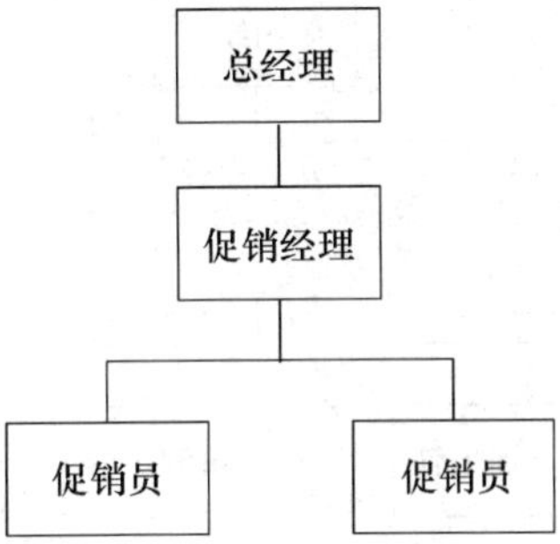

图 9-1　小公司直线式结构

2. 中等规模公司直线式

在中等规模的企业里，促销经理下设促销主管，促销主管各自管理若干促销人员，如图 9-2 所示。

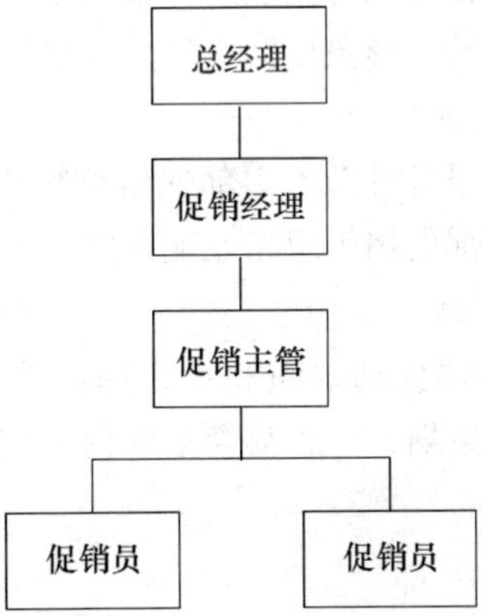

图 9-2　中等规模公司直线式结构

3. 大型公司直线职能式

大型公司则需要采取直线与职能相结合的组织形式。从直线领导方面看，促销人员将工作情况上报促销主管，而促销主管又隶属于大区促销经理，大区促销经理一般又要接受促销经理的领导；从职能组织方面讲，促销部门分设了促销培训主管、促销策划主管，这些主管的工作情况也要上报促销经理。图9-3是对大公司促销组织形式的说明。

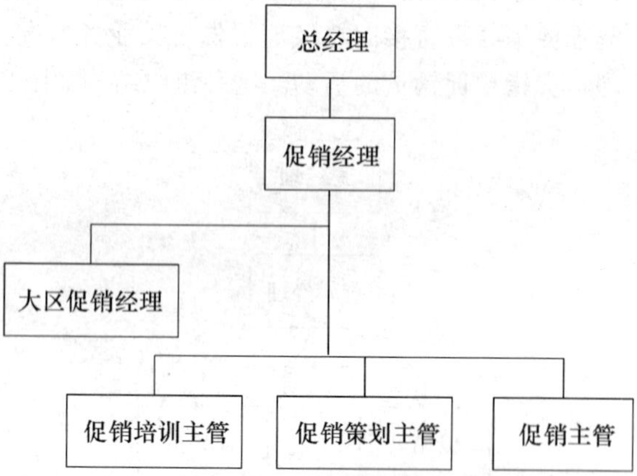

图9-3　大型公司直线职能式结构

（三）内部促销组织的活动方式

1. 独立设计、独立实施

这种方式是由内部促销组织完成促销活动任务的全过程，企业的销售部门提供辅助支持。通常在促销方式与企业业务活动没有直接联系时，这种情形较多。如促销性质的公关活动、形象促销广告、日常辅助性促销活动等。

2. 独立设计、联合实施

这种方式是指研究与设计环节由内部促销组织独立完成，实施环节由策划部门和销售部门，以及外部促销组织相互配合共同完成。

3. 联合设计、联合实施

这种方式是指由内外部促销组织和销售部门共同进行促销设计，共同实施。如较大型的促销活动策划，一般都会采取内外结合、相互协调、统一监控的活动方式。

【案例9-2】　缔维公司企划部管理制度架构①

一、企划部的工作内容与任务

企划部是企业营销工作正常开展的支持性机构。企划工作质量的高低对企

① 靳俊喜：《促销管理与策划》，辽宁：东北财经大学出版社2001年版。

业营销工作的成败有着重要的影响。总体来说，企划部的工作内容与任务主要有：

1. 企业发展战略策划。
2. 销售区域（区域布点）规划。
3. 市场开拓推广策划。
4. 企业形象宣传与策划。
5. 企划部年度发展规划。
6. 企业产品价格调整策划。
7. 企业年度广告发展与投放策划。
8. 企业年度公关活动策划。
9. 企业年度促销策划。
10. 企划部管理制度设计。

二、企划部管理人员的职责与权利

（一）企划部经理、副经理的职责与权利

职责：

企划部经理、副经理是企划部具体工作的主管领导，其工作对集团公司总经理和销售公司领导负责。

1. 组织编制企划部年度工作计划。
2. 下达具体的策划课题，部署具体的策划任务。
3. 组织本部门员工参与策划方案的讨论。
4. 对较重要的课题，企划部经理、副经理亲自负责策划方案的构思与撰写工作。
5. 对大型的策划课题或企业自身难以完成的策划项目，企划部经理、副经理应主动联系有关专业机构进行设计。
6. 在委托专业机构进行策划和设计时，企划部领导应详细说明要达到的目的与要求。
7. 对专业机构提交的策划案应详细审查，并提出修改意见。
8. 负责提出并编制企业年度促销经费预算。
9. 负责提出本部门员工配置建议。
10. 对本部门员工进行培训与业务指导。
11. 确定本部门员工的奖金发放。
12. 撰写本部门年度工作总结报告。
13. 定期或在需要时向主管领导汇报工作。

14. 对本部门员工进行监督与考核。

15. 主动做好与市场部、销售部的配合与协调工作。

16. 逐步建立和完善企划部的管理制度。

17. 由本部门自行开展的其他工作。

权利：

1. 拥有制订工作计划和本部门人事计划的权力。

2. 对本部门员工有监督和考核权。

3. 对本部门员工配置有建议权。

4. 对本部门员工违反规章制度有处理权。

5. 在公司规定的范围内，对经费有支配和使用权。

6. 对本部门员工有统一调配和指挥权。

（二）企划部员工的职责与权限

职责：

1. 负责从事企划部领导交办的具体策划任务。

2. 在规定的时间内，提交策划项目的具体构思。

3. 主动参与本部门主持召开的有关策划项目的讨论，广泛征集合理化建议。

4. 项目具体企划人员在广泛听取有关合理化建议后，应对策划方案进行认真修改。

5. 当策划框架构思得到认可后，项目具体策划人员应对框架方案进行细化，使其建议具有可操作性。

6. 对大型策划项目，具体责任人应做好与专业机构的协调与沟通工作。

7. 对策划工作中的具体问题与难题，应及时汇报并寻求处理建议。

8. 认真做好策划方案的实施工作。

9. 策划报告的归档管理。

权限：

1. 制订工作计划的权力。

2. 对策划案的建议权。

三、企划部企划工作业务流程

（一）以本企业为主进行企划工作的业务流程

接受策划任务—收集与策划项目相关的信息—撰写策划方案的基本框架—策划方案框架的审查与讨论确定—策划方案的细化—策划方案的实施。

(二) 以"外脑"为主进行策划的业务流程

接受策划任务—寻找策划伙伴—传递策划意图及相关信息—签订策划合同—催收策划方案—审查并提出策划方案的修改意见—对策划方案的调整和完善—策划方案的实施。

第二节 促销人员

在促销实施过程中，如果没有优秀的促销管理人员在各环节之间进行沟通交流，那么无论任何一种促销策略都难以在实际运用中取得预期效果。因此，企业需要一支高素质、高绩效、高水准的促销管理队伍来推动和保证各项促销任务的顺利完成。

一、促销经理

(一) 促销经理的主要选拔渠道

促销经理是促销部门的计划者和组织者，同时也是专业优秀的促销员、促销商品的技术人才和中间商的促销活动参谋。因此，促销经理应具有强烈的事业心、高度的责任感、良好的情感素质和个性心理特征、扎实的营销专业功底和丰富的营销实践经验，以及良好的创新意识、敏锐的思考力、前瞻的洞察力、高度的应变力和良好的协调力。在营销实践中，通常从以下方面选拔促销经理：

1. 内部选拔

(1) 优秀的销售人员

选拔资深绩优且擅长动笔的销售人员担任促销经理，另配备1—2名助理，同时也聘请营销顾问协助。这是企业最常见的选拔人才的方式之一。

(2) 部门之间的调动

由于营销管理的重要性，很多部门经理对营销管理工作都有一定程度的认识和理解，因此有的公司是从别的部门调任经理人选，这也是公司培养复合型人才的一种方法。公司会另行任命一些经验丰富的人员做参谋或顾问。

2. 外部选拔

(1) 行业资深人士

作为一个对营销理论水平和实践能力都有较高要求的职位，可物色曾做过数年实际促销、广告、公关以及企划工作的资深人士担任促销经理，另配备1—2名各有专长的助理，同时聘请专业咨询公司的营销顾问协助。

（2）登报招聘

登报招聘的方式有三种：一是企业如属于日用消费品行业，可优先考虑家电、食品、医药保健品、日用化妆品等行业的资深促销人士；二是企业如属于化工、电子等工业品行业，可将应聘者资格确定为管理学硕士，或化工、电子类专业的本科毕业者；三是来自专业营销咨询、营销策划公司的营销顾问。

内部选拔和外部选拔各有不同的优劣势。内部选拔人才的优势主要体现在：有利于调动员工的积极性，有利于选拔人才的工作快速开展；而其劣势主要体现在：可能引起内部其他同事的不满，以及不利于组织的进一步发展等。外部选拔人才的优势在于：有利于平息组织内部因竞争而引起的紧张关系，以及为组织的发展注入新鲜血液等；外部选拔的劣势在于：外聘人员对组织不熟悉，开展工作需要较长时间，另外，内部员工的工作积极性会受到极大的挫伤，工作士气也会受到较大的影响。

（二）促销经理的职责范围

促销经理应根据本企业的整体营销规划，全面负责本部门的业务及人员管理，其职责分为以下几个方面：

1. 促销管理

本部分的职责主要有：市场分析与促销前景预测，确定促销工作目标，制订促销规划，确定促销方法，设计促销活动模式，招募、培训、选拔和调配促销人员，设计促销人员激励方案，考察评估促销业绩，联络主要客户，以及制定各项促销管理制度等。

2. 促销活动的计划、组织与管理

这部分的主要职责有：促销调查，确定促销范围，制定促销目标，制定实现目标的战略和战术行动计划，跟踪并控制促销方案的实施情况，处理促销过程的突发事件，管理促销人员与促销事务，保持与公司内外部的联络，评估促销活动效果等。

3. 促销技术培训

这部分的主要职责有：举办技术讲座，传授产品知识和促销基础知识，分析促销产品及对策，指导促销活动，促销活动后总结指导和培训等。

4. 中间商的促销参谋

这部分的主要职责有：中间商促销方针的制定、中间商促销计划的立案、中间商促销指导等。

二、促销人员

（一）促销人员的类型及特点

1. 长期促销人员

又称专职促销人员。这部分促销人员是指企业需要长期从事促销活动所雇佣、招聘的促销员，负责各项促销活动的沟通、联络与执行。长期促销人员的主要特点表现在：

(1) 促销经验丰富、工作能力较强，在促销过程中容易把握消费者的心理。

(2) 熟悉产品的性能与特点，易满足消费者的各方面需求；同时通过介绍、宣传产品扩大企业及品牌的知名度。

(3) 长期促销人员的费用包括培训费、工资、促销奖励等，均由企业提供，相对支出较高。

2. 短期促销人员

又称兼职促销人员。大部分企业在促销活动前会临时招聘一些促销员，经过相关培训后投入到企业的促销活动中。短期促销人员大多来自在校大中专院校的学生，其主要特点是：

(1) 费用较低，通常以小时或天数为单位计工资。

(2) 促销人员素质较高，易于管理且有助于树立企业形象。

(3) 接受信息能力强，对新产品、新知识的理解和领悟能力强，通过基础培训和项目培训即可立即上岗。

很多企业考虑到上述因素，常常在促销活动之前招聘兼职促销人员执行促销活动，并与业绩好、能力强的兼职促销员保持长期的合作关系。

（二）促销人员的培训

促销人员素质的优劣是促销工作能否成功的关键。因此被选定的促销人员应具备与人友好相处、获得他人信任与好感的能力，富于进取心和自信心，精力充沛，勇于开拓，同时还具有良好的职业道德与丰富的业务知识。

促销人员被选定后，在执行促销项目之前，还必须参加促销基础培训和促销项目培训。其中，促销基础培训的主要内容有：

1. 企业情况

包括企业的发展历史、企业的宗旨、企业的经营目标及方针、企业的长远发展规划等。

2. 产品知识

包括产品结构、性能、技术特征，产品的使用、保养和维修方法等。

3. 市场情况

包括市场管理规则、法律、税收要求，目标消费者心理、购买习惯、地域和行为表现，竞争者历史、现状及发展分析，竞争地位与危机分析等。

促销项目培训的主要内容包括：促销活动介绍、促销活动工作流程、促销技巧、促销设备和仪器的使用方法、促销员奖惩制度说明等。

（三）促销人员的职责范围

1. 促销前的准备工作

检查和准备促销产品，准备促销用具，即赠品、样品、奖券、展示台和各种仪器的布置，以及促销员的服装等。

2. 促销宣传

布置和整理可有效刺激消费者视觉感受的店内 POP，散发广告宣传单等。

3. 消费者接触

用简洁易懂的语言向消费者进行产品性能、特色的介绍，强调活动主题，广泛收集和认真听取消费者意见等。

4. 收集市场信息

收集主要竞争对手、经销商的促销状况，以及消费者的信息反馈等。

第三节 促销活动实施与控制

促销活动的实施与控制并不是各项孤立活动和措施的简单组合，而是为实现促销目的而进行的计划过程的延伸，并把实施过程中的信息反馈回来，帮助促销管理者调整现有的促销方案，或制订新的促销计划，从而使促销目的与企业利益能够较大程度地实现。

一、促销活动实施与控制的基本步骤

（一）确定管理对象

企业通常把促销的管理对象局限于促销收入、促销成本和促销利润这三个方面，但实际上，促销现场管理、消费者服务、促销调查等活动也都需要进行有效的控制。

（二）确立管理目标

如果在制订促销方案时已经设定了目标，那么就可以将其“借用”过来。

可以将促销收入、促销成本和促销利润等预先设定一个定额标准，作为硬性的衡量尺度；将促销现场管理、铺货、陈列等作为衡量品牌提升努力程度的有效指标，以利于考核衡量。

（三）衡量实际结果

对促销活动的各个关键环节设立管理控制点，确立控制标准，将实际结果与设立的标准相比较，衡量实际结果与标准之间的偏差。

（四）分析偏差原因

如果实际促销结果与标准之间发生偏差，可能来自于两种原因：一是促销过程中的问题，这种偏差比较容易分析；二是计划决策过程中的问题，这时确认产生偏差原因的最好方法是进行实验研究。因此，促销管理者应利用实验和调查的方法，尽可能将有关资料详细划分，寻找问题的症结。检查促销计划过程的所有假设条件，分析管理目标的可实现性。比如，促销员完不成计划可能是由于定额过高，这时就应该降低定额。

（五）采取改进措施

实施与控制的最后一个步骤是采取适宜的改进措施。通常在制订促销方案的同时，策划人员还制定了应急措施，以防备促销过程中的突发事件，满足临时改进的需要。

【案例9-3】 护舒宝免费试用，后来居上超“飘然”①

宝洁公司推出的新产品护舒宝（Whisper），是以事业女性为目标市场的。这些女性对卫生巾的品质要求很高，较易接受高档商品，而护舒宝正是定位于价格档次高的商品。

20世纪80年代，为了让目标消费者接触新产品，并使新产品顺利打入市场，宝洁公司在香港采取了免费试用的促销方式。他们雇专人每天早上7:30至9:00在地铁站出入口处，派发护舒宝试用装给路过或搭乘地铁的女性。这种促销安排的原因有三：一是7:30至9:00是上班时间，最易接触到上班的女性；二是地铁站较为集中，地铁乘客对高价商品或服务较易接受；三是同一时间派发，可以减少重复，令接触面尽量扩大。

然而，这次精心策划的免费试用装派发活动在推行期间，行人拒收率高达70%。研究结果表明，造成这一现象的原因有三点：

首先，免费试用装是用透明塑料袋包装，一眼望去便知是卫生巾，而在大

---

① 卢泰宏等：《实效促销SP》，北京：清华大学出版社2003年版。

庭广众之下接受卫生巾会令女性感到难为情，所以导致试用装接收率较低。

其次，试用装外面大字标题“护舒宝卫生巾”等字样的正面宣传，反而给女性带来更大的抗拒心理。

最后，宝洁公司最初为尽快派完几百万份试用装，并令接收者清楚确认其产品优点，免费试用装是“一包四件”，这令试用装体积太大，而很多女性的手袋空间体积较小，容纳不下。虽然好奇的人们也希望试用，但碍于不便携带，只能退回试用装。

营销人员针对以上三方面问题，立即对原派发计划进行相应的修改，对免费试用装重新包装：以密封及不透明的塑料袋包装；试用装不标明任何产品名称；改为一包两件，方便携带。

经过重新包装之后，路人的接收率上升至50%。在大力促销宣传的攻势下，护舒宝推出两年便取得了惊人的成绩，市场占有率上升至22%，已急追原市场领导品牌“飘然”。如以销售额计算，已取得了市场第一品牌的地位。

二、促销活动实施与控制的基本原则

（一）统一原则

这是一个基本原则，指在对促销活动进行实施与控制时，各类管理人员、各个促销环节、各计划控制点必须按照整体方案的要求，统一目标，统一节奏，服从统一指挥。

（二）质量原则

指在开展促销活动时，应按照策划方案要求的标准执行实施，促销活动各个环节的执行质量、管理质量都不能打折扣。这是保证促销活动完整执行和达到促销目的的关键。

（三）弹性原则

在促销活动的实施过程中，为了应付一些不可预测的情况，应具有一定的机动性。例如，根据实际情况，灵活调整投入力度、促销品种范围和促销费用等。

（四）效益原则

指通过促销活动，现实地推动企业的市场营销工作，使销售量、销售利润有所扩大，消费者影响有所扩大，企业形象进一步增强，市场竞争力得到提高。

三、促销活动的过程控制

对促销活动的实施过程进行严格控制，能够确保企业促销的效果，这部分工作主要包括三个部分：促销活动的前期管理，促销活动期间的监督与控制，促销活动结束后的分析、评估与总结。

（一）促销活动的前期管理

促销方案确定后到促销活动实施初期，这个阶段的工作十分重要，促销管理者需要重点做好如下工作：

1. 明确各参与部门的职责

明确企业分管领导、促销管理部门、促销实施部门和促销辅助部门的各自职责范围，对其工作进行合理分工。通常，企业的策划部或市场管理部承担着促销活动的计划、控制、指挥和协调等管理工作；销售部承担促销活动的具体事务工作；市场研究部、财务部、物流管理部、办公室等则配合促销管理部门和实施部门开展工作。在整个促销活动期间，如出现各部门之间不便协调的情况，则需要企业分管领导进行统一协调，也就是说，分管领导是整个促销活动的总协调人和总责任人。

2. 制定促销执行手册

促销执行手册是企业在执行特定促销活动之前制定的管理指导性文件，目的在于协助各促销管理人员和执行人员更好地完成促销任务。促销执行手册要求内容详细、具体，通常涉及促销活动计划书、商品指南、店头装饰指南和接待指南等内容。

3. 培训相关人员

为了准确理解促销方案，明确方案执行中各方面、各环节、各阶段的工作职责，明确促销策略执行的要点、促销活动的关键控制点、促销方法和媒介的使用要点、促销宣传要点，以及突发事件处理要点等，企业还应组织各方人员进行促销执行手册的培训，确保参与促销活动的各类人员明确本次促销活动的有关问题。

4. 进行促销活动的准备工作

在促销活动前期，促销管理部门应着手安排各类准备工作，如促销用品与媒介的准备、促销宣传活动的准备、促销货品的准备、促销场地的落实、必要的促销活动试验等。

（二）促销活动期间的监督与控制

1. 促销过程中的调查

（1）消费者的反应

调查目标消费者对促销活动的看法、意见、倾向和态度，目标消费者的相应行为、购买情况和其他表现，以及目标消费者对潜在市场的影响趋势等。

(2) 社会公众的反应

调查广大公众的意见、行为和态度，以及消费者社团对本次促销活动的态度和反应等。

(3) 竞争者的反应

由于企业开展促销活动给竞争者带来的刺激比较直接，因此需要调查竞争者可能开展的对抗措施和活动，以及这些活动对未来市场发展的影响等。

2. 促销过程中的监督

促销过程中的监督工作，其目的在于保障组织沟通，掌控促销进程，及时发现问题以便纠正偏差，确保促销活动顺利进行。具体而言，主要有以下几个方面：

(1) 促销方案执行情况

促销管理部门应对促销方案的各实施环节进行全程跟踪管理，重点监控促销活动的关键环节控制点，进行数据的动态分析，随时掌控活动进程和环境变化。

(2) 促销实施现场情况

促销实施部门应对促销方案的执行质量、促销现场视觉管理和信息传递、促销执行人员的行为规范、促销过程中业务数据变化、促销现场秩序等方面进行监督和管理。

(3) 促销资金和物资使用情况

促销辅助部门应监督促销过程中的资金和物资使用是否合理，财务管理和物资管理是否规范，相关数据的反馈是否准确及时等。

3. 促销过程中的纠偏

如果发现实施过程同计划方案有较大偏差，促销管理者应立即对促销活动进行调整，改进促销活动的组织方式。

通常来说，促销活动中可能出现以下几种不良状况：活动不能得到消费者认同；企业促销人员出现违法乱纪情况，导致促销活动不能按原计划执行；企业促销货物出现问题，包括数量、存货、供给、质量、品种、款式、品牌等，乃至促销宣传与传播受到限制；企业决策者的态度、观念和管理方式发生变化，需要调整现行促销活动；企业促销预算出现短缺，需要在资金上加大投入；竞争者的对抗措施迫使企业必须调整现行促销方式、措施或内容。

当出现上述情况时，企业应立即进行纠偏调整，以使企业更有效地适应变化了的环境和条件，从而最终达到既定目标。当然，如果环境和条件发生重大变化，也不排除企业当机立断终止促销活动的可能性。

4. 促销过程中的问题协调

当企业内部出现管理职责不明确、分工不合理、方案存在漏洞、资金使用尺度不一、各部门之间存在沟通与合作障碍、奖品或赠品管理有漏洞等问题时，一方面需要企业分管领导及时统一协调，按照既定原则妥善处理，另一方面促销管理部门则应对这些问题提出符合实际的处理意见，供决策者采用。

当企业外部出现问题时，如促销对象对促销活动的理解存在偏差，促销政策执行不严密导致发生法律纠纷，促销善后事务处理不当等，首先应启用促销方案中预先制订的应急方案，其次可由各促销部门和企业法律顾问共同商讨对策，使问题得到及时、妥善解决。

（三）促销活动结束后的分析、评估与总结

1. 财务分析

促销活动的直接目的之一是给企业带来经济效益。因此，在促销活动结束后，应统计促销期间的销售数据和财务数据，如销量、销售额、利润率等，分析促销费用投入效率，分析与其他时期相比较的促销投入效率变化，以及费用管理、费用控制等其他财务管理要点。

2. 市场分析

除了对财务数据进行分析，还应对促销的市场指标进行调查，包括市场占有率、销售增长率、指名购买率、品牌知名度、美誉度、企业形象评价、消费习惯变化、产品接受度，以及促销消极影响等，并对上述市场指标的实际效果进行分析研究。这项工作可结合企业的市场研究部门、市场情报系统，以及外部专业机构展开专项调查。

调查完成后，还需要对促销活动开展前后的总体情况进行比较研究，认真分析变化原因，总结经验教训。例如，指名购买率没有达到预期目标，此时促销管理者应考虑可能存在的原因有：主客观条件不具备，目标过高；策略设计指向性不够，对品名品牌凸显偏弱；促销刺激力度不足；促销方法选择不当；促销面过小，市场影响达不到要求；促销品种选择不当，带动作用未能体现出来；促销宣传力度太小，等等。其中哪些是主要原因，哪些是次要原因，促销策略与方案在哪些方面存在欠缺，以后的促销活动应该在哪些方面加以改进等，对以上这些方面都应当有一个客观深入的分析和判断。

3. 促销活动的总结

促销活动结束后，由促销管理人员综合各方面情况，对促销表现、财务数据、市场数据等进行综合系统的分析，归纳总结促销活动的成功经验或失败教训，提出改进措施的建议，并形成书面的促销报告，为今后的促销工作积累经验。

促销报告的主要内容有四个方面：一是促销前企业销售状况，包括企业销售数据、财务数据、反映市场属性和基本状况的数据；二是促销后企业销售状况动态分析，即分类比较上述数据和特征在促销活动前后的变化情况，包括促销初期、促销中后期、促销活动刚刚结束的时段、促销活动结束后一段时间，以及促销活动结束后较长时间段等；三是深入剖析上述动态变化的特征及原因；四是根据本次促销活动的经验教训，结合企业特点、市场变化趋势等因素，提出改进促销活动的建议与设想。

4. 促销资料存档管理

促销资料是指促销方案、促销报告、促销日志、重要的促销数据、促销广告、促销海报，以及录像带、光碟等，这些资料都是企业营销资料的有机组成部分，是反映企业营销活动的重要文件，同时，它对于以后的促销策划工作具有重大的参考意义，需要妥善地分类保存。

【案例9-4】　某移动运营公司的促销活动①

活动背景：2001年7月1日，正值中国共产党建党80周年纪念日，国家信息产业部取消了固定电话初装费和移动电话入网费，某移动运营公司的用户在当地突破300万。

本次活动目的有二：一是通过给予老客户优惠，提高老客户的满意度和忠诚度，留住老客户；二是促进新入网客户人数的增加。

实现目的与手段：

1. 借此大好时机，利用7月1日和2日在本市最繁华的室外广场开展户外促销活动。

2. 进行大规模的付费宣传（两天共支付电台、电视台、报纸、DM等宣传费用46万元）。

3. 按在网时间长短给老客户以相应的手机购买补贴，从880元、640元、400元到240元共四个档次，每档次名额限制分别为100名、600名、1200名和不限。

4. 享受上述优惠补贴的方式是：老客户现场购买手机可分别优惠640元、400元、160元和0元，同时赠送一个全球通号码，并包含240元话费，分12

① 转载自中国营销传播网。

个月赠送。但该公司在宣传时，隐去了赠送240元话费和全球通号码的一个前提条件，即必须预付200元话费。

该活动由公司营销中心宣传室主任临时指定几个人组成促销活动筹备小组，一边由小组的某个成员起草活动申请报告，层层递交到公司分管副总等待审批，一边便开始了准备工作：起草报告、寻找户外活动代理公司并就有关活动细节进行讨论、签订协议，联系手机供应商提供手机、核定价格、制定流程、签订合作协议，落实场地、内部准备人员、材料物资等，小组成员忙得昏天黑地。

7月1日活动如期开始。但由于活动宣传策划上的失误，一方面因为第一优惠档次的人数太少，使很多顾客产生不满；另一方面又由于没有给顾客讲清楚必须预付200元话费而使顾客不断地发出这样的质问：为什么要赠送一个全球通号码？我已经是全球通顾客了，既然是赠送的号码，我不要不行吗？既然是赠送，为什么还要交200元？虚假广告！骗人！

由于现场业务流程设计得不合理，前台受理处一下子挤成一团；又由于缺乏经验，忽略了户外活动的一个关键因素——天气，到中午正值活动高潮时突然台风大作，大雨倾盆，使得现场混乱不堪。不凑巧的是，由于准备工作不充分，现场带去的SIM卡与所放号段不对应，已经办理了的一大批顾客无法开机，只有通过现场喇叭请求顾客再回到指定位置替换。而这时正是台风掀起户外活动帐篷、大雨灌入营业现场的时候，指挥声、抱怨声、怒骂声、雨声风声、帐篷倒塌声、喇叭声，声声刺耳；饥饿、寒冷、疲倦、烦躁、心烦、意乱，时时袭击着每一位现场工作人员。

看到如此混乱不堪的场景，活动指挥官当场决定第二天的活动取消，并在现场放置一块告示牌，写上要顾客到指定营业厅另外办理的通知。而第二天天气却又开始好转，有很多顾客是远道而来，当看到这样的通知，再加上第一、第二档次的优惠已经发完，只有降低档次来享受优惠，使顾客感觉承诺不能兑现，失望的感受更是不用提了。

活动结束后，促销小组按照自己的思路，写出活动总结上交公司领导，公司领导也没有要求对这次促销活动进行评价总结。

根据事后统计，本次促销活动两天共支出宣传费、场地费、手机补贴达120多万元，发展用户1000人，但ARPU值（每个用户的平均贡献额）严重低于现有顾客的总体平均水平。

【案例9-5】 海飞丝、飘柔美发亲善大行动[①]

"海飞丝"、"飘柔"洗发水，是宝洁公司最早登陆中国市场的产品。借助声势浩大的广告攻势和样品派发活动，"海飞丝"、"飘柔"成功地征服了中国的消费者，尤其是在广州市场，最先得到广大顾客的青睐。然而，随着洋品牌洗发护发用品的增多，"海飞丝"、"飘柔"的销量逐渐下降，顾客的目光有转向其他品牌的趋势。在这种情况下，广州宝洁公司于1990年春节期间，在发廊的配合下举办了一次名为"海飞丝、飘柔美发亲善大行动"的促销活动。

一、促销目标

1. 让消费者在对产品的实际使用中感受产品的优点，建立品牌忠诚，形成购买习惯；

2. 借助促销活动进一步扩大商品的影响，刺激短期销售量的迅速增长。

二、促销方式

刺激短线速销，许多企业都愿意用买一送一的方式，但这种形式所要付出的金额很大，支撑的时间和铺面都很有限。于是，广州宝洁公司和广州黑马设计事务所认真地分析市场，选择了能爆冷门的促销方式，即借助春节消费者都要美容美发的时机，向消费者提供免费洗发券。

三、市场分析

广州市区内共有3 000多家发廊，以每个发廊每天接受20个人洗头计算，一个月的总洗头人数就接近广州市区的总人数，而在广州市洗发水的销量中发廊要占到34%左右。

四、促销范围

1. 产品范围：各规格型号的"海飞丝"、"飘柔"洗发水。

2. 地域范围：以广州市内为主要区域，波及广州市外围区域。

五、活动地点

选取代表广州市区最高水平的发廊10家，在这10家发廊举行免费洗发的亲善行动。这10家发廊地点分布合理，全都靠闹市马路边。

六、促销人员

招聘10位亲善小姐，集中起来对她们进行头发生理特点、洗护常识、礼仪等方面的培训，并配发很有特色的礼仪服装和化妆品，让这10位亲善小姐去配合这次促销活动。这次促销大行动的亲善形象大使是一个不算特别漂亮，

---

① 卢泰宏：《实效促销SP》，北京：清华大学出版社2003年版。

但很面熟、很亲切的本地小姐，与10位驻店小姐一起为顾客解答各种头发的洗护常识。

七、具体操作

广州宝洁公司设计了6 388张洗发券，并在报纸上发布广告。消费者不用买任何产品，只需剪下一张广告，就有机会换取一张相当于自己一日或两日工资总额的洗发券。即使是没有工资收入的学生或家庭主妇，也一样可以凭自己的运气到高级发廊享受服务。

公司采用了两种换券方式：

1. 第一周，消费者到广州体育馆进行换券，规则是先到先换，换完为止。公司采用立体式宣传，报纸、电台、电视和街头招牌，以及发廊同时行动。结果，前来换券的人十分踊跃，直到换完最后一张券，还有3 000多人在排队。

2. 第二周以后，为扩大换券者的层面和区域，采用寄信换券的方法。仍按照先到先换的原则，每天将消费者的信件按区、街道分别做统计分类，然后，从中有规律地抽选消费者，向其寄发洗发券。

促销活动的宣传以每周五《羊城晚报》1/4版广告作为依托，连续推出4周。在广告中公布报纸发放数量、媒介发布时间和每次换券游戏的不同规则。

为使促销活动有一个立体的辐射效果，公司在促销区域上做了划分，把广州市内作为中心区域，主要提供免费洗头的承诺；而在广州市外和媒介所能影响的地方，设一项咨询奖，即消费者前来咨询有关洗发护发常识还有机会中奖，其目的是用有限的资金发挥最大的效力。

促销效果：在活动期间，消费者反应十分热烈，天河区星期五的晚报不到5点钟就全部卖光，各种职业、区域的消费者投稿率都非常高。

从效益上看，广州宝洁公司的这项促销活动仅用了拍五条广告片的费用，就使“海飞丝”、“飘柔”在广州地区的销售额比上年同期增加了3.5倍。事后，在杭州地区也搞了一次类似的促销活动，投入仅5万元，销量比上年同期增长了10倍。

本章小结

促销组织分外部促销组织和内部促销组织。

所谓外部促销组织，是指促销主体以外的促销代理组织，或能够部分完成促销活动任务的组织。其促销方面的职能包括促销调查、促销策略设计、促销物品制作、促销活动实施、促销效果评价和促销管理咨询。外部促销组织开展业务的方式有三种：独立设计、联合实施；联合设计、联合实施；促销代理。

所谓内部促销组织，是指促销主体内部负责完成促销活动任务的职能部门或分支机构。内部促销组织的职能包括经常性地进行销售跟踪与市场调查、设计促销方案、直接介入或以自身为主完成促销方案的实施、评估促销效果、制订年度促销计划与预算、促销事务管理等。内部促销组织的活动方式有三种：独立设计、独立实施；独立设计、联合实施；联合设计、联合实施。

促销经理的职责范围有：促销管理；促销活动的计划、组织与管理；促销技术培训；中间商的促销参谋等。促销人员的职责范围有：促销前的准备工作；促销宣传；消费者接触；收集市场信息。

促销活动实施与控制的基本步骤依次是：确定管理对象、确立管理目标、衡量实际结果、分析偏差原因、采取改进措施。促销活动实施与控制应把握如下基本原则：统一原则、质量原则、弹性原则、效益原则。

促销活动的过程控制主要包括三个部分：促销活动的前期管理，促销活动期间的监督与控制，促销活动结束后的分析、评估与总结。其中，促销活动的前期管理包括明确各参与部门的职责、制定促销执行手册、培训相关人员、进行促销活动的准备工作。促销活动期间的监督与控制包括促销过程中的调查、促销过程中的监督、促销过程中的纠偏、促销过程中的问题协调。促销活动结束后的分析与总结包括财务分析、市场分析、促销活动的总结和促销资料存档管理。

思考题

1. 哪些情况下需要聘请外部促销组织来参与促销活动的策划与实施？
2. 内部促销组织通常具有什么样的组织结构？
3. 促销经理应该具有什么样的素质和条件？
4. 促销活动实施与控制的基本步骤是怎样的？
5. 促销活动的过程控制主要包括哪三个部分？每部分具有什么样的作用？

第十章

促销策划实务

教学目的和要求

1. 掌握服务产品的特点及服务业的营销策略、促销目标等；
2. 了解餐饮业、电信业、金融业等代表性服务行业的促销策略；
3. 了解零售业的类型，熟悉零售商常用的促销策略。

引言

服务业在我们的经济活动中占据着越来越重要的位置，由于服务产品与有形实物产品有着很大的不同，因此针对服务产品的营销战略和促销策略也与实物产品有较大差异。本章重点介绍与我们生活密切相关的餐饮业、通信业和金融业的促销策略。

促销一直都是零售业的主旋律。在经济活动中，零售商既是制造商促销的对象，又是对消费者促销的执行者，因此零售商是一个特殊的促销主体。零售商促销的目的也不同于一般的制造商。适合零售商促销的方法有很多，选择何种促销方法取决于商场定位、竞争状况、消费者倾向，以及制造商的补贴等。

第一节　服务业促销

一、服务业概述

到底什么样的社会经济部门应划入服务业的范围内，一直是国内外经济学家争论的焦点。正如一位著名的美国服务业专家所说："无论是服务业的分类还是它的界限都不存在权威性的一致意见。"在实际生活中，人们一般采用以下标准来划分服务业的范围：

首先是距离消费者的远近程度，这里不是指空间位置，而是指消费的需求程度。距离远的划为农业或制造业，距离近的划为服务业。

其次是生产的产品是否有形。生产无形产品的行业为服务业。

再次是生产过程与消费过程是否同时进行。两个过程同时进行的为服务业。

最后是生产发展的不同历史阶段。将直接利用自然资源、生产初级产品的产业划为农业和采掘业；将对初级产品进行加工和再加工的产业划为制造业；除此之外的其他社会经济部门划为服务业。

因此，服务业是一个广阔的领域，它所包括的内容和范围随着社会经济的发展还在不断地扩张。当然，我们既不能将服务业仅仅理解成为人们服务的行业，也不能把服务业无限地扩展到一切社会活动领域，如不能将政府部门、军队、宗教等统统列入服务业的范畴之内。通常，我们所说的服务业是指为社会提供各种各样的服务活动、生产和经营各种各样的服务商品的经济部门与经济组织。

（一）服务业分类

根据服务业的经济性质，可以把服务业划分为以下五类：

1. 生产服务业

指直接和生产制造过程有关的服务内容，包括厂房、车间、机器等劳动手段的修缮和维护，作业线的装备，零件的转换，机器的擦拭、喷涂和保养等。

2. 生活服务业

指直接满足人们生活需要的服务，包括饮食、缝纫、家用器具修理等加工性服务，住宿、美容美发、洗浴等活动性服务，以及戏剧、电影、音乐、舞蹈、旅游等文化娱乐性服务。

3. 流通服务业

指商品交换和金融业务领域内的服务，包括保管、搬运、包装等生产过程的继续服务，售货、结账等一般商业活动，银行贷款、储蓄结算、保险、证券交易等金融业服务。

4. 知识服务业

指为人类的生产、生活提供较高层次需求的服务，包括技术咨询、信息情报的收集处理等专业性服务，以及新闻出版、报纸杂志、广播电视、科学研究、文化教育等发展性服务。

5. 社会综合服务业

指不限于某个领域的交叉性服务活动，包括货运、客运等运输业，公共医疗、消防、环境保护、市政建设等公用事业，供电、自来水等城市基础服务等。

（二）服务业产品的特点

服务业产品和通常我们所说的实物产品有很大的不同，只有认识并掌握服务产品的一般特点，才能够制定出合理有效的服务业营销策略。概括地讲，服务业产品具有以下几个特点：

1. 无形性

大部分的服务产品都是无形的。即使有一部分服务产品是以实物形态存在的物质产品，如作家写的书、画家画的画、餐馆提供的菜肴等，但通常我们只是把这些实物形态的产品，看成是整个服务过程的载体，人们消费的还是这项服务本身。

服务产品的无形性是它与一般的实物产品最重要的差异之一。

2. 关联性

在整个服务市场中销售的服务产品复杂多样，特点各异，又相互关联，相互制约。比如旅游者在购买旅游服务时需要的就是一个经过组合后的综合服务，包括住宿、餐饮、运输、景区开发、娱乐、保险等。在现实中，某种单一的服务产品往往是不容易销售出去的。

3. 生产和消费在时空上的一致性

实物产品的生产、流通、消费等环节在时间和空间上是有间隔的，从生产到最终消费往往要经过一系列的中间环节。而服务产品的生产过程又是消费过程，两者在时空上不可分割，并且生产者和消费者直接发生联系。例如，美发师在进行美发服务的过程中，顾客也就消费了美发服务。即使某些服务如餐饮服务的生产和消费在时空上可能有一定的分离，但我们仍然将这种相近的时空距离看成是同时发生的。

4. 不可储存性

服务产品不可能像实物产品那样被储存起来，以备销售人员在市场上出售。如航空公司提供的本次航班的舱位、宾馆提供的当晚住宿房间等都不可能储存起来供下次销售。这个特点是决定服务产品采取何种营销策略的主要决定性因素。

5. 产品品质的多变性

服务业是以“人”为中心的产业，由于人类个性差异的存在，服务产品在生产过程中，比实物产品更多地受到生产人员个体差异的影响，而且由于服务产品的生产者和消费者是紧密接触的，消费者本身在一定程度上也参与到服务产品的生产过程中，这些都会直接影响服务产品的质量和效果，使服务产品的品质很难完全一致。另外，人们对服务产品品质的判断和检验也很难有一个确切的标准。

6. 替代性

服务产品具有很强的替代性，主要表现在两个方面：一是服务产品与实物产品之间有着很强的相互替代性，如缝补了衣服、修理了器具以后，就不用再去购买新的产品；购买了洗衣机，就可以不去洗衣店。二是各类服务产品之间也可以相互替代，如去某一目的地，可以乘汽车，也可以乘火车或飞机去。

(三) 服务业的营销策略

由于服务产品所具有的特殊性，服务业应采取不同于实物产品的营销策略：

1. 合理调节供求

由于服务产品不能被储存和运输，服务产品不能均衡地出现在市场上。例如，餐饮服务的需求主要集中在早、中、晚三个时间段，其需求是一条波动的曲线，但餐饮服务的供应却只能是一条直线。因此，服务业经营的症结很大程度上在于供求在时间上的不协调。为使供求达到平衡，可以从调节服务需求和服务供应两个方面进行管理，即在保持供给稳定的前提下，通过恰当的手段，将需求的波动拉平，降低供求之间的差异；或根据服务需求的变化情况，及时调整服务的供给量，达到服务供求的基本平衡。

2. 采取适当的价格策略

采取适当的价格策略，对于服务企业是至关重要的。服务产品的定价主要考虑以下三个方面：一是以刺激服务需求为主要目的，如“薄利多销”的定价策略；二是以调节短期需求为目的，利用同一服务项目的价格时间差，调节供需矛盾，如通信企业对晚间长途电话实行半价收费的策略，就很好地缓解了白天打长途电话拥挤的状况；三是以协调连带消费为目的，由于服务产品具有较强的相关性，因此可以把某些服务项目的价格定低一些，吸引顾客在购买这些服务的同时，购买其他服务和产品。

3. 强化服务质量管理

服务质量由服务设施、服务材料、外显服务（能够看到的服务）和隐含服务（心理感受）等要素组成，因此，高质量的服务就要使这四种要素同时达到一定的水平，让顾客在这四个方面同时得到满足。服务企业也就是要从这四个方面提高服务质量。

4. 重视宣传和传播

服务产品的无形性，使宣传和传播已经成为服务企业营销活动中重要的组成部分，但正由于服务产品的无形性特点，使服务产品的促销活动和广告宣传要比实物产品困难得多。

在进行服务产品的宣传和传播时，可以采取这样几种策略：一是进行形象化的宣传，如穿着整齐鲜明制服的服务人员、新颖独特的标志物等，可以降低顾客对无形服务的知觉风险，增强顾客对服务的信心；二是重视企业自身声誉、形象的宣传，加强对服务提供者的宣传，如餐饮企业对主厨师傅的技能和信誉进行宣传；三是着重宣传服务产品能够给顾客带来什么利益，顾客可从中得到什么好处，满足什么需要等。

5. 地理位置策略

由于服务产品要与顾客直接接触，因此，地理位置在服务产品中显得尤为重要，在我国也有“一步差三市”的说法。服务企业在考虑设立地点时应注意：地点本身应尽可能接近顾客，同时考虑同业的集中情况以及交通运输的便利性，并按照“地域—地区—地点”的顺序进行选址考虑。

（四）服务产品的促销目标

服务产品的促销目标可以分为针对中间商和消费者两类。但由于服务业大都不需要提供固定的销售渠道，中间商的作用相对较弱，这里主要介绍针对消费者的促销目标。

针对消费者的促销目标主要有：提高服务的知名度和顾客对服务的认知度，鼓励对新型服务的尝试性购买，鼓励非目标消费者对已有的服务项目进行尝试，劝说现有的消费者继续购买本公司提供的服务，增加服务的消费频率，形成定期购买服务的习惯，承诺长期购买服务，缓和顾客需求模式，在需求过旺时平抑顾客需求，介绍服务的显著利益，增强服务的广告效果，引起更多的顾客注意，获得服务业的市场研究信息等。

服务产品的促销可以借鉴消费品促销中的折扣、试用、退费、抽奖、赠品等方法。但服务产品的无形性、不可储存性、关联性和服务人员的重要性等特点，是进行服务产品促销策略设计时需要重点考虑的。

二、餐饮业促销

餐饮业作为第三产业的一个重要组成部分，是向消费者提供就餐、住宿、旅游条件的饭店、餐馆、酒店、宾馆等服务企业的总称，具有加工烹制、饮食品销售、接待服务等职能。它在发展经济、传播文化、交流信息、满足消费需要等方面，发挥着日益重要的作用。

（一）市场状况

近年来，我国第三产业发展迅速，餐饮业也随之获得了巨大的发展。据《中国烹饪协会2009年发展报告》显示，截止到2008年底，全国已拥有近500万家餐饮营业网点，从业人员达到1 942.1万人。2008年全国餐饮业零售总额达到1.54万亿元，占社会消费品零售总额的14.2%。这是中国餐饮业连续第18年保持两位数的高速增长率，餐饮业已逐渐成为我国居民消费需求中发展速度最快、增长幅度最高的行业。

目前我国餐饮企业的投资主体日益多元化，仅有5%为纯国有企业，民营投资企业和个体企业占了大多数。我国餐饮业市场正在形成一个新老字号、大众餐饮、中西快餐三足鼎立的格局。其中，新老字号多是中高级店，大众餐饮多是普通店，均供应改良后的传统民族菜点，而中西快餐则是现代快餐与中国民情的结合体。三者在市场中所占比例大约为1∶2∶2。

我国餐饮业在总体快速发展的同时仍然存在一些不足之处。主要表现在：食品污染、环境卫生差的问题突出；行业现代化水平不高，缺乏标准化，手工操作、主观随意性等传统餐饮特征明显；行业整体素质不高，特别是缺少职业经理人制度和专业技工培训制度。

（二）行业营销状况

由于餐饮服务同时具有产品营销和服务营销的特征，因此，餐饮营销是指使顾客满意并为实现经营目标而开展的一系列有计划、有组织的餐饮产品及服务的营销活动。随着市场竞争的日益加剧，餐饮企业的营销观念也由原来的以自我为中心的产品观念、生产观念和推销观念，逐步发展为以顾客需求为出发点的市场营销观念，并注重树立餐饮企业自身的整体形象以及兼顾长远利益。

一般说来，餐饮企业可以从以下几个方面采取相应的营销手段：

1. 广告营销

通过宣传媒介向餐饮顾客或特定餐饮市场中的潜在顾客进行推销或者宣传，是餐饮业常用的营销手段。餐饮广告一般可通过以下几种途径：

（1）电视广告

电视广告传播速度快、覆盖面广，表现手段丰富多彩，声像、文字、色彩、动感并用，是一种感染力很强的餐饮广告形式。但这种方法成本昂贵，受时间、播放频道、储存等因素的限制和影响，只能与餐饮消费者进行被动的单向沟通。

（2）电台广告

电台广告比较适用于对本地或周边地区的餐饮消费群体。其成本较低、效率较高、大众性强，可通过热线点播、邀请嘉宾对话、点歌台等形式来刺激听众参与，增强广告效果。但这种方式同样也存在不少缺陷，比如传播手段受技术的限制、不具备资料性和可视性、表现手法单一、被动接受等。

（3）报纸、杂志刊物广告

这类广告适于做食品节、特别活动等餐饮广告，也可以登载一些优惠券，让读者剪下来凭券享受餐饮优惠服务。此种方法具有资料性的优点，成本也较低，但是形象性差、传播速度慢、广告范围也较小。

2. 公关宣传营销

这是以付费或非付费的新闻报道、消息等形式出现的，一般通过电台广播、电视、报刊文章、口碑、标志牌或其他媒介，为人们提供有关餐饮产品及服务的信息。公关宣传常以事先提供有关信息、书面通报、自拟新闻稿件等方式进行。与广告相比，公关宣传更容易赢得消费者的信任。

采用这种方式，要求餐饮业营销人员善于把握时机，捕捉具有新闻价值的活动，向媒体提供相关信息资料，如餐厅接待的重大宴请、新闻发布会、文娱活动、美食节庆等，都可邀请媒体代表参加。还可通过与电视台、电台、报纸、杂志等媒介联合举办“美容食谱”、“节日美食”、“七彩生活”、“饮食与健康”等小栏目，既扩大本餐饮企业在社会上的正面影响，提高企业的声誉，又可以为自己的经营特色和各种营销活动进行宣传。

3. 人员推销

这种营销手段是通过销售人员直接向顾客进行推销或宣传。人员推销可分为以下几种情形：

(1) 专人推销

设专门的推销人员进行餐饮产品及服务的营销推广工作，要求他们必须精通餐饮业务，了解市场行情，熟悉餐饮设施设备的运转情况。顾客尤其是一些经常用餐的集团客户，可以从这些销售人员那里得到肯定的预订和许诺。

(2) 全员推销

即餐饮企业所有员工均为现实的或潜在的推销人员。可分为三个层次：第一层次是由专职人员如营销总监、餐饮销售代理、销售部经理、销售人员等组成的。第二层次由兼职的推销人员构成，如餐饮总监（或餐饮部经理）、宴会部经理、餐厅经理、预订员、迎宾员以及各类服务人员等。经理们可在每餐前到餐厅门口迎候宾客；餐中巡视，现场解决各种投诉疑难问题；餐毕向顾客诚恳道谢，并征询他们对菜点、酒水以及服务的看法和意见。服务人员则通过他们热情礼貌的态度、娴熟高超的服务技巧、恰当得体的语言艺术，向顾客进行“润物细无声”的推销。第三层次则由各厨师长以及其他人员组成。

(三) 餐饮业促销策略

随着餐饮市场范围的进一步扩大，餐饮业与消费者之间的空间距离越来越远，餐饮企业之间的竞争也进一步加强。同时，随着消费者收入增加和消费观念成熟，他们对餐饮企业的选择性更加广泛了，种种情况都要求餐饮企业采取适当的促销策略，进一步加强促销活动。

1. 现场形象促销

对餐厅的形象进行设计策划，包括设计新颖别致的店徽，选择具有特殊意义的餐厅主题，以及营造独特的餐厅格调、布局、色彩灯饰等，均能起到促销的功用。如营造出20世纪30年代旧上海情调的上海餐厅，越南风情的芭蕉别墅，傣族风格的竹楼餐厅，以太师椅、清宫服饰等出现的高档中餐厅，以蒙古包、小方桌、花地毯作为主题形象，散发着粗犷、野性气息的蒙古餐厅等，都能够使餐饮服务的现场极具一种现场的感染力。有的餐饮企业还专设手提小红灯笼、身着红衣小袄的迎宾员，操着清亮的川腔迎候宾客；或者着中式大褂的后生，手提一把带长长壶嘴的大铜壶，犹如飞瀑一般隔人冲茶的精彩表演，都属于餐厅现场形象促销的成功例子。

2. 宣传手册

餐饮业的宣传手册是为介绍餐饮产品和服务而专门印制的，是餐饮业促销的有力手段。一方面，由于顾客与餐饮企业之间存在较大的空间距离，他们在做出购买决策时，在很大程度上依赖间接信息，而宣传手册正是间接信息的传递者。另一方面，由于餐饮产品及服务的特殊性，顾客不可能在看到实际产品后再预订，他们的预订决策往往依赖于事先在宣传手册上读到或看到的信息，包括服务项目、服务设施和价格标准。因此，餐饮企业应重视宣传手册的制作和发送，使之成为餐饮业强有力的促销手段。

宣传手册这种促销方式尤其适合于一些特殊的餐饮活动、新产品的推出、新餐厅的开张，以及吸引本地的一些大公司、企事业单位、常驻机构和老客户等活动。这种方式较为灵活，给人感觉亲切，也便于衡量工作绩效。例如，可以印制包括餐厅的种类、级别、地理位置、电话号码、餐位数、服务方式、各式特色菜点的介绍等内容的精美宣传册，也可以印制一些精美的定期餐饮活动目录单，介绍本周或本月的餐饮娱乐活动，通过邮寄、派发、传阅等方式让更多顾客了解并熟悉本企业的产品和服务。

3. 精美菜单

当顾客选定某餐饮企业后，餐饮业还可通过各种形式各异、风格独特的固定式菜单、循环式菜单、特选菜单、今日特选、厨师特选、每周特选、本月新菜、儿童菜单、中老年人菜单、情侣菜单、双休日菜单、美食节菜单等进行促销。

菜单是顾客做出购买决策之前接触到的最后信息，因此餐饮企业都不会放弃这个与顾客接触的机会。企业可以选择不同质地的材料制作菜单，设计意境不同、情趣各异的封面，格式与大小均可灵活变化。例如，可制作成纸垫式、台卡式、招贴式、悬挂式、帐篷式等菜单，色彩可选择艳丽或淡雅，式样可选择豪华气派或玲珑秀气，总之让顾客在欣赏把玩之时爱不释手，无形中提升产品形象，使顾客产生购买欲并付诸行动。还可特制一些可让宾客带走留为纪念的“迷你菜单”，以及各种图文并茂、小巧玲珑的“周末香槟午餐”、“儿童套餐”介绍等，将它们置于餐厅的电梯旁、大门出口或前厅服务台等处，供顾客取阅。

4. 餐饮业会员制

对于餐饮业来讲，会员制是一种稳定客源的有效促销手段。目前餐饮业会员制促销形式多种多样，除了普通的贵宾卡、会员卡能够提供折扣等优惠以外，其他如中国名酒店俱乐部、健身中心俱乐部、企业家俱乐部，还通过俱乐部的形式向成员提供特殊服务和专门服务，如优先登记和结账、推迟离店，以及享用俱乐部成员专用餐厅和酒吧等，以此来提高顾客对饭店的忠诚度，使之成为餐饮企业的常客。

会员制促销能够有利于与顾客建立长期关系，提高消费者忠诚度，并有助于掌握现有消费群的状况。

5. 联合广告

联合广告是指餐饮业同其他服务性企业和组织机构联合开展的促销活动。例如，可在电话黄页、旅游指南、市区地图、旅游景点门票等处登载相关餐饮介绍，或组织餐饮行业内多家企业举办大型美食主题活动等。联合广告的优势在于费用低、广告持续时间长，且在不增加餐饮广告费用的前提下，增加整体广告的声势。这种方式很适合餐饮企业提升总体形象。

但餐饮业联合广告促销也有不足之处：一是因为联合促销的产品太多，而使餐饮企业的信息被淹没，不能引起顾客的注意；二是餐饮企业无法对广告的质量和信息进行整体控制，因此可能达不到所期望的目标；三是联合广告因涉及企业之间利益的协调，其准备时间和周期会很长，从而影响广告的效果。

6. 折价券

当价格成为激发顾客购买行为的主要因素时，餐饮业使用折价券往往能够取得良好的效果。折价券是鼓励顾客购买产品和服务、迅速增加消费量、吸引重复消费者，以及向市场介绍产品和服务新特色的有效促销工具。标明折价金额或折扣率的折价券可以通过派发或直接邮寄等方式到达旅客。为确保折价券促销取得较好的效果，餐饮业发送的折价券应当易于识别，并明确标明优惠期限。

与其他促销手段一样，折价券也有不足。如折价券强调价格优惠，却不能提高宾客对本企业产品的忠诚度，有时还会因为多次食用后产生口味腻烦心理。竞争者也可发行折价券，但会引起不必要的恶性价格竞争，而且折价券的回收期较长，还可能发生伪造折价券和兑错奖券等问题。

7. 服务促销

服务促销则是针对顾客在消费过程中所做的各项优质服务，其作用在于尽可能扩大销售范围，以及提高人均消费水平。餐饮业开展店内服务促销具有自身的优势。由于客人在店内时间通常较长，抗拒推销心理自然减弱，因此比较容易接受。另外，服务促销不需要花费专门的人力、物力、财力，而是日常性的展示和服务工作，费用较低，且能提高服务质量，提升企业形象。

另外，奖券与抽奖、退款与红利、赠送礼品、特殊季节活动、赠送菜品或服务等都是可供餐饮业选择、运用的促销方法。

三、通信业促销

通信业是指以电子媒介为载体，将语言、文字、资料、图形等各种非电子信息转换成电信号，用通信技术将电信号自甲地传到乙地，然后再还原为原来的信息符号，传递到接受人手中的电信通讯行业。随着电子技术和光电技术的不断发展，现在的电信业务已不再局限于信息传输，还包括信息的储存、处理、编辑、转化、综合等多种功能和业务。

在当今社会，竞争的胜利在很大程度上取决于对信息的掌握。生产者掌握了正确的市场信息，就能以更加适销对路的产品占领市场；投资者掌握了证券市场的走向，就能选择正确的投资方向以获取高额利润。信息还有利于节约人力和资金，如充分利用电话，就可以减少大量的人员开支和差旅费等支出。

当代电子通讯科学技术综合了电信科学、电子科学、激光科学、计算机技术和其他有关科学技术的新成就，这使电子通信成为一个科技含量较高的产业。在新时代，电信通讯的技术主要包括微波通信、卫星通信、光纤通信、数据通信、移动通信、程控机和其他通信等。目前，电信业又增加了电子信箱、电子货币、电视报刊、可视电话、可视图文电视电话等新业务，更加方便了人们的工作和生活。

进入20世纪80年代，世界发达国家的电话普及率高达80%以上，电信业务已基本趋于饱和。但在西方发达国家进入所谓的“后电话时期”时，占世界人口大多数的发展中国家的电话普及率还不到20%，正处于“电话普及时期”。也就是说，世界通信业这种发展不平衡的状况，促使发达国家积极向海外拓展电信市场，海外市场也就成为其竞争的焦点。

（一）市场状况

改革开放以来，我国通信业积极引进外资，引进通信技术装备，实行政府管制下的对外开放政策，促进了我国通信行业的快速发展。以2008年为例，全国电信业务总营业额完成22 247.7亿元，电信业务收入完成8 139.9亿元，分别比2007年增长21.0%和7.0%。其中，移动通信收入和数据通信收入比上年同期分别增长15.1%和35.1%，在电信业务总收入中所占比重比上年同期分别上升了3.87%和2.04%。而长途电话业务收入和固定本地电话业务收入比上年同期分别减少7.0%和9.4%，在电信业务总收入中所占比重比上年同期分别下降2.14%和3.77%。2008年全国固定电话用户减少2 483.2万户，达到34 080.4万户；全国移动电话用户净增9 392.4万户，达到64 123.0万户，用户规模跃居世界第一。

（二）通信业营销状况

通信市场营销的目的在于，创造使通信用户满意的通信产品和服务，并使客户享受到通信的效用，最终占有市场，提高市场份额，取得经济效益和社会效益。

近几年来，通信市场的竞争可以用红火、激烈、火爆等词语来形容，移动、联通、电信等运营商的激烈竞争烽火连天，纷纷为用户增长使尽了浑身解数。

例如，2003年移动和联通为应对小灵通的竞争威胁，纷纷推出资费优惠、准单向收费套餐、“数码风暴”、“飓风行动”、“互动地带”、“互动视界”等一系列的促销活动和增值业务的宣传，令人眼花缭乱。正当人们把眼光纷纷投向移动和联通的时候，小灵通又展开宣传反攻，以各种形式的密集宣传和其产品的特殊优势，吸引了大批用户。但移动和联通并不甘心用户的流失，如联通在渠道政策放开后，努力与厂家及代理商谈判，采取降低手机价格和传统的渠道铺货等方式，使放号量有所增加，并降低自身资金风险，将风险部分转嫁到代理商身上。

（三）通信业促销策略

目前，我国已加入世界贸易组织，国外电信企业的进入使通信市场的竞争变得更加激烈。面对新的市场趋势，通信企业尤应采取有针对性的促销策略，以建立顾客忠诚，获得竞争优势。通信业促销策略主要有以下几个方面：

1. 价格策略

（1）差别价格。通信公司可针对不同用户使用的业务量做出不同的价格调整。例如，法国电信公司在发现3%的大宗用户占有了其国际业务总量的70%

时，果断地对这些大宗用户采取了提高电话月租费、降低通话费的差别价格策略，有效地刺激了这些用户更多使用国际电话业务。

（2）批量价格。通信公司对使用多项电信业务的用户实行批量价格，可以促使用户使用更多的电信业务。如对同时使用国际电话业务、电子信箱与因特网业务的用户，其业务开户费低于各单项业务开户费的总和。现代电信网的发展趋势是向 ISDN 及综合业务数字网发展，用户在同一网上可以享有使用多种业务的方便。因此，批量价格策略对于那些电信网络技术结构比较完善的电信公司是非常实用的促销方法。

（3）资费套餐。通信公司将话费设置成若干档次，当顾客承诺每月消费一定数量的话费时，可享受比原来更多的通话时间和其他服务（套餐）。这种促销方式类似于消费品促销中的"加量不加价"，容易吸引每月通话费用较为固定的顾客。同时，通信公司针对签约客户举办此类促销活动，并有一定的承诺消费期限，有助于在一定时间内保持客源，降低客户离网率。

（4）功能折扣。这是针对电信代办网点的一种促销策略。当代办网点购买电信服务产品达到规定的数量时，可以提供一定金额的回扣给代办网点，以资鼓励。当代办网点为电信公司做广告或陈列一定数量的电信产品时，电信公司还可以给代办网点一定的价格补贴。

2. 人员促销

在开展人员促销时，结合电信业务的特点，做到专职和兼职相结合，专项和综合相联系，公司与社会相补充，开展多层次、多途径的人员促销活动。既可组织技术精、素质高的专职人员促销，也可聘请社会力量开展各项促销活动。这在同类型竞争公司相互争夺大客户时尤为常用。

3. 赠品促销

（1）赠送话机。通信公司有目的地选择重点客户，赠送话机或提供试用话机，通过他们的使用和宣传，打开通信产品的销路。如向有关政府部门负责人赠送小灵通固定电话，通过他们的使用带动小灵通通信业务的发展；或者为部分中小学免费安装程控电话，并承诺在一定时期内免费使用，带动程控电话市场的发展，并树立了关心教育的良好企业形象。

（2）赠送礼品。在用户使用某一业务时，向其赠送一些美观实用的纪念品，如钥匙链、圆珠笔、电话号码本等，不仅可以有效刺激用户的购买欲望，而且在附赠品上印刷公司或产品的标志，还可以起到广告的作用。除了有形赠品外，还可以赠送其他无形赠品，如免费订阅一份报纸、赠送一份保险等都是较好的赠品销售策略。

(3) 赠送通话时间或通信费用。指针对固定顾客，在节假日等特定时机，赠送一定的通话时间，或者以用户预存话费为前提条件，赠送一定的通信费用。这种促销方式有利于建立用户对企业的信任与好感，建立品牌忠诚度。

(4) 交易印花。这是为鼓励用户长期购买或使用本公司的业务，许多通信公司常采用的促销方法。公司可根据顾客消费的业务量，折算成相应的积分，当用户积分累积到一定数量时，可在指定地点领取相应数额的现金或实物礼品。

4. 组合促销

综合运用各种促销工具和手段，以达到长期、高效的促销目的。例如，美国三大长途通信公司均采用折扣加免费的组合促销策略，取得了良好的营销业绩。MCI 采取亲情策略，凡是 MCI 用户之间的通信均实行 50% 折扣；Sprint 公司对节假日及每晚 19 点以后的通话实行半价；AT&T 对于每月长途通话费超过 20 美元的用户给予 10% 的折扣，超过 30 美元享受 20% 的折扣，这些折扣积累起来以免费通话时间、免费旅游、赠送礼品等方式返还用户。

5. 联合促销

在过去的几年间，全球的通信运营商纷纷开始了联合促销的实践。例如，在 2002 年短信业务为中国移动带来了百亿元的收入，这个数字至今还在成倍增长。短信的成功即是来自联合促销的有效运用。

由于通信服务产品的特殊性，最大限度地利用信息传输设备已经成为通信公司加强与电信增值服务商合作的主要动因。精于品牌运作的韩国运营商无疑是这方面的高手。例如，韩国的主导运营商 SK 电讯专为已婚女性量身定制的 CARA（关爱）移动电话服务，除了在手机上为女性用户提供订制的女性页面和关于女性美容护肤的短信、图片外，还联合一大批专为女性服务的商户，为 CARA 的女性用户提供美容、餐饮、购物、文化、旅游等会员服务和优惠，使通信服务产品大大增值。

中国移动在其移动梦网的服务中也开始使用联合促销。在全国 20 多个机场，中国移动与机场联合推出了钻石级高端用户专用候机厅和优先登机服务；在候机厅里，还为客户准备了茶点、报刊、宽带上网服务。

随着手机成为最佳支付工具和能够承载金融、娱乐、商务等各种综合业务的个人终端，通信运营商的收入来源和销售渠道确实被大大拓展了。与金融、民航、餐饮等其他行业的横向联合，以及与众多电信增值服务商的联盟销售，将为通信运营商带来巨大的现金流量和无限商机。

【案例10-1】 广东电信2003年新春促销系列活动[①]

一、“游子归家——手机休息站”业务推广试用活动

（一）新装电话同时开通来电显示送“游子归家”

2003年2月1日至2月28日，住宅、单位用户到广东省各电信营业厅交纳电话新装工料费时，如果同时申请开通来电显示业务，并在免填单上签名确认，即可获赠“游子归家——手机休息站”业务终端一台。

（二）新春申请来电显示送“游子归家”

2003年2月1日至2月28日，所有已装电话用户（包括住宅用户、单位用户）申请来电显示业务，承诺两年不取消，并在免填单上签名确认，即可免费获得“游子归家——手机休息站”业务终端一台。

（三）新春“游子”情系千万家

2月份的通话费用比1月份通话费用多出50元的住宅电话用户，从3月1日开始到3月31日，凭电话机主的有效证件和1月、2月的话费单，在电信营业厅可免费获得“游子归家——手机休息站”业务终端一台。

（四）“电话大赢家”——“游子”归大家

2003年2月1日至2月28日，参与“电话大赢家”有奖游戏并获得奖品的用户，可同时获赠“游子归家——手机休息站”业务终端一台。

二、广东电信资料及多媒体业务春节促销活动

2003年2月1日至2月28日新春佳节期间，开展2003年广东电信资料及多媒体业务春节促销活动。活动内容如下：

（一）“天翼通”业务优惠

1. 促销期间申办“天翼通”业务的新装ADSL拨号住宅用户，办理“预缴费”付费方式者，预交980元（含ADSL MODEM费用、ADSL安装调测费、天翼通安装调测费及400元ADSL网络使用费），即可以598元的优惠价格购买到WLAN终端设备一套（含1个AP，1个无线网卡）。

2. 促销期间申办“天翼通”业务的原有ADSL拨号住宅用户，办理“预缴费”付费方式者，预交400元ADSL网络使用费，即可以598元的优惠价格购买到WLAN终端设备一套（含1个AP，1个无线网卡），并免收天翼通安装调测费。

3. 促销期间申办“天翼通”业务的ADSL拨号住宅用户，免收20元/月的

---

① 转载自中国营销传播网。

“天翼通”月租费至2003年12月20日。

（二）广东电信ChinaVnet互联星空优惠

广东电信宽、窄带用户只要登录http://gd.chinavnet.com，注册成为互联星空用户，即可享受游戏、影视、音乐、教育、聊天等众多精彩的星空服务。促销期间推出多项优惠，具体包括：

1. 游戏频道：促销期间注册成为互联星空用户，即可获赠游戏星座合作伙伴中国游戏中心3个月会员服务，以及90 000枚金币。

2. 影视及音乐频道：1 000多部金互动公司以及候鸟公司提供的电影、电视及MTV节目免费收看；2003年1月21日至2月20日鸿波影视按次收看5折优惠；互联星空用户下载并注册Kuro音乐及信息软件，自软件启动之日起6个月内享受半价优惠。

三、卡类业务推广

春节期间开展“新春大礼包，情长话更长”卡类促销活动。活动内容如下：

（一）200卡新春送礼优惠活动（2003年1月21日至2003年3月31日）

1. 话费卡：买100元送50元，买30元送13元，买20元送8元；同时免费赠送200充值卡一张。

2. 现金卡：八五折，并送10%话费。

（二）打IC卡、200卡抽大奖活动（2003年1月21日至2003年2月20日）

以IC卡、200卡账号为依据抽出100名中奖用户，于2月28日在《南方都市报》刊登中奖公告，同时在16800200上发布中奖信息，用户可以通过电话查询。同时广东电信还将邀请中奖用户参加3月8日的“新春200，打出大富翁”现场抽奖晚会，通过参与性节目的方式决出5万元的新春200创业基金大奖。凡符合以下任何一项者均可参加抽奖：

1. 在此期间使用同一张IC卡或200卡拨打长途电话10次以上（含10次），并且每次通话10分钟以上（含10分钟）的；

2. 200充值卡新增积分达50分（即打50元电话）的；

3. 200充值卡累计积分150分以上的（其中200充值卡均指同一账号）。

四、16800200电话互动节目

开通16800200电话互动节目，用200或IC卡拨打，收取市话费0.2元/分钟，不收信息费。设置中奖用卡1万张，每张面值5元。有奖问答10题，内容有趣味有奖问答、家乡祝福等。全部答对者可获赠5元电话卡一张。

五、电话预付费业务促销推广活动

2003 年 1 月 30 日零时至 2003 年 2 月 15 日 24 时，凡广东电信的预付费用户登记 3 个新春亲情电话号码，并在新春期间拨打这些电话号码，每个超过 10 分钟的国内长途（含 IP 电话）电话，广州电信都将赠送 10 分钟的 IP 话费，在次月送到用户的账上。

【案例 10-2】 MCI 对 AT&T 的闪电战①

MCI 与 AT&T 均是美国经营电话业务的通信公司。在 650 亿美元的长途电话市场上，AT&T 就占了 6 成以上的市场。相比之下，MCI 14% 的市场占有率是相当小的。

MCI 想利用“折扣 + 增加附加值”的突袭战术抢占市场。在这个计划中，客户受邀组成一个“电话链”，这个电话链是由客户提供给 MCI 公司 12 名以上他最常打电话联络的亲友姓名及电话号码。而这些人当中，如果有 MCI 的旧客户或即将成为 MCI 新用户的，这个介绍人就可享有 20% 的通话折扣。

如果活动仅限于客户提供亲友姓名、MCI 提供客户折扣的话，那么这种方式充其量只是一种有趣的折扣促销活动罢了。但是，亲友计划有一项附加条件：要享受这 20% 的电话折扣，通话双方必须都是 MCI 的客户。

MCI 之所以能够如此迅速地成为大赢家，还有另外一个因素，那就是他们采用了直效行销的技术。他们聘请迪文直销经纪商使“亲友计划”的直接邮寄策略发挥了最大效益。根据报告显示，直接邮寄策略 1 年的预算增加额为 5 000 万美元，与在传统媒体打广告的预算相当。

在计划开展的第 2 年，“亲友计划”的会员总数达到 1000 万名。此时在 650 亿美元的长途电话市场的激烈竞争中，MCI 公司又增加了 12 亿美元的收入。

四、金融业促销

（一）市场背景

随着我国加入世界贸易组织（WTO），金融业也在进一步开放，这将有利于完善我国的投资环境，缓解国内资金的不足，并有利于建立和发展我国的国际资本市场。然而，金融业在国民经济中所处的核心地位，导致金融业开放所涉及的不仅是个别产业的生存问题，而是整个金融体系乃至整个宏观经济

① 卢泰宏等：《实效促销 SP》，北京：清华大学出版社 2003 年版。

的稳定问题，因此金融业的开放是一个比贸易开放更加复杂、更加特殊的问题。

金融业的进一步开放将为我国金融业带来新的发展机会和强大的竞争压力。面对新的环境，金融业尤其是银行业一方面要坚持规模扩展与集约经营并重的原则，不断提高服务水平，进行品种创新，服务创优，形成鲜明的服务特色；另一方面要坚定不移地加快电子化建设步伐，全面推动技术进步，利用现代科技手段开拓新业务，不断创新金融工具，以适应个人金融资产多元化的需求，进而满足并超越客户的需求。只有如此，才能在激烈的市场竞争中求得生存与发展。为表述方便，这里我们以银行为例对金融业促销进行分析。

（二）营销状况

目前金融产品普遍趋于同质化，商业银行所面临的竞争压力越来越大。各银行企业在金融市场上竞争能力的高低，已经成为其扩大市场份额、实现发展战略的关键。开展金融营销已经成为银行提高竞争力的必然选择。

长期以来，我国商业银行普遍缺乏从长远高度对市场进行分析、定位与控制的能力，而是简单地跟随金融市场竞争的潮流被动地运用促销、创新等营销手段，缺乏对现实顾客和潜在顾客的需求特点及其变化趋势的系统分析，因而无法科学地进行市场细分和选择目标市场，无法充分发掘和展示其在各种资源方面的优势。同时，由于各家银行的市场定位类似，经营管理水平相近，所采用的营销策略也是大同小异，形成好客户争着抢、好业务争着拉的局面，常以赢得现有市场的占有率为目标。营销人员甚至采用高息揽储、有奖储蓄等方法招揽客户，在吸纳了大量存款的同时，也背负了沉重的资金成本“包袱”。

因此，在新的发展时期，我国商业银行应从以下几个方面转变营销观念，调整营销战略重点：

1. 全面实施市场定位战略

从关系营销角度看，产品的市场定位实际上是银行与特定顾客群体的关系定位，即确定与谁打交道。这种关系定位，不仅仅指银行与客户的关系定位，也包括与存在于银行特定市场环境中其他主体的关系定位。

2. 树立“大顾客”和“大市场”概念

从我国商业银行当前的内外部环境来看，其基本关系主体除客户外，主要有央行、同业、媒体、内部员工。这些基本关系主体，都在某一方面对银行的经营构成重大制约和影响。因此，必须把他们放在顾客的位置上妥善对待。把握好这些基本关系的关键因素，对不同顾客的群体心理和客观需求进行全面分析，进而形成一套行之有效的管理方法。

3. 形成稳定的基本客户群体

首先是选准客户。能否成为基本客户，最重要的是看双方是否有建立长期关系的基础和条件，以及能否持续提供满意的服务。其次是实施全面、科学的客户关系管理。客户关系管理的实质是促进银行与客户利益关系的紧密结合和互动发展，寻求建立一种在竞争压力和市场变化中相互支持和依赖的“关系共同体”。

4. 注重内部营销

充分注重内部营销，创造发展的动力。银行的经营理念要以“人”为核心，从“人”的立场出发实施营销战略，这是现代银行关系营销思想的核心。这种以人为本的思想强调创造一种能充分发挥人的创造力和激发人的责任感的客观环境和心理环境，提高内部职工满意度，发挥他们的主观能动性，有利于真正提高银行的服务质量，提升社会形象。

（三）金融业促销策略

由于金融产品的特殊性，我国银行业的促销手段还需要在现有基础上进行创新。银行业促销创新可从以下几个方面入手：

1. 技术创新

随着我国银行业商业化改革的不断深入和金融市场的规范化，银行业竞争的焦点已转移到依靠科技进步、提供现代化服务上来。基于这种环境和认识，银行业要把金融业务电子化和办公自动化作为实现腾飞的两翼，全面推进具有多种配套服务功能及综合性能的电子化系统工程，以现代化手段占领市场制高点，实现从满足客户需要到超越客户需要的飞跃。

具体来讲，就是广泛利用现代科技技术，推动银行业务向电子化、自动化、网络化方向发展；建立银行系统网络，通过网络快速准确地传递各种信息，使传统业务在瞬间完成；建立与完善银行信息管理系统、数据管理系统、信息检索系统、数据库管理系统和决策支持系统，保证信息传递的畅通；建立家庭电子服务系统、零售电子转账网络系统，以及银行同业电子清算系统，增强银行服务的吸引力。

2. 服务促销

（1）银行卡

银行卡是一种现代化的金融支付工具，集本外币储蓄、转账、购物消费、信贷融资、代收代缴费用等各种功能于一身，取代了各种传统储蓄中的存单、存折。持卡人可在柜台，或通过电话、网络，凭密码进行账务查询、现金存取、善意透支、自动转存、自动转账、抵押贷款等，可以在指定的商场、饭店、宾馆等场所购物消费，还可以代发工资、代收代缴各种费用。使用银行卡须经网络系统识别无误后方可办理业务，因此具有安全、保密、简便的特点，为持卡人提供了极大的方便，同时与其他商户进行联合促销，能够加强和商户的联系，提高综合竞争能力。

（2）自动提款与自助银行

自动提款机作为电子货币服务的一个重要窗口，近年来在我国受到各家银行的重视和广大持卡人的青睐。银行业自动提款机的大量运用，说明了银行业的服务意识、竞争意识和市场营销意识的提高，也标志着银行业务电子化应用提高到了一个新水平。银行业自动提款机网络的开通和使用，将为银行带来较大的社会效益和经济效益。首先，自动提款机均匀分布在城市的繁华地段和商场、宾馆及其他重要场所，打破了银行营业时间和网点的局限性，以其快捷、方便等特点为公众提供24小时服务，极大地方便了持卡用户。其次，当自动提款机在某地达到一定数量时，还将产生规模效益，从而带动银行储蓄存款业务的快速发展。

自助银行又称全智能无人服务银行，其特点是借助先进的设备，向客户提供方便、高效的多种金融服务，它是银行柜台业务处理电子化与自动化的重要组成部分。自助银行运用国际上最先进的自动存款机、自动取款机、信息打印机及多媒体查询系统等设备，向客户提供全套的“金融自助餐”，全天24小时开放，可高效率、高质量办理各种银行业务。客户只要拥有一张相应的银行卡，即可自行刷卡操作，办理自动存款、自动取款、查询打印、咨询等业务，还可以通过文字、声音、图像、动画等多种形式获取银行简介、机构分布、网点分布、特约商户分布、储蓄业务、通存通兑业务、存款利率、账户管理等信息。

（3）通存通兑和银联

通存通兑是银行利用计算机网络和电子信息传递技术，将下属营业网点连接为一个整体，储户存取款不再局限于开立储蓄存款账户的营业网点，实现了所有储蓄存款品种的同城通存通兑。因此，通存通兑被誉为储蓄服务的一场革命。具体来讲，通存通兑就是当客户在某市某银行开立了储蓄账户后，可以凭银行卡、存折或存单到同市的同一银行下的任意一个营业网点去支取或续存，而不需要另行开立账户。这样既免除了客户远程携带现金之虑，又满足了客户对金融服务高效、准确的要求，极大方便了客户，扩大了服务范围。

银联是指在同城的不同银行之间实现跨行存取的功能。利用计算机网络和电子信息技术，可以准确、便捷地实现跨银行的存取业务，更是极大地方便了广大客户，深得消费者的关注和喜爱。

3. 多种业务促销

随着经济发展和人民生活水平的提高，我国城乡居民对个人金融业务的需要，已从单纯的存款、取款发展为综合性的理财、代理服务，以及多元化的投资等。为了适应这种变化，银行业在坚持发展传统储蓄业务的同时，还应不断拓展业务领域，进行业务创新。

（1）中介代理业务

随着社会化分工越来越细，人们的生活节奏不断加快，个人将面临越来越多的日常事务，如交纳电话费、保险费、各种能源费用、网络费用等其他服务费用，因此银行应充分发挥中介机构的作用，积极拓展中介代理业务，不失时机地推出各种代缴电话费、水电费、保险费、银行转账等业务。这些业务一方面解除了广大市民排队等候、奔波劳累之苦，还可以为企业开拓营业渠道、稳定客户资源和树立良好的企业形象。

（2）保险箱业务

改革开放以来，人们的生活水平日益提高，随着金饰热、证券热、收藏热的兴起，许多居民家中的部分动产需要有一个值得信赖的地方保存。为更好地向社会提供完善的综合配套服务，一些大中城市的银行已开办了保险箱出租业务。客户只需每月花费一定数额，在银行租一个保险箱，即可将珠宝金饰、名贵字画、古董古玩、有价证券、定期存单等存放进去，随用随取。我国银行开展保险箱业务所用的保险箱大多是引进国外先进技术生产的，采用特殊材料和精密工艺，具有防火、防盗、防爆、防切割等功能，加之配有先进的保安设施和一整套科学严密的管理制度，为单位和个人提供了一个十分安全、可靠、保密、方便的场所。

（3）充当财务顾问

银行充当财务顾问，通常是结合大型投资项目，从项目的可行性研究到贷款合同的签订，银行以财务顾问的身份参与到整个筹建与谈判过程中，主要任务是帮助企业获得最佳方案，以减少成本，避免外汇风险，争取项目的成功。财务顾问的作用主要包括以下几个方面：帮助企业进行经济和财务分析；起草招标文件中的资金条件；选择最佳筹资时机、筹资方式，设计债务结构，寻求最佳筹资方案；企业在收到投标文件以后，财务顾问帮助企业对不同的货币价格和资金条件进行综合评估；帮助企业避免外汇风险。

近年来，银行也为部分客户设立了个人理财顾问，为具备一定条件的个人客户提供个人理财咨询，以及更具个性化和人性化的综合服务。

（4）开展咨询业务

咨询业务指专门办理提供信息、回答询问、可行性研究和专题研究的营业性事务。金融企业的咨询机构不同于政府部门、科技界、工商界的咨询机构，由于银行本身具有更为超脱的地位，独立性较强，不带部门偏见，能够根据调查研究资料客观地提出咨询建议，得出正确的结论。银行可提供的咨询业务大体包括：资信调查、客户介绍、可行性研究等。

4. 赠品促销

随着市场竞争的加剧，银行企业为谋求差异化优势，对消费品行业促销经验的借鉴日益深入，银行产品的消费品化趋势日益明显。例如，为鼓励客户开户，许多银行企业采用了赠品促销，向新开户的顾客赠送各种新颖别致的礼品。有的银行也采用刷卡积分的方式，根据积分多少向客户赠送不同档次的礼品，促进客户更多地使用银行卡进行购物消费。

5. 公关促销

银行公共关系活动的兴起与发展，是金融体制改革的需要，又是掌握现代经济运行动态的需要。银行作为国家管理和引导经济活动的调节器，必须把视线转向公众，加强与社会各界的联系和沟通。银行又是经营货币信贷业务的特殊社会组织，它通过存款、贷款、汇款、信托、保险、租赁等金融活动，与各行各业的公众发生联系，可以说银行业公众对象的广泛性是当今任何一个社会组织都无法比拟的。

银行业的公众形象由执行政策、恪守信用、真诚服务、方便客户等综合要素所构成，银行作为专门从事货币信贷活动的机构，在一定意义上又是国家信用的代表。树立银行业的良好形象，不仅关系到银行自身的业务发展，还影响到国家的信誉与威望，影响着整个国民经济的健康发展。塑造银行业形象需要从以下几方面入手：一是以采集信息和传播信息作为公关工作的核心；二是重视重大公关活动的组织安排以及突发事件的处理；三是树立诚信可靠、真诚服务的社会形象。

6. 售后服务

售后服务是银行营销不可或缺的重要内容，它表示银行对客户尊重和负责的程度，也是对银行信誉的检验。商业银行在金融产品售出后，应注重跟踪调查和服务质量改进，提供完善的售后服务，并对客户的建议和投诉设立有效的接纳渠道和快捷的处理程序。售后服务可以增强与客户的亲和力，稳定老客户，争取新客户。它既是前一轮销售的总结，又往往是新一轮销售的开始，完善的售后服务可使商业银行金融业务市场营销长盛不衰。

【案例 10-3】 真情卡与丽人卡——银行卡营销活动狭路相逢[①]

银行卡作为银行零售业务的核心，受到国内各家银行高度关注是理所当然的。同时，小小的塑料卡片也是银行服务和品牌的代言人，因为它是赋予银行无形服务有形化的最佳形式，也是树立鲜明个性、区别于其他品牌标志的重要载体。

在客户细分的过程中，许多银行发现，女人尤其是年轻女性不仅喜欢消费，而且总是希望自己的生活变得多样化一些，同时也希望尝试不同的生活方式、经历各种体验。银行方面正是看中了女人消费的这种趋势，所以适时地推出了女性区隔的银行卡品牌，并与多家商户达成合作，满足持卡人到各类特约商户消费时希望拥有的时尚、优惠、便利和尊贵的体验和感受。

广发银行在情人节时推出国内首张女性专用信用卡——真情卡，其版式为紫色透明的设计。作为一种细分客户策略，广发银行对市场区隔的切入的确很到位。作为身份的象征，真情卡专为高品位、高收入且具有消费实力的现代白领女性而设。主要面对的是 22 岁至 45 岁的都市白领女士，在申请过程中，因为最高可以透支 5 万元的现金，因此银行方面要进行严格审批。提供越多可以证明自己具有稳定收入的个人资料，获得的个人信用额度就越高。一般的审批时间大约在 3 周左右。他们认为学生以及低收入人群并不是他们针对的群体。

与此同时，华夏银行也紧随其后，在“三八国际妇女节”——女性自己的节日，推出了针对女性市场的丽人卡。比较而言，尽管相对于广发银行最多可以透支 5 万元的标准贷记信用卡，华夏银行丽人卡依然只是传统意义上的储蓄借记卡，但在营销的角度，无论从产品定位，还是在传播上的情感诉求，以及包括网页设计在内的品牌形象建设上，丽人卡都更为精细和到位。

第二节 零售业促销

促销一直是零售经营的主旋律。各种丰富多彩的促销活动，常常令消费者目不暇接，仿佛置身于促销的汪洋大海之中。

一、零售业概述

零售是指所有向最终消费者直接销售产品和服务，用于个人及非商业性用

① 转载自中国营销传播网。

途的活动。任何从事这种销售活动的机构，不论是制造商、批发商还是零售商，也不论这些产品和服务是如何销售（经由个人、邮寄、电话或自动售货机），或者是在何处（在商店、在街上或在消费者家中）销售的，都属于此范畴。

零售商的数目众多，在所有商品经济发达的国家，零售都是一个庞大的行业，拥有远超过生产企业加批发企业之和的数量及众多的就业者。如在美国的全部商业企业中，零售占了20%，从业人口超过1 400万。

零售商的类型千变万化，新组织形式层出不穷。这里我们将它们分为两大类型，即零售商店和无门市零售商。

（一）零售商店

零售商店的类型就像产品一样，也要经过发展和衰退的阶段，这称为零售生命周期。一种零售商店类型在某个历史时期出现，经过一个迅速发展时期，日臻成熟，然后衰退。老式的零售商店经过了很多年才发展到成熟阶段，但是新式的零售商店发展到成熟所需要的时间就短多了。新型商店的出现是为了满足顾客对服务水平和具体服务项目的各种不同偏好。

我国国内贸易局在1998年7月将零售商店分为8类：百货店、超级市场、大型综合超市、便利店、仓储式商场、专业店、专卖店、购物中心。从发达国家的情况来看，最主要的零售商店类型有以下几种：

1. 专用品商店

专用品商店经营的产品线较为狭窄，但产品的花色品种较为齐全。例如，服装店、体育用品商店、家具店、花店、书店均属于专用品商店。

根据产品线的狭窄程度，可以将专用品商店再次分类：一是单一产品线商店，如服装商店；二是有限产品线商店，如男士服装店；三是超级专用品商店，如男士定制衬衫店。

2. 百货商店

百货商店一般销售几条产品线的产品，尤其是服装、家具和家庭用品等，每一条产品线都作为一个独立部门由专门的采购员和营业员管理。此外，还有一些专门销售服装、鞋、美容化妆品、礼品和皮箱的专用品百货商店。由于百货商店之间竞争激烈，还有来自其他零售商如折扣商店、专用品连锁商店、仓储零售商店的激烈竞争，加上交通拥挤、停车困难和中心商业区的衰落，百货商店正逐渐失去往日魅力。

3. 超级市场

超级市场是指规模巨大、成本低廉、薄利多销、自我服务的经营机构，主要经营各种食品和家庭日常用品等。超级市场的主要竞争对手是方便食品店、折扣食品店和超级商店。

为了迎接竞争，超级市场的发展趋势是：规模越来越大，营业面积大大增加；经营品种日益增多，突出表现在非食品类产品的增多，许多超级市场正将经营范围扩大到药品、家庭用具、唱片、运动用品、小五金、园艺工具等产品上去；营业设施不断改善，如在更昂贵的地段设店，扩大停车场面积，精心设计建筑和内部装修，延长营业时间等；努力增加顾客服务项目，如开设休息室和播放音乐等；不断增加促销费用；大量经营自有品牌等。

4. 便利商店

便利商店是设在居民区附近的小型商店，销售品种有限、周转率高的便利品。消费者主要利用它们做“填充”式采购，因此其营业价格要高一些。但是，它们满足了消费者的一些即时需求，人们愿意为这些便利品支付高价。

5. 超级商店、联合商店和特级商场

超级商店比传统的超级市场更大，主要销售各种食品和日用品。它们通常提供洗衣、干洗、修鞋、支票付现和廉价午餐等服务。

联合商店的面积比超级市场和超级商店更大，呈现出一种经营多元化的趋势，主要向医药和处方药领域发展。

特级商场比联合商店还要大，综合了超级市场、折扣商店和仓储零售的经营方针。其经营的花色品种超出了日常用品，包括家具、大型和小型家用器具、服装和其他品种。其基本方法是原装产品陈列，尽量减少商店人员搬运，同时向愿意自行搬运大型家用器具和家具的顾客提供折扣。

6. 折扣商店

真正的折扣商店应具有下列特点：商店经常以低价销售产品；商店突出销售全国性品牌，因此价格低廉并不说明产品的质量低下；商店在自助式、设备最少的基础上经营；店址趋向于选择租金低的地区，要能吸引较远处的顾客。

折扣商店之间、折扣商店与百货商店之间的竞争非常激烈，从而导致许多折扣零售商经营品质高、价钱贵的产品。他们改善内部装修、增加新的产品线，如穿戴服饰；增加更多服务如支票付现、方便退货；在郊区购物中心开办新的分店等。折扣零售已经从普通产品发展到专门产品商店，如折扣体育用品商店、折扣电子产品商店、折扣书店等。

7. 仓储商店

仓储式商店是一种以大批量、低成本、低售价和微利多销方式经营的连锁式零售企业。仓储商店一般具有以下特点：以工薪阶层和机关团体为主要服务对象，旨在满足一般居民需要；价格低廉，从厂家直接进货，省略了中间销售环节，尽可能降低经营成本；精选正牌畅销产品，并在经营中不断筛选，根据销售季节等具体情况随时调整，使仓储式连销商场内销售的产品有较高的市场占有率；注意发展会员服务，加强与会员之间的联谊，以会员制为基本的销售和服务方式；运用各种可能的手段降低经营成本，如仓库式货架陈设产品，选址在次商业区或居民住宅区，产品以大装形式供货，不做一般性商业广告，仓店合一；先进的计算机管理系统及时记录分析各店的品种销售情况，不断更新经营品种，既为商场提供了现代化管理手段，也减少了雇员的人工费用支出。

8. 产品陈列推销店

这类商店将产品目录推销和折扣原则用于品种繁多、加工成本高、周转快和有品牌的产品，包括珠宝首饰、动力工具、提包、照相器材等。这些商店已经成为零售业最热门的形式之一，甚至对传统的折扣商店形成威胁。产品陈列推销店散发彩色印刷的目录，每本长达数百页，此外还增发季节性的小型增补版，上面标有每一项产品的定价和折扣价。顾客可用电话订货，由店方送货上门，顾客支付运费；顾客也可开车来商店亲自验货提货。

（二）无门市零售形式

虽然大多数物品和服务是由商店销售的，但是无门市零售却比商店零售发展得更快。下面介绍无门市零售的四种形式：直复市场营销、直接销售、自动售货和购物服务公司。

1. 直复市场营销

直复市场营销是一种为了在任何地方产生可度量的反应，并达成交易而使用一种或多种广告媒体相互作用的市场营销系统。

直复市场营销者通过广告介绍产品，顾客可写信或打电话订货。订购的物品一般通过邮寄交货，用信用卡付款。直复市场营销者可在一定广告费用开支允许的情况下，选择可获得最大订货量的传播媒体。使用这种媒体是为了扩大销售量，而不是像普通广告那样刺激顾客的偏好和树立品牌形象。

2. 直接销售

直接销售有挨家挨户推销、逐个办公室推销和举办家庭销售会等形式。推销人员可以直接到顾客家中或办公室进行销售，也可以邀请几位朋友和邻居到某人家中聚会，在那里展示并销售产品。

直接销售成本高昂（销售人员的佣金为20%—50%），而且还必须支付招聘、培训、管理和激励销售人员的费用。由于越来越多的妇女在白天要上班工作，直接销售这一方法的作用一时难以预料。

3. 自动售货

使用硬币控制的机器自动售货是第二次世界大战后出现的一个主要的零售发展领域。自动售货已经被用在相当多的产品上，包括经常购买的产品（如香烟、软饮料、糖果、报纸等）和其他产品（袜子、化妆品、点心、食品、书、唱片、胶卷、T 恤、保险和鞋油等）。

自动售货机被广泛安置在工厂、办公室、大型零售商店、加油站、街道等地方，向顾客提供24 小时售货、自我服务和无须搬运产品等便利条件。由于需要经常补货、机器常遭破坏、产品失窃率高等原因，自动售货的成本很高，因此，其产品的销售价格比一般水平要高 15%—20%。对顾客来说，机器损坏、库存告罄以及无法退货等问题也是非常令人头痛的。

4. 购物服务公司

购物服务公司是不设店堂的零售商，专为某种特定顾客，通常是为学校、医院、工会和政府机关等大型组织的雇员提供服务。这些组织的雇员可成为购物服务公司的会员，他们被授权从一批经过挑选的、愿意向这些成员以折扣价供货的零售商那里购货。例如，有一位顾客想买一台摄像机，就可以从购物服务公司领取一种表格，拿到经批准的零售商那里以折扣价购买。然后，该零售商再向购物服务公司支付一笔费用。

二、零售业促销策略

我国的零售业经历了 60 多年的风风雨雨，随着先前的单一公有制体制逐渐演化为目前多种所有制形式并存的经济格局，零售业的发展成为经济发展的中流砥柱，各种零售商的市场战略和促销策略也应运而生。

（一）确定促销战略

零售商首先应对其市场地位做出战略决策，这些决策包括：定价的高低，促销力度的大小，服务水平的高低，花色品种的多少，便利条件的多少等。通常，这些决策并没有明确的划分，但它们集中表示了零售店可能采用的营销战略，它将直接影响促销目标的决策。

零售商是采取日常的低价格还是高价格，是一项困难却非常重要的决策。一些零售商采用日常低价格之后就无法再打折扣，而另一些零售商则通过经常对高价商品打折而深受消费者的偏爱。采用低价促销战略或是高价促销战略，不同的零售商在操作上是极不相同的。

服务水平也影响着零售商的成本结构。服务水平越高，成本也就越高。零售商如果承诺提供高质量的服务水平，那就很难在促销中提供较低的价格。

现在大的商店都趋向于采用繁多的商品品种，并在某个产品类别中提供广泛的可供选择的各式品牌和产品规格。这意味着每一个时间段里几乎都会有某种特定产品类别的促销。零售商的初衷是希望用促销激起消费者购买的兴趣，希望消费者购买此商品类别以外的其他商品。

（二）零售商的促销目标

对零售商而言，促销的目标通常有以下几种：

1. 吸引顾客

通过促销活动可以达到吸引顾客、增加人流量的目的。零售商可以用某一商品的低价格吸引顾客到店，顺便购买其他正常价格的商品，或者享受其他高价的服务，使零售店获得更多的利润。吸引顾客是为了通过促销打开商品买卖的大门，不局限于让顾客购买促销的商品，这是零售商与制造商策划促销时最大的不同，也意味着零售商的促销策划更具复杂性。

2. 清除存货

零售商经常会发现自己的存货已经越积越多，为了减少库存则会进行各种计划外的促销活动，降价只是其中的一种清仓促销活动。

3. 增强店面形象

零售商可采用特色广告或商品展示以对特定的商品进行促销。虽然零售店促销的只是某种类型的商品，但这种促销却影响着消费者对整个商店形象的认知。零售商经常采用这种方法建立超品质的店面形象，使消费者感到在高档次的商店里买到了低价格的产品，这样就可以增强店面在消费者心中的印象和好感。但值得注意的是，如果消费者发现仅有促销商品是低价的，很可能会失望地扫兴而归。因此零售商要在促销商品价格形象与非促销品价格形象之间进行协调，以尽量保持较为一致的价格策略。

（三）零售商促销的特点

1. 针对性强

厂商促销的对象有中间商、消费者和销售人员，而零售商的促销对象只是市场终端的消费者。零售商可以根据目标市场消费者的实际情况，选择促销工具进行促销，因此具有针对性强的特点。

2. 刺激性强

零售商促销大多是临时性措施，为了引起轰动效应，对消费者产生强大的吸引力，往往设置较高的促销激励，因此具有刺激性强的特点。当然强烈的刺激可能导致两种后果：一是获得消费者的快速反应，激起短期大量购买；二是引发商战，导致无序竞争。

3. 时效性强

促销时机的选择与把握对于零售商的促销效果至关重要。零售商促销时机把握得准确，运用得恰到好处，就会收到事半功倍的效果。因此，时效性强也是中间商促销的一个特点。

4. 选择性强

零售商有着众多的促销策略和工具可供选择，如折价、优惠、有奖销售、会员制等，都可以根据企业实力、市场竞争状况、消费者倾向等加以选择。

（四）零售商的促销方法

可供零售商选择的促销工具是非常广泛的，其中应用较多的有：

1. 价格折扣

零售商运用最普遍的促销方法是价格折扣。通常零售商的折扣率一般会达到商品价格的10%—30%，折扣商品的范围会达到商品数量的2%—10%。零售商的价格折扣比较容易实施，通常是在某一特定的商店或连锁店使用，以吸引消费者光临该商店，并协助刺激消费者对店内其他各种商品的购买欲望为主要目的，而不只是为了使顾客购买该促销品牌的商品。

零售商紧紧地抓住消费者心理以增强商品的减价形象。比如告知消费者该商品原价为18.5元，现价15.5元，可替消费者节省3元，以此来鼓励消费者购买；或者告知消费者的价格提示为3个单位卖多少钱（如面包1元钱可买3个，而不说0.34元钱1个，消费者对这两种折扣提示的反应是完全不同的）。用几个单位的合计价格才能获取价格折扣的方法，无形中鼓励了消费者购买更多数量的商品，零售商也因此获得更多的销售额。

2. 商品展示

商品展示是零售商可以运用的最重要的促销方法，它能够有效地吸引消费者的注意，使潜在消费者变为现实消费者，并促成购买行为，尤其在没有店员的超市等卖场特别能发挥作用。对于那些大拍卖、特价、减价等零售店特意要促销的商品，商品展示的促销方法更经常运用。但是，商品的货架空间通常是有限且昂贵的，因此商品展示的机会一般会留给市场容量大的商品。

值得一提的是，商品展示还可以美化店堂、改善购物环境、提高商品陈列的艺术水平，借以达到招徕顾客、扩大销售的目的，因此深受零售商的欢迎。

3. 零售商促销广告

由于零售业有着较强的区域性特点，促销广告一般会发布在当地的日报或周报上，或者印成传单形式，通过当地报刊或在零售店现场分发。比如美国著名的西尔斯使用周日的报纸刊登促销广告。广告的内容包括所促销的商品及其特殊的促销活动介绍。

制造商通常采用合作广告或广告津贴的方式鼓励零售商为其产品做广告。据美国市场研究调查显示，百货商店的促销广告多数是采取与制造商合作广告的方式；销售家用器具的零售商有50%—75%的广告费用是由制造商以广告津贴的形式提供的；食品零售商所做的广告100%是使用制造商的广告津贴。也就是说，在零售商的促销广告经费中，制造商承担了重要的角色。

4. 竞赛与抽奖

竞赛与抽奖活动变化多端，在促销活动领域中，它是一个真正令创意天马行空的领域，也是零售商可采用的促销活动。竞赛与抽奖最重要的特色之一，就是提供一个比实际支出金额更多优惠的活动契机。如让中奖者出国旅游，或赠送名贵轿车等，此类大奖额的促销赠送当然比传统的送样品或折扣券的促销更为诱人。

竞赛与抽奖的奖品可由制造商提供，这也是制造商鼓励零售商扩大铺货面的策略之一；也可以由大型的百货商店、超市提供，以直接促进本零售店的销售。

5. 兑换印花或会员制

兑换印花在超级市场连锁店中特别盛行，这种持续的促销活动，一般以整套盘碟、炊具、珠宝首饰等作为赠品，以鼓励消费者长期、忠诚地到某零售店选购商品。

各种优惠类、积分类、便利类会员制也是零售商通常采用的促销方法，会员制促销同时还是最能体现长期效果的促销方式。随着IT技术在商业中应用的进一步深入，会员制促销还能够实现真正意义上的“一对一”营销，为顾客提供更加个性化的服务。

6. 其他促销

零售商可以运用的促销方法还有很多，如折价券（可附在报纸广告页上）、赠品、凭证退费等，只要是对吸引消费者购买商品有利的，零售商都可以采用。

【案例10-4】 “新避暑运动”夏季促销方案——开学总动员

一、目的

8月下旬到9月上旬正值学校开学并伴随着教师节，是商家提高销售量的一个阶段，因此需要给予充分重视。

二、活动主题

开学总动员

三、时间

8月25日至9月10日

四、活动内容

1. 高考新生，有喜有礼

(1) 凭高考录取通知书，可以领取一份礼品：钢笔一支或笔记本一个；

(2) 凭高考录取通知书，买商品可以享受9折优惠，商品范围包括箱包、服装、鞋、运动商品、文具用品等；

(3) 购物后，凭购物小票，可以在总台处领取一张祝贺教师节的邮资明信片，作为在教师节给予老师的节日问候。可由学生当场填妥地址后，交还总台，由商家负责在教师节前两天邮寄。

2. 新学期书包文具展

(1) 折扣：主要针对几大书包、文具品牌进行特别优惠；

(2) 买书包、文具满若干元，送本商场的优惠消费券，如品牌运动鞋的9折券，品牌童装的8折券等，主要目的是为了促成相关商品的销售。

3. 办公用品优惠多

面向开学期间学校办公用品的购买高峰，主要促销方式为买就送。由于学校的办公用品采购为团体购买，因此促销激励可放在采购人员身上。促销办法：买满200元商品，送商场内可以消费的20元—40元赠券。

4. 向老师致礼

(1) 活动期限：9月8日—9月10日；

(2) 有折有礼教师节：9月10日，凭教师证在商品原折扣上再实行打折活动，并可凭教师证领取一份礼品；

(3) 师恩难忘——真心留言板：为向老师表达学生的尊敬感激之情，在商场入口处设立一块大型看板和备用笔，供人写下留言。

五、宣传事项

横幅、海报主题：开学总动员

报纸广告时间：8月24日

三、零售商促销的实施与评估

(一) 零售商促销的实施要点

从零售商的促销方法中可以看出，零售商促销的实施一般有两种途径：一是零售商自己策划促销活动，以促进销量整体增长；二是由制造商提供津贴或技术协助，通过零售店实施对消费者的促销。因此，零售商促销的实施要点主要有以下四个方面：

1. 促销时机

零售商促销首先要决定年度内要举办哪些促销活动，这些活动通常会与某些季节、假日、节日等联系起来。例如，对于一个食品零售商来说，这些活动可能包括“夏季新鲜蔬菜系列”、“秋季靓汤系列”、“圣诞烘烤系列”等；而对于一个百货商店来说，可能包括“暑假后学生返校促销”、“母亲节感恩活动”等。

促销活动策划应在促销活动开始之前进行，包括与供应商的协商，洽谈合作广告，特别是获得广告津贴、展示津贴或价格折扣的可能性。

2. 选择促销商品

一般的零售商店会经营成千上万种商品，但并不是所有的商品都有必要同时进行促销。零售商需要选择促销商品的范围：第一是能吸引顾客；第二是要保证可获利；第三是能协助树立企业形象。

科涵（Curhan）和霍帕（Kopp）两位学者曾经在1986年分析了影响零售商选择促销商品的八大因素，其中包括：

(1) 商品的重要程度。即促销商品的销售额比例、竞争对手促销的可能性、商品类别对促销效果的影响等。

(2) 促销弹性。即降价、展示、特色广告等促销活动对销量的影响程度。

(3) 制造商的支持。即制造商以什么形式支持促销，是折价券、电视或报纸广告，还是店面促销。

(4) 制造商的声誉。即制造商的产品品质，与中间商合作的经历等。

(5) 促销历史。即该产品类别是否促销过，该产品是否促销过。

(6) 销售速度。即品牌的市场占有率、日常销量等指标。

(7) 商品的可获利性。即商品的正常利润。

(8) 制造商激励的程度。即制造商津贴的数量、津贴占促销成本的百分比等。

3. 折扣水平的确定

一旦促销时机和促销商品选定以后，就要确定折扣的水平，这主要取决于制造商的折扣、消费者的反应程度、竞争对手的状况，以及零售商希望建立的价格形象等。根据大多数的研究获悉，10%—30%是较为理想的折扣水平，当然还需要根据实际的市场状况制定具体的折扣水平。

4. 发布促销广告

与价格折扣相结合的是店面的特色广告和商品展示，它们是促销活动成功与否的重要环节。这些决策取决于制造商可能提供的合作广告经费或广告津贴、展示津贴的数量。

(二) 零售商促销效果评估

零售商促销效果评估一般采取监测促销前期、中期和后期的销售量变化情况的方法，这种方法评估促销活动的效果比较简便易行。但此法也有四个比较明显的缺点：一是结果不便推广；二是没有考虑产品类别中的其他商品对促销商品的影响；三是影响销量的因素除了促销，还有价格等其他因素，这些都未被考虑；四是评估方法不规范，比如究竟监测促销前后多长时期的销量并没有统一的规定。不少学者正着力研究更为科学的零售商促销评价方法。

零售商促销效果的评估一般要用到两种类型的数据：一类是零售店的销售数据，另一类是品牌销售数据。第一类数据较容易获得，但它不能解释品牌转换和品牌忠诚的问题；相比而言，第二类数据更具价值，但又不易收集到。

【案例 10-5】 年度促销活动计划

某大型零售企业在年初时制定本年度重大促销活动的时间安排如下：

1 月　新年大拍卖，冬季奉献大降价，清仓大甩卖；

2 月　春节大优惠，春季大拍卖，春季流行展，春季商品展示会；

3 月　妇女节优惠，春季时装大拍卖，换季大降价；

4 月　郊游时装发布会，体育健美用品展；

5 月　劳动节、母亲节妇女儿童用品大联展，旅游用品大展销；

6 月　儿童节、端午节流行服饰展，化妆品、雨季用品、夏季登山露营用品展销；

7 月　夏季大降价，假日大拍卖，旅游用品、海滨用品大展销；

8 月　夏季清仓减价展，儿童、学生用品展，旅游大奉献；

9 月　教师节优惠酬谢，中秋节酬宾，秋季流行指南，秋季商品发布会；

10 月　国庆节优惠，换季大折价，冬季时令服饰展，冬季服装发布会；

11 月　御寒用品、取暖设施展销，年终大削价；

12 月　圣诞节、新年大展销，年终招待会，会员联谊会。

本章小结

服务业是一个广阔的领域，它所包括的内容和范围随着社会经济的发展还在不断扩张。根据服务业的经济性质，可以把服务业划分为五类：生产服务业、生活服务业、流通服务业、知识服务业和社会综合服务业。服务业产品的特点主要有无形性、关联性、生产和消费在时空上的一致性、不可储存性、同一服务产品品质的多变性和服务产品的替代性。因此，服务业应采取不同于实物产品的营销策略：合理调节供求，采取适当的价格策略，强化服务质量管理，重视宣传和传播，注重地理位置策略等。

服务业针对消费者的促销目标主要有：提高服务的知名度和顾客对服务的认知度，鼓励对新型服务的尝试性服务，鼓励非目标消费者对已有的服务项目进行尝试，劝说现有的消费者继续购买该公司提供的服务，增加服务的消费频率，形成定期购买服务的习惯，以及承诺长期购买服务，在需求过旺时平抑顾客需求，介绍服务的显著利益，增强服务的广告效果，引起更多的顾客注意，获得服务业的市场研究信息等。

餐饮业常见的促销策略包括现场形象促销、宣传手册、精美菜单、会员制、联合广告、折价券和服务促销等。通信业常见的促销策略包括价格策略、人员促销、赠品促销、组合促销和联合促销等。金融业常见的促销策略包括技术创新、服务促销、多种业务促销、赠品促销、公关促销和售后服务等。

零售商可分为两大类型，即零售商店和无门市零售商。零售商的促销目标在于吸引顾客、清除存货和增强店面形象。零售商促销具有针对性强、刺激性强、时效性强和选择性强的特点。其常见的促销方法包括价格折扣、商品展示、促销广告、竞赛与抽奖、兑换印花或会员制等。

思考题

1. 服务产品具有哪些不同于实物产品的特点？为什么？
2. 如何理解服务业应采取的营销策略？
3. 服务产品的特点对于不同服务行业产品的促销具有什么指导意义？请以某个具体的服务行业为例进行说明。
4. 通信行业的促销活动花样日趋创新，如何看待通信行业与传统消费品行业促销策略的异同？
5. 零售商的促销目的与厂商的促销目的相比，有哪些不同？
6. 你认为哪些促销方式是零售商最适宜采用的？

附录 案例评析

【案例1-1点评】 香烟制造商由广告转向促销

本案例说明，促销是一种有效的市场工具，也是营销宣传的重要手段之一。在特殊情况下，比如在禁止发布广告的香烟产品销售中，它甚至可以取代媒体广告。随着市场环境中内外部因素的改变，越来越多的厂商将注意力投向了销售促进。

但促销显然与广告宣传又有着显著的差异性。首先促销影响的是局部空间，即促销现场的消费者，而广告将影响所覆盖的受众。其次，促销对消费者的影响快速、及时，如参加沙龙香烟免费音乐会的年轻人受现场气氛感染会立即做出尝试的行动；特醇星徽的促销活动参与者为获得林子祥的镭射唱碟优惠券则可能立即购买一包该品牌香烟。也就是说，促销的目的是激发消费者的立即行动和参与，追求的是短期效果；而广告的目的则是建立和提升品牌形象，追求的是长期效果。最后，促销的有效性与现场时空安排及直接的利益诱因有较大关系，如沙龙香烟的音乐会、特醇星徽的优惠券。

【案例1-2点评】 国际促销大奖

本案例中“国西银行”荣获1996年雷芝超级奖，说明促销要站在消费者的立场，处处体贴消费者，同时通过系列促销活动树立厂商的独特品牌形象，否则如其他银行以优惠利率、多种赠品等促销方式，仍难获得理想效果。当然在立足消费者的前提下，多种促销手段的配合也是必要的。所以“国西银行”除赠送镭射唱片盒带、抽奖镭射唱机外，也通过电视广告、邮递广告、海报及其他广告方式予以配合。

奥斯加美亚香肠则以轻松有趣的促销活动，针对目标消费群，获得了消费者的广泛响应。同时，该厂商通过系列促销活动，注重与各级中间商的配合，使活动最终取得较大成功。

【案例2-1点评】 中国台湾三阳“你搬年货我买单”

为吸引消费者的注意，三阳摩托采取了强刺激性的广告语“你搬年货我买单”，一反人们“天上不会掉馅饼”的习惯性思维。因这条广告语很新奇，必将吸引较多人的关注。该活动以“300秒搬奖”作为给中奖者的奖品，创意新颖：每位中奖者都想获取更多自己想要的物品，300秒搬奖活动又留给消费者较多的想象空间，富于戏剧性和刺激性，不落入一般抽奖活动的俗套，引起了新闻媒介的广泛报道。该促销活动的设计充分利用了人们的好奇心理与占便宜的心理。

同时促销时机选在岁末年初，又逢春节前夕，人们手头宽、买气旺，这样的促销活动符合很多人想买新车过年，以及购买年货的节日喜庆心理。另外，从赠礼品到搬奖，采用两次促销，加深了消费者印象，延长了他们满怀希望等待的时间。

但该活动的缺点是："300秒搬奖"现场不易控制，容易出现挤撞、哄抢等突发事故，是促销策划工作者应事先予以考虑的。

【案例2-2点评】　史努比"搅乱"香港特区

"史努比"这只憨态可掬的卡通小狗，早已风靡全球，深受各国人民尤其是青少年的喜爱。本案例中麦当劳儿童套餐的促销活动充分利用了青少年对"史努比"的喜爱与收集的兴趣，而青少年正是麦当劳的目标消费群之一。

在这次活动中，获得"史努比"玩具让消费者产生了"直接兴趣"，而收集全部28款玩具的过程与结果则成为更深层次的"间接兴趣"。这28款代表28个不同国家的小狗，其身上凝聚着的文化信息变成了消费者的鉴赏对象，更加深了他们获取收藏全套"史努比"的欲望。选用经典的卡通玩具来刺激麦当劳套餐的销售，产生了"买椟还珠"的效果，将消费者对卡通玩具的兴趣通过购买麦当劳套餐展现出来，极大地提升了麦当劳的购买人气，同时还有利于鼓励消费者重复购买，建立稳定的顾客关系。麦当劳当然获得了出人意料的良好促销效果。

另外，像迪斯尼、华纳等公司通过麦当劳广阔的分销渠道进行玩具产品的销售，即与知名的强势公司进行联合促销的方式，也是值得广大厂商学习和借鉴的。

【案例2-3点评】　日清智取美国快餐市场

愿望产生动机。美国人对普通的方便面没有消费习惯，也没有消费欲望，传统的方便面自然不可能有较大的市场。

日清公司了解美国人的这一习性后，就想方设法提出绕过这个障碍的解决办法。日清公司成功的原因在于，根据美国人的饮食习惯，开发出适合美国人的方便面产品，激发他们的消费欲望，使其产生购买动机与行为，从而实现销售。

其完美的"四脚灵蛇舞翩跹"营销策略，牢牢抓住了美国人的饮食心理：

第一脚 针对美国人对减肥有着强烈愿望的心理，日清公司将产品定位于“最佳减肥食品”，投其所好，调动其消费动机。

第二脚 美国人有使用叉子和吃硬面条的习惯，日清公司就改进产品，解决了美国人的心理障碍，满足其消费愿望。

第三脚 从包装和口感上进行产品改进，符合美国人消费习惯，满足其消费需求。

第四脚 从产品配料等角度遵从美国消费者的愿望，激发他们的消费动机，并使其从暂时的直接动机（尝鲜），到长远的间接动机（依赖性的方便食品）发展，从而形成稳定的消费市场。

【案例2-4点评】 派克钢笔的名人效应

人们在社会交往中常常会产生相互影响，尤其是一些公众喜闻乐见的明星、偶像、非正式组织中有影响力的人，以及具有象征意义的事件主角等，更是给普通的大众带来从心理到行为等多方面的影响。厂商常常会借助消费者的这种心理，寻找被目标消费者所接受的人物作为产品的形象代言人，或者借助这些社会名人的言行进行宣传，以期获得消费者对自己产品的关注和喜爱。

【案例2-5点评】 安利公司的“霸格”免费试用策略

应该说安利的“霸格”免费试用促销策略比一般的小包装赠送试用策略高明了许多。主要原因是在这一活动设计中，包含了很多的心理因素，尤其利用了人类社会中普遍存在的互惠原理。

当目标顾客收到试用产品并了解活动程序后，就无意中进入了互惠心理的考验阶段。安利提出“试用不收取任何费用，不让主妇们有任何负担”，反而暗示了安利认为顾客具有较高道德水准，不会乱用、丢弃、藏匿，而顾客则会出于无处不在的互惠原理，以及产生别人如邻居会怎样看待，以及事后会怎样评论等从众心理，因此当安利销售人员回收产品时，会采取购买行动予以回报。

互惠心理尤其适用于免费使用、免费赠送的促销策略的设计。当然，安利产品本身具有不同凡响的优良质量，是使用这种促销策略的关键前提。由于通过亲自使用，感受到良好的效果，顾客首先排除了反感，增进了对产品的信赖和喜爱，也是促使顾客购买的另一主要原因。因为信赖与喜爱，所以当安利销售人员在固定时间前来索取产品退还时，顾客会产生短缺、失去的压迫感，还会为挽留这一心爱之物而购买。

【案例2-6点评】 1折销售

本案例充分利用了短缺原理与从众心理。当消费者意识到机会越来越少，所拥有的可能越来越少时，这样的产品对于消费者来说，价值就越来越高，变得越来越希望得到。也就是说，与希望获得一样东西的渴望相比，害怕失去同样价值东西的恐惧似乎更能成为人们行动的动力。

该百货公司所设计的这个活动，给消费者带来了产品即将降价但同时也将短缺的信息。在活动开展的第一天和第二天，消费者因为价格较高的原因，购买并不主动。到第三天、第四天开始有消费者购买时，对其他人产生了暗示和压迫心理，随之产生从众心理和短缺心理，担心等商品降到自己的心理价位时会卖光，这时就导致更多人群加入购买，未购买者则更有紧迫感和短缺心理。当需求者的心理防线被突破时，蜂拥前来购买则是当然的了。

在促销策略的设计之中，利用好顾客的心理状态，是促销策略成功的首要前提。

【案例2-7点评】 立普顿乳酪金币——不可抗拒的诱惑

在本案例中，促销活动成功地借用了欧美传统文化，符合当地消费者心理特征，而且赠品的选择也相当成功。一是金币体现了传统的圣诞文化，二是赠品价值远高于所售商品的单价，对消费者有较大的吸引力。

同时，立普顿还充分利用了社会知觉中关注显著信息的原理。人们在形成印象时遵循“图像/背景”原则，即注意那些从背景中突现出来的刺激物图像，而对于图像所处的背景或环境关注较少。通常，在一定的背景中显得异常的线索都可构成显著线索。由于人们认为圣诞节前后所吃的乳酪中含有金币是一种吉祥的信息，于是立普顿先生通过强大的宣传攻势来强化这一社会知觉，使其成为每个消费者的一种文化认知。当其他人购买乳酪并获得金币后，前来购买者潜意识的从众心理和保持与习俗一致的心理，也会使其加入到抢购热潮中。

当竞争对手阻挠时，立普顿要求退回金币与注意食用的广告，反而进一步强化了金币存在的真实性，同时使消费者产生进一步的信任感和短缺感，促进了更加积极的购买。

在本案例中，涉及一些法律规范的问题，这在不同的国家或地区有一定的差异。促销工作者应在进行促销策略设计时，研究相关利益者，包括政府、公众、消费者、竞争者、媒体、中间商和厂商自身对促销活动的态度与反应，以及促销方案与本地区的法律限制有无出入等。

【案例2-8点评】 椰菜娃娃"领养"市场

椰菜娃娃充分利用了儿童在成长过程中希望爱与被爱的心理，以及年轻父母们希望培养孩子爱心与责任感的心理需求。同时，与成人一样，儿童也有交流沟通的需要，因此椰菜娃娃的出现，使她们有了一个幻想对话和沟通的对象。

在领养椰菜娃娃的过程中，儿童社会需要中的爱心与责任感被激发，并在椰菜娃娃身上找到倾注的对象，甚至在她们的幻想中，椰菜娃娃与她们共同成长，使她们在潜意识中找到一种成功的感觉。而企业为消费者购买椰菜娃娃做的一系列促销活动更使领养者产生了自豪感，使未领养者产生从众心理，于是急于领养。

在这个案例中，克莱克公司的一系列促销推广活动，是椰菜娃娃成功销售的另一重要因素。

【案例2-9点评】 脚大还是脚小

女性的购买行为带有强烈的感性色彩，这不仅表现在购买时她们常常关注商品中所包含的情感因素，也表现在她们容易受到外界因素的影响。常常有销售员感叹女性消费者是最不易把握其心理的人群，说的就是女性消费者在购买决策过程的多疑和善变。因此，在面对女性消费者时，销售人员要对影响她们购买决策的诸多因素进行分析，从问候语、称呼到聊天的话题，都要站在女性的角度去审视，只有做到"投其所好"，才能够真正赢得女性顾客的青睐。

【案例3-1点评】 康师傅饮料新品上市的坎级促销

新产品上市，意味着市场平衡状态的暂时性打破，以及市场份额的重新分配；与此同时，上市新品也必然受到竞争品抵制、通路拒绝、消费者不认同等各方面的考验。能否经受住各方考验，是新产品能否在市场上生存下来的关键。因此，对于一个策划新产品上市的产品经理来说，策划方案的周密性、全局性及各类活动安排的巧妙性、有序性是非常重要的。康师傅饮料新品上市的成功可谓一波三折，从中体现了企业营销在促销工作中应注意的诸多方面：

1. 产品老化需要及时更新和升级换代。康师傅TP 250系列的销量萎缩正是市场变化、产品不适应市场的表现，这时企业应深入进行市场调查、营销诊断，找出问题所在。

2. 针对市场现状，设计新的产品策略。康师傅采取原产品继承发展的策略，将TP 250重新包装上市。但如何使其焕发"第二春"，这是一个问题。根据最新的研究资料（这也是市场调查内容之一），透明、大包装的PET是最理想的新包装形式。

3. 竞争对手的反应引起高度的重视，同时企业自身的市场策略在推出之前应高度保密，形成迅雷不及掩耳之势。显然康师傅在与统一的竞争中因该方面的把握失当而落下风。

4. 计划周全、一击必中的促销战略将会给竞争对手造成致命打击。借助已经布建好的通路，利用统一新品断货的契机，康师傅带“伤”（尚未解决瓶装变形问题）果断出击，在促销策略精心、全面的实施下，一举形成了压倒性优势的市场格局。

5. 促销反馈，查漏补缺，总结经验极为重要。在统一因断货而错失大好形势的情况下，康师傅的成功就更值得重视。它不仅及时完成了PET包装的成功转换，更采用了切实有效、针对各个销售环节的促销策略，从而稳定了市场。

本案例的成功关键点在于，促销活动展开的有序性、连贯性，还有面面俱到的促销方式的组合。另外就是随时根据市场状况进行策略调整，以适应不同阶段的市场状况。

【案例3-2点评】　麦当劳的促销目标

麦当劳在快餐行业能够屹立不倒，主要原因除了产品保持一贯不变的文化内涵外，其在营销战略及策略上的远见和坚持，则是另一个主要原因。对于本案例中促销目标的确立以及相关策略的应用，麦当劳甚至像制作汉堡一样地认真和执著，这对于厂商的营销实际工作具有很好的现实意义。

【案例3-3点评】　Toro公司在不同时期的促销目标

Toro公司的促销目标表明：厂商在实施促销活动时，应设计一个系统完善、长短期结合、淡旺季结合的促销目标体系，企业可在这个促销目标体系下设计每一次的促销活动，再通过实现这些促销活动的子目标，从而达成整体促销目标体系的实现。

【案例3-4】　一家饲料企业的促销经历

案例中的饲料企业在两次和竞争厂家的对阵中都败下阵来，主要原因在于厂商在促销策划中没有整体的营销战略规划，未能制订出符合市场实际、产品实际和自身实际的促销方案来，而是跟在竞争对手的后面效仿，只是在促销赠品的选择上做一些改动，而对于促销的基本要素如促销时间、促销主题、激励策略等方面没有进行深入的研究和谋划，因此失败也是必然的。

【案例3-5点评】 怎样促销宝洁的Cheer品牌

宝洁公司设有专门的促销部门，专职从事促销品收集和选择工作，并遵从一定的科学测试与消费者调查程序，确定最终的促销方案。这种事前深入细致的工作，使宝洁的促销活动成功率一直都比较高。

仔细研究本次案例，会发现案例中主人公Seth的着眼点在于利用儿童对Cheery小怪物的认同和获得欲望，从而间接影响实际购买者——孩子母亲的购买决策。因此Seth所需要的是遵循这一大前提之下的实际操作模式。

对于Seth所考虑的几种促销方法，首先要对比其各自的优缺点。

邮寄促销的优点是对生产无影响，费用成本低（0.75美元/盒）；缺点是减少了礼品吸引力，而且耗时、烦琐。预计增加销量是200 000盒。

放在包装内的优点是包装过程不受影响，额外费用较低（1.3美元/盒）；缺点是无法直接看到可爱的小怪物，包装盒需重新设计。预计增加销量是500 000盒。

捆在包装外的优点是直观性强，预计增加销量最多；缺点是需要专门设备，额外费用达2.2美元/盒（1.75美元+0.45美元），而且因为顾客等因素造成礼品容易丢失。预计增加销量是750 000盒。

随产品派送的优点是操作简单，销售增加较多，成本低（0.25美元/盒）；缺点是运送网点多，要安排额外人员，将产生新的管理成本，而且容易造成礼品贪污。预计增加销量是600 000盒。

在决策最终的促销方案之前，厂商应综合考虑各方面的因素，寻找最佳投入产出比的方案。事实上，这几种促销方法虽然各有不同，但并没有本质上的突破。要想在激烈的市场竞争中胜出，Cheer品牌不妨采用传统的促销手段和因特网媒介相结合的混合模式来运作本次促销活动。

【案例3-6点评】 百事都乐果汁促销策划案

百事都乐果汁的促销案例一再表明：促销活动的开展是一个系统工程，周密的策划和准确的定位均极其重要。

首先，百事公司将自己的产品产位于“100%的果汁”，目标市场定位在高端消费群，并调查自己在市场中所处的位置，竞争对手所在的位置，从而完成一个清晰的定位图。

其次，确定明确的促销目标，从而以此安排促销预算。

最后，根据市场调查、市场定位和促销目标确定完备的促销实施计划：促销方式的选择、产品与市场范围、时间设定、竞争反应、促销评估体系设计等。

本案例从细节上看还有诸多不足之处，读者可仔细思考并得出自己的结论。

【案例3-7点评】 百事可乐失败的有奖促销

百事可乐失败的有奖促销说明，企业在举办促销活动时不仅要注意活动创意的新颖性、促销方案的系统完备和可行性，更要注重在细节上的操作，特别是在对外公告、活动通知等文案上的校对，否则“百密一疏”、“千虑一失”，因小错误带来大损失而贻笑大方。

【案例3-8点评】 海尔剃须刀促销策划案（节选）

海尔剃须刀促销策划案细致完备，基本遵循了目标明确、分工协作、行文简洁清晰的写作要求。

在促销提案部分，作者简明扼要地将促销活动中的主题、目的、时间、地点、方式、涉及对象等关键因素做了界定与纲领性规划。在第二部分“特别推介促销”中，本案例专门对现场推介会、小型推介会做出概括性描述。在随后的部分，方案对活动费用、活动流程、实施效果与活动控制等方面进行了指导性陈述。可以说，本方案是一套较优秀的促销策划书文本。

【案例4-1点评】 西铁城手表厂内部刊物上的竞赛活动

通过《西铁城销售报》这样一个传递信息的载体，既起到了传达信息的作用，又为员工和中间商搭建了一个交流、学习与反馈的平台，还起到了长期培训内部员工的作用。虽然它对促销的作用是间接的，但由于其沟通有效，使企业文化精神得以充分贯彻，团队的融合得以增强，是值得我们学习和推广的。

【案例4-2点评】 博士伦的“明眸通讯”

在俱乐部的努力下，“博士伦”不再是一个陌生、冰冷的产品，而成为熟悉、可亲又可信赖的朋友，这一点从会员投稿的热情和他们积极为俱乐部出谋划策中可见一斑。俱乐部没有表现出“急欲售卖”的推销心理，也没有对自己的产品标榜呐喊，而是由处处传递的真切关心，赢得了会员的心。

这种只树立企业形象而不以直接销售为目的的俱乐部，需要企业更大的决心与支持。由于不能提供短期的直接利益，因此需要较长的成长过程、提供更优良的服务，以及坚持不懈的努力。“博士伦”俱乐部经过两年多的发展，才逐渐得到会员的接受与认可，然而它在帮助构建企业形象、培养消费者品牌忠诚度、提升市场份额、间接帮助销售等方面都发挥了无法估量的作用。如进一步加强宣传力度，其发挥的成效将比纯粹的产品广告宣传更加有效。

【案例4-3点评】 蒙哥马利的电话促销

美国百货业是竞争非常激烈的行业，平常都是通过电视广告、媒体广告、邮件广告等方式进行商业促销。随着电话走进每个普通人的生活，蒙哥马利的“电话促销”已发展成为许多大企业和直销公司的主要促销手段之一。电话促销与DM相比，有着双向互动、及时反馈、消费者感觉亲切等优点。目前许多DM促销都是结合电话促销进行的。

【案例4-4点评】 唐氏商场创造购买的现场气氛

零售商在终端的售点布置就像是一场阵地战，而唐氏商场则升华了终端的阵地战，将常见的店铺布置用意大利文化统一了起来，将消费者购买提高到一个感受文化、欣赏文化的高度，不仅为其促销的男用化妆品打开了销路，而且促进了整个零售商场的销售，从而获得了成功。

【案例4-5点评】 某购物者的经历：走进一家美国的超级市场

现代电子技术的充分应用，使消费者购物如有专家陪同，取我所需，轻松自在。购物已经超越了满足日常生活所需的功能，使顾客感受到一种现代化生活的乐趣。

【案例4-6点评】 文君酒的人员促销

在零售现场，促销人员作为一种特殊的促销媒介，对促销活动的成功开展发挥着至关重要的作用，训练有素的促销人员更是能够在实现销量提升的同时，将产品的品牌形象和特征生动直观地传达给消费者。本案例中这位文君酒的促销人员就很恰当地通过故事的引入，引起消费者在情感方面的共鸣，让消费者感到消费的不仅仅是普通的白酒，而是在品味一个几千年前的爱情故事。与此同时，文君酒的品牌形象也随着这个古老的故事留在了消费者的心里。

【案例4-7点评】 “非常柠檬”失败的赠品促销

“非常柠檬”所选择的赠品易于为消费者所理解，对其目标消费者也具有较强的吸引力，同时也紧密结合了“和大明星李玟一起体验非常柠檬的非常感觉”的主题。但是，这里有一个重要问题被厂商忽略了，那就是——赠品首先要与产品有关联，其次还应作为产品的传播媒介和宣传配角；同时在宣传的过程中，也应注重突出产品，而不是将赠品作为本次促销活动的主角进行宣传。这个案例中，赠品非常受欢迎，但活动结束后销量却直线下滑，事实变成了厂商在为李玟做广告，而不是对产品进行促销。因此这样的赠品做得越好，产品的销售问题也就越大。

【案例4-8点评】　蓝色包装跃动上市，寻找“百事”新生代

当构成市场营销组合的因素，如产品策略、价格策略、渠道策略、促销策略等发生新的重大改变时，这些新的变化与新的组合都是促销事件的话题和起因。“百事”寻找新生代活动，就是借助产品包装改变作为促销事件的话题，通过促销媒介特别是广告的放大作用，既向顾客告知了这一新包装的变化，又达到了促销产品的目的。

【案例4-9点评】　“新西兰离欧洲很远”

任何企业在经营发展的过程中都不可能一帆风顺，各种风险与突出事件会随时袭来。面对风声鹤唳的消费者心理状态，各乳品品牌基本上没乱阵脚，其反应也较为高明。

各品牌奶粉对“二恶英”事件做出的各种反应就是典型的利用事件进行促销。从本案例中可以看出，一件事件发生了，特别是对消费者、经销商或其他公众有重大影响的事件，厂商应快速地给予回应：好事件则顺应局势，再造优势；坏事件应及时澄清解决，转坏为好，并挖掘好的一面。在本案例中，中国和日本的奶粉厂商就与欧洲四国奶粉厂商采取了不同的促销方式，从而也产生了不同的销售结果，并以此形成新的竞争格局。

【案例4-10点评】　经营有术的亚马逊网上书店

“亚马逊”网上书店的崛起，正是在促销新媒介——因特网的带动下完成的，其创始人Bezos创新的经营理念和务实的研究精神，是值得我们每一位营销研究者学习的。然而国内目前鲜有此类典型的成功案例，这又让人不得不深思技术进步背后所隐藏的文化内涵、生活理念等方面的中西方差异。

【案例 4-11 点评】 艾科卡为“野马”汽车促销

“野马”汽车的媒介组合策略说明：媒介的使用离不开“定位法则”。什么样的产品、什么样的目标消费群体决定了厂商选择对谁说、说什么、通过什么说、说多少，等等。否则厂商盲目地利用资金狂轰滥炸，不仅浪费了大量的资金还达不到促销宣传的效果。

【案例 5-1 点评】 1996 年长虹彩电降价占领市场

本案例中长虹通过降价促销取得了成功，市场占有率从 16.68% 上升到 31.64%，说明在竞争激烈的市场，降价打折是一种很有效的促销手段。当然长虹降价所带来的一系列行业竞争态势变化，以及市场相关问题，读者可查阅有关家电市场的资料，从中分析出降价促销的优点与局限。

【案例 5-2 点评】 美利坚航空公司首创航空里程优惠促销

第一个“吃螃蟹”的总是英雄，美利坚航空公司因为首创里程优惠促销而青史留名，给我们以启示：在促销活动中要不拘一格、大胆创新，根据当时当地的市场状况，结合产品或服务的特点，灵活运用各种方法开展促销活动。

【案例 5-3 点评】 百事可乐绝处逢生

百事可乐能够绝处逢生，正是巧妙地利用了加量不加价的变相打折手段，给消费者提供了更多实惠，使人们更多地选择了百事可乐，而不是可口可乐。

在市场竞争中处于胶着竞争状态的企业，使用令人耳目一新的创新促销手法，非常有利于企业突破营销现状，创造良好业绩。“加量不加价”的促销方法在我国不少日用品行业中已经屡见不鲜，但长期使用或过度使用会使消费者产生价格依赖心理，即不会去购买正常包装的产品，从而影响企业的经济利益和品牌的长期形象，这在洗衣粉制造商那里已经得到了很好的验证。

【案例 5-4 点评】 肯德基优惠券

优惠券促销尤其适用于知名品牌的推广。肯德基及类似快餐企业将优惠券作为吸引顾客就餐、培养忠实顾客的常规市场工具，这种营销策略由来已久。其成功之处不仅在于优惠券引人入胜的精美设计，还在于每一次的优惠券促销，所针对的都是不同的产品。从这个程度上也给予了消费者一定的新鲜感，并为企业结合整体市场战略，推广不同类型的新产品作出了贡献。

当然，这种方法的长期使用，会影响消费者的关注程度。在当今竞争激烈的市场状况下，消费者需要持续不断的刺激，但刺激的途径可以通过其他促销方式的不断变换来达到，如赠送、免费试用等，而不是一种促销方法的重复使用。

【案例5-5点评】　“哈根达斯”优惠券，给你多一次的心醉之吻

“哈根达斯”优惠券通过晚报发送，一方面为促销活动起到广告宣传作用，而且附有折价券的广告更能提高受众对该广告的注目率；另一方面节省了优惠券制作与派送的费用。这样的促销方法已被广泛地应用在各种日用品的销售中。

然而，从促销方法的设计上看，这种优惠券的使用条件似乎显得苛刻了些。消费者需凭此广告在消费满100元后才能获得供下次使用的礼券，这与促销方法的及时性原则是不相符合的。看来只有长期购买的消费者才会产生这样的参与愿望，而对于大量的普通消费者而言，“哈根达斯”冰淇淋是他们心目中的奢侈品，这样的“优惠”难以激起他们即时的购买欲望。而如果本次促销活动只是针对本品牌的目标消费群，那这样的媒体宣传所投入的昂贵广告费用未免又有些得不偿失了。

另外，本章图5-2还说明了媒体刊发优惠券的兑换率较之其他方式低，这也是厂商在采用该促销方法时需要考虑的。

【案例5-6点评】　“牡丹”电池以旧换新，工商联合保护环境

“牡丹”电池以旧换新，由于加入了环保概念，超越了其他以旧换新的促销方法，不仅帮助消费者变废为宝，而且满足了消费者保护环境的深层次心理需求，提升了企业的社会形象，并吸引众多媒体参与报道，这相当于做了一次免费的公关宣传。

厂商此次促销的目的在于提高产品销量，提升社会形象。在以旧换新的活动中，还承诺凭其他品牌的电池，也能优惠购买“牡丹电池”，这样定能更大范围地提升品牌知名度和美誉度，更大程度地激发消费者的购买热情。

【案例5-7点评】　福特全新都市电动车退费优惠促销

较高额度的凭证退费，对大宗消费的购买者更具有吸引力，它能够降低顾客的想象风险，吸引目标顾客，创造销售佳绩。厂商在推广新产品，或者出于竞争目的而设计促销策略时，可以考虑使用这一方法。

【案例 5-8 点评】 “卡迪那”12 元换 200 元，点袋成金

该公司曾举办过多次“点袋成金”活动，均收到较好的促销效果。并且当年 1 月份在上海也举办过类似活动，当时的退费金额为 100 元。由于是首次举行，广告宣传可信度不高，且天气寒冷，促销活动效果一般，兑换工作秩序良好。基于上次经验，该公司简单地认为 100 元金额对上海的消费者不具有吸引力。为提高活动效果，遂将退费额提高到 200 元，却忽略了其他因素的作用，即第一次活动让消费者眼见为实，所以使参与第二次活动的人数一下子增加了几十倍。

按照厂商的初衷，888 名兑换者每人兑换 200 元，公司将为此支付 177 600 元的成本，但参加此次活动的至少上万人，按每人 6 袋计算，将会带来 120 000 元的营业额，这样的促销效果是明显的。然而厂商没有考虑到其影响却是负面的：一方面为了讨好 888 名顾客，伤了更多消费者的心；另一方面，众多消费者在同一时间聚集在同一个地点等候兑换，带来了管理上的难度，并造成场面失控。

应该说该公司在事发之后，在媒体上刊登广告的处理还是比较得当的。“卡迪那”在兑换活动中出现的问题，提醒我们：在设计促销策略时，应评估方案的可行性，并考虑应急方案；在实施促销活动时，注意活动的公正性，以及活动程序的科学性与有效性。

当然，在这个案例中，如果企业换一种退费优待的方式，仍然投入同样的成本，可能就是另外一种结果了。例如，企业可以把退还 200 元的凭证随机内置于产品的包装中，这样也会吸引消费者大量购买，同样能达到促销的效果。

【案例 5-9 点评】 免费品尝——百事可乐的挑战

免费使用方法尤其适用于这样的产品：在使用后能够直接感受到产品的特点，并且这种特点足以让相当比例的顾客在免费使用后产生购买倾向或购买行为。百事可乐的免费品尝活动给我们开创了一种新的促销方法。常见的免费品尝促销活动是尽可能节约成本，让尽可能多的目标消费者试用。但无论怎样，这样的操作依然是耗费大量的人力和物力，而促销效果始终有限。

百事可乐则通过以少数人品尝，让媒体放大品尝效果，从而使品尝活动产生的正面结果在未参与品尝的消费者心中产生促销影响。

从表面上看，百事可乐使用这样的促销方法是有一定风险的。如果消费者评比的结果不利于自己的产品，将对产品的销售带来负面影响。但百事可乐的高明之处在于，其选择的是当时比自己强大的竞争对手，即使失败了也“虽败

犹荣”，而且这类活动本身就是社会新闻的焦点，也可以通过促销活动本身提升产品形象；而如果品尝结果有利于自己产品，那更是锦上添花，事实也说明了这一点。这类名为免费品尝、实为公关宣传的促销方法，对于弱势品牌提升产品形象很有借鉴意义。

【案例5-10点评】 MCI介入长途电话市场争霸战

本案例说明“免费试用”、“免费样品”的促销活动，不应该仅在当时发挥销售促进的作用。在实际的促销活动中，我们还应当设计好免费赠送活动的现场公关效果，以扩大产品的知名度，树立品牌形象，同时把此活动当成一次收集目标消费者档案的机会，为活动的后续销售作铺垫。例如，太极集团在推出“曲美”减肥胶囊大赠送活动时，也采取了消费者填写个人档案为条件的索取免费样品的方式。在“曲美”完成赠送后就收到了全国几十万个肥胖患者的档案，并由此建立了减肥俱乐部，为日后的直销打下了坚实的基础。

【案例5-11点评】 沈阳乳业“买牛奶，送面包，营养早餐大派对”

本案例促销活动的成功，说明企业在开展有奖销售时，一方面要考虑到活动主题的选择，另一方面还要考虑到奖品的实用性以及与促销产品的相关性。

选择“牛奶会有的，面包会有的”作为促销活动的主题，非常贴近广大消费者的日常生活，为促销活动和产品品牌蒙上了一层关怀体贴、温情脉脉的光环，给消费者带来了良好的心理感受。选择面包作为牛奶的赠品，符合赠品的相关性原则，同时解除了消费者分别购买早餐的实际烦恼，具有很强的实用性。

【案例5-12点评】 上品饼干的包装内赠品

上品饼干包装内赠品促销表明：持续性消费的日常用品的促销赠品可考虑连续性、文化特性和可收集性，同时考虑目标消费者的特征以及收集者的特性。精心设计下的赠品促销活动能够达到“买椟还珠”的效果。

上品饼干赠品促销的成功，主要有两个方面的原因：一是不断创新，选择符合目标消费者的赠品。上品饼干从赠送家庭用品、运动用品，到小陀螺、哨子、别针和乐乐球等玩具，又到棒球明星卡牌、电影明星卡片、塑胶火箭等，无一不是紧跟消费者的兴趣所在。二是选择最佳赠送方式。一开始厂商还采用自助获赠等方式，到后来完全采取了包装盒内赠送。由于消费者可以立刻得到各种小玩具，因此刺激比其他方式都来得更为直接。同时，上品饼干的盒内赠送促销方式已经成为其独特的品牌特征，由于选用的赠品精美独特，也成为消费者收集的对象，从而刺激了长期持续购买。

【案例5-13点评】 圆梦大抽奖："尽享尊贵在香江"

"圆梦大抽奖"超越了普通的抽奖促销活动，其原因在于"奖品"的设置。常见的奖品以实物为主，而这次活动则以享受尊贵气派的城市梦想作为奖品。但无论有形奖品还是无形奖品，其目的都在于满足消费者一定的心理需求。

无论是阿一鲍鱼宴、日本"金游膳"金箔晚宴，还是五星级酒店六日住宿、劳斯莱斯房车接送、豪华游艇专程澳门游等，都能够满足人们内心深处特殊的心理需求，同时符合了当时的社会风尚。该活动使目标人群、产品特征和社会时尚紧密结合，通过"梦想"突然降临，引发消费者的参与热情，同时还获得了良好的社会反响。

【案例5-14点评】 《化装舞会》的游戏促销

玩游戏是每个孩子的天性。本案例的策划者紧紧围绕儿童这个目标消费群，巧妙利用小孩子喜欢惊险刺激游戏的特点，将神奇探宝活动还原在现实生活中，使得不仅仅是儿童，甚至不少成年人都加入其中。活动所设置的悬念以及寻宝的难度，更是使活动推向高潮的重要因素，而带来的销量增长则成为顺理成章的事情。

【案例5-15点评】 识"佳宝"字体，赢新春大礼

任何产品的品牌或商标都有专用字体，而它们正是本产品与众不同的差异点。通过竞猜活动，使这些在消费者眼中不起眼的标志引人注目，不失为一种扩大产品影响力的有效办法。

这项活动是针对人们熟视无睹的现象提出的问题。看似容易的问题却往往不一定能够准确回答出来，还得通过购买或专程寻找才能确认"佳宝"的字体，而由此找到的答案就更不容易忘记了。厂商实际上实现了增强品牌印象与提升销量的双重目的。

【案例5-16点评】 马自达汽车摄影比赛促销活动

汽车总是与自然风光联系在一起，汽车改变了人们的生活理念与生活质量。马自达汽车摄影比赛切合这一特点，开展"提高生活情趣"、"有品质"的全球性摄影活动，使品牌形象定位于国际性高品质。当然这一活动的及时促销性不强，重在树立品牌形象，意在向全世界的目标消费者传达“马自达是一家讲究品质的国际性大公司”的信息。

【案例5-17点评】 “一分钱”的力量——农夫山泉赞助奥运

企业不以个体的名义，而是代表消费者群体的利益支持北京申奥，这个策划在所有支持北京申奥的企业行为中都是一个创举。在商界，农夫山泉的举措无疑是英明的。事实上，农夫山泉自诞生以来，便与体育事业尤其是中国奥运有着非同寻常的渊源。

在养生堂公司的棋局上，这一步显然有着比象征意义更为长远的考虑。农夫山泉主推的“买一瓶农夫山泉，就为申奥捐出一分钱”活动，除了能筹集资金外，很重要的一点是建立了一种新的运作机制：以企业行为带动社会行为；以个体力量拉动整体力量；以商业性推动公益性。松下幸之助所说的“企业是社会之工具”的功能，在养生堂公司这一案例中凸显了出来。

在奥运场外的夺金战中，农夫山泉的品牌含金量又多了一分。这是典型的以企业为本位的一次资源系统整合。因为要把几千万上亿人次的小到一分钱的心愿体现出来，是一项不经济的行为，成本极高，如以社会化手段运作，即使不做任何动员，成本也将超过收益。而以市场机制的企业行为来操作，边际成本很低，这是市场经济条件下企业参与公众事务的优势。而在此过程中，品牌包括企业品牌和产品品牌恰到好处地站在公众注意力焦点的边缘，既不喧宾夺主，又巧妙地借用了公众视线的余光，使品牌得到更大范围的传播。

【案例5-18点评】 天贸南大的会员促销

从消费者角度看，“会员卡一族”的悄然形成与消费者品牌意识的加强密切相关。愿意成为商场会员的消费者其实都认准了一条：有会员卡，买东西就更便宜，就能享受到额外的增值服务。既能享受到实惠，又能买到“名牌”商品，消费者持会员卡消费的热情因此不断高涨。会员卡不仅使消费者获得了实惠，还满足了他们潜意识里的归属感，以及因商场档次与会员卡级别所带来的自豪感。

对商场来说，让利吸引更多会员决非“花钱赚吆喝”。商场实行会员制，其目的在于稳定客源、培养顾客忠诚度，在诸侯割据的商圈中增强自己的竞争地位。有数字显示，天贸南大会员平常日的消费金额占总营业额的近3成，会员专场日则达到2/3。因此，消费者一旦成为某商场会员，在其积分、升级等制度的引导下，会不知不觉地成为该商场的常客，从而成为确保商场销售额的重要群体。此外，会员是商场最明确的目标顾客群体，商场通过分析他们带来的各种消费信息，可以为企业从短期的宣传策略、商品调整，到长远的发展计划，提供最准确的参考数据。

在会员促进商场消费的作用越来越凸显的时候，不少商场已经暗中加大对会员的推广力度，并且均锁定会员是商场今后的“主力军”。根据调查显示，会员消费占商场总销售比例一般会在15%—30%。这个稳定的销售来源使会员成为商场主力军的事实是毋庸置疑的。

【案例5-19点评】 “味好美”新生活俱乐部

“味好美”精心编制的“新生活菜谱”超越了调味品销售的形式，通过提供附加价值的烹饪指导，自然容易使“味好美”调味品成为消费者生活中的一部分。

会员制促销的主要特色在于：通过固定的、周期性的活动，产生效果叠加作用。如果这样的活动举办得有特色，对消费者有吸引力，会员就会不断加深对品牌的熟悉和信任。对于生活中的家庭主妇来说，最烦恼的莫过于一日三餐的安排。例如，如何科学营养地搭配；如何变出新花样，做出既可口又实惠的饭菜。“味好美”为会员提供了这一帮助，提高了顾客的忠诚度，也吸引了更多的人加入到这样一个新生活俱乐部中。

【案例5-20点评】 波音公司用服务促销

波音公司的服务促销表明：服务促销是一个系统工程，必须贯穿营销工作的始终；服务营销理念应融入每个员工的思想，并且配置相应的人力、物力，时时处处、持之以恒地做好真正的服务，而不是将服务促销作为销售的幌子。

【案例5-21点评】 武汉国投分期付款卖“大件”

分期付款是厂商在销售高档耐用消费品时常用的促销手段，它可以使一些想购买商品但又无法一次支付的消费者提前将商品带回家，从而扩大了商品的销售量，减少了库存积压。当然这样会占用厂商大量的资金，要求厂商具有一定的资金实力。

武汉国投经贸发展公司开展的分期付款购物活动规模较大，但在操作上却设计得简便易行，表现为手续简单、业务处理时间短、顾客付款方便、分期付款的“期数”灵活等。这是该促销活动的成功点。

【案例5-22点评】 "零首付"走进我们的生活

随着中国经济的发展和人们思维观念的更新，贷款买房、买车、消费的方式已逐渐为人们所接受，然而贷款所需的高额首期付款又让不少工薪阶层望而却步。为了扩大个人贷款的发放，银行方面也进行了积极的探索，"零首付"就是其中的一项。

在个人信用机制并不健全的今天，银行小心翼翼地调整着它的营销手段，但设立的众多壁垒又潜藏着诸多的不信任。很多人认为，"零首付"只是一种促销手段，目前中国真正意义上的"零首付"还没有。专家强调，信贷消费必须建立在完备、真实的个人信用调查机制的基础上，国外企业掌握着非常细致的消费者资料，多数消费者都有信用等级，我国在现阶段还无法做到这一点。因此，盲目推行"零首付"等国外流行的信贷方式，并不符合我国国情。相比较而言，分期付款在各地的推行情况更好一些。

虽然"零首付"并不适合中国目前的信用环境，但由于"零首付"更能刺激消费者的购买欲望，相信在社会信用体系越来越完善的今天，这一方式将越来越普及。

【案例6-1点评】 维达纸业与零售商的合作

通过这种为零售商提供促销解决方案和调研数据，共同制订促销方案的方式，不仅有效地促进了双方的合作，而且在双方的合作中增加了信任。可见，要增强生产商与零售商促销的合作与互信，创新促销方式，提高促销合作层次是发展的必然趋势。

【案例6-2点评】 "嘉士伯"啤酒进货，附送出租车票

"嘉士伯"啤酒针对二级批发商的短期阶段性促销，折扣比例从5%开始递增，随着量的增加提高到8%。对于二级批发商来说，这是一种额外的奖励，这种奖励会鼓励批发商在一个月内多提货，起到短期的促销效果。

但这种促销方式同时也会造成一定的危害：二级批发商因为利益驱使会囤积货物，甚至低价抛售货物以获得更高的折扣。因此更加有效的方法是，配合二级批发商制定相应的奖励政策，刺激零售商增加市场销量，形成流通环节的良性循环。

【案例6-3点评】 启发集团的保值促销

这种厂商互惠、风险共担的"保值促销"，为工业企业随季节变化的产品提供了一种新的促销思路，但该方法不适合价格变化特别快、幅度大且不可预测的产品，否则企业到时可能遭遇难以承受的风险和损失。

【案例6-4点评】 荷兰乳牛礼品包装“物以稀为贵”

显然，在本例中“荷兰乳牛”人为地创造了产品供货比较紧张的气氛，这无形中使零售商感到厂商的促销活动是一次难得的商机，率先拿到“奇货”可以在与其他零售商的竞争中占据优势。奇货可居的心理将驱使零售商关注和参与厂商举行的推广活动。

【案例6-5点评】 “加佳”岁末大酬宾

这是一个阶段性的促销案例，本案例的长处在于针对不同的中间商设立多种不同的奖项，以满足各种不同级别的中间商采取不同力度的促销手段的要求，这样比较易于灵活调动中间商的积极性，较之采取“一视同仁”的奖励方法更为妥当。

针对经销商的奖励与针对消费者的奖励，两者之间最大的不同在于：后者的奖励面比较广，成本较高；而前者的奖励对象比较狭窄。因此，针对经销商的促销活动应尽量避免使用抽奖或刮刮卡兑奖的方式。因为对于这种凭运气的奖励，中间商的兴趣会比较低，而且还会打击大部分未中奖中间商的热情，除非设置特定的奖励配额。如在本案例中，可设置每2 500箱为一个开奖组，其中必有一等奖1名、二等奖10名、三等奖25名、四等奖500名。如果经销商愿意一次进货2 500箱，其奖励就比较实在。当然，如能进一步降低基数，激励效果将更好。

【案例6-6点评】 “百威”啤酒二级批发商销售奖励协议

百威啤酒公司通过与二级批发商签订销售奖励协议，把自己的触角伸到了二级批发商那里。这样就使自己在啤酒市场与其他品牌的竞争中处于更为有利的地位，这种做法很值得其他企业学习和借鉴。

本来二级批发商只是向一级批发商进货，制造商把他们也管理起来，将给产品在渠道上的快速流通带来极大的益处，而且还有利于把握整体流通渠道，使厂商不受制于大的一级批发商。另外，这样做也便于争取游离于各产品品牌之间的众多二级批发商。实际上，对于二级批发商来说，能够与制造商签订合约，其额外的收获是满足了一种“组织上的归属感”心理，因为二级批发商是很少能够得到制造商的直接照顾的。

在本案例中，百威公司对二级批发商的管理还是比较严格的。如果二级批发商能够基本满足协议所规定的要求，百威公司所获得的利益相对于其为此付出的奖励是相当值得的。值得其他企业借鉴的是，这份奖励中设置了季度奖励、半年奖励和年度奖励3个环节供二级批发商选择，这样做就迎合了部分中间商“宁要眼前一台收音机，也不相信年底一台电视机”的心态，因此更能发挥销售奖励的激励作用。

【案例6-7点评】 百事与经销商的双赢活动

“百事与经销商的双赢”说明厂商在对经销商奖励时，既要考虑短期利益的刺激，又要给予长期奋斗的动力。因此，有必要设计一套奖励体系，持续地刺激经销商，不能只是偶尔开展临时的渠道促销活动。

事实上，厂家和经销商之间必须建立一种兄弟般的业务伙伴关系，才有可能团结起来，共同做好市场、做好销售，从而达到双赢的目的。而建立兄弟般业务伙伴关系的核心是保证经销商能“稳中有赚”，这样厂家的销量、市场占有率、货款回笼才能得到保证。

【案例6-8点评】 “高原皇”饮料的名牌经销商评比活动

厂商对经销商销售业绩的评价，是以销量结合综合考核来予以重奖，既是“重赏之下必有勇夫”，也可以说是“士为知己者死”。业绩被认可，使经销商的荣誉感得以增强，自我实现的感受也得以增强，从而使他们产生更大的动力。

【案例6-9点评】 台湾某电扇厂商的陈列奖励活动

增加终端陈列面积或数量，既增加了产品与消费者见面及被选购的机会，又压制、打击了竞争对手产品的销售，因此终端陈列历来是“兵家必争”之地。针对陈列情况进行奖励，是厂商对零售商的常规促销手段，尤其对于在渠道中大量积压的产品而言，增加陈列将快速拉动终端出货，达到出奇制胜的效果。

【案例6-10点评】 “淘大”产品陈列比赛

在中国香港特区，零售商的专题陈列比赛此起彼落，这种活动主要是靠奖金来吸引零售商参加，所以有些品牌的比赛头等奖达到了1万元港币。这是因为生产厂商除了举办消费者推广活动来刺激消费外，还期望通过售点商品展售的陈列比赛来助长声势，以吸引消费者注意和购买产品。

由于所设奖项数量有限，商品展售陈列比赛的不足之处在于，部分商户投资了一定的人力、物力参加比赛，如果评比后拿不到任何奖项（甚至安慰奖），容易带来一定的负面影响。但是，这种形式的积极意义在于鼓励零售商积极参与到商品展售中来，这有利于提高零售商商品差异化经营的意识。

【案例 6-11 点评】 “莱克”啤酒灯箱赞助协议

在本案例中，狮王公司期望通过灯箱赞助协议对零售店起到一定的制约作用，以保护狮王公司的先期市场投资。然而，在狮王公司为零售店制作并安装了灯箱以后，店方并不一定能满足协议规定的各项要求，至少不会专卖“莱克”一个品牌。如果遇上这种情况，是很令制造商头痛的。假如真的按照协议规定拆下灯箱，双方的合作关系即告彻底结束。因此，这一纸协议的现实意义并不大，从某种角度来说只是一种形式而已。

当然，如果能让零售店支付一定数额的押金，或许是一种较为保险的办法。当零售店按规定达到销量之后，即退还押金，这样对于双方都有一定的约束力。

在厂商支付了那么多的赞助费用以后，并不意味着能得到相应的回报，而只是得到了在零售商舞台上表演的机会。为了能够使本企业产品更多地引起消费者的注意，厂商会将视线放到零售点的服务人员、营业人员身上，希望借助他们的主动推荐和推销，达成并扩大产品的销售。

【案例 6-12 点评】 “亿家能”对经销商的服务促销

太阳能生产企业对经销商的依赖程度较大，如何全面支持经销商的工作是“亿家能”营销管理的重要内容。本案例中“亿家能”公司对经销商的支持是从公司整体营销战略出发的，通过这样的服务促销，能够增强经销商对厂商的认同度，加深厂商与经销商之间的了解与合作，从而最终为产品在市场上打开销路打下坚实基础。

【案例 6-13 点评】 Artistry 钻饰金饰销售人员的销售竞赛活动

开展销售人员的销售竞赛，在策略设计时不仅要注重个人奖励，更要注重对团队协作的奖励，培养团队精神。销售小组竞赛不仅能够促进团队协作，增进每位参赛成员的组织归属感，更能提高团队战斗力和凝聚力，促使小组成员精诚团结，齐心协力实现销售业绩目标。

【案例6-14点评】 某企业销售人员的绩效考核标准

本案例运用科学的绩效管理思想，根据企业的总体绩效目标，对每项考核指标赋予一定的权重，同时计算方法简便有效，在日常管理中具有很好的操作性。

将绩效管理与薪酬激励很好地结合起来，有利于调动销售人员的积极性，同时促进实现企业总体绩效目标。因此，在针对销售人员进行激励时，应综合考核销售的各项重要指标，注重销售工作的整体工作绩效。

【案例7-1点评】 百货公司与咖喱饭

顾客或逛完商场要吃饭，或吃完饭要逛商场，百货公司总经理敏锐地观察到了这个事实，并在商场里面专门开辟地方设置味美价廉的饭馆，以吸引更多顾客上门。有了人流量就有了销售额。这一案例中，百货公司和饭馆双双获益。

【案例7-2点评】 强强联手 共推电子商务发展

在各大商业银行大力拓展网上银行业务之时，工商银行联合著名网络商家阿里巴巴、淘宝、支付宝，借助各网络公司的客户资源和电子商务模式，做大做新网上银行业务。工商银行此举是将传统促销方法应用于各大网络公司的商务平台，强强联手，既推广了自身业务，也提升了各网络公司的品牌实力和品牌形象，是不同行业厂商进行联合促销的典型案例。

【案例7-3点评】 联手同行 并驾齐驱

现代社会是竞争与合作同行的时代，千年的古谚也有被打破的一天。同行联手可使双方相得益彰，共同提高各自的竞争实力。在同类产品厂商众多的情况下，与同行联合促销不失为一种十分有效可行的方法，可起到意想不到的“鹤立鸡群”的效果。这种方法在现实市场中需要合作双方的坦诚以待才得以成功实施。

【案例7-4点评】 企业巨头与零售巨头的联盟

宝洁与凯玛特均属各自行业里的巨头，强强联手向来所向披靡。参加合作的双方均将对方作为自己最重要的战略合作伙伴，这种纵向联合一方面加强了彼此的紧密联系，另一方面也充分利用了资源的优势互补，实现了销售上的双赢。

【案例 7-5 点评】 碧欧泉“领取美白试用装”用户体验活动

本案例中的优惠券下载形式，符合手机上网用户习惯，同时也符合这部分人群环保、低碳的生活理念，因此吸引了相当多的目标用户选择下载，并尝试使用新产品。这种方式对厂商而言也是方式新颖、成本低廉的好方法。

【案例 7-6 点评】 Rejoice 飘柔的游戏促销

案例中宝洁公司利用网络平台开展了多种促销活动，其中最值得圈点的是“小梳子历险记”网络小游戏。这样的小游戏可吸引众多 MM 在空闲时玩一下。通过游戏，产品和用户达成了一种有效关联，更重要的是，产品效用和品牌形象通过游戏得到了很好的传播。

【案例 7-7 点评】 大众汽车成功的互动营销推广

大众汽车此次在网上推广新车型，不仅超额完成了新车型的销售，而且成功地进行了独特的品牌宣传，同时还收获了大量注册用户的个人资料，加强了厂商与客户的联系，真可谓一举数得。

【案例 8-1 点评】 切沃勒汽车“午夜疯狂”促销活动评估

通过计算可知：

最低销量 =（非促销期的正常销售量 × 正常的边际利润）/ 促销时的边际利润

$= (1 \times 1)/80\% = 1.25$

即销量至少要提高 25% 才算成功，而实际销量只提高了 6%。因此可以得出，这次促销活动从经济利益上看是失败的。

当然，切沃勒汽车“午夜疯狂”促销活动的效果评估应是多方面的。上述评估主要讨论了活动当月的经济利益，而实际上全面评价本次活动还应对参与本次促销活动的人数、消费者对品牌认知的影响，以及活动后对中长期销售量的影响等方面进行综合评价。

【案例 8-2 点评】 胡佛公司的失败促销

胡佛公司的促销活动在操作上“成功”了，但在效益上却彻底失败了，分析其原因主要有二：一是缺乏对当年吸尘器市场容量的调查与评估，导致产品虽促销成功但仍在消费者手中形成积压，使市场无法产生后续购买，工厂不得不停工；二是在活动方案实施过程中，没有对方案的经济效益及后期影响进行前期评估，导致活动各方均得到了利益，唯独苦了自己。

因此，像胡佛公司的这种促销活动，由于缺乏科学的事前评价，在操作上越成功，其结果带来的负面影响就越大。

【案例9-1点评】 雀巢公司Gale牌蜂蜜的促销代理

常规的促销可以是优惠促销的方式，但Gale的促销代理商还让消费者参加了10英镑的抽奖，而且抽不到奖还可以兑换其他物品，这样的选择组合使Gale实现了全部促销目标。

将促销工作中的部分业务外包，在国外运用较为广泛。在我国，随着社会化分工的不断细化，也将不断涌现出大量专业的促销代理公司。

【案例9-2点评】 缔维公司企划部管理制度架构

首先，缔维公司企划部管理制度架构在整体任务、职责、权利，以及业务流程的设计上是比较完整的。但在实际运作中，如何配备合格的、胜任的人员？如何将战略性、整体性的计划工作变成具体的操作？这些都是值得深思的问题。

其次，由于水泥属于工业品的范畴，交易频率相对于消费品要低，水泥产品受消费者心理影响没有消费品大，开发市场受产品质量、开发人员素质、技术因素、品牌等影响较大。因此，市场与促销策划人员的工作开展应以服务销售渠道、销售人员为主，其他为辅。

另外，在与外部机构协作上，内部的企划机构应在决策、合作事务管理、协调、实施原则上担当领导责任，而"外脑"则主要负责调研策划、辅助实施与执行。

【案例9-3点评】 护舒宝免费试用，后来居上超"飘然"

护舒宝免费试用促销活动的成功开展，说明了促销活动实时控制的重要性。在最初免费派发时，活动开展得并不顺利，但活动组织者根据反馈信息及时发现了问题，并分析问题，针对问题提出修改方案，使得促销活动得以顺利开展，为后续的营销活动打开了局面。

【案例9-4点评】 某移动运营公司的促销活动

本案例所描述的是一个失败的户外促销活动，案例中的经验教训对于其他运营商和企业具有普遍参考意义。

1. 促销活动管理要有明确的目的性

从计划书对本次活动目的的描述看出，本次活动的目的是不明确的，导致整个活动执行上的混乱，并为事后对活动总结和评价敷衍了事埋下了伏笔。如果能在计划书中将本次活动的目的具体化，则能避免上述问题的发生。例如，经过测算的活动目的可表述为：在每个档次中，使符合条件的老客户享受优惠补贴的实现率分别达到95%、90%、85%和80%；发展新入网用户1 500户，等等。

2. 促销活动要有严密的计划性

在对具体准备工作的计划方面，活动管理严重不足。让我们分别考察每个具体措施所需要的准备工作：

户外促销活动——天气怎样？场地怎样？谁来组织？现场展示怎样做？每项工作谁来落实？

宣传——必须采用付费形式吗？不付费的活动怎样落实？付费活动媒体怎样选择？每个媒体怎样落实？每项工作谁来落实？

以手机补贴形式优惠顾客——手机谁来供应？价格、质量如何核定？手机购买和入网流程如何设计才最方便顾客？如何结算、签约？每项工作谁来落实？

赠送一个全球通号码——如何送？顾客可以不要吗？SIM卡谁来准备？入网流程怎样？入网所需表格、复印设备、人员怎样配备？每项工作谁来落实？

3. 促销活动要得到很好的组织和执行

第一，需要有专门的组织或人员来负责，组织者必须具有专业水平，不能临时凑成一个小组，做完活动后就解散了事；第二，要落实好每项活动的准备工作，让适当的人做相应的事，特别是组织者要做好对每项工作的督促和事前清点工作。

4. 促销活动要有实效性

从该项活动的效果看，ARPU的实际值说明所发展的客户严重低端化，忠诚度和对企业的贡献都较低，起码需要一年时间才能收回近120万元的投入。如果考虑离网因素，则所取得的效果更不理想。

大量运用付费宣传手段，却没有相应的公关措施，造成宣传费用大大超标。其实如果我们从活动的三个重要背景出发，不难考虑出有效的公关措施，甚至比付费宣传更为有效。

5. 促销活动要有深刻的事后总结

活动的总结是基于对活动目标和实际执行效果的比较而形成的，只有在对过去行为的不断检查中才能有所提高，没有总结，企业的促销管理水平就难以得到提高。企业要在这方面得到改善，需要分管领导对促销活动的全程管理给予重视，重点检查事前计划书是否有明确的目标和效果测评，事后总结是否对照目标来分析经验和教训，并逐条列明。

6. 促销活动要关注关键因素

“木桶原理”说的是一个系统中关键因素对全局的否定作用。在户外活动中天气就是一个关键因素，如果忽视了这个因素，就会像一个木桶被抽掉了一块木条而损失全桶的水。

7. 促销活动要考虑对品牌价值的影响

本次促销活动不管先前做了多大的努力，而一旦展现在顾客面前，一点一滴都将成为影响企业品牌形象的因素。本案例中，大的方面如广告不实、SIM卡发错、次日活动随便取消，小的方面如现场人员的精神面貌、随地乱丢水瓶废纸、随便放置告示板等，都形成了对企业品牌价值的损害。

在实际促销活动中，成功者只占少数，大多数的都归于失败，原因和该移动公司犯下的毛病差不多。因此，如何将我们学到的促销理论有效地运用于实际工作中，这是每个读者应反复思考和不断实践的课题。

【案例9-5点评】　海飞丝、飘柔美发亲善大行动

P&G常常创造经典，因此能成就今天的伟业并非偶然。本次促销活动无疑在以下5个方面匠心独运、效果卓著：

1. 对现有顾客的强大支援：促销中很难处理的一个问题是，如何避免为了吸引新顾客而得罪老顾客。P&G开展这样的促销活动，再次确认了其品牌的形象和地位，让老顾客大感安慰，并继续保持品牌忠诚度。

2. 对潜在顾客的有力推动：要使已犹豫了多年的潜在顾客转变观念，需要一个强有力的触发力和推动力。找到这个触发点是对促销策划的最大挑战。对洗发用品来说，让潜在顾客在如此高档的发廊里使用一次，自然会使其对产品的印象变得良好；再说，就算产品本身不一定能够产生即时效果，就凭着高档发廊的优质服务，也足以产生这种印象。

3. 绝妙的合作伙伴：合作伙伴选对与否，对促销效果有重要的影响。高档发廊既有足够的号召力，P&G又有深厚的品牌基础，本次促销完全是双赢的格局，因而不会使高档发廊要价过高，P&G只需付出很小的代价便可获得应有的效果。

4. 大手笔引发的轰动效应：这里的“大手笔”不是指投入巨大，而是大

方得体。假如本次促销是“要求先行购买本公司产品一支（或一瓶）才能参与”，那么品牌亲和力和向心力就会大打折扣，效果也会不了了之。

5. “四两拨千斤”：这是促销的最高境界。动辄几千万元，当然也会产生效果，而真正难的是只用几十万元达到这个效果，而且是十分完美的效果。

“海飞丝”、“飘柔”美发亲善大行动再次说明，要想成功有效地完成促销活动，必须要有完善的策划方案和严格的过程控制。可以说，宝洁公司正是从促销小姐的招聘、活动地点的选址、换券方式的设计等细微工作入手，有效地实施了过程管理、效果评估等工作，以科学的策划和组织取得了本次促销活动的成功。

【案例10-1点评】 广东电信2003年新春促销系列活动

有市场就有竞争，有竞争就有竞争的手段——促销。我国通信市场目前竞争激烈，各通信运营商和服务商自然也免不了大打促销战，以求占领更大的市场份额。

“广东电信2003年新春促销系列活动”在通信业促销中具有相当的典型性。事实上，通信业的促销也离不开促销理论的一般指导，其手段也可采用通常的促销方法，如价格优惠、赠品促销、抽奖活动等，以及这些方式的组合促销。

【案例10-2点评】 MCI对AT&T的闪电战

MCI“亲友计划”促销活动表明，通信业的促销创新是极为重要的。不仅要采取一般行业促销的价格折扣、礼品赠送等常规方式，更要根据通信产品的特点，如消费的长期多次性、群组式等，设计相关的促销活动，并在创意的基础上融进常规促销方法。这样，往往会收到意想不到的效果，正如MCI的成功一样。

【案例10-3点评】 真情卡与丽人卡——银行卡营销活动狭路相逢

第一，好的产品命名，会形成质的聚焦效应和量的辐射作用。华夏银行的女性信用卡命名为丽人卡，寓意其目标对象为“白领丽人”。这相对于广发真情卡来说，不仅定位更为明晰，而且品牌名称所传达的诉求，完美地迎合了白领丽人自我欣赏和期待成为“Office Lady”一族的年轻女性对于时尚的追求心态，因而受众范围也较为宽泛和确定。更重要的是，丽人卡对于市场差异的区分与分层是有效的。首先，它避免了一开始就在高端市场与真情卡的刺刀见红；其次，作为有效的差异化策略，它成功地将女性市场进行了更细致的分层，使之具有针对性；最后，目标受众的普及化符合借记卡的产品特性。如果说广发真情卡是针对高端客户的，是尊贵的，那么华夏丽人卡就是针对更广泛的白领女性，是时尚的。

第二，企业视觉识别系统策略是塑造品牌影响力的必要因素。登录这两家女性信用卡的网站，可以发现，体现尊贵的广发真情卡网站的页面较为粗糙，相应的链接也不够丰富和鲜活。而华夏银行的网站以粉艳的花朵作为产品的象征和代言，充分体现出“女人如花”的寓意。这要比广发单纯的以粉色为背景和刻意隐去面部表情的水彩画女郎为主人公的画面更有生命力。另外，广发真情卡片以紫色为代言基调，但在网页上却以粉色为主调，造成视觉识别上的不统一。重要的是，在色彩心理学上，紫色实际上表达的是一种贵族气质，强调的是女性的神秘、稳重、魅力与深邃。从这点上看，广发真情卡应该代表成熟、有实力、有阅历的女性，从定位上应该是一种体现“尊贵”的高端定位。但现实中，真情卡的目标客户到底是成熟的、年轻的，还是时尚的？或者只是尊贵的？恐怕早已经迷失了方向。在具体传播中，广发行没有将这一点更好地诠释清楚。

华夏银行的丽人卡在网页上除了将促销信息放在不太显眼的位置外，整个版面给人感觉不像是银行的网站，倒像地道的女性在线频道。一系列的“丽人信息”、“丽人行动”、“丽人社区”栏目将丽人俱乐部打造得玲珑剔透。点击进入“丽人信息”，一篇短文映入眼帘——“2003 年女鞋：浪漫装饰透露想象”，十足的女性小资情调！华夏丽人卡之所以荣获 VISA 国际组织授予的 2002 年度“优秀创意奖”，得到国际组织的推崇，完全得益于其在传播策略上的系统安排。

第三，丽人卡营销的情感诉求准确，贴近目标受众心理。这一点在其栏目——“时尚·品位·丽人卡”中体现得最为明显。文章开篇以软文广告的手法，从历史到现实的角度，描述了女性在追求平等与自由的过程中，不断提升自我生存价值和生活品位的历程。正是在这种启发性、传播性的“软语”下，华夏银行抓住了时尚女性的心思，并通过与众多高品位合作商户（如女性服装、化妆品、珠宝首饰、美容健身、休闲娱乐、餐饮旅游等大品牌商户）的联手，为持卡人提供贵宾服务和优惠。通过系列化的活动，全方位地关爱现代女性的生活，着力打造华夏丽人卡全国通用的女性贵宾卡品牌，形成其注重品位、引领时尚的文化内涵。

当然，广发真情卡的产品面也在不断丰富，力求给予持卡人更多的功能性和利益性安排。可以预见的是，广发卡的“女性版”绝不会只是“真情”一个版本，面对未来的市场，其定位无法不由尊贵趋向时尚。毕竟，信用卡事业的“钱途”无限。

【案例10-4点评】 “新避暑运动”夏季促销方案——开学总动员

开学总动员促销活动，时机选取得当，主题明确，能够达到聚集人气、提高整体销量的目的。但由于促销对象包括了高考新生、普通学生、教师和学校团购，使促销活动显得过于繁杂，而且促销激励力度也不足以吸引人们的注意。

【案例10-5点评】 年度促销活动计划

促销是零售企业主要的营销活动，而不同时间的促销目的和主题均各不相同。结合我国国情和当地人文特征、风俗习惯，零售商应在年初制订全年的促销计划。随着社会的发展，每年的促销活动计划还需要有相应的变化，以适应不断变化的外部环境和市场竞争。

主要参考书目

1. 乔治·E. 贝尔奇等：《广告与促销》（第6版），北京：中国人民大学出版社2006年版。

2. 李颖生等：《中国市场促销报告》，北京：企业管理出版社2004年版。

3. 张少华等：《高效率促销实训》，北京：电子工业出版社2006年版。

4. 周广华等：《促销管理实战》，广东：广东经济出版社2003年版。

5. 卢泰宏等：《促销基础案例》，北京：清华大学出版社2007年版。

6. 格里·约翰逊、凯万·斯科尔斯：《战略管理》，北京：人民邮电出版社2004年版。

7. 安德鲁·坎贝尔、凯瑟琳·萨姆斯·卢克斯：《战略协同》（第2版），北京：机械工业出版社2000年版。

8. 迈克尔·J. 贝克：《市场营销百科》，辽宁：辽宁教育出版社1998年版。

9. 菲利普·科特勒：《营销管理》，上海：上海人民出版社2003年版。

10. 樊志育：《促销策略》，上海：上海人民出版社1995年版。

11. 卢泰宏、朱翊敏：《实效促销SP》，北京：清华大学出版社2003年版。

12. 詹姆斯、卢格：《人生发展心理学》，上海：学林出版社1996年版。

13. 孟昭兰：《普通心理学》，北京：北京大学出版社1995年版。

14. 黄希庭：《心理学导论》，北京：人民教育出版社1993年版。

15. 叶奕乾、何存道、梁宁建：《普通心理学》，上海：华东师范大学出版社1994年版。

16. 罗伯特·B. 西奥迪尼：《影响力》，北京：中国人民大学出版社2006年版。

17. 顾松林、菲力斯：《消费品营销策略》，上海：上海远东出版社1999年版。

18. 靳俊喜：《促销管理与策划》，辽宁：东北财经大学出版社2001年版。

19. 周国林：《100个成功的促销策划》，北京：机械工业出版社2002年版。

20. 徐立军：《促销高招与实例》，北京：中国国际广播出版社2000年版。

21. 马绝尘：《商业广告与销售促进》，北京：企业管理出版社2000年版。

22. 邵培仁：《传播学导论》，浙江：浙江大学出版社 1997 年版。

23. 黄宪仁：《促销管理实务》，广东：广东经济出版社 2000 年版。

24. 雅克·朗德维、德尼·林顿：《市场营销学》，北京：经济科学出版社 2000 年版。

25. 张自利：《促销实战手册》，北京：中国纺织出版社 2003 年版。

26. 赵彬：《促销手册》，北京：中国华侨出版社 2002 年版。

27. 刘永炬：《消费品促销》，北京：企业管理出版社 1999 年版。

28. 林成安：《促销管理》，北京：北京工业大学出版社 2004 年版。

29. 朱利安·柯明斯：《促销》，北京：北京大学出版社 2003 年版。

教师反馈及教辅申请表

北京大学出版社以“教材优先、学术为本、创建一流”为目标，主要为广大高等院校师生服务。为更有针对性地为广大教师服务，提升教学质量，在您确认将本书作为指定教材后，请您填好以下表格并经系主任签字盖章后寄回，我们将免费向您提供相应教辅资料。

书号/书名/作者			
您的姓名			
校/院/系			
您所讲授的课程名称			
每学期学生人数	______人　　______年级	学时	
您准备何时用此书授课			
您的联系地址			
邮政编码		联系电话（必填）	
E-mail（必填）			
您对本书的建议：		系主任签字 盖章	

我们的联系方式：

北京大学出版社经济与管理图书事业部

北京市海淀区成府路 205 号，100871

联 系 人：徐　冰

电　　话：010-62767312 / 62752926

传　　真：010-62556201

电子邮件：xubingjn@yahoo.com.cn　em@pup.cn

网　　址：http://www.pup.cn

PEKING UNIVERSITY PRESS · 1902 ·